城市化进程中的粮食安全变化研究

以中部地区为例

FOOD SECURITY
CHANGE UNDER
URBANIZATION PROCESS

A Case Study
on Central China

姚成胜◎著

社会科学文献出版社
SOCIAL SCIENCES ACADEMIC PRESS (CHINA)

教育部人文社会科学一般项目

（编号：09YJC790136）

序　一

城市化是现代化的必由之路，积极稳妥推进城市化，是解决我国农业、农村、农民问题的重要途径。进入新时期，国家实施新型城市化战略，着力推进城乡发展一体化和"四化"协同发展，为正确认识和处理经济发展与资源保护、城镇建设与农业安全等重大战略问题，明确了任务、指明了方向。

我国人多地少的基本国情，决定了保护耕地资源、保持经济发展、保障民生利益的特殊重要性。应充分认识到，我国快速城市化进程中人口与土地非农化、水土环境污损化、农业主体老弱化、农村严重空心化仍呈加剧趋势。一方面，保障我国农业稳定、粮食安全的体制机制尚未建立；另一方面，城市化发展的食物消费需求日益增长、粮食安全压力不断增大。因此，着眼于科学发展理论与战略的高度，系统研究城市化进程中的粮食安全问题，无疑具有重要的理论价值和实践意义。

《城市化进程中的粮食安全变化研究——以中部地区为例》一书，是姚成胜博士系统研究城市化与粮食安全的首部专著。该书确立了理论分析→问题诊断→模型构建→实证研究→对策建议的总体研究框架。主要内容包括五部分：第一，剖析了城市化和粮食安全相互作用的理论基础，深入揭示了二者相互作用、相互影响的动态机制；第二，分析了改革开放以来，我国中部地区粮食安全系统和城市化系统的发展态势，全面梳理了两大系统发展的主要特点、变化原因及其特征；第三，建立了城市化系统和粮食安全系统相互作用的评价指标体系，系统剖析了两大系统之间的内在关系；第四，构建了中部地区粮食安全水平及粮食安全对城市化响应的评价模型，模拟分析了不同城市化水平下的粮食安全情景；第五，提出

1

了协调中部地区城市化发展和粮食安全建设的政策建议。

综观全书，立论视角新颖，资料数据翔实，研究内容丰富，体例层次清晰。不仅在解析城市化与粮食安全理论上有所建树，而且在定量评价与计量经济方法上有所创新。本书还体现出理论探索、案例分析与决策实践相结合的研究特色，是目前国内城市化与粮食安全关系研究的一部具有开拓性、创新性的著作。

姚成胜博士是南昌大学的一位青年学者，他为人谦虚，勤奋好学，成果丰硕。他在主持和参加国家社会科学基金、国家自然科学基金、教育部人文社科项目、国家发改委招标课题等十多项课题研究的基础上，注重专业理论探索和成果总结，及时撰写和出版专著，令我敬佩和高兴。借此机会，我向国内外专业同行、政府管理部门、社会媒体机构推荐此书。希冀在大家共同的关怀、支持下，鼓励和促进青年学者茁壮成长、事业发展，谨此为序。

中国地理学会农业地理与乡村发展专业会员会主任
中国自然资源学会　土地资源研究专业委员会主任
中国科学院地理资源所研究员、长江学者特聘教授

2014 年 3 月 18 日于北京

序 二

粮食安全是事关中国社会稳定和国家自立的全局性、战略性问题，是治国理政的头等大事；而城市化则是经济社会发展的普遍规律，是中国实现现代化的必由之路。自"十五"时期城市化被确定为经济社会发展的基本战略以来，我国城市化一直呈现出高速发展态势，然而由于我国淡水和耕地资源贫乏，快速城市化进程导致的水土资源短缺、水土资源污染等问题已明显危及我国的粮食安全；与此同时，城市化导致的人们食物消费升级，又进一步威胁着中国的粮食安全。《国家粮食安全中长期规划纲要（2008~2020）》和《全国新增1000亿斤粮食生产能力规划（2009~2020）》均指出，随着工业化、城市化的发展以及人口增加和人民生活水平的提高，粮食消费需求将呈刚性增长，而耕地减少、水资源短缺、气候变化等对粮食生产的约束日益突出，我国粮食的供需将长期处于紧平衡状态，保障粮食安全始终面临严峻挑战。因此，从理论和战略高度研究城市化进程中的粮食安全问题，对于促进我国经济社会健康、稳定发展具有重要的理论和实践意义。

中部地区粮食产量约占全国的1/3，其粮食安全状况左右着我国的粮食安全。国家的《促进中部崛起规划》明确指出，建设中部地区粮食安全保障基地是促进中部崛起的首要任务。然而，中部地区存在着城市化水平低、中心城市辐射带动作用不强、城市间分工协作程度较低等突出问题；国家发展和改革委员会颁布的《关于促进中部地区城市群发展的指导意见》指出，必须加快推进中部地区城市化，引导和支持中部地区城市群加快发展。因此，以中部地区为例，探讨城市化进程中的粮食安全变化，并据此提出协调城市化发展和粮食安全建设的对策建议，对于促进中部地区快速崛起和维护国家经济社会稳定发展，无疑是极为重要而十分迫切的。

　　本书是姚成胜博士研究城市化与粮食安全的首部专著，该书致力于系统、全面地探讨中部地区城市化进程中，城市化系统和粮食安全系统相互作用的理论基础、分析方法和测度模型，为快速城市化地区粮食安全系统变化的研究提供理论和实证的基础。本书主要内容包括五个部分：第一，剖析了城市化和粮食安全相互作用的理论基础，并在此基础上揭示了相互约束和相互促进的机制；第二，全面、系统地分析了改革开放以来中部地区粮食安全系统和城市化系统的发展状况，揭示了两个系统发展的主要特点、变化原因和基本特征；第三，构建了城市化系统和粮食安全系统相互作用研究的评价指标体系，采用计量经济方法分析了两个系统之间的内在关系；第四，构建了中部地区粮食安全水平以及粮食安全对城市化响应的评价模型，并对不同城市化水平下粮食安全状况进行了分析；第五，基于城市化与粮食安全的内在关系以及中部地区城市化进程中粮食安全变化的特征，提出了协调中部地区城市化发展和粮食安全建设的政策建议。全书深入揭示了城市化和粮食安全之间的矛盾根源，运用资源环境科学、城市经济学、农业经济学等学科相关理论，以中部地区为例，对城市化和粮食安全的内在关系进行了系统全面的分析，研究视角新颖，区域典型性特征明显，研究具有一定的开创性。

　　近年来姚成胜博士先后主持了国家社科基金、教育部人文社科项目、国家发改委招标课题等国家和省部级课题3项，作为主要成员参与国家自然科学基金、国家发改委招标课题、江西省经济社会发展重大招标课题等国家和省部级课题12项，先后在《农业工程学报》《自然资源学报》《环境科学学报》《长江流域资源与环境》《干旱区资源与环境》等国内重要刊物上发表论文20余篇，与他人合作出版专著2部。我作为学科团队的学术带头人，为他首部专著的出版感到高兴，希望姚成胜博士能够继续努力，争取做出更大的成绩。

　　是为序！

全 国 经 济 地 理 研 究 会 常 务 理 事
国 家 社 会 科 学 基 金 评 审 组 专 家
南昌大学经济系副主任、长江学者特聘教授

目　录

1

Contents

第一章　研究背景与研究内容

第一节　研究背景与研究意义

一　研究背景

（一）粮食安全对中国的发展和稳定至关重要

中国自古就有"国以民为本，民以食为天"的理论概括，粮食安全问题历来是事关一个国家或地区政治、经济全局的重大问题。[①] 中国作为世界上人口最多的国家，粮食安全问题尤为突出。改革开放以来，我国粮食生产先后迈上了 3.5 亿吨、4 亿吨、4.5 亿吨和 5 亿吨四个台阶；同时人均粮食占有量也大幅度提高，1996 年达到 414 公斤/人，粮食生产呈现出供大于求的局面。[②] 然而，自 1998 年粮食产量达到历史最高水平后，一方面，由于粮食连年增产导致粮食价格低迷，严重影响了农民种粮的积极性；另一方面，1998 年长江流域特大洪涝灾害导致政府启动了大规模的退耕还林工程，再加上在此期间乡镇企业发展、开发区建设等一系列城市扩张行为，导致我国耕地面积大幅度减少。多种因素共同作用，致使我国粮食总产量从 1998 年的 5.12 亿吨下降到 2003 年的 4.31 亿吨，国内粮食供需缺口不断扩大，粮食供求关系一度紧张，粮食生产问题引起了社会各界的高度重视。[③] 为此，

---

① 姚成胜、朱鹤健：《区域主要食物资源安全评价及其安全对策——以福建省为例》，《自然资源学报》2008 年第 5 期，第 832～840 页。

② 张晶、封志明、杨艳昭：《现阶段中国不同尺度的粮食减产类型分析》，《资源科学》2006 年第 6 期，第 28～32 页。

③ 陈飞、范庆泉、高铁梅：《农业政策、粮食产量与粮食生产调整能力》，《经济研究》2010 年第 11 期，第 101～114 页。

2004～2012年，中共中央连续9年发布以"三农"为主体的一号文件，强调农业和粮食安全问题的战略基础地位。在此期间，中央政府先后出台了粮食直补、增加农业财政支出、取消农业税、加强对粮食主产区的财政支持、加强和改善粮食宏观调控等一系列扶持农业和稳定粮食生产的政策。自2004年以来，我国粮食总产量实现了8年的快速增长，2011年我国粮食总产量达5.71亿吨，登上了5.5亿吨的新台阶。

近年来，虽然我国粮食产量不断增长，但随着我国人口的持续增长，农产品加工业的发展以及工业用粮的增加，我国粮食需求呈现出很强的刚性需求增长。自2003年以来，我国粮食进口量逐年加大，2009年，我国粮食进口总量达4984万吨。另外，随着我国工业化、城镇化的快速推进，我国粮食生产的水土资源约束日益增强，粮食生产比较效益低下的特点日益凸显，虽然国家一再出台扶持粮食生产的优惠政策，但农民种粮积极性仍不高。从国际环境来看，世界粮食产量增长正在逐渐放缓，而需求呈刚性增长。自2006年以来，国际粮食价格大幅上涨，并呈现出强烈的波动趋势，带动我国稻米、小麦和玉米等谷物价格也出现不同程度的上涨。[①] 国际粮食价格不断波动上涨，导致越南、印度、柬埔寨、马来西亚等亚洲国家以及埃及、巴西、俄罗斯、阿根廷等国家纷纷出台禁止粮食出口政策[②]，喀麦隆、科特迪瓦、塞内加尔、埃塞俄比亚、印度尼西亚、菲律宾、马达加斯加、海地等国家甚至爆发了与粮食价格上涨相关的骚乱。[③]《亚洲周刊》2008年第15期发表文章认为，至少33个国家因粮价、油价上涨而出现骚乱。由此可见，无论从国内还是国际形势上看，我国粮食安全状况仍不乐观。《全国新增1000亿斤粮食生产能力规划（2009～2020年）》指出，随着人口增加，我国粮食消费呈刚性增长，同时城镇化、工业化进程加快，水土资源、气候等制约因素使粮食持续增产的难度加大；随着生物燃料发展，全球粮食消费增加，国际市场粮源偏紧，粮价波动变

[①] 胡文海：《我国中部地区粮食生产特征及其对我国粮食安全的影响》，《地理研究》2008年第4期，第885～896页。

[②] 钟水映、李魁：《基于粮食安全的我国耕地保护对策研究》，《中国软科学》2009年第9期，第1～8页。

[③] 陈印军、王勇、卢布等：《国际谷物供需形势及我国谷物发展对策》，《中国软科学》2009年第3期，第1～10页。

化加剧，使得我国利用国际市场调剂余缺的空间越来越小。为此，我国政府必须坚持立足国内实现粮食基本自给的方针，着力提高粮食综合生产能力，确保国家粮食安全。2012 年，中共中央 1 号文件《关于加快推进农业科技创新持续增强农产品供给保障能力的若干意见》也明确指出："全党要始终保持清醒认识，绝不能因为粮食连续多年增产增收而思想麻痹，绝不能因为农村面貌有所改善而投入减弱，绝不能因为农村发展持续向好而工作松懈。"

（二）中部地区在维护国家粮食安全中具有重要作用

为更好推进我国区域经济协调发展，党中央、国务院先后提出了"东部地区率先发展""实施西部大开发""振兴东北老工业基地""促进中部地区崛起"等相关的区域经济发展战略，东、中、西、东北四大区域的划分成为我国区域经济最高层次上的空间划分，也是我国宏观区域经济结构发展均衡和差异的反映。2006 年，《中共中央国务院关于促进中部地区崛起的若干意见》（中发〔2006〕10 号文件）明确指出，中部地区包括山西、安徽、江西、河南、湖北、湖南六省。因此，本研究所指的中部地区主要依据中发〔2006〕10 号文件，所涵盖的地区为晋、皖、赣、豫、鄂、湘这六个相邻的省份。中部地区地处祖国内陆中心，起着承东启西、纵贯南北、吸引四面、辐射八方的重要战略作用，其土地总面积为102.79 万平方公里，占全国总面积的 10.7%。其中，湖南在中部六省中的面积最大，为 21.28 万平方公里；安徽省面积最小，仅有 14.01 万平方公里。各省份面积及其所占比例如表 1－1 所示。中部六省中，湖南、湖北、安徽、江西四省既属长江流域又连接大"珠三角"，是"长三角"和"珠三角"两大经济核心区的主要腹地；而山西和河南属黄河流域，不但是京津唐、环渤海地区以及华东经济发达地区重要的能源、原材料基地，也是重要的粮食生产基地。

表 1－1　中部各省占整个中部地区的面积及比例

省区	山西	安徽	江西	河南	湖北	湖南
面积（万平方公里）	15.67	14.01	16.69	16.55	18.59	21.28
比例（%）	15.14	13.63	16.23	16.10	18.09	20.70

　　中部地区具有优越的粮食生产条件，江汉平原、洞庭湖平原、鄱阳湖平原、江淮平原都是全国性的商品粮生产基地，历来具有"湖广熟、天下足"的美誉；豫北平原、襄北地区、皖中平原、湘南地区也是十分重要的区域性商品粮生产基地，因此中部地区历来就是我国重要的粮食生产基地。目前，在全国 13 个粮食主产区中，中部地区占了 5 个（除山西之外）。2007 年，中部地区粮食总产量达 16153.21 万吨，占全国粮食总产量的 32.20%①，可见中部地区的粮食生产左右着中国整体的粮食安全状况。鉴于中部地区粮食生产在中国的重要地位，我国明确提出了要把中部地区建设成为我国重要的粮食生产基地的建设目标，以确保我国粮食安全。2006 年，《中共中央国务院关于促进中部地区崛起的若干意见》（中发 ［2006］ 10 号文件）指出，中部地区粮食生产优势明显，必须充分发挥其比较优势，巩固提高粮食生产，把中部地区建设成为全国重要的粮食生产基地。因此，中部地区作为国家粮食生产基地的建设目标，得到中央正式文件的确定。《全国新增 1000 亿斤粮食生产能力规划 （2009 ~ 2020 年）》指出，黄淮海区的河南、安徽两省，长江流域的江西、湖北、湖南三省，是我国粮食生产的核心区，承担着我国粮食增产的重要任务。2009 年，《促进中部地区崛起规划》提出了促进中部地区崛起的八大任务，其中加快推进国家粮食生产基地建设被视为首要任务。同时，《促进中部崛起规划》也指出："必须结合实施《全国新增 1000 亿斤粮食生产能力规划 （2009 ~ 2020 年）》，着力把中部地区打造成为高产稳产的粮食生产基地。到 2020 年，力争使中部地区粮食产量达到全国粮食总产量的 1/3，切实保障国家粮食安全。"2010 年，国家发改委出台《〈促进中部崛起规划〉 实施意见》，进一步明确要求，中部地区必须加快研究、制定粮食主产区加快发展的政策措施，加快推进粮食生产基地建设。众多国家文件对中部地区粮食生产基地建设的重视，突出体现了中部地区粮食生产对于维护我国粮食安全的重要作用。

---

① 姚成胜、汪莹：《我国中部地区粮食生产波动性的成因及其政策建议》，《农业现代化研究》2011 年第 4 期，第 400 ~ 404 页。

（三）　加快发展城市化是促进中部地区崛起的重要引擎

城市化是一个国家或地区实现现代化的必由之路，是社会经济发展的普遍规律。自"十五"时期城市化被确定为我国经济社会发展的基本战略以来，我国城市化呈现出高速发展的态势。据联合国公布的城市化报告显示，2000～2005年，中国的城市化水平年均递增1.35个百分点，是除中国以外，世界其他地区平均水平的7.9倍，是发展中国家的6.1倍，甚至是拉美国家的3.4倍。① 城市化的快速发展实现了生产要素的集聚，产生了较强的辐射力，同时也带动了巨大的基础实施投资需求，因而对经济增长产生强烈的刺激作用。② 因此，自"十五"计划以来，城市化已经成为我国经济增长的重要引擎。诺贝尔经济学奖获得者斯蒂格利茨认为，美国高科技产业和中国的城市化是21世纪影响世界经济发展进程的最重要的两件事（刘耀彬，2011）。

改革开放以来，随着经济发展和城市发展战略的改变，中部地区城市化水平不断提高。1978～2010年，山西省城市化率由19.2%增至51.90%，安徽省城市化率由10.7%增至43.2%，江西省城市化率由16.8%增至44.6%，河南省城市化率由13.6%增至38.6%，湖北省城市化率由15.1%增至49.7%，湖南省城市化率由11.5%增至44.3%。经过30多年的发展，目前中部地区已成为我国人口和城镇比较密集的区域，这些城镇在中部地区的经济社会发展中具有举足轻重的地位。然而，与全国城市化总体水平相比，无论是整个中部地区还是单个省份（山西除外），其城市化水平均比较落后。在全国31个省（自治区、直辖市）中，中部五省（山西除外）的城市化水平分别为：湖北第16位、湖南第19位、江西第22位、安徽第24位、河南第27位。③ 由于城市化对经济社会发展具有极大的拉动作用，因此，为加速推进中部地区崛起，中部各省纷纷把加快推进城市化作为其经济社会发展的重大战略，各省先后提出了武

---

① 陈明星、叶超：《健康城市化：新的发展理念及其政策含义》，《人文地理》2011年第2期，第56～61页。

② 刘耀彬：《资源环境约束下的适宜城市化进程测度理论与实证研究》，社会科学文献出版社，2011。

③ 李小建：《中国中部农区发展研究》，科学出版社，2010。

汉城市圈、中原城市群、长株潭城市群、皖江城市带、环鄱阳湖城市群和太原城市圈等城市发展战略。然而从总体上看，中部地区城市化水平远低于东部沿海省份，与西部地区相比也并不具有优势。2010 年，国家发改委颁布的《关于促进中部地区城市群发展的指导意见》指出："中部地区城市群发展中也面临着中心城市辐射带动作用不强、资源要素整合有限、产业集聚度不高、创新能力较弱、城市间分工协作程度较低等突出问题。"因此，加快推进中部地区城市化，对于加快推进中部地区经济社会发展必将起到重要作用。《全国主体功能区划》指出，中部地区的太原城市群、皖江城市带、鄱阳湖生态经济区、中原经济区、武汉城市圈、环长株潭城市群六大区域属于重点开发区，各地政府应大力推进区域经济社会发展和城市化建设，并以此为经济社会发展的引擎，以加快中部地区崛起。《中华人民共和国国民经济和社会发展第十二个五年规划纲要》则进一步明确指出："要大力促进中部地区崛起，要重点推进太原城市群、皖江城市带、鄱阳湖生态经济区、中原经济区、武汉城市圈、环长株潭城市群等区域发展。"可见，未来一段时间，加快推进城市化必将是中部地区发展的重点，城市化也必将成为中部地区经济社会发展的引擎。

（四）中部地区城市化的快速推进必将给粮食生产造成巨大压力

中国是世界上人口最多和人均耕地稀缺的国家[①]，粮食安全问题是涉及中国经济发展和社会稳定的核心问题之一。然而，近 30 年来，中国经历了城市化快速发展的时期，城市化的加速发展以及经济增长进一步恶化了农地短缺的局面，进而给中国的粮食安全造成了更大的压力。[②]《国家粮食安全中长期规划纲要（2008～2020）》和《全国新增 1000 亿斤粮食生产能力规划（2009～2020）》均指出，由于城市化和工业化的快速发展以及人口增长和人们生活水平的提高，粮食需求将呈刚性增长，另外，耕地减少、水资源短缺、气候变化等因素将进一步限制粮食增产，保障中国粮食安全仍将面临巨大挑战。随着城市化和工业化的快速发展，在过去的 20

---

① Yang H., Li X. B., "Cultivated Land and Food Supply in China", *Land Use Policy*, 2000, No. 17, pp. 73 – 88.

② Chen J., "Rapid Urbanization in China: A Real Challenge to Soil Protection and Food Security", *Cantena*, 2007, No. 69, pp. 1 – 15.

年里，中国耕地资源大量流失，沿海和中部省份尤为突出；而北部地区则呈现出水资源短缺，因而严重威胁着中国的粮食安全。[1][2][3] 由于耕地是粮食生产的基础，大部分研究都专注于探讨城市化过程中耕地减少、土壤流失和土地退化等因素对粮食安全的影响，并得出基本结论，即城市化的快速发展对粮食安全是一个巨大的挑战。另外，由于我国城市化和工业的发展，水资源需求呈快速增长趋势，农业用水短缺问题日益严重，也给粮食安全带来了巨大的压力，引起了学者们的关注。[4][5]

近年来，随着中部地区城市化和工业化的不断推进，大量耕地被各种开发区和城市建设所占用，城市面积不断扩大，而耕地面积逐渐减少；尤其是进入20世纪90年代以来，城市面积扩大趋势和耕地减少趋势日益明显。以城市建成区的面积扩张为例，1990～2010年，山西省城市建成区面积增长了1.36倍，安徽、江西、河南、湖北、湖南五省的城市建成区面积，分别增长了4.51倍、2.6倍、2.33倍、3.76倍、1.11倍。整个中部地区的城市建成区面积由1990年的2389平方公里增加到2010年的7942平方公里，增长了2.33倍。1990～2010年，中部地区各省的绿地面积、道路面积也均呈显著的增长趋势。众多研究表明，中国城市用地扩张和耕地资源稀缺之间存在尖锐的矛盾，城市建设用地扩张所占用的土地，绝大部分来自城市周边耕作历史悠久、耕作条件良好的农田，城市用地的蔓延极可能造成耕地资源的紧张。[6][7] 卫海燕、任淑花等以陕西省城市化

---

① Pan X. Z., Zhao Q. G., "Measurement of Urbanization Process and the Paddy Soil Loss", *Catena*, No. 69, pp. 65 - 73.

② Cao W. Z., Zhu H. J., Chen S. L., "Impacts of Urbanization on Topsoil Nutrient Balances: a Case Study at a Provincial Scale from Fujian, China", *Catena*, 2007, No. 69, pp. 36 - 43.

③ Tao F. L., Yokozawa M., Liu J. Y. et al., "Climate Change, Land Use Change, and China's Food Security in the Twenty-first Century: an Integrated Perspective", *Climatic Change*, 2009, No. 93, pp. 43 - 45.

④ Khan S., Hanjra M. A., Mu J. X., "Water Management and Crop Production for Food Security in China: A Review", *Agricultural Water Management*, 2009, No. 96, pp. 349 - 360.

⑤ 刘渝、张俊飚：《中国水资源生态安全与粮食安全状态评价》，《资源科学》2010年第12期，第2292～2297页。

⑥ 宋戈、吴次芳、王杨：《城镇化发展与耕地保护关系研究》，《农业经济问题》2006年第1期，第64～67页。

⑦ 谈明洪、吕昌河：《城市用地扩展与耕地保护》，《自然资源学报》2005年第1期，第52～58页。

与耕地变化的实际为例，进行了实证分析，结果表明，城市化水平与耕地面积之间存在极强的负相关关系。[1][2] 因此，中部地区城市化的发展，必然会导致耕地资源大量减少，进而给中部地区粮食安全造成巨大压力。姚成胜等人[3]的研究表明，近年来，由于城市化等因素的发展，中部地区耕地每年减少1.23万公顷，2008年人均耕地面积仅0.064公顷，明显低于全国0.092公顷的水平，这给中部粮食生产带来了巨大的压力，极大地影响了中部地区粮食安全保障基地的建设。受此影响，中部地区粮食作物播种面积也由1978年的3419.75万公顷，减少到2008年的3170.66万公顷，净减249.09万公顷，年均减少8.3万公顷。按1998～2008年中部地区粮食平均产量6170.94公斤/公顷计算，由于耕地面积减少一项，每年将使中部地区粮食减少51.22万吨。另外，中部地区城市化和工业化的发展，使得中部地区工业用水明显增加，而农业用水呈显著减少的趋势；尤其是在山西、河南等水资源相对短缺的省份，水资源日益成为影响粮食生产的重要因素。在城市化和工业化过程中，中部地区农业生产的水资源短缺，也给中部地区粮食安全带来了较大压力。

（五）协调好中部地区粮食生产和城市化建设事关中部地区乃至中国发展与稳定大局

城市化实质上是一种经济社会发展模式，既包括经济的城市化，也包括社会的城市化，是经济社会由结构、功能、空间的低序向高序和优序化发展的过程，是产业结构优化、要素配置优化、集聚发展的过程。它通过促进城市空间和产业规模扩大，提高城市各部门的劳动生产率；通过城市化的空间集聚和经济集聚而节约了交易成本，使不同产业在某一城市区域集聚，产生集聚规模效益，从而推进经济快速发展。因此，城市化是一个国家或地区实现现代化的必由之路。世界城市化发展的经验表明，城市化快速发展是推进经济社会发展的引擎，城市化发展是任

---

① 卫海燕、张君：《城市化水平与耕地面积变化的关系研究——以陕西省为例》，《西北大学学报》（自然科学版）2006年第6期，第667～670页。

② 任淑花、卢新卫：《耕地资源与城市化发展的计量和协调性分析》，《干旱地区农业研究》2008年第1期，第171～174页。

③ 姚成胜、汪莹：《我国中部地区粮食生产波动性的成因及其政策建议》，《农业现代化研究》2011年第4期，第400～404页。

何一个国家或者地区不可逾越的阶段，是社会经济发展的普遍规律。[1][2][3] 粮食安全历来是事关一个国家或地区政治和社会经济稳定的重大问题，中国是人多地少的典型国家，粮食安全一直影响着中国的经济社会发展。"有粮心中不慌，无粮则乱"等概括，充分显示了粮食安全对中国稳定与发展的重要性。随着我国城市化的推进，沿海、沿江等省份及地市（县）的粮食产量不断减少，已由粮食主产区变成了粮食主销区，从而使我国粮食生产重心发生了显著变化，粮食生产越来越集中于粮食主产区和产粮大县。[4][5][6] 然而，粮食主产区一般都是我国经济发展程度较低的地区，"产粮大县、经济小县、财政穷县"的尴尬局面一直未能打破[7]，因而许多粮食主产区纷纷提出了以城市化为引擎，全面带动区域经济发展的战略决策。

中部地区是我国重要的粮食生产基地，承担着保障我国粮食安全的重要责任，这在《促进中部崛起规划》《国家粮食安全中长期规划纲要（2008～2020）》《全国新增 1000 亿斤粮食生产能力规划纲要（2008～2020）》等众多国家重要文件中均有明确表述。然而，无论是整个中部地区还是单个省份（山西除外），其城市化水平均比较落后。在全国 31 个省（自治区、直辖市）中，中部五省（山西除外）的城市化水平分别为：湖北第 16 位、湖南第 19 位、江西第 22 位、安徽第 24 位、河南第 27 位。[8] 为加快促进中部地区发展，中部各省纷纷提出了各自的城市化发展

---

[1]　陈明星、陆大道、查良松：《中国城市化与经济发展水平关系的国际比较》，《地理研究》2009 年第 2 期，第 464～474 页。

[2]　陈波翀、郝寿义、杨兴宪：《中国城市化快速发展的动力机制》，《地理学报》2004 年第 6 期，第 1068～1075 页。

[3]　陈玉和、孙作人：《加速城市化：中国"十二五"规划的重大战略抉择》，《中国软科学》2010 年第 7 期，第 16～22 页。

[4]　刘玉杰、杨艳昭、封志明：《中国粮食生产的区域格局变化及其可能影响》，《资源科学》2007 年第 2 期，第 8～14 页。

[5]　殷培红、方修琦、马玉玲：《21 世纪初我国粮食供需的新空间格局》，《自然资源学报》2006 年第 4 期，第 625～633 页。

[6]　殷培红、方修琦、田青等：《21 世纪初中国主要余粮区的空间格局特征》，《地理学报》2008 年第 2 期，第 190～198 页。

[7]　农业部课题组：《农业与农村重大问题研究》，中国农业出版社，2011。

[8]　李小建：《中国中部农区发展研究》，科学出版社，2010。

战略，2010 年 8 月，国家发改委也颁布了《关于促进中部地区城市群发展的指导意见》，明确指出中部地区必须加强城市群发展的规划和引导，进一步优化城市群空间布局，加快城市群一体化发展等各项具体政策和措施。由此可见，城市化已成为推进中部地区经济社会发展的关键，在未来一段时间内，中部地区城市化的快速推进将成为不可逆转的趋势。然而，已有较多的研究表明，城市化对耕地、水、劳动力等资源必将产生重大影响，进而影响粮食安全。中部地区是我国粮食主产区和粮食安全保障基地，其粮食总产量约占全国粮食总产量的 1/3，中部地区城市化过程中粮食安全状况的变化直接影响着整个中国粮食安全的变化。因此，如何协调好中部地区粮食生产和城市化建设，事关中部地区能否实现稳定、快速的崛起，也事关整个中国的稳定和发展大局。

二 研究意义

(一) 理论意义

粮食安全是事关一个国家或地区社会稳定的大事，城市化则是经济社会发展的普遍规律，是经济社会从低级发展阶段向高级发展阶段过程中不可逾越的过程，学术界在粮食安全和城市化两个方面都进行了大量研究，取得了丰硕的研究成果。现有较多研究成果均表明，城市化的推进过程必将导致耕地、城乡人口结构、农业生产技术等方面的变化，进而对粮食安全造成影响，也就是说，城市化与粮食安全之间必定存在相互影响、相互制约的内在联系。那么，城市化对粮食安全到底会产生怎样的影响？城市化是通过哪些方式或途径影响粮食安全的？它的影响机制是怎样的？综观目前相关研究，较少有对这些问题进行深入、系统探讨的，也就是说，目前学术界在粮食安全与城市化之间的影响途径、内在影响机制等方面的研究相当薄弱，而这些问题又是事关国家经济社会发展与稳定全局的重大问题，因此，全面而系统地分析城市化对粮食安全的影响，找出它们之间的内在机制，可以为国家或地区协调城市化进程和粮食安全建设提供相应的理论依据，同时也可以丰富农业经济学和城市经济学的研究内容，因而具有较大的理论价值。

（二）实践意义

1998 年，中央提出城市化是解决"三农"问题的重要途径；2000 年，"十五"计划首次提出把城镇化作为国家重点发展战略之一，并认为我国推进城镇化的条件已渐成熟，要不失时机地实施城镇化战略；国家"十一五"计划继续高度关注城镇化问题，指出要"积极稳妥推进城镇化，推进城镇化健康发展"；国家"十二五"计划则指出，要积极、稳妥地推进城镇化，并充分发挥工业化、城镇化对发展现代农业、促进农民增收、加强农村基础设施和公共服务的辐射带动作用。可见，城市化是我国 10 多年来经济社会发展的必然趋势，加快推进我国城市化进程，对于扩大农民就业、增加农民收入、缩小城乡差距等方面都具有重要的意义。然而，已有的研究表明，城市化的推进过程不可避免地会大量占用耕地、水资源，并导致人口结构、消费结构等方面发生变化，因而必然对我国的粮食安全造成重大影响。因此，全面而系统地分析城市化对粮食安全的影响，理清城市化与粮食安全之间的关系，对于我国推进城市化建设和维护粮食安全均具有重大的应用价值。

在全国 13 个粮食主产区中，中部地区占了 5 个（山西除外），其粮食总产量占全国粮食总产量的近 1/3。可见，中部地区粮食安全左右着我国整体的粮食安全，因此国家明确提出了要把中部地区建设成为全国重要粮食生产基地的建设目标。在《促进中部崛起规划》的实施过程中，中部各省分别提出了构建太原城市圈、皖江城市带、环鄱阳湖城市群、中原城市群、武汉城市圈、长株潭城市群等发展战略，城市化的快速发展已成不可逆转之趋势。在这一过程中，中部地区粮食安全状况将如何变化，是否会对中部地区经济社会发展乃至全国经济社会稳定与发展产生影响以及到底产生多大影响等一系列问题，都是必须解决和回答的。因此，在理清城市化与粮食安全关系的基础上，定量测度中部地区城市化进程中的粮食安全水平，并据此提出相应的安全对策，对于协调中部地区城市化进程和粮食安全建设以保障我国粮食安全，统筹中部地区城乡发展进而实现中部地区快速崛起，均具有重大的现实意义，因而也具有较高的实际应用价值。

第二节 研究目标与主要研究内容

一 研究目标

本研究在收集现有文献资料的基础上，首先，系统阐述中部地区粮食安全系统和城市化系统的演变情况；其次，通过定性分析、对比分析的方法，理清中部地区城市化对粮食安全的影响；再次，在此基础上，定量分析改革开放以来中部地区城市化进程中粮食安全水平的变化；最后，根据分析结果，结合国家的相关政策和中部地区的现实发展状况，提出提高中部地区粮食安全水平的对策和建议。本研究的具体研究目标有以下6个。

1. 中部地区粮食安全系统分析

本研究通过收集1978～2008年中部地区有关粮食生产和消费等方面的相关数据，对中部地区粮食生产的波动状况、粮食生产的区域结构和品种结构、粮食消费状况进行了系统、全面的分析，在此基础上，对中部地区粮食安全整体变化状况进行分析，充分和全面地揭示了中部地区粮食安全系统的演变特征。

2. 中部地区城市化系统分析

本研究通过收集1978～2008年中部地区人口、经济发展、土地利用等方面的相关数据，对中部地区人口城市化、经济城市化和土地城市化的发展和变化状况进行系统、全面的分析，充分揭示了中部地区在城市化过程中，城市化系统中的人口、经济和土地等要素的时空演变特征。

3. 城市化与粮食安全影响机制分析

在阐述城市化与粮食安全相互影响的理论基础之上，本研究通过分析劳动力、土地、水资源等生产要素在城市化与粮食安全系统之间的有效配置，阐述城市化与粮食安全的约束机制；通过在城市化和粮食安全发展过程中，两者在资本、市场、技术等方面的相互影响，阐述城市化与粮食安全的互为促进机制。

4. 中部地区城市化对粮食安全的影响分析

本研究以中部地区为例，以系统理论为指导，将城市化和粮食安全看成两个系统，选取一系列指标以定量测度城市化水平和粮食安全水平的变化，通过相应的计量经济学方法，分析城市化各指标对粮食安全各指标的影响，然后进行相应的综合，全面而系统地揭示了中部地区城市化对粮食安全的影响。

5. **中部地区城市化进程中的粮食安全水平测度**

本研究采用多元回归或适当的生产函数模型，模拟中部地区粮食产量的变化；采取相应的方法，定量测度城市化推进过程中，粮食消费总量的变化；根据生产量和消费量的相关数据，构建反映粮食安全的综合指数，定量测度改革开放以来，中部地区粮食安全水平的变化。

6. **提高中部地区粮食安全水平的对策建议**

根据城市化对粮食安全的影响分析以及中部地区城市化进程中粮食安全水平的变化，本研究结合中部地区的实际情况，提出提高中部地区粮食安全水平的对策和建议，为协调中部地区城市化进程和提高粮食安全水平建设，提供了理论和实践的依据。

二 主要研究内容

本研究在深入分析中部地区粮食安全系统和城市化系统变化的基础上，首先，以相关的理论基础为依托，深入揭示城市化与粮食安全之间的影响机制；其次，依据中部地区城市化建设和粮食生产基地建设的需要，综合运用农村经济学、农业科学、城市经济学等学科的理论和方法，以系统科学理论为指导，对中部地区城市化进程中的粮食安全水平进行定量测度，并对不同城市化水平下，中部地区粮食安全水平变化进行预测分析；最后根据研究结果，针对中部地区城市化和粮食安全的发展状况，提出促进城市化和粮食安全良性发展的政策建议。其研究内容具体包括以下6个方面。

1. **中部地区粮食安全系统分析**

本研究通过收集 1978～2008 年中部地区粮食生产和消费等方面的相关数据，首先，采用粮食生产波动指数对中部地区粮食生产的波动特征进行分析，并揭示其变化原因；其次，对中部六省粮食生产的变化情况以及中部地区各主要粮食品种产粮的变化情况进行分析，以揭示中部六省粮食生产的区域结构和品种结构的变化；再次，将粮食消费分为口粮、饲料粮、工业用粮、种子用粮和粮食损耗五大部分，采用相关的评估方法，揭示中部地区粮食消费状况的变化；最后，构建粮食安全保障指数，对中部地区的粮食安全状况进行综合评价，以揭示中部地区粮食安全系统的演变特征。

2. 中部地区城市化系统分析

本研究在分析中部地区城市化发展状况的基础上，首先，通过收集1978~2008年中部地区城市化过程中的人口、经济、土地等要素的数据变化，对中部六省的太原城市圈、皖江城市带、鄱阳湖城市圈、中原城市群、武汉城市圈、长株潭城市群六大城市群的发展状况进行分析，揭示了中部地区城市化的演变态势；其次，采用人口城市化单一指标，对中部地区人口城市化状况进行分析并与我国人口城市化的平均状况进行比较，以揭示中部地区人口城市化的演变特征；再次，以人均GDP、产业结构、就业结构等相关指标为依据，运用钱纳里-塞尔奎因对经济城市化的判断标准，对中部地区经济城市化进行系统分析，并与我国经济城市化发展状况进行比较；最后，对中部地区城市化过程中的城市建成区、人均道路面积等相关指标进行分析，揭示中部地区城市化过程中城市扩张对土地资源的影响。

3. 城市化与粮食安全的影响机制分析

本研究在阐述城市化与粮食安全相互影响的系统科学、可持续发展、人地关系、生态经济、资源与环境经济等相关理论的基础上，首先，从城市化系统和粮食安全系统发展所必需的劳动力资源、土地资源、水资源等必要生产要素的稀缺性方面出发，阐述城市化与粮食安全两者之间的相互约束机制；其次，从粮食安全系统为城市化系统提供基础支撑、劳动力资源、原始的资本积累和广阔的市场空间等方面，阐述粮食安全对城市化的促进作用；最后，从城市化系统为粮食安全系统提供更高的劳动收入、更为先进的农业生产技术、更多的资本和更为广阔的农产品销售市场等方面，揭示城市化对粮食安全的促进作用。

4. 中部地区城市化对粮食安全的影响

本研究通过收集中部地区改革开放以来城市化水平变化的各种相关资料，以系统理论为指导，将城市化和粮食安全看成两个系统，并将城市化系统分成人口城市化、土地城市化和社会经济城市化三个子系统，粮食安全系统分成粮食生产安全子系统和粮食消费安全子系统；选取反映中部地区1991～2008年人口城市化、土地城市化、社会经济城市化的相关指标以及反映影响粮食生产安全子系统和粮食消费安全子系统的相关指标，收集各指标的数据；然后对数据进行单位根检验和协整性分析，采用误差修正模型、格兰杰因果分析等方法，定量分析城市化各子系统对粮食生产安全子系统和粮食消费安全子系统的影响，最后采用加权综合指数的方法集成城市化所有指标，获得反映城市化水平的综合指标，以定量分析城市化进程对粮食安全的综合影响，并指出城市化进程中导致中部地区粮食安全变化的主要原因。

5. 中部地区城市化进程中粮食安全水平的定量评价

首先，本研究在定量理清城市化对粮食安全影响的基础上，采用柯布－道格拉斯生产函数模型，构建中部地区粮食产量与农作物播种面积、农业生产劳动力、折存量化肥施用量、农业机械施用量和有效灌溉面积等各因素的函数模型，并用之进行预测；其次，定量测度改革开放以来，在城市化推进过程中，随着城乡人口结构、食物消费结构、粮食消费结构等方面的变化，中部地区粮食消费总量的变化，同时，根据粮食总产量和粮食消费量的数据，结合我国粮食安全必须达到95%的粮食自给率和中部地区粮食保障基地建设的目标，构建中部地区粮食安全的综合指数，定量测度改革开放以来中部地区粮食安全水平的变化；最后，运用城市化水平的综合指标，设置高、中、低三种城市化水平，并通过构建粮食安全对城市化水平的响应函数模型，预测在三种城市化发展水平下，中部地区粮食安全水平的整体变化。

6. 促进中部地区城市化和粮食安全良性发展的对策建议

本研究在分析中部地区城市化对粮食安全影响，定量测度改革开放以来中部地区粮食安全水平变化以及对未来粮食安全水平预测的基础上，根据国家宏观政策和中部地区的区域发展政策，提出促进中部地区城市化和粮食安全良性发展的相关政策建议，主要包括以下内容：第一，根据中部地区城市化进程中的现状及城市化对粮食安全的影响，从加快推进人口城市化进程并提升人口城市化质量、优化城市空间布局和集约利用城市土地资源、保持合理的城市化发展水平和速度等方面，提出协调中部地区城市化进程和粮食安全建设的政策和建议；第二，基于把中部地区建成我国粮食安全保障基地的目标，结合粮食安全水平定量分析的结果，从实施最严格的耕地保护政策、增强农业科学技术的研究开发与推广、推进粮食生产的规模化和专业化生产、健全与完善粮食主产区金融支持机制、建立完善粮食生产责任考核机制等方面，论述提高中部地区粮食安全保障能力的政策和建议；第三，基于粮食生产的比较效益低下，而且粮食生产和耕地保护具有明显的外部性效应，提出建立中央政府对中部地区以及粮食主销区对中部地区的经济利益补偿机制，以提高中部地区的粮食安全保障能力。

第三节 基本观点与研究重点难点

一 基本观点

第一，实现中国粮食安全，必须加强中部地区粮食生产基地建设。粮食安全是事关中国社会稳定和国家自立的全局性、战略性问题，只有在实现国家粮食安全的基础上，才能有效推进我国经济社会建设。中部地区是我国重要的粮食生产基地，其粮食生产左右着中国粮食安全。只有加强中部地区粮食生产基地建设，才能实现中国的粮食安全。

第二，实现中部地区快速崛起，必须推进中部地区城市化。城市化是经济社会发展的普遍规律，是经济持续快速发展的重要引擎。中部地区城市化水平低于全国平均水平，要实现中部地区快速崛起，必须推进其城市化。

第三，稳步推进中部地区现代化，必须协调好城市化与粮食安全建设。中部地区正处于全面推进工业化、城镇化和农业现代化建设的关键时期，协调好城市化与粮食安全建设，事关中部地区乃至全国发展与稳定的大局。

第四，系统、全面分析城市化对粮食安全的影响，能更准确判断中部地区快速城市化进程中粮食安全的总体态势。城市化涉及人口、土地、经济、社会等方面的变化，它会对粮食生产、消费等众多因素造成影响。只有对其进行系统、全面的分析，才能准确判断它们之间的内在关系，从而更好地揭示中部地区城市化进程中的粮食安全态势。

二　研究重点难点

第一，如何在系统理论指导下，选取合适的指标，并构建相应的指标体系，以准确衡量城市化各子系统对粮食安全子系统的影响，并在此基础上综合探讨城市化系统对粮食安全系统的影响。

第二，如何在考虑城市化对粮食安全影响的条件下，构建粮食生产的模型，预测中部地区粮食产量，准确测度城市化进程中，中部地区的粮食消费总量；如何根据粮食生产总量和消费总量，构建反映中部地区粮食安全水平的综合指标。

第三，如何根据中部地区城市化发展的实际情况，构建高、中、低三种城市化方案，并预测在三种方案的情况下，中部地区粮食安全水平的变化。

第四节　研究思路与方法

一　研究思路

中部地区城市化的不断推进，必然会对中部地区粮食安全产生重大影响。一方面，中部地区粮食安全左右着我国粮食安全的总体状况，必须深入落实国家建设粮食保障基地的目标；另一方面，城市化是社会经济发展的一个必然规律，中部崛起必然加快其城市化推进的步伐。因此，定量评价中部地区城市化进程中的粮食安全水平变化，并提出提高中部地区粮食安全水平的政策建议，必须结合国家建设需求和中部地区发展的实际情况进行。本报告将遵循城市化与粮食安全问题识别→城市化对粮食安全的影响→城市化进程中粮食安全评价→政策分析→对策研究的总体思路进行。

首先，根据国家相关政策和中部地区发展的现实情况，对中部地区城市化进程和粮食安全进行基本评价，指出两者之间的矛盾冲突所在。在此基础上，选定反映中部地区城市化和粮食安全的相关指标，并收集相关数据，以定量分析城市化推进对中部地区粮食安全的影响，找出城市化进程中影响粮食安全的关键因素。

其次，根据城市化对粮食安全的影响分析，定量测度城市化进程中，随着粮食安全各因素的变化，中部地区粮食安全水平的变化情况，并根据中部地区城市化发展战略，设置高、中、低三种城市化水平，模拟不同城市化进程中中部地区粮食安全的变化。

最后，根据城市化对粮食安全的影响分析和城市化进程中粮食安全定量评价的结果，结合国家发展战略和中部地区各省的发展状况，提出协调中部地区城市化进程和粮食安全建设的各种政策建议，以便于快速促进中部地区崛起和实现国家粮食安全保障基地建设的发展目标。

二 研究方法

1. 实地调研与文献检索相结合

本研究以山西、河南、安徽、江西、湖南、湖北中部六省为研究样本，通过调研部分省的国土局、建设局、规划局和农业局，了解中部地区各省份改革开放以来城市化进程的一般特征以及粮食生产、消费的变化情况和粮食安全的总体特征；总结改革开放以来，在城市化进程中，中部地区粮食安全的演变情况及其变化原因；同时，通过图书资料、电子期刊和国际互联网的检索，全面掌握国内外有关方面的研究进展和实践经验，以利于借鉴。

2. 规范分析与实证分析相统一

本研究在农村区域经济学、农业科学和城市经济学等学科理论的基础上，首先，通过对反映中部地区城市化水平和粮食安全水平相关数据资料的收集，建立能够反映城市化对粮食安全影响的经济模型；其次，结合数据来进行实证分析并检验理论假设的准确性；最后，利用模型来进行预测，从而实现了规范分析与实证分析的统一，以便于对城市化进程中影响中部地区粮食安全问题的因素进行诊断。

3. 定性分析和定量分析相结合

定性分析和定量分析相结合不仅是本课题处理问题的方法，也是深入研究该问题的一个重要原则。其中，定性分析是基础和前提，只有对问题进行清晰的定性分析后，才能采用定量模型来具体辨别和实证。本研究的定量模型体现在以下方面：一是在中部地区城市化对粮食安全的影响方面，将利用 Granger 分析或变量自回归、脉冲函数、方差分解的方法，定量分析城市化各子系统对粮食安全的影响，采用指标集成的方法，定量分析城市化总体水平对粮食安全的影响；二是在对中部地区城市化进程中粮食安全水平测度的研究中，将利用多元回归分析、生产函数模型，粮食安全指数等指标，对其粮食安全水平变化进行测度，同时，设置高、中、低三种城市化方案，模拟不同方案下中部地区粮食安全的变化。

4. 政策比较分析、专家咨询、吸收国内外先进经验相结合

本研究通过比较分析国家城市化和粮食安全政策和中部地区的相关发展政策，并咨询相关专家，有的放矢地提出相应的政策建议。特别在粮食主销区和粮食主产区的经济利益补偿机制研究方面，本研究将充分借鉴国内外生态补偿方面的先进经验，探讨如何构建合理的粮食补偿机制。

第五节　研究特色与创新之处

一　研究视角具有新颖性和创新性

第一，本研究从系统科学的角度出发，对城市化进程中的粮食安全变化状况进行了系统、全面的归纳。现有研究一般从城市化导致耕地、水资源、气候等方面的变化，直接探讨耕地、水资源、气候变化和粮食生产安全之间的关系，或者从城市化导致城乡人口结构变化，进而探讨人口城市化对粮食消费安全的影响。本研究认为，城市化是一个复杂的系统，城市化过程是一个包括人口、土地、经济社会等不同层面变化的复杂过程；粮食安全也是一个复杂系统，它至少包括粮食生产和粮食消费两大层面。因此，只有从系统科学的角度出发，全面、系统地探讨城市化各个层面对粮食安全层面的影响，才能更好地揭示城市化进程中粮食安全的变化状况。本研究以中部地区为例，从系统科学的角度探讨在快速城市化进程中中部地区粮食安全状况的变化。

第二，本研究从定量分析以及区域实证研究的角度，定量地直接探讨粮食安全与城市化之间的相互关系。尽管现有研究开始逐渐重视探讨城市化对粮食安全的影响，但大多数研究都是探讨城市化对耕地、水资源等因素的影响，进而探讨耕地与粮食安全、水资源与粮食安全之间的关系，从

而得出城市化与粮食安全之间的关系。虽然也有少数文献直接探讨城市化与粮食安全之间的关系，但都是以定性的理论探讨为主，缺乏区域的实证研究。本研究将人口、土地、经济等因素作为城市化的相应指标，将粮食生产、粮食消费等因素作为粮食安全的相应指标，以中部地区为例，直接定量地探讨城市化进程中中部地区粮食安全状况的变化。

二　研究方法具有综合性

第一，静态分析与动态分析的有机结合。本研究将静态分析和动态分析进行有机结合，深刻揭示出所要研究问题的本质，并提出有效的解决办法。在分析中部地区城市化进程中粮食安全状况变化的过程中，不仅采用横截面数据分析中部六省之间的静态差异，而且还采取历史数据分析了区域之间的动态差异。在城市化进程中粮食安全水平测度的定量分析中，本研究将静态的理论分析与动态建模有机结合起来，通过静态理论分析，揭示城市化对粮食安全的影响；通过动态模拟，揭示城市化进程中，中部地区粮食安全水平的变化趋势。

第二，时间和空间的结合。区域问题研究本身就是时空概念的有效结合，本研究在考虑中部地区这一特定区域概念的同时，还充分考虑到改革开放以来，我国城市化和粮食生产政策的时间变化；通过时间和空间的有机结合，揭示出中部六省以及整个中部地区在不同时段下，城市化对粮食安全的影响以及不同城市化进程中，中部地区粮食安全水平的变化。

三　研究区域具有典型性

中部地区是我国粮食主产区，其粮食总产量约占我国粮食总产量的1/3，建设中部地区粮食生产基地是党中央、国务院的重大决策，而城市化是实现中部地区崛起的引擎，加快推进中部地区城市群建设也是国家区域发展的重大战略。因此，中部地区将面临保障中国粮食安全和实现中国区域均衡发展的双重任务，如何既能巩固并增强中部地区的粮食生产能力，又能加快中部地区城市化建设，是中部地区和我国经济社会发展的重点。因此，选择中部地区为研究对象，探讨中部地区城市化进程中的粮食安全状况变化，具有典型意义。

第二章 理论回顾与研究综述

第一节 粮食安全概念时空演变及其测度方法

一 粮食安全概念的时间演变

粮食不仅是一种经济资源，更是一种生命资源；粮食短缺问题不仅是一个经济问题，而且是一个事关国家安危的政治问题。[①] 因此，粮食安全问题存在于迄今为止人类社会的整个历史进程之中[②]，而且随着经济社会的不断发展，粮食安全的概念和内涵始终在不断地发生变化。

（一）20 世纪 70~80 年代前的粮食安全概念

粮食安全作为一个正式的概念，最早是在 20 世纪 70 年代全球性粮食危机时期，在国际粮食问题的讨论过程中被提出来的。[③] 1974 年，联合国罗马世界粮食大会发表了《消除饥饿与营养不良世界宣言》，粮农组织也通过了《世界粮食安全国际约定》。在世界粮食大会上，粮食安全被定义为：世界上随时供应足够多的基本食物以保证稳定地扩大粮食生产以及抵御生产和价格的波动的能力。[④] 会议要求各国制定政策，以保证世界粮食

---

① 封志明：《资源科学导论》，科学出版社，2004，第 423 页。

② 朱泽：《中国粮食安全问题——实证研究与政策选择》，湖北科学技术出版社，1998，第 3 页。

③ FAO, *Trade Reform and Food Security*, *Commodity Policy and Projections Service*, http://www.fao.org/DOCREP/005/Y4671E/Y4671E00.HTML, 2003.

④ FAO, *Declaration on World Food Security and World Food Summit Plan of Action*. World Food Summit, Rome, 1996.

库存最低安全水平系数，即世界粮食当年库存至少相当于上一年消费量的 17%～18%。其中，6%为缓冲库存，11%～12%为周转库存，周转库存相当于两个月左右的口粮消费，以便衔接下一年度的谷物收成。凡一个国家的粮食库存安全系数低于17%为粮食不安全，低于14%为粮食紧急状态。①

20世纪80年代，随着粮食产量的上升和粮食储备的增加，粮食安全的概念发生了变化。1983年4月，联合国粮农组织（FAO）安全委员会通过了联合国总干事爱德华·萨乌马提出的粮食安全新概念，即粮食安全是确保任何人在任何时候，能在物质上和经济上获得他们所需要的基本食物。这一概念包括三个方面的具体要求：一是确保生产足够多的粮食；二是最大限度地稳定粮食供给；三是确保所有需要粮食的人都有能力获得粮食。这是粮食安全概念的首次更新，其主要特点就是，新概念不仅要求提供充足的粮食供给总量，而且要求保证所有的消费者既买得到又买得起所需的基本食品。这就是说，一个国家或地区为实现其粮食安全，既要发展粮食生产，提高供应总量，又要千方百计增加人们的收入，尤其是贫困地区以及非贫困地区低收入群体的收入，以提高居民的粮食购买力。②1986年，世界银行在《贫困与饥饿》报告中又特别区分了长期性粮食不安全和临时性粮食不安全，前者被认为与持续性或结构性的贫困以及低收入问题有关，后者被认为涉及由自然灾害、经济崩溃或冲突所引起的强大压力时期发生的临时性粮食不安全。③ 具体来说，1986年，联合国所界定的粮食安全的概念为：在任何时间所有的人获得满足积极、健康生活的足够食物。

（二）20世纪90年代粮食安全的概念

20世纪90年代，经济社会的快速发展使得人们的收入水平不断提

---

① 吕开宇、任爱胜、杨小琼：《食物消费升级视角下的粮食安全内涵》，《农业系统科学与综合研究》2007年第3期，第338～341页。

② 钟甫宁、朱晶、曹宝明：《粮食市场的改革与全球化——中国粮食安全的另一种选择》，中国农业出版社，2004。

③ FAO, *Trade Reform and Food Security*, *Commodity Policy and Projections Service*, Food and Agriculture Organization of the United Na-tions, Rome, 2003, http: //www.fao.org/DOCREP/ 005/Y4671E/Y4671E00. HTM.

高，在满足粮食消费的时候，人们的消费观念逐渐由粮食消费为主转向植物性食物与动物性食物合理搭配，食物的质量和营养问题越来越受到人们的关注。① 因此，在这一时期，粮食安全的概念有了进一步的充实和拓展，表现在新概念将食品安全与营养平衡融入粮食安全的内涵中，体现了人们对积极健康生活所需的食物构成以及微量营养物需求的关注。1992年，国际营养大会提出了"食物安全"的概念，即"在任何时候，人人都可以获得安全、营养的食物来维持健康能动的生活"②。1996 年 11 月，在罗马召开了世界粮食首脑会议，会议通过了《世界粮食安全罗马宣言》和《世界粮食首脑会议行动计划》，提出近期目标是在 2015 年之前将世界营养不足人数减少一半，并再次更新了粮食安全的概念，即在个人、家庭、国家、地区和全球层面，只有当所有人在任何时候，都能够在物质上和经济上获得足够、安全和富有营养的粮食，来满足其积极和健康生活的膳食需要及食物喜好时，才实现了粮食安全。同时，随着国际社会对可持续发展越来越关注，粮食安全与可持续发展密切联系，可持续性已成为粮食安全概念的重要内涵。

（三）进入 21 世纪后的粮食安全概念

进入 21 世纪后，粮食安全的概念和内涵虽有变化，但基本上是在1996 年所提概念的基础上进行相应的补充和细化。2001 年，世界粮食安全委员会在《2001 年粮食不安全研究报告》中对粮食安全进行了新的界定，即粮食安全是一种状态，它是指所有人在任何时候都能够在物质上、社会上和经济上获得足够、富有营养和安全的粮食，以满足其积极和健康生活的膳食需要及食物喜好。2003 年，联合国粮农组织（FAO）又对粮食安全概念给予了最新的界定：当所有人在任何时候，都能够在物质上、社会上和经济上获得足够、安全和富有营养的食物，来满足其积极和健康生活的膳食需要及食物喜好时，粮食安全才存在。家庭粮食安全是这种概念在家庭层面的一种运用，在家庭中个人成为关注的焦点。这一阶段粮食安全被描述成与个人相关的一种现象，即最终受到关

---

① 许世卫、李志强：《新时期中国食物安全发展战略研究》，山东科学技术出版社，2000。
② 王国丰：《中国粮食综合安全体系研究》，中国经济出版社，2009。

注的单个家庭成员的营养状态以及食物充足状态无法实现或者正在受到破坏的风险状态。

二 粮食安全概念的空间演变

从粮食安全概念的时间演变可以看出，人们对粮食安全的认识是一个不断深化和发展，并不断丰富和充实其内容的过程。伴随着时间尺度的变化，粮食安全所关注的空间尺度也在不断发生变化。从空间尺度上看，粮食安全的概念变化主要表现在人们关注粮食安全的尺度在不断缩小。20世纪70年代，人们关注的是宏观尺度的粮食安全，即全球和国家的粮食安全问题；80年代开始关注中观尺度的粮食安全，即区域和家庭的粮食安全问题；90年代以后则不但关注全球、国家、区域和家庭的粮食安全问题，而且更加关注微观的粮食安全，也就是个人的膳食结构及其营养安全问题。因此，粮食安全的阶段基本上可以划分为宏观尺度粮食安全、中观尺度粮食安全和微观尺度粮食安全。

（一）以粮食数量安全为主要目标，实现全球和国家层面的宏观尺度粮食安全

该尺度的粮食安全可通过全球及整个国家食物获取能力来反映，其中，全球粮食安全状况主要取决于全球的粮食总产量和全球的粮食消费状况；而一个国家在特定时期的粮食安全则主要取决于该国粮食总供给与粮食总需求的比较状况，其中粮食总供给包括粮食生产量、储备粮和粮食净进口量（包括粮食国际援助），而粮食总需求则包括口粮需求、饲料粮需求、工业原料粮需求、种子用粮以及收货后损失等。[1] 如果一个国家的粮食总供给大于粮食总需求，则该国的粮食是安全的；反之，则是不安全的。宏观尺度的粮食安全以粮食的数量安全为目标，其主要体现是世界和各个国家为实现其全球或国家经济社会的稳定发展，必须拥有一定数量的粮食生产量和储存量。虽然目前人类所处的时代比任何历史时刻都要发达、社会文明程度都要高，但受世界人口不断增长、人口分布不均衡、全球区域经济

---

[1] 马九杰、张象枢、顾海兵：《粮食安全衡量及预警指标体系研究》，《管理世界》2001年第1期，第154～162页。

和社会发展不平衡等多种因素的困扰，全球粮食安全仍然是世界关注的焦点。据 FAO 统计，2010～2012 年，全世界约有 8.7 亿人口（略低于世界总人口的 15%）处于营养不良的状态。全球诸多国家尤其是很多发展中国家正以不同方式化解着粮食危机。[①] 因此，要实现宏观尺度的粮食安全目标，需要有更多的目标明确的资金投入、技术创新和政策响应，着重解决农业科技能力、人力资源、基础设施、水土资源利用和管理等方面的问题。[②]

（二）以平衡区域之间粮食供求状况为目标，实现区域中观尺度的粮食安全

由于在同一个国家之内（尤其是幅员辽阔的国家）存在差异较大的不同区域，其在农业自然资源、粮食生产能力、经济发展水平、人均粮食占有量等方面都有各自特点[③]，因此粮食安全具有显著的区域差异。该尺度的粮食安全侧重于分析粮食安全的区域差异及其原因，还有如何平衡不同区域之间的粮食供给与消费。我国幅员辽阔，存在明显的粮食主产区、粮食产销平衡区和粮食主销区的区域划分，因此中观尺度的区域粮食安全备受关注。区域中观尺度的粮食安全可按粮食主产区和粮食不能自给的区域进行划分[④]，也就是存在粮食主产区的粮食安全和粮食主销区的粮食安全。粮食主产区的粮食安全是指，基于社会需求、当地经济发展和维护国家粮食安全条件下的高层次粮食安全，具体来说，粮食主产区应该具有较强的粮食生产和储备能力，在满足本省经济社会发展对粮食需求的同时，还能满足国际、国内市场对本地粮食的需求和国家战略需要，能够应对重大自然灾害等突发事件，在保持区域内外粮食市场供求动态平衡和稳定粮食市场价格中发挥重要作用，其核心是保证全省经济社会平稳、快速发展和保障国家粮食供给；粮食主销区的粮食安全则是指，保证有一定的粮食

---

① FAO, WFP, IFAD, *The State of Food Insecurity in the World：Economic Growth is Necessary but not Sufficient to Accelerate Reduction of Hunger and Malnutrition*, Food and Agriculture Organization of the United Nations, Rome, Italy, 2012.

② Rosegrant M W, Cline S A, "Global Food Security：Challenges and Policies", *Science*, 2003, No. 302, pp. 1917 – 1918.

③ 王道龙、屈宝香、张华等：《中国粮食总量平衡与区域布局调整研究》，气象出版社，2004。

④ 马树庆、王琪：《区域粮食安全的内涵、评估方法及保障措施》，《资源科学》2010 年第 1 期，第 35～41 页。

生产能力和库存，建立比较畅通的粮食调入途径，满足民众在正常和有区域农业灾害的条件下，能得到基本的粮食供给，其核心是满足基本的粮食需要，不强调粮食经济发展和国家粮食储备，是最基本层次上的粮食安全。我国粮食安全区域差异的研究在 20 世纪 90 年代开始受到重视，多以省域或以不同的经济带为基本单元，分析粮食生产的区域中观尺度的差异，并得出我国粮食增长重心北移的基本结论。[1][2][3][4] 为此，研究者们从稳定耕地、粮食播种面积，增加粮食生产投入，出台国家和区域性粮食生产政策措施等方面，提出了平衡区域之间的粮食供求状况，以实现区域中观尺度的粮食安全。

（三）以粮食结构、质量和营养安全为目标，实现家庭和个人层面的微观尺度粮食安全

微观层面的粮食安全主要包括家庭粮食安全和个人营养安全两个方面，前者是指一个家庭的粮食消费水平及其获取能力，主要通过家庭食物消费量和能量摄入量等指标，或家庭收入及贫困类指标予以反映（马九杰等，2001）；而后者是指个人的食物消费水平及其获取能力，主要通过个人的营养及病理状况类指标予以反映。家庭粮食安全通常通过对一个家庭实际食物和卡路里需求基准的差额，来确定其粮食安全状况。[5][6][7][8] 如

① 黄爱军：《我国粮食生产区域格局的变化规律》，《中国农村经济》1995 年第 2 期，第 31 ~ 33 页。

② 伍山林：《中国粮食生产区域特征与成因研究——市场改革以来的实证分析》，《经济研究》2000 年第 10 期，第 38 ~ 45 页。

③ 殷培红、方修琦、田青等：《21 世纪初中国主要雨量区的空间格局特征》，《地理学报》2006 年第 2 期，第 190 ~ 198 页。

④ 刘玉杰、杨艳昭、封志明：《中国粮食生产的区域格局变化及其可能影响》，《资源科学》2007 年第 2 期，第 8 ~ 14 页。

⑤ Bouis, H, *Food Consumption Surverys: How Random are Measurement Errors?* In: Von Braun, J., Puetz, D. (eds.), Data Needs for Food Policy in Developing Countries, International Food Policy Research Institute, Washington, DC, 1993.

⑥ Chung, K., Haddad, L., Ramakrishna, J. et al., *Identifying the Food Insecure: The Application of Mixed-Method Approaches in India*, International Food Policy Research Institute, Washington, DC, 1997.

⑦ Haddad, L., Kennedy, E., Sullivan, "Choices of Indicators for Food Security and Nutrition Monitoring", *Food Policy*, 1994, Vol. 19, No. 3, pp. 329 – 343.

⑧ Maxwell, S., Frankenberger, T., *Household Food Security: Concepts, Indicators, Measurements, A Technical Review*, UNICEF, New York and IFAD Rome.

果一个家庭的食物消费能力不足以满足其家庭成员的正常生理要求，即被认为是家庭粮食不安全。家庭食物消费水平同家庭收入水平及其决定的食物获取能力是联系在一起的，低收入、贫困等因素导致家庭食物获取能力不足，从而产生家庭粮食不安全问题。因此，家庭可支配收入水平也是衡量家庭粮食安全与否的一个重要指标。个人营养安全是粮食安全的最终目标，只有实现个人营养安全，才能确保每个人都过上有活力和健康的生活。[1] 当一个人能够安全地获取营养充足的食物以满足其正常生理需求，即维持生存生长或保证从疾病、生产及哺乳、体力劳动引起的疲乏中恢复正常的能力，那么这个人就被认为是营养安全的。个人营养安全通常采用身体健康检查指标予以衡量，而不同年龄段儿童发育状况如身高、体重状况等指标可以反映其营养状况乃至粮食安全状况，儿童营养不良被看作个人粮食不安全的代表性指标之一（Haddad et al.，1994；Maxwell et al.，1992）。

三 粮食安全的测度方法

粮食安全的时空动态演变分析表明，粮食安全是一个复杂的、综合的概念，也是一个动态的发展过程，它一般与一个国家或地区的经济发展程度密切相关[2][3]，因此，每个国家或地区对粮食安全的理解和测度也存在明显的差异。综合国内外现有研究成果可知，发达国家的粮食生产总量一般都大于其国内粮食消费总量，因而发达国家或地区在对粮食供求关系进行宏观调控的过程中，更为注重微观层面的营养平衡，以实现其粮食安全战略；而对于发展中国家或地区而言，一般都存在粮食生产总量小于其国内粮食消费总量的现象，都存在不同程度的粮食缺口，因而发展中国家或地区更为关注粮食的供给，强调发展粮食生产的重要性，并侧重从宏观层面对粮食消费进行适当的限制，从而谋求粮食的供求平衡，以实现其粮食安全。因此，在评价和考核粮食安全问题的实践中，发达国

---

[1] FAO, *Rome Declaration on World Food Security and World Food Summit Plan of Action*, FAO, Rome, 1996.

[2] 刘晓梅：《关于我国粮食安全评价指标体系的探讨》，《财贸经济》2004 年第 9 期，第 56 ~ 61 页。

[3] 陆慧：《发展中国家的粮食安全评价指标体系建立》，《对外经贸实务》2008 年第 3 期，第 35 ~ 38 页。

家更多的是考虑粮食品质对综合安全水平的影响，而发展中国家则更多考虑的是粮食生产、消费与储备、粮食贸易与自给率、人均粮食占有量等相关指标（陆慧，2008）。从以上分析可知，目前国内外尚无统一的粮食安全测度指标，不同的国家和地区之间，由于其经济发展水平、人口状况、自然资源状况等因素存在差异，其粮食安全的测度指标也存在明显的不同。目前，国内外较有代表性的粮食安全测度方法主要有联合国粮农组织（FAO）对世界粮食安全状况的评价方法和美国农业部经济研究局对美国粮食安全状况的评估方法。中国是世界人口大国，粮食安全对于中国的发展尤为重要，因此针对中国的经济发展水平和自然资源状况，粮食安全的测度指标研究也得到人们的重视，取得了较多的研究成果。

1. 联合国粮农组织（FAO）对世界粮食安全状况的评价方法

1996 年，世界粮食首脑会议提出了要逐步提高世界粮食安全程度的发展目标。为了衡量这一目标的实现程度，FAO 从 1999 年开始，每年都要测算世界食物不安全状况，并发布《世界粮食不安全状况报告》。FAO 对世界粮食不安全状况的评估标准主要是每个国家（或地区）总人口中营养不良人口所占的比重。按照 FAO 的标准，所谓营养不良是指人均每日摄入的热量少于 2100 卡路里的状况。如果一个国家或地区营养不良人口的比重达到或超过 15%，则该国属于粮食不安全国家或地区。从理论上说，FAO 的这种度量方法是比较科学的，因为一个国家的粮食安全与否，归根到底是要看该国或该地区人民的营养状况。这种评估方法实际上是把一个国家或地区消费的粮食和其他食物总量，按照一定的营养标准进行总热量折算，再根据人口的构成和各类人群对营养的不同需要进行计算，最后进行平均，得出人均热量的摄入水平（刘晓梅，2004）。

FAO 在进行测算时，主要依据的指标包括食物生产量、进出口量、库存量，人口的总量及其年龄和性别分布，消费分布。计算方法是：第一步，计算从当年生产和进口、库存粮食中可获得的卡路里的总量；第二步，根据人口的构成状况和不同性别、年龄的人口对卡路里的需要，计算出人的最低卡路里的需要量；第三步，根据总人口和卡路里总量，计算出一个国家或地区可获得的人均卡路里；第四步，考虑获得粮食的不平等状况，适当进行调整；第五步，计算出一个国家或地区的食物摄入量低于需要量的百分比；第六步，根据这一百分比，乘以人口总量，求出营养不良的人口总数。[1]

2. 美国农业部经济研究局对美国粮食安全状况的评估方法

美国粮食安全包括以下主要内容：一是在任何时候，都必须有足够的粮食提供给全体国民，以保证他们维持正常生活；二是供给必须真正有保障；三是要有合理的营养。[2] 美国农业部经济研究局 2003 年编制和发布了美国居民粮食安全状况报告，它并没有按照 FAO 的营养不足标准去进行调查和评价，而是以一个家庭或个人为基础，采用问卷调查的方法进行评估，问卷包含了 18 个有关粮食消费条件和行为的问题，大致分为以下三类。[3][4]

第一类是住户项目，包括 3 个问题：①担心在我（我们）有钱购买更多的食品之前把食物消费完毕；②所购买的食品不能持久，我（我们）没有钱再购买更多的食品；③消费不起营养均衡的食物。

第二类是针对成年人的项目，包括 7 个问题：①成年人缩减进食量或减少进餐顿数；②成年人所食用的饭食量少于应该食用的数量；③成年人在 3 个月或 3 个月以上都缩减饭食量或减少进餐顿数；④成年人由于没有足够的支付能力去购买食物而挨饿；⑤成年人体重下降；⑥一整天未进餐；⑦在 3 个月或 3 个月以上有一整天未进餐。

第三类是针对儿童的项目，包括 8 个问题：①依赖少数几种低价食物来喂养儿童；②不能为儿童提供营养均衡的食品；③儿童吃不饱；④缩减儿童的饭食量；⑤儿童挨饿；⑥儿童减少进餐顿数；⑦3 个月或 3 个月以

① 张苏平：《粮食安全评估指标与方法研究综述》，《经济研究参考》2007 年第 13 期，第 32～39 页。
② 李向荣、谭强林：《粮食安全的国内外评价指标体系及对策研究》，《中国农业资源与区划》2008 年第 1 期，第 22～26 页。
③ 刘晓梅：《关于我国粮食安全评价指标体系的探讨》，《财贸经济》2004 年第 9 期，第 56～61 页。
④ 高帆：《中国粮食安全的测度：一个指标体系》，《经济理论与经济管理》2005 年第 12 期，第 5～10 页。

上的儿童减少进餐顿数；⑧儿童一整天未进餐。

根据受访者对以上问题的"是"或"否"的回答，就可以计算出粮食不安全的状况。美国农业部经济研究局也指出，由于调查对象不包括城市中的无家可归者，再考虑到某些家庭不愿承认挨饿的窘况，所以这种调查和计算的结论可能低估了粮食不安全的程度。可以看到，美国的这种评估方法能够更准确地反映一个国家或地区粮食安全的真实状况。因为它是建立在一个个家庭或个人的基础之上的。如果按照 FAO 的方法计算，美国应该不存在粮食不安全的问题，因为其人均热量摄入量要大大高于 FAO 规定的标准。而事实上，美国确实存在着一部分人口营养不足的问题。由此可见，美国粮食安全的内容与世界粮食安全的普遍含义相比，其内容标准高、范围广，但归纳起来也包括粮食数量安全、粮食经济安全、粮食质量安全、粮食生态与市场安全几个方面（李向荣等，2008）。

3. 我国粮食安全的评价方法

中国是世界农业大国，由于人口众多因而也是粮食消费大国。然而，我国粮食生产存在耕地资源少、水资源少、农业基础设施薄弱等特点，因而我国的粮食生产基础较为脆弱，保障粮食安全始终面临着挑战。与此同时，粮食安全始终是我国政府工作的重点，自改革开放以来，为维护国家粮食安全，我国政府出台了一系列粮食安全的调控政策。因此，研究中国的粮食安全既不同于发达国家，也不同于一般的发展中国家，对粮食安全的实质和评价问题的研究不仅是政策判断和把握粮食安全形势的基础，而且是国家制定粮食安全政策的基础（李向荣等，2008）。由于我国粮食安全问题的复杂性，对于我国粮食安全的评价尚没有形成一个统一的标准，目前，国内对粮食安全状况的评价主要使用粮食总产量波动系数、粮食自给率、粮食储备水平、人均粮食占有量、贫困人口的粮食保障水平等相关指标，或者是将这些相关指标进行组合，构建一个综合的粮食安全系数，进而对我国的粮食安全水平进行评估。总体上看，目前对我国粮食安全评价较有代表性的研究主要有：朱泽（1998）[①] 的四指标简单平均

---

① 朱泽：《中国粮食安全问题：实证研究与政策选择》，湖北科学技术出版社，1998。

法、徐逢贤等人（1999）[①] 的五指标简单平均法、马九杰等人（2001）[②] 的五指标加权平均法和刘晓梅（2004）[③] 的四指标加权平均安全系数法等。

（1）朱泽的四指标简单平均法。为计算粮食安全系数 K，朱泽假设：一国的粮食安全可以由粮食产量波动率、粮食储备率、粮食自给率和人均粮食占有量来解释，4 个指标对 K 的解释度或权重是等同的。其中，$K_i = (\sum K_{ij})/4$，式中，K_{ij} 为第 i 个国家 j 项指标取值。K 越接近 1，粮食安全水平越高。

（2）徐奉贤等人的五指标简单平均法。这一评价方法的思路与朱泽的四指标简单平均法相同，只是认为应该在 4 个指标中加入"低收入者阶层的粮食保障水平"这个指标。这样，粮食安全系数是粮食总产量波动系数、粮食自给率、粮食储备水平、人均粮食占有量和低收入者粮食保障水平 5 项指标的简单平均值，即 $K_i = (\sum K_{ij})/5$。

（3）马九杰等人的五指标加权平均法。该评价方法认为，不同因素对粮食风险的影响程度不同，粮食安全指数是食物及膳食能量供求平衡指数、粮食生产波动指数、粮食储备 - 需求比率、粮食国际贸易依存度系数、粮食及食物市场价格稳定性 5 项指标的加权平均数，它们的权重依次为：0.3、0.2、0.2、0.1 和 0.1。

（4）刘晓梅的四指标加权平均法。该评价方法采用人均占有粮食量、粮食总产量波动系数、粮食储备率、粮食进口率（或粮食自给率）4 项指标，对朱泽的取值标准和马九杰等人的加权平均方法进行综合，得到粮食安全综合评价指数。该方法认为，这 4 个指标可以反映粮食安全状况且不存在交叉关系，4 个指标的权重分别为：0.4、0.3、0.2 和 0.1。

---

①　徐奉贤：《中国农业扶持与保护》，首都经济贸易大学出版社，1999。
②　马九杰、张象枢、顾海兵：《粮食安全衡量及预警指标体系研究》，《管理世界》2001 年第 1 期，第 154～162 页。
③　刘晓梅：《关于我国粮食安全评价指标体系的探讨》，《财贸经济》2004 年第 9 期，第 56～61 页。

第二节　城市化的主要内容与测度方法

　　城市化与工业化、现代化一样代表着一个国家和地区发展进步的程度，世界各国经济社会发展的事实表明，城市化是经济社会发展的普遍规律，是任何一个国家在推进经济社会发展过程中不可逾越的过程。从工业革命开始直到 20 世纪中期，世界上的主要发达国家都经历了城市化的发展过程，而且发达国家城市化过程实现了城市化与产业结构、经济社会结构同步变化发展的良好状态。目前，发达国家已经进入了城市化发展的第三阶段，城市化水平已基本保持稳定。[①] 20 世纪中期以后，为加快推进国家的经济、社会发展，摆脱贫困落后的状况，发展中国家普遍加快推进城市化进程，目前，发展中国家已成为世界城市化的主体。联合国的一份发展报告指出，城市化是 20 世纪和 21 世纪最为显著的变化趋势，截至 2008 年年底，世界已有一半以上的人口居住在城市。随着城市化的进一步推进，预计在 2009～2050 年，世界人口将增长 23 亿，即从目前的 68 亿增长到 2050 年的 91 亿；与此同时，世界城市人口将增加 29 亿，即从目前的 34 亿，增长到 2050 年的 63 亿，届时世界城市化水平将达到 69%，而且这一现象几乎全部发生在发展中国家。[②][③] 由于世界城市化的发展，城市化引发了众多学者的关注，人们围绕着城市化的概念、过程、基本特征以及不同区域城市化的现实问题进行了大量的研究，产生了许多较为经典的有关城市化问题的研究成果。

一　城市化的概念

　　自从工业革命开始，发达国家就不断向工业化、城市化的进程迈进，

[①] Chen M. X., Liu W. D., Tao X. L., "Evolution and Assessment on China's Urbanization 1960 – 2010: Under-Urbanization or Over Urbanization", *Habitat International*, 2013, No. 38, pp. 25 – 33.

[②] United Nations, *World Urbanization Prospects: The 2009 Version*, New York: United Nations, 2010.

[③] FAO, *Feeding the World*, *Eradicating Hunger*, Background Paper to the World Summit on Food Security, Rome, 16～18 November 2009. ftp: //ftp. fao. org/docrep/fao/Meet – ing/018/k6077e. pdf.

因此，有关城市化的概念最早可以追溯到 1858 年马克思所出版的《政治经济学批判》一书当中。马克思在书中谈及城乡分离和城市发展时，首先明确使用了"城市化"（urbanization）的概念，并提出了"现代的历史是乡村城市化，而不像古代那样，是城市乡村化"的论断。[①] 然而，也有部分学者对此有不同观点，他们认为城市化的概念是西班牙工程师艾·塞埃达（A. Serda）于 1867 年在其所著的《城市化基本原理》一书中首次使用的。[②] 在 20 世纪的经济社会发展过程中，当今世界主要的发达国家都在那一时刻经历着各自的城市化过程，因而"城市化"一词在 20 世纪十分风行。20 世纪 70 年代后期，中国开始推行改革开放政策，社会生产力得到了极大的解放，经济社会迈开了快速发展的步伐。与此同时，城市化进程在全国各地不断推进，因而"城市化"一词也开始在我国广泛流行。城市化是一个较为复杂的人文社会变化过程，人口学、经济学、社会学、地理学等众多学科都对城市化问题进行了相应的研究。由于问题的复杂性，一直以来关于"城市化"的概念众说纷纭、莫衷一是。综观有关城市化的概念和定义，大致可以从人口学、经济学、社会学和地理学 4 个学科方面进行概括。

1. 人口学观点

从人口学角度来看，城市化是指人口城市化，即农村人口逐渐转变为城市人口的现象和过程。威尔逊（C. Wilson）在其主编的《人口学词典》中认为，人口城市化即指居住在城市地区的人口比重上升的现象。[③] 埃尔德里奇（H. T. Eidridge）认为：人口集中的过程就是城市化的全部含义；人口不断向城市集中，城市就不断发展；人口停止向城市集中，城市化亦随即停止。[④] 人口由分散的乡村向城市集中，主要有两种方式：一是城市人口的机械增长，即随着城市化的推进，乡村人口不断向城市集聚，并逐

---

① 刘耀彬：《资源环境约束下的适宜城市化进程测度理论与实证研究》，社会科学文献出版社，2011。

② 许学强、周一星、宁越敏：《城市地理学》（第二版），高等教育出版社，2008，第54页。

③ Wilson, C., *Urbanization*, *in Christopher Wilson* (ed.), The Dictionary of Demography, Oxford: Basil Blackwell, ltd, 225.

④ 顾朝林、于涛方、李王鸣等：《中国城市化格局·过程·机理》，科学出版社，2008。

渐转化为城市人口；二是城市人口的自然增长，即城市人口的出生率超过死亡率，进而导致城市人口增长。

2. 经济学观点

经济学家认为，城市化是各种非农产业发展的经济要素向城市集聚的过程，它不仅包括农村劳动力向城市第二、三产业的转移，还包括非农产业投资及其技术、生产能力在城市的集聚。因此，城市化一般与产业结构非农化同步发展（刘耀彬，2011）。科林·克拉克（C. Clark）认为，城市化是第一产业人口不断减少，第二、三产业人口不断增加的过程。库茨涅茨和钱纳里等众多学者对城市化与产业结构、经济发展水平的关系进行了较为深入的研究，钱纳里和塞尔奎因等人提出城市化、工业化与经济发展的一般模式，对于判别城市化与经济发展的关系起到了指导作用。[1]

3. 社会学观点

社会学家认为，城市化是一个城市生活方式的发展过程，它意味着人们被不断地吸引到城市中，并被纳入城市的生活组织中，而且还意味着随着城市化发展而出现的城市生活方式的不断强化。路易斯·沃斯于1938年在其发表的论文中采用了与 urbanization 有区别的另一个概念 urbanism，并认为城市化意味着从农村生活方式向城市生活方式的发展与质变的全过程。[2] 沃斯所说的城市化并非仅指城市的生活方式，它还包括制度、规划和方法等结构方面的内容，即城市化不仅是指农村人口向城市集中的过程，而且指通过交通、信息等手段，对居住在城市中的人们施加影响，促使城市生活方式的扩散，从而产生具有特色的城市生活方式的全过程。美国学者索罗金（P. Sorokin）认为，城市化就是使农村意识、行动方式和生活方式向城市意识、行动方式和生活方式转变的全过程。日本学者矶村英一认为，城市化的概念应该包括社会结构和社会关系的特点，城市化应该分为形态城市化、社会结构城市化和思想情感城市化3个方面。[3]

---

[1] 刘艳军、李成固：《东北地区产业结构演变的城市化响应机理与调控》，《地理学报》2009 年第 2 期，第 153 ~ 166 页。

[2] Wilson, C., *Urbanization*, *in Christopher Wilson* (ed.), The Dictionary of Demography, Oxford: Basil Blackwell, ltd, 225.

[3] 崔功豪、王本炎、查彦育：《城市地理学》，江苏教育出版社，1992，第 68 页。

4. 地理学观点

地理学者认为，城市化是居民聚落和城市布局的空间区位再分布，并呈现日益集中化的过程。更具体地说，城市化就是第二、第三产业向城镇的集中，就是非农业部门的经济区位向城镇的集中，也是劳动力和消费区位向城镇的集中。这一过程既包括农业区甚至未开发区形成新的城镇以及已有城镇向外围的扩展，也包括城镇内部已有的经济区位向更集约的空间配置和更高效率的结构形态发展。地理学除了认识到城市化过程中的人口与经济的转换与集中外，还特别强调城市化是一个地域空间的变化过程，包括区域范围内城市数量的增加和每一个城市地域的扩大两个方面。[①]

由于中国正处于快速的城市化发展过程中，加上城市化问题的复杂性，目前城市化也成了整个社会科学所共有的研究对象，人口学、社会学、地理学、经济学等学科都将城市化作为自己的热门研究课题。然而，不同学科对城市化的不同理解，并不是互相抵触而是互相补充的关系。由于城市化的长期性和复杂性，城市化过程越来越被认为是一种影响极为深广的社会经济变化的过程。它既有人口和非农业活动向城镇的转型、集中、强化和分异以及城镇景观的地域推进等人们看得见的实体的变化过程，也包括了城市的经济、社会、技术变革在城镇等级体系中的扩散并进入乡村地区，还包含城市文化、生活方式、价值观念等向乡村地域扩散的较为抽象的精神上的变化过程。因此，越来越多的学者认为必须多视角、多维度且全面地对城市化问题进行研究。例如，兰帕德（Lampard，1964）、麦基（McGee，1971）、弗里德曼和沃尔夫等人（2004）均认为，城市化是社会的缩影，是物质、空间、体制、经济、人口以及社会特征的一种多维现象的反映。日本森川洋（1989）认为，城市化主要是指农村居民向城市生活方式的转化过程，反映在城市人口增加，城市建成区扩展，城市景观、社会以及生活方式等多方面城市环境的形成。周一星（1995）认为，城市化的实质含义是人类进入工业社会时代，社会经济的发展开始了农业活动的比重下降、非农业活动比重上升的过程。与这种经

---

① 许学强、周一星、宁越敏：《城市地理学》（第二版），高等教育出版社，2008，第54页。

济结构的变动相适应，出现了乡村人口的比重逐渐降低，城市人口比重稳步上升，居民点的物质面貌和人们生活方式逐渐向城市化转化或强化的过程。陆大道等人（2007）指出，与农业与农村社会相比较，城市化涉及经济结构、社会结构、生产方式以及生活方式等方面的根本转变，涉及产业的转变和新产业的支撑、城乡社会结构的全面调整和转型、庞大的基础设施建设和资源环境对它的支撑。①

综上分析可知，"城市化"一词至少包含了乡村－城市之间的4种转型，即人口结构的转型、经济结构的转型、地域空间的转型和生活方式的转型4个方面。因此，城市化是一个具有丰富内涵的概念，从任何一个方面来测度城市化，都不能准确、科学地揭示城市化的本质与内涵，因此必须从多维度综合的视角对城市化进行度量。城市化与粮食安全存在较为复杂的相互影响和制约关系，本研究认为人口转型、经济转型、空间转型和生活方式转型4个方面都会对粮食安全产生较大影响。因此，立足于粮食安全的视角，本研究认为城市化包括人口城市化、经济城市化、空间城市化和生活方式城市化4个方面。

二 城市化的发展阶段

工业革命以来，尽管世界各国城市化的起步时间、发展速度、发展规模等方面都存在较大差异，但总体来说，世界城市化都呈现出了一个比较稳定的变化规律。美国城市地理学家雷·诺瑟姆（Ray M. Northam）对城市化的发展阶段进行了系统研究，认为世界城市化一般都呈现出初始、加速和终极3个不同的发展阶段，并呈现出弱性"S"形状。如图2－1所示。

第一阶段为城市化的初始阶段。该阶段城市化率一般在25%以下，对应着经济学家罗斯托（W. W. Rostow）所划分的传统社会阶段，即农业占国民经济绝大比重，且农业经济活动、人口分布均比较分散，只有一小部分人口生活在城市。在城市化的初始阶段，农业人口占绝对优势，这一时期农业生产率较低，农产品的剩余量较少，同时人口还处于高出生率、

① 陆大道、姚士谋、刘慧等：《2006 中国区域发展报告：城市化进程及空间扩张》，商务印书馆，2007。

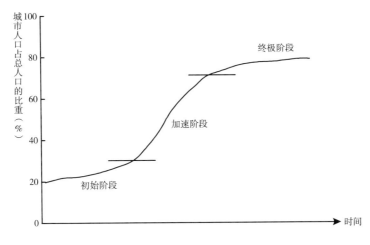

图 2 - 1　城市化过程的阶段示意图

资料来源：Ray M. Northam，*Urban Geography*，New York：John Whiley&Sons，1975，pp. 65 - 67。

高死亡率的缓慢增长阶段，农村对劳动力的"推力"还不太紧迫，而现代工业也才刚刚起步，规模较小，发展中受到资金和技术的制约，城市对农村人口的"拉力"也还不太大。由于城市化的推力和拉力均比较小，因而农村人口向城市迁移的速度也必然表现得较为缓慢。

第二阶段为城市化的加速阶段。在该阶段，城市化人口由 25% ~ 30% 快速增长到 50% 甚至 70%，城市人口所占比重不断增大并逐渐超过农业人口比重，第二、三产业增速超过农业，且占 GDP 的比重越来越高，制造业和贸易及服务业从业人员大幅度增加，人口与经济活动明显集中。在城市化的加速阶段，农业生产率得到很大提高，丰富的农产品供给为城市化提供了坚实基础，而且在农业生产中出现了较多的农村剩余劳动力，农村人口的压力明显增大，因而城市化的"推力"也显著加强。另外，随着现代工业基础的逐步建立，第二、三产业的规模和发展速度明显加快，非农产业的发展促使城市对农村劳动力需求不断增加，城市化"拉力"也明显加大。在推力和拉力的共同作用下，这一阶段农村人口向城市迁移的速度明显加快，城市化进入加速阶段。

第三阶段为城市化的终极阶段。此时城市人口的比重超过 65% 或 70%，但仍有部分人口继续留在农村从事农业生产和相关的非农业生产，以保证城市食品和衣物等物品的供给；该阶段城市化曲线的变化逐渐趋于缓和，当城市化水平达到 80% 时，增长将变得十分缓慢。在城市化的终极阶段，农业劳动力已被第二、三产业吸收殆尽，农业和非农产业的边际劳动生产率已经趋于相等，而且由于农村经济的快速发展，农民生活条件明显改善，人口迁移的"推力"也逐步消失；与此同时，在城市中资金、技术等生产要素对第二、三产业的发展日趋重要，就业岗位的增加速度也明显减小，城市化的"拉力"也明显减弱；而且，进入终极阶段，城乡社会都进入了人口的低出生率、低死亡率和低增长率的"三低"状态，因此城乡人口的自然变化也趋于稳定，进而使得城市化速度逐渐平缓。

诺瑟姆认为，虽然世界城市化有类似于弱性"S"形状的发展规律，但不同国家和地区达到曲线上同一点的时间明显不同。例如，英格兰和威尔士在 1900 年前后就达到了曲线的顶上部分，而美国大约在 20 世纪 50 年代才达到同一点。同时，诺瑟姆还认为历史上也存在与上述一般模式有出入的状况，例如进入成熟阶段，由于城市中心人口的外迁，乡村地区的人口增长可能会超过城市地区；或者由于城市人口下降，城市化曲线产生反转。[①] 第一种情况下，城市发展所导致的城市大气和水污染、交通拥挤等问题，迫使人口向城市迁移被向农村迁移所替代，其迁移的结果是城市人口向外迁移数量可能超过农村向城市迁移人口数量与城市人口自然增长之和，从而导致城市化水平下降，即所谓的逆城市化（Counter Urbanization）。[②] 第二种情况下，由于城市化速度不断降低，向城市的人口迁移可能减缓或停止，结果会达到一种均衡，例如一旦人口达到 40% ~ 50%，就可能达到稳定的状态而进入成熟阶段。虽然这两种情景与城市化一般历史相反，但有可能存在，有报道说美国在 1950 ~ 1970 年，每 100 人迁移进入大都市区，就有 131 人迁移离开大都市区。同期，乡村人口增长了 3/4，然而在 20 世纪 50 年代有 2/5 迁移进城市，在 60 年代也只有 1/2 迁移进城市。

---

① 陈明星、叶超、周义：《城市化速度曲线及其政策启示——对诺瑟姆曲线的讨论与发展》，《地理研究》2011 年第 8 期，第 1499 ~ 1507 页。

② Shen L. Y., Peng Y., Zhang X. L. et al., "An Alternative Model for Evaluating Sustainable Urbanization", *Cities*, 2012, No. 29, pp. 32 – 39.

三 城市化的主要类型

1. 向心型城市化与离心型城市化

向心型城市化是指城市中的商业服务设施以及政府部门、企事业公司的总部、金融机构、媒体杂志等各种服务业，都不断向城市中心集聚，进而在城市中心形成中央商务区、外围扩散区等不同的圈层，也称为集中型城市化。在经济社会发展过程中，决策部门（政府行政机构、大型公司总部等）通常需要较多的信息和人力资源进行研讨，文化、娱乐、体育等生活服务业的发展需要直接与服务对象进行面对面交流，而大型超市、餐饮业等生产性服务业则需要以稠密的人流作为支撑，因此这些部门的职能特点促使它们向城市中心运动，从而产生向心型城市化。与上述部门相反，有些城市设施和部门则必须由城市中心向外缘移动扩散，例如，大型工业企业及自来水、供电等基础设施部门，污染和危害性较强的工业企业，如煤电厂、垃圾处理厂等，需要特殊环境的相关部门，如疗养院、传染病医院、监狱、兵营等部门。随着城市的不断发展，城市安全、健康和卫生逐渐引发人们关注，因此以上各种部门在城市规划过程中，会逐渐向城市外围移动，从而产生远离城市中心的发展趋势，称之为离心型城市化，也称之为扩散性城市化。向心型城市化促使城市中心土地利用密度升高，向立体方向发展，形成中央商务区；而离心型城市化则导致城市外围农村地域的变迁，促使城市面积不断扩大。

2. 外延型城市化和飞地型城市化

当城市的离心扩散一直保持与城市建成区相连，并呈连续渐进的方式向城市外围推进，则称之为外延型城市化。这种城市化模式是最为常见的一种城市化类型，在国内外的大、中、小城市发展过程中，都可以明显地看到城市的这种不断外延现象，城市化不断向外拓展的地带则称为城乡结合部。与外延型城市化相反，飞地型城市化通常是采取直接跳出中心城市的现有边界，到其他条件适宜的区域上寻求重新发展，从而有效地缓解城市中心的各种压力。飞地型城市化一般在大城市、特大城市等环境下才会出现，因为这些城市人口、用地规模已经十分庞大，而城市中的交通拥挤、环境污染、城市基础服务设施不足等问题已较为突出，如果仍实行外延式的扩张模式，将使各种矛盾更为尖锐。飞地型城市化发展的结果，通常是在大城市或特大城市周边地区形成新的卫星城市。

3. 景观型城市化与职能型城市化

景观型城市化是传统城市化的表现形式，主要是指城市性质用地在地域空间逐步扩展，进而创造出新的城市市区，因而这种城市化也称为直接城市化。美国学者弗里德曼（J. Friedmann）认为，景观型城市化主要是指人口和非农业活动在规模不同的城市环境中的地域集中过程，从而促使非城市型景观转化为城市型景观的地域推进过程，这种城市化过程是可见的、物化了的或实体性的过程。职能型城市化主要是指城市文化、城市生活方式和价值观在农村的地域扩散过程，它是一个抽象的、精神上的发展过程。职能型城市化是当代出现的一种新型城市化表现形式，这种城市化表现了地域进化的潜在意识，它不从外观上直接创造密集的城市景观，因而也被称为间接城市化。职能型城市化的出现，使得国外对城市功能区和城市人口的统计范围发生变化，目前国外已普遍将城市核心区连同周围功能上有联系的区域一并算作城市的地域范围，并将之称为城市功能区用以取代城市行政区；同时，在统计城市人口的过程中，将城市功能区的人口作为城市的总人口。

4. 积极型城市化和消极型城市化

城市化的表征性能就是一个国家或地区的城市化水平应该体现该国家或地区的经济发展水平，因此，与经济发展水平相适应的城市化，称为积极型城市化；反之，先于经济发展水平的城市化，则称为消极型城市化，也称为假城市化或过度城市化。从世界城市化发展的历程来看，欧美发达国家在城市化的发展过程中，基本是与其经济发展水平相适应的，因此发达国家所经历的是一个积极型城市化发展过程；但当前发展中国家，存在着与经济发展水平明显不同步的城市化。例如拉丁美洲的许多国家，其城市化水平与欧美发达国家的发展水平相似，但其经济发展水平却远低于发达国家水平，因此许多发展中国家正经历着消极型的城市化发展过程。在许多发展中国家的一些大城市中，农村人口源源不断地涌入，但城市的基础设施远远没有跟上，因而产生连片的城市贫民区，城市中的失业、犯罪、饥饿、传染病蔓延等城市病问题层出不穷。

5. 自上而下的城市化和自下而上的城市化

与世界许多国家不同，中国的城市化过程存在许多特殊性，因此学者们在研究中国城市化问题时，提出了自上而下的城市化和自下而上的城市化。所谓自上而下的城市化是指由国家主导的城市化，在城市化发展过程中政府投资于城市经济部门，促使城市非农产业不断发展，随着经济发展，城市中产生大量的劳动需求，促使农村人口向城市转移，从而导致城市化水平不断提高。自上而下的城市化具体表现为原有城市发展和新兴工业城市的产生两个方面。20世纪90年代以来，我国沿海的农村工业快速发展，大批农业剩余劳动力开始转向非农业活动，由于职业变化，经济来源改变，加强了与现有城市的联系，接受了城市文化的地域扩散。因而，他们的生活方式已开始向城市型转化，其中相当一部分人逐渐向农村中的小城镇集聚，加速农村原有小城镇发展，形成许多新的小城镇。以上这种城市化发展模式引起了研究者们的重视，学者们将这种城市化模式进行总结，认为这种城市化模式是发生在乡村地域，由基层社区政府发动和农民自主推动的、以农村人口在农村内就地转移，建立小城镇为中心的城市化过程，这一过程就是自下而上的城市化。

四　城市化水平的测度

由于城市化问题的复杂性，城市化的测度自然也面临许多困难，主要表现在以下两个方面：第一，城市化本身是个动态变化的过程，这就要求测度城市化的指标能够使用统一、客观的标准来反映不同时期城市化过程的主要特征；第二，城市化具有较为丰富的内涵，即如前所述，城市化不光指人口城市化，而且还体现在城市景观的空间扩展、城市文明的传播、城市生活方式的转变以及城乡之间发展的融合等方面，因而较难用比较统一的指标进行衡量。因此，目前学术界对于测量城市化水平的方法还存在一定争议。姜爱林（2002）将目前城市化水平的测度方法划分为三类：单一指标法、综合指标法和其他方法，在此基础上，作者进一步将其划分为常见的人口比重指标法、城镇土地利用比重法、调整系数法、农村城镇化指标体系法和现代城市化指标体系法。[①] 从总体上看，单一指标法操作简便，数据获取相对比较容易，因而在应用中得到了推广，但采用单一指标法所得的研究结果，很难得到专家学者们的普遍认可；而综合指标法可以从多方面反映城市化水平，有利于从总体上把握城市经济社会发展的状况，但综合指标法是一个测量指标体系，在实际应用过程中涉及大量的数据，工作量较大，而且资料收集在一定程度上也存在困难，因而在实际中并没有得到普遍应用。然而，随着人们对城市化研究的日益深刻，越来越多的学者倾向于采用综合指标来测度城市化发展水平。综合现有的相关文献，本研究将对国内外常用的城市化水平测度指标进行简要分析。

1. 城市人口比重指标法

城市人口比重指标法主要用一个国家或地区内城市人口占其总人口的比重来表示该国或地区的城市化水平，该指标简明扼要地反映了人口在城乡之间的空间分布状况。城市人口比重指标法包括两种不同的测度方法：一种是以城镇人口占总人口的比重表示，另一种则是以非农业人口比重表示。相对来讲，城市人口比重指标法操作简单且易于比较，是目前世界上最为常用的测度方法，其计算公式为：

$$U = [UP/(UP + RP)] \times 100\% = (UP/N) \times 100\% \qquad (2-1)$$

式（2-1）中，U 为城市化水平（或称城市化率），UP 为城市人口总量或非农业人口总量（Urban Population，UP），RP 为农村人口总量或农业人口总量（Rural Population，RP），N 为总人口数量，它等于城乡人口数量之和或非农业人口和农业人口数量之和。

城市人口比重法主要反映的是人口城市化的状况，当然它也能在一定程度上体现城镇化其他方面的状况。城镇人口比重指标法的优点在于以下三点：一是简单明了，易用易学；二是相对来讲城乡人口分布清楚，容易区分；三是统计上比较便利。不过，虽然这一指标具有较多的优点，但它并不能反映城市化含义的全部内容，而且在实际应用过程中，也存在以下

---

① 姜爱林：《城镇化水平的五种测算方法》，《中央财经大学学报》2002 年第 8 期，第 76 ~ 80 页。

5 个方面的局限性。

（1）在进行国家和地区之间城市化水平比较时，最为重要的就是明确城市或城镇的设立标准。由于不同国家和地区设立城市或城镇的标准存在差异，因此，在个别情况下，我们就不能准确地对不同国家和地区的城市化水平进行横向比较。因为在这种情况下进行横向比较，极有可能产生地理位置相邻、人口规模相近、经济发展水平也相当的两个国家或地区的城市化水平悬殊的不合理现象。例如，北欧的瑞典、丹麦和冰岛 3 个国家，其设立城镇的标准为 200 人，因而其城市化水平分别达到了 83%、84% 和 88%；而同其邻近的挪威和芬兰设立城镇的标准却为 2 万人，因而其城市化水平仅为 44% 和 62%，两者相差甚远。

（2）对城市人口或非农业人口的定义不同也将影响城市化水平的度量。一般认为，城市人口应指城市市区的非农业人口和一部分近郊区的农业人口，城市中农业人口占总人口的比重一般低于 30%。然而在现实中，我们却很难判断一个人到底属于城市人口还是非城市人口，抑或是非农业人口还是农业人口，主要表现在以下方面。第一，在中国，很多农村人口长期或短期地居住在城市，并从事着非农产业生产，因而很难判断一个人到底是农民还是市民。第二，对乡村生活的追求或对城市环境的厌恶，抑或是其他原因，导致部分非农业人口并没有居住在城市，但他们也没有从事农业生产[1]，因而对于居住在农村中的人口，要确定其是农业人口还是非农业人口也存在一定困难。第三，20 世纪 90 年代，我国乡村工业快速发展，产生了自下而上的城市化，也称为就地城镇化。在此情况下，我国出现了许多亦工亦农的劳动者，即许多人离土不离乡，他们在非农忙时节从事非农业生产，但在农忙时节也从事农业生产，所以要确定一个人到底是从事非农业生产还是农业生产也存在一定困难。[2] 第四，农业的概念近年来也在发生变化，特别是在沿海城市的郊区，各种都市农业、旅游观光农业以及富含高科技农业的出现和蓬勃发展，已使农业的概念变得日益丰

---

[1] Shen L. Y., Peng Y., Zhang X. L. et al., "An Alternative Model for Evaluating Sustainable Urbanization", *Cities*, 2012, No. 29, pp. 32–39.

[2] 崔功豪、马润潮：《中国自下而上城市化的发展及其机制》，《地理学报》1999 年第 2 期，第 106~115 页。

富和复杂化。这一发展趋势给人们区别农业或非农业带来了困难，从而也给人们区分农业人口和非农业人口带来了困难。因此，城市人口定义和非农业人口定义是关键点，更是一个难点问题。

（3）行政区划的变更和社会政治因素的影响，也会导致城镇人口的突发性变化，使城市化水平产生忽高忽低的变化，缺乏连续性和可比性。例如 1986 年后，对于设立市镇的非农业人口标准由 10 万人下降到 6 万人，再加上此后农村工业的蓬勃发展，1986～1993 年，全国出现大批县改市和乡改镇的情况，其间全国共新增城市 248 个，是新中国成立以来城镇增长最快的阶段。[①] 研究表明，县改市、乡改镇现象大范围的出现，都可能引起城镇比重的不准确或无法统计。[②] 社会政治因素对于城市化也产生重大影响，1958～1960 年，农村地区掀起了人民公社化运动，全国新设城市 44 个，致使全国城市人口从 1957 年的 9949 万人增长到 1960 年的 13073 万人，三年中城市人口净增 31.4%，全国的城市化水平也由 1958 年的 15.4% 迅速提高到 19.7%。由于城市化的过快推进，城市的就业、物资供应出现了严重问题，为有效解决这一问题，国家颁布了更为严格的城镇设置标准，在 1961 年以后还陆续撤销了 50 多个城市，并动员了近 3000 万城镇人口返回农村（相当于当时城镇人口的 25.7%），从而导致了全国城市化水平由 1960 年的 19.7% 下降到了 1965 年的 14%。

（4）用城镇人口占总人口的比重来衡量城市化，只能反映城市化的相对水平，并不能反映城市化的总体规模。例如，2011 年虽然我国城市人口比重已达到 51.27%，但由于我国人口基数大，农村人口总量仍有 65656 万人，城市化每提高一个百分点仍意味着要增加 656.56 万人以上的城市人口，这对我国经济社会发展既是一个动力，也是一个压力；而与中国土地面积相当的加拿大，城市化水平已达 80% 左右，但由于其人口总量才 3400 万人左右，因而其城市人口总量只有 2700 多万人，而其城市化每提高一个百分点，所增长的城市人口总量最多为 7 万人。

（5）城市人口比重法只是反映了农村人口向城市人口集中的数量过

①　顾朝林、于涛方、李王鸣等：《中国城市化格局·过程·机理》，科学出版社，2008。
②　姜爱林：《城镇化水平的五种测算方法》，《中央财经大学学报》2002 年第 8 期，第 76～80 页。

程，它并不能全面反映城市化的其他性质。例如，这一指标无法反映农业景观向城市景观的转化过程，无法反映农民在城市化过程中的生活方式、生活质量等问题是否发生变化，更不能反映城市文明向农村地域扩散的过程。因此，运用这一指标来衡量不同国家或地区的城市化水平，在很大程度上不能反映真假城市化问题。

2. 城镇土地利用比重指标法

所谓城镇土地利用比重指标法，就是指以某一个国家或地区内的城镇建成区土地利用面积占区域土地总面积的比重来反映当地的城镇化水平。测度的方法就是统计一定时间内非城市用地（耕地、草地、林地、水域等）转变为城市建设用地（工矿地、交通建设用地、住宅、商业用地等）的比率，其计算公式为：

$$U = \left[C_n / (C_n + \overline{C_n}) \right] \times 100\% = C_n / S \times 100\% \qquad (2-2)$$

式（2-2）中，U 表示城镇化水平，C_n 表示建成区土地利用面积，$\overline{C_n}$ 表示建成区以外的土地利用面积，S 表示区域总面积。

从式（2-2）中可以看出，用城镇土地利用比重指标来测算城镇化水平时，城镇土地利用的面积与程度显得非常重要。然而，在实际发展过程中，城镇建成区面积要远小于城镇用地面积，故用该指标可能无法全部反映一个地区的城市化水平。因此，有研究者认为应该用一个国家或地区的全部城镇用地面积来除以区域总面积才比较合适。故可将式（2-2）修正为：

$$U = \left[C'_n / (C'_n + \overline{C'_n}) \right] \times 100\% = C'_n / S \times 100\% \qquad (2-3)$$

式（2-3）中的 U 表示城镇化水平，C'_n 表示一个国家或地区的所有城镇用地面积，$\overline{C'_n}$ 表示城镇性建设用地以外的土地面积，S 表示区域总面积。

从定义上看，这一指标能够反映城镇和农村之间在地理景观上的分野，对于迅速成长的城镇密集区具有较强的说服力。然而，城镇建成区面积和区域人口数量并不完全相关，因而该指标并不能反映人口密度的大小，对于人口密度大、建成区面积也大的地区而言，可能比较合适；而对于人口密度小、建成区用地也多的地区则难以反映其真实的城市化水平。因此，该指标忽略了人口密度大小与城镇用地多少的关系，并且在实际中统计难度也相对较大。所以，该指标在现实中使用得并不广泛。

3. 城市化速度法

城市化速度主要通过单位时间内城市化的变化状况，来反映一个国家或地区的城市化发展水平，其中最为常用的是城市化水平的百分比年度变化率，其计算公式为：

$$UV = \frac{1}{n} \times (PUP_{t+n} - PUP_t) \qquad (2-4)$$

式（2-4）中，UV 为某一国家或地区的城市化速度（Urbanization velocity，UV），即城镇人口比重单位时间增长率，n 表示两个时段的间隔单位时间，PUP_{t+n} 和 PUP_t 分别表示某个国家和地区在 $t+n$ 时刻和 t 时刻的城镇人口比重（Percentages of Urban population，PUP）。城市化速度法不但可以较为直观地反映一个地区城镇人口变化的速度，对于比较不同地区城市化进程的快慢，也具有较好的指示作用。然而，该指标与城镇人口比重指标法一样，并不能反映城市人口规模的大小，无法在不同国家和地区进行城市化规模的比较；此外，该指标也同样无法涵盖城市化进程中所体现的农业景观向城市景观的转化过程，无法反映农民在城市化过程中的生活方式、生活质量等问题是否发生变化。因此，在实际应用当中，该指标也没有被广泛应用。

4. 综合指标体系法

由于城市化是个复杂的变化过程，因此越来越多的学者认为，任何一个单一的指标都无法涵盖城市化的丰富内容。所以，随着研究的进一步深入，学者们提出了应用综合指标体系法来全面考察国家和地区的城市化发展状况。所谓综合指标体系法就是指通过选取与城市化各个方面密切相关的指标，分别反映城市化的各个方面，最后加以综合，以全面考察一个国家和地区的城市化发展水平。目前，国内外比较典型的城市化综合指标体系主要包括以下方面。

（1）城市度。1960 年，日本城市地理学家稻永幸男、服部圭二郎、加贺谷一郎等人提出了用城市度的复合指标，来研究东京郊区的城市化问题（杨立勋，1999）。城市度是由表示城市地域规模、城市地理位置、城市经济活动、城市静态人口结构和城市动态人口结构五大类 16 个单项指标组成的城市化综合评价指标体系。其中，反映城市地域规模的指标包括城市面积和城市人口总数 2 项，表示城市地理位置的指标有对东京市中心的时间距离 1 项，揭示城市经济活动的指标包括城市年度财政收入、工业产品率、商店销售率、耕地面积率和电话普及率 5 项，反映城市静态人口结构的指标包括三次产业的人口、管理人口率、雇佣人口率等 5 项，表示城市动态人口结构的指标包括人口增长率、通勤率和就业率 3 项。

（2）城市成长力系数。1971 年，日本"东阳经济新报社"在其出版的《地域经济总览》中提出了"城市成长力系数"的复合指标来测度城市化发展水平。城市成长力系数是一项由 10 项单项指标所组成的综合评价指标体系，它们分别是：总人口数、地方财政年度支出额、制造业从业人数、商业从业人数、工业产品生产额、批发业销售额、零售业销售额、住宅建筑面积、储蓄额和电话普及率。其计算方法是，先计算某一城市的 10 项指标在两个不同时点的增减值，再以这 10 项指标各自的全国平均值 100 为标准，然后将各项分指标增减值换算成标准值，最后把这 10 项指标的标准值进行算术平均，即得到城市的成长力系数。

（3）城市化综合指数。随着我国城市化进程的加速推进，城市化过程中所产生的各种人口、经济社会和资源环境的不同步发展现象日益突出，单一指标越来越难以反映城市化的本质变化过程。因此，国内众多学者不断创新研究，纷纷提出应通过构建城市化综合指数来反映我国的城市化发展状况。目前，国内较多的学者已经对城市化进行了综合研究，分别提出了城市化发展水平综合指数和城市化质量综合指数。

一是城市化发展水平综合指数。对城市化发展水平综合指数的研究，大体上可以划分为两个阶段。

第一阶段主要侧重对城市化内涵进行探讨，并从多维度的视角对某一区域的城市化进行分析。王慧（1997）较早地就从人口城市化、经济城市化、空间城市化和生活方式城市化 4 个方面入手，选取了 14 项单项指标构建了城市化发展水平综合指数，对陕西省的城市化状况进行了评价。① 代合治等人（1998）从人口、经济、社会文化以及地域景观 4 个层面出发，选取了 22 项指标构建了城市化综合质量评价指数，并对中国省域城市化水平进行了研究；② 宣国富（2005）也从以上 4 个方面入手，选取 18 项指标，通过主成分分析，对安徽省 17 个地级市的区域城市化发展水平进行了类似研究；③ 李爱军（2004）采用人口、经济、社会和居住环境因素四大类 18 项指标所构成的城市化综合指数，对江苏的无锡市、泰州市的城市化水平进行了测度；④ 欧名豪等人（2004）则从空间城市化、经济城市化、人口城市化以及生活方式与生活质量城市化 4 个方面入手，选取 17 项单项指标，对江苏省 13 个城市的城市化发展水平进行了评价；⑤ 李振福（2003）认为，城市化至少包括人口结构城市化、社会产业结构城市化、居民生活方式城市化、载体上的城市化、经济上的城市化和信息方面城市化 6 个方面，因此作者利用引力模型，从城市发展潜力、城市发展经济和城市发展装备三大层面对 1999 年北京、天津、上海等八省区的城市化水平进行了评价。⑥

第二阶段，延续了第一阶段对城市化的多维分析思路和方法，但在对城市化发展水平进行评价后，更加注重揭示区域城市化的动力机制以及区域城市化的时空格局变化研究。欧向军等人（2008）根据城市化的内涵，从人口城市化、经济城市化、生活方式城市化和地域景观城市化 4 个方面，选取 20 项单项指标构建了区域城市化水平的综合评价指标体系，对

① 王慧：《区域城市化发展水平的综合分析——以陕西省为例》，《地理学与国土研究》1997 年第 4 期，第 14～20 页。

② 代合治、刘兆德：《复合指标法及其在测度中国省域城市化水平中的应用》，《城市问题》1998 年第 4 期，第 84～88 页。

③ 宣国富、徐建刚、赵静：《安徽省区域城市化水平综合测度研究》，《地域研究与开发》2005 年第 3 期，第 47～51 页。

④ 李爱军、谈志浩、陆春锋等：《城市化水平综合指数测度方法探讨——以江苏无锡市、泰州市为例》，《经济地理》2004 年第 1 期，第 43～47 页。

⑤ 欧名豪、李武艳、刘向南等：《区域城市化水平的综合测度研究——以江苏省为例》，《长江流域资源与环境》2004 年第 5 期，第 408～412 页。

⑥ 李振福：《城市化水平综合测度模型研究》，《北方交通大学学报》（社会科学版）2003 年第 1 期，第 75～80 页。

江苏省 1991～2005 年 15 年间的城市化发展水平进行了评价，并从行政力、市场力、外向力和内源力 4 个方面对江苏省城市化的原因进行了探讨；[①] 陈明星等人（2009）以系统理论为指导，将城市化分解为人口城市化、经济城市化、土地城市化和社会城市化 4 个子系统，选取 16 项单项指标对中国 1981～2006 年 26 年来的城市化发展水平进行了综合评价，并详细对城市化的 4 个子系统 26 年来的时序演变特征进行了分析，最后选取全社会固定资产投资总额、社会消费品零售总额、实际利用外资总额、乡镇企业总产值 4 个指标分别代表城市化发展的行政力、市场力、外向力、内源力，对中国 26 年来城市化发展的动力机制进行了深入的剖析；[②] 陈文峰等人（2010）从人口城市化、经济城市化、社会生活城市化、地域景观城市化和环境质量城市化 5 个方面入手，选取了 20 项单项指标，对河南省 17 个地级市 2001～2009 年 9 年间的城市化发展水平进行了系统分析，并采用 GIS 方法揭示了河南省城市化发展水平的时空格局演变特征；[③] 孙宝明（2010）则从人口城市化、经济城市化、社会城市化、生活方式城市化和生态环境建设水平 5 个层面着手，选取 15 项单项指标对辽宁省 14 个地级市 2003 年和 2008 年的城市化发展水平进行了评价，并对 14 个地区城市化发展水平的时空格局进行了分析。[④]

二是城市化质量综合指数。

张耕田（1998）较早地认识到城市化的质量问题，他认为长期以来我国都是以城市人口比重来反映城市化水平，但这一指标只是反映了城市化的某一个方面，它不能反映一国的工业化水平和经济发展水平。另外，如果只是增加城市人口的比重，但并没有改变城乡居民的生活质量，那么这一过程充其量只能是城市人口的膨胀。基于此，他从人口集聚规模和人口

---

① 欧向军、甄峰、秦永东等：《区域城市化水平综合测度及其理想动力分析——以江苏省为例》，《地理研究》2008 年第 5 期，第 993～1002 页。

② 陈明星、陆大道、张华：《中国城市化水平的综合测度及其动力因子分析》，《地理学报》2009 年第 4 期，第 387～398 页。

③ 陈文峰、孟德友、贺振：《河南省城市化水平综合评价及区域格局分析》，《地理科学进展》2011 年第 8 期，第 978～985 页。

④ 孙宝明：《辽宁省区域城市化水平评价研究》，《地理科学》2010 年第 6 期，第 868～873 页。

构成、生产经济集聚规模及其构成、交通便利程度（道路、水运、航空、邮递等服务能力）、社会服务水平、社会保障及安全保障、环境质量和市民意识等 7 个方面，选取了 9 个指标来反映城市化的质量。[①] 王德利等人（2010）通过探析城市化发展质量的内涵，建立包括城市基础实力、城市化发展协调度、城市化发展可持续水平 3 个维度的 31 个指标体系及城市化发展质量评价模型、城市化发展"质"和"量"的协调性测度模型，利用联合国法修正改革开放以来中国的城市化发展速度，根据1978～2008 年相关统计数据及 2008 年各省最新统计数据，基于对城市化质量的测度，判定改革开放以来中国城市化发展速度及 2008 年省际城市化发展速度的适度性。[②] 方创琳等人（2011）借助象限图法，通过对城市化质量、速度与城市化水平互动协调关系的分析，从经济、社会、空间三方面提出了由三类指标、12 项具体指标组成的城市化发展质量综合测度的三维指标球及判别标准值，并引进阿特金森模型，构建了城市化发展质量的分要素测度模型和分段测度模型，进而对中国城市化发展质量及其空间分异特征进行了总体评价。[③]

以上分析表明，城市化综合指数从人口、经济、社会、生活、地域景观、资源环境等多个层面、多个视角对城市化进行了系统的评价，它可以全面反映某一国家或地区的真实城市化发展水平，因而更具科学性。然而，由于城市化综合指数需要根据不同的地区进行研究，进行有针对性的选取，因此综合指数具有针对性强、通用性差、可比性也差等特点。另外，城市化是一个复杂的综合系统，虽然学者们尽可能多地选择指标来全面反映城市化的发展水平，但综观已有研究，大多数学者所选指标只能反映城市化的主要特征，并不能全面地体现城市化的所有方面。

第三节　城市化进程中粮食安全变化的文献综述

城市化是人类社会经济发展的必由之路，而粮食安全历来是事关国家

---

① 张耕田：《关于建立城市化水平指标体系的探讨》，《城市问题》1998 年第 1 期，第 6～9 页。

② 王德利、方创琳、杨青山等：《基于城市化质量的中国城市化发展速度判定分析》，《地理科学》2010 年第 5 期，第 643～650 页。

③ 方创琳、王德利：《中国城市化发展质量的综合测度与提升路径》，《地理研究》2011 年第 11 期，第 1931～1946 页。

稳定和自立的重大问题。"十二五"时期将是我国城市化深入、快速发展和粮食安全问题日益突出的时期。《国家粮食安全中长期规划纲要（2008～2020）》和《全国新增 1000 亿斤粮食生产能力规划（2009～2020）》均指出，随着工业化、城镇化的发展以及人口增加和人民生活水平的提高，粮食消费需求将呈刚性增长，而耕地减少、水资源短缺、气候变化等对粮食生产的约束日益突出。我国粮食的供需将长期处于紧平衡状态，保障粮食安全面临严峻挑战。因此，在城市化进程中，我国粮食安全状况将如何变化，是事关中国经济发展和社会稳定的重大问题。由于城市化必须通过影响耕地、人口结构、粮食消费结构等一系列中间要素，才能最终作用于粮食安全，因此，将城市化和粮食安全问题两者相结合，探讨城市化进程中的粮食安全问题，并定量测度城市化进程中粮食安全水平变化的相关研究仍相对甚少。当前，有关城市化进程中粮食安全变化的相关研究，主要从两个方面展开：一是定性分析城市化对粮食安全的影响；二是定量分析城市化对粮食产量的影响。对于城市化进程中，粮食安全如何变化，学者们的意见分歧较大，并且大致可以分为三种观点：一是城市化与粮食安全相冲突论；二是城市化与粮食安全暂无冲突论；三是城市化与粮食安全关系的长短期差异论。

一 城市化与粮食安全冲突论

持该观点的学者们认为：从粮食生产方面而言，城市化必将导致耕地面积减少，农业劳动力弱质化等问题，进而导致粮食生产总量下降；从粮食消费方面而言，城市化会导致粮食消费结构的变化，使人们的肉、奶、蛋等间接粮食消费增加，进而增加粮食消费总量。因此，在城市化推进的过程中，必然对粮食安全产生重大影响。该派学者认为，为保障国家粮食安全，政府必须合理地规划城市发展，尽可能地稳定耕地面积，保障耕地的有效供给；同时，政府必须加快调整和优化农业生产结构，大力发展畜牧、渔业，以满足人们对食物的多样性需求，确保食物的有效供给。

1. 城市化影响粮食生产要素，进而与粮食安全问题产生冲突

（1）国内学者的相关研究。从生产方面讨论城市化与粮食安全关系，国内对此主要从城市化对耕地数量和质量、农业劳动力、农业生产效益等相关要素的影响分析着手，以定性分析居多，也有少量的定量实证研究。

姜长云（2005）[①] 认为片面追求城市化的外延扩张，或基于财政增收的动机过度推崇经营城镇，将导致大量的基本农田被侵占，持续形成增加耕地占用的压力，从而制约我国粮食综合生产能力的增长，对我国粮食安全造成不小的压力。

李岳云（2007）[②] 认为，不顾农业承受能力，牺牲农民利益的过度的工业化和城市化发展战略，是当今"三农"问题日趋严峻的政策性原因，也是中国粮食安全的直接诱因，其负面影响主要表现在：对耕地的大量占用，使粮食种植面积锐减，造成粮食总产下降；对高素质劳动力的大量吸引，使农业劳动力老龄化、女性化和弱质化，造成粮食单产不高。

徐勇（2006）[③] 指出，中国城市化正进入加速发展阶段，较高的城市化率使粮食消费结构和供给能力都发生了变化，具体表现出以下特点：一是粮食生产要素的贡献率与城市化率的矛盾突出，目前粮食生产要素的贡献率难以与加速的城市化相匹配；二是城市化过程中粮食产业效益低下的特点日益突出，粮食产业与非粮食产业的比较收益成为影响粮食安全的重要因素。

王放（1997）[④]、臧武芳（2001）[⑤] 从历史角度定性分析了1949年以来我国粮食安全与城市化的相关关系，认为受粮食安全影响，我国城市化经历了上升、倒退和加快发展三个阶段。半个世纪以来，我国的粮食生产与供给明显地左右着城市化进程。事实证明，城市化的发展对粮食安全也产生了不容低估的影响，因此有必要重新审视城市化与粮食安全之间的关系，并采取有效的对策，为积极、稳妥地推进城市化提供粮食

① 姜长云：《关于我国粮食安全的若干思考》，《农业经济问题》2005年第2期，第44～48页。
② 李岳云：《工业化、城市化与粮食安全》，《现代经济探讨》2007年第1期，第27～30页。
③ 徐勇、王雅鹏：《城市化加速期粮食安全要素的研究》，《中国农学通报》2006年第5期，第465～467页。
④ 王放：《论我国城市化与粮食安全的关系》，《人口研究》1997年第5期，第19～24页。
⑤ 臧武芳、潘华顺：《论粮食安全与城市化》，《社会科学》2001年第3期，第11～15页。

安全保障。

此外，何格（2005）[①]、王桂新（2008）[②]、朱玲（2010）[③]、崔亚平（2011）[④] 等研究者也分别从理论探讨和实证分析的角度，就城市化对粮食安全的影响进行了相应的研究，得到了类似的研究结果。

（2）国外学者的相关研究。国外学者主要从城市化对耕地数量和质量的影响等角度出发，探讨城市化对粮食安全的影响，研究文献也相对较多，中国成为研究者关注的焦点。

Hong Yang 等人（2000）[⑤] 利用全国及各省的官方统计数据，对耕地变化和粮食安全问题进行了研究，得出近 20 年来随着城市化的快速推进，中国耕地面积减少不可避免的结论。虽然全国的耕地面积都在不断减少，但对各省份的详细分析表明，减少的耕地大多位于东南沿海的肥沃土地，其中很大一部分流向各种建设用地。虽然中国采取了耕地占补平衡政策，但补给的土地大多位于西北地区和偏远地区，且必须付出较大的环境代价，因此从长远的观点来看，这一政策必将影响中国的粮食安全。

Halim R.（2007）[⑥] 对印度尼西亚的研究发现，近 5 年来由于城市基础设施和工业化需要，印度尼西亚有 100 万公顷耕地流向城市用地，城市化发展给印尼粮食安全造成了较大威胁。

Jie Chen（2007）[⑦] 采用官方统计数据和卫星遥感数据，分析了近 20

---

① 何格、欧名豪：《城市化与四川粮食安全问题研究》，《农业现代化研究》2005 年第 5 期，第 349 ~ 352 页。

② 王桂新、冷淞：《中国城市化发展对粮食生产影响分析》，《人口学刊》2008 年第 3 期，第 18 ~ 23 页。

③ 朱玲：《中国城市化进程中的粮食生产与食品保障》，《经济学动态》2010 年第 9 期，第 7 ~ 14 页。

④ 崔亚平：《中国工业化、城镇化与粮食安全》，《农村经济》2011 年第 3 期，第 20 ~ 21 页。

⑤ Yang H. , Li X. B. , "Cultivated Land and Food Supply in China", *Land Use Policy*, 2000, No. 17, pp. 73 – 88.

⑥ Halim, R. , Clemente, R. S. , Routray, J. K. et al. , "Integration of Biophysical and Socio-economic Factors to Assess Soil Erosion Hazard in the Upper Kaligarang Watershed", *Indonesia. Land Degradation & Development*, 2007, Vol. 18, No. 4, pp. 453 – 469.

⑦ Jie Chen, "Rapid Urbanization in China: A Real Challenge to Soil Protection and Food Security", *Catena*, 2007, No. 69, pp. 1 – 15.

年来中国耕地的动态变化，着重探讨了与城市化相关的土地利用变化及其空间差异，并对耕地流失的原因和去向进行了分析。结果表明，城市化的快速推进，进一步恶化了耕地短缺的局面；虽然城市化在耕地流失总量中所占的比例较小，但由于城市化加重了土壤污染和酸沉降，因而仍然是对粮食安全的一个重大威胁。Wenzhi Cao（2007）① 对福建省城市化对表土养分平衡影响的研究表明，由于城市化的发展，人们对高品质农产品的需求增加，从而导致了粮食作物种植面积的减少，1989～2002 年，福建省粮食作物播种面积由 67% 下降到 44%，其中水稻播种面积由 54% 下降到35%。另外，城市化从两个方面影响表层土壤的养分平衡，进而影响粮食产量，即导致粮食生产区养分耗竭和城郊地区土壤养分含量过量。因此，快速城市化对福建省粮食安全产生了较大影响。

Xianzhang Pan（2007）② 采用 GIS 技术和遥感影像对江苏宜兴市1949～2000 年的 8 个时段的城市空间扩展及其对土壤资源的影像进行了分析，得出以下结论：51 年来宜兴市城市扩展了 3 倍，造成了大量的土壤流失，其中水稻土的流失占土壤流失总量的 82.9%，这一变化对粮食生产产生了巨大影响。

Liming Ye（2009）③ 基于网络的土地评估系统，分析了在人口增长、城市化推进、种植强度增加以及耕地面积下降的情况下，土壤退化对中国粮食安全的长期影响。研究表明，人口增长和城市化将不可避免地导致耕地面积下降，与 2005 年 4.82 亿吨的粮食产量相比，到 2030～2050 年耕地面积下降这一趋势将使中国粮食生产能力下降 13%～18%，而土地集约利用水平的提高，则可以使粮食产量增加 11%～23%。总体上讲，到2030 年和 2050 年，中国能够实现 4.24 亿吨和 4.12 亿吨的粮食生产。然而，随着人口的增长，在现有的管理水平下，中国的粮食生产将难以保证其国家粮食安全。

① Cao W. Z., Zhu H. J., Chen S. L., "Impacts of Urbanization on Topsoil Nutrient Balances: a Case Study at a Provincial Scale from Fujian, China", *Catena*, 2007, No. 69, pp. 36 – 43.

② Pan X. Z., Zhao Q. G., "Measurement of Urbanization Process and the Paddy Soil Loss in Yixing City, China Between 1949 and 2000", *Catena*, 2007, No. 69, pp. 65 – 73.

③ Ye L. M., Ranst E. V., "Production Scenarios and the Effect of Soil Degradation on Long-Term Food Security in China", *Global Environmental Change*, 2009, No. 19, pp. 464 – 481.

Fulu Tao（2009）[①] 采用统计数据，分析了 21 世纪气候变化、土地利用变化对中国粮食安全的影响，认为城市化是导致全国耕地减少的重要原因。作者采用了情景模拟的方法，其中土地利用变化情景分析间接地涵盖了城市化、资源竞争等因素对粮食安全的影响。研究结果表明，21 世纪中国对世界粮食市场影响不大，基本能够实现粮食的自给自足。

Shahbaz Khan（2009）[②] 综合分析了人口增长、城市化和工业化、土地利用变化、水资源短缺等因素对中国粮食安全的影响，研究认为城市化导致中国耕地面积大量减少，位于沿海和中部地区的肥沃高产土地减少得尤为突出，这是对中国粮食安全造成重大影响的首要因素。

水资源短缺日益严重的现状使得在城市化过程中，各种非农业用水量不断增加，农业用水量不断减少，水资源短缺成为制约粮食生产的重要因素。因此，因城市化进程导致的水资源短缺，进而影响粮食安全的问题，也日益成为国内外学者们关注的焦点之一。Rosegrant M. W.（2005）[③] 研究认为，城市化、人口增长、工业化等因素将使未来水资源需求量急剧增加，导致农业灌溉用水转移到非农业生产部门，使得农业灌溉面积减少，进而导致粮食产量下降，其下降总量将达 3.5 亿吨/年，比当前美国谷物类粮食的年产量还要稍大一些。另外，Rosegrant M. W.（2006）[④] 在最近的一份研究报告中，采用 IMPACT - WATER 模型，设置了 3 种水资源使用模式，对 2025 年世界水资源和粮食需求的情景进行了模拟分析，研究认为如果水资源政策改革失败，到 2025 年将导致全球粮食产量下降 10%，届时全球将产生严重的粮食危机，从而导致全球营养不良和健康

[①] Tao F. L., Yokozawa M., Liu J. Y. et al., "Climate Change, Land Use Change, and China's Food Security in the Twenty-First Century: an Integrated Perspective", *Climatic Change*, 2009, No. 93, pp. 433 – 445.

[②] Khan S., Hanjra M. A., Mu J. X., "Water Management and Crop Production for Food Security in China: A Review", *Agricultural Water Management*, 2009, No. 96, pp. 349 – 360.

[③] Rosegrant, M. W., Ringler, C., Msangi, S. et al., *International Model for Policy Analysis of Agricultural Commodities and Trade（IMPACT WATER）: Model Description*, International Food Policy Research Institute, Washington D. C., 2005. http://www.ifpri.org/themes/impact/impactwater.pdf.

[④] Rosegrant, M. W., Ringler, C., Benson, T., Diao, X. et al., *Agriculture and Achieving the Millennium Development Goals*, The World Bank（Agriculture & Rural Development Department）, Washington D. C., 2005.

风险显著增加，环境破坏更趋严重。Fedoroff. N. V（2010）[①] 的研究表明，为推进城市化和工业化、进行改善环境质量等方面建设，非农业用水需求量持续增加，从而导致农业用水受到严格的限制，严重地影响了粮食安全。目前，在世界的部分地区，水资源短缺问题已受到人们极大的关注。

2. 城市化改变粮食消费结构和消费量，进而对粮食安全产生威胁

随着城市化的快速推进，研究者们逐渐观察到城乡居民食物消费结构差别巨大。在城市化进程中，城市居民的直接粮食消费量（口粮）不断下降，而间接粮食消费量（肉、奶、蛋、水产品等）则显著提高。因此，这一现象引起了研究者们的极大兴趣，相关研究逐渐增多。

黄季焜（1993）[②] 较早地注意到城市化对粮食消费结构的影响，他认为在进行食物消费变化研究时，必须考虑经济结构和城市化变化对食物需求结构的影响。随后，作者以中国台湾和内地的住户调查数据为样本，进行了经济计量分析，论证了社会发展和城市化是影响食物消费的重要因素。研究指出，由城市化导致的生活方式和饮食偏好的变化以及市场发育和职业变动等社会经济结构变动因素，对中国食物需求结构的变动起着决定性作用，并将继续影响未来中国食品消费结构的变化。[③]

臧武芳（2001）则论证了城市化对粮食安全的双面影响，他认为在城市化过程中，农村居民转为城镇居民后，膳食结构的变革将会减少对粮食的直接消耗，但间接消耗却有增无减。也就是说，城市化对于粮食安全问题既有正面影响，又有负面影响。正面影响将有利于维护粮食安全，负面影响则可能导致粮食危机。虽然这些研究关注到了城市化对粮食消费结构的影响，但他们并没有论述在城市化的过程中，这种影响到底是增加了粮食消费总量、增加了对粮食安全的威胁，还是减少了粮食消费总量、缓解了粮食安全的压力。

---

① Fedoroff, N. V., Battisti, D. S., Beachy, R. N. et al., "Radically Rethinking Agriculture for the 21st Century", *Science*, 2010, No. 327, pp. 833 – 834.

② Huang J. K., David C., "Demand for Cereal Grains in Asia: the Effect of Urbanization", *Agricultural Economics*, 1993, Vol. 8, No. 1, pp. 107 – 124.

③ 黄季焜：《社会发展、城市化和食物消费》，《中国社会科学》1999 年第 4 期，第 102 ~ 116 页。

随着研究的进一步深入，人们逐渐开始对以上问题产生了浓厚兴趣，并进行了相关的研究，结果认为城市化将导致粮食消费结构改变和粮食消费总量增加，从而进一步增加对粮食生产的压力，给粮食安全造成威胁。

李岳云（2005）采用定性分析方法，探讨城市化对粮食消费的影响。他认为在工业化、城市化过程中，一方面，越来越多的农民离开农业进入城市，增加了粮食的商品需求，进而增强了粮食的消费能力；另一方面，工业化、城市化增加了城乡居民的收入，从而提高了粮食消费水平。如果粮食生产供给没有相应的提高，就会出现粮食市场的供不应求，发生粮食安全问题。

徐勇（2006）运用经济学分析方法，探讨了在城市化过程中粮食消费结构的变化。研究认为，城市化进程的加快将使越来越多的农村居民成为城市（镇）居民，农村居民的膳食习惯也将逐步被城市居民的膳食习惯同化，其对粮食的消费偏好也与城市居民趋同，导致整个社会的膳食结构改变，从而改变全社会的粮食需求。从总体上讲，城市化改变了粮食消费群体的消费偏好，使粮食消费和供给结构矛盾加剧。

Rajul Pandya-Lorch（2000）[①] 对中亚地区城市化过程中的粮食安全问题进行了研究，得出的结论是，中亚地区的人口城市化水平将由1995的46%提高到2020年的56%，城市化的推进将使食物消费多样化发展，即肉类、加工食物、水果、蔬菜等食物消费增加。从总体上看，在此期间随着人口总量和城市人口的不断增加，中亚地区的谷物类粮食消费总量将增长32%，达到2400万吨，肉类的需求将增长47%，达到290万吨。因此，为保障该地区的粮食增长需求，必须不断提高其粮食产量。

Steven T. Yen（2004）[②] 利用2000年中国城镇住户粮食消费调查数据对中国城市化进程中的食物消费进行了定量分析。研究认为，改革开放以来，中国人口城市化年均增长3.7%，收入增长和城市化水平的提高极大地提高了粮食消费水平，同时促使人们的消费结构由谷物类向动

① Pandya-Lorch R., Rosegrant M. W., "Prospects for Food Demand and Supply in Central Asia", *Food Policy*, 2000, No. 25, pp. 637 - 646.

② Yen S. T., Fang C., Su S. J., "Household Food Demand in Urban China: a Censored System Approach", *Journal of Comparative Economics*, 2004, Vol. 32, No. 3, pp. 564 - 585.

物蛋白和鱼类转变。研究表明，奶类和肉类产品具有很高的消费弹性，这表明随着经济发展和收入的增加，这些食物需求量的增长将显著高于其他食物。因此，城市化进程中直接粮食消费量将显著下降，而间接粮食消费量则显著增加。2009 年，联合国粮农组织（FAO）的一项研究表明：到 2050 年，世界人口将增加 34%，由目前的 68 亿增加到 91 亿；城市化的快速发展，将使人口不断向城市转移，届时世界 70% 以上的人口将居住在城市；伴随着收入的增长，城市化将促使人们的生活方式和消费模式产生巨大变化，加速发展中国家的食物消费结构向多样化方向转变，即谷物类直接粮食消费量将下降，而蔬菜、食用油、水果、肉、奶和鱼类等食品消费将显著上升。研究认为，到 2050 年，世界粮食消费总量将比现在增加 70%；为满足人口城市化和更为富裕生活的需求，粮食生产（除去用于生产液态生物能源的粮食产量）至少要增加70%。[①]

二 城市化与粮食安全不相冲突

持该观点的学者们认为，城市化的发展与粮食安全之间暂时不存在明显冲突，过多地考虑城市化进程中的粮食安全问题，会影响经济社会的健康发展。因此，合理的做法是根据经济社会发展的需求，不断推进城市化，以促进经济社会健康发展。

黄季焜（2004）[②] 利用覆盖中国国土的 20 世纪 80 年代中后期与 1999/2000 年两期陆地卫星数字影像和 2000 年以来的国土统计数据，探讨了过去 18 年来中国耕地资源总量对粮食生产的影响。研究发现，中国在 1986~2000 年耕地不但没有减少，反而有所增加，耕地净增加达 265 万公顷，为 1986 年耕地面积的 2%。在 1986~2000 年，虽然耕地向非农用途（城市建设用地和工业用地）转换的总量达 306 万公顷，但同期其他用地转为耕地的面积更高达 571 万公顷；而且在转出的耕地中，只有

---

① FAO, *Feeding the World*, *Eradicating Hunger*, Background paper to the World Summit on Food Security, Rome, 16 ~ 18 November 2009. ftp: //ftp. fao. org/docrep/fao/Meeting/018/ k6077e. pdf.

② 黄季焜：《中国的食物安全问题》，《中国农村经济》2004 年第 10 期，第 4~10 页。

38%属建设用地，大部分发生在中国东部沿海地区。中国耕地真正出现较大幅度下降仅发生在1999年之后，但是，下降的最主要原因并不是人们经常提到的城乡建设和工业占用耕地的剧增，而是1999年以来国家实施的退耕还林计划。在2003年减少的耕地中，退耕还林还草面积占总数的约80%，而实际上各种城乡建设和工业占用耕地在1997～2003年的变化并不大。

邓祥征（2005）[1][2]进一步研究认为：1986～2000年，中国耕地并没有大幅度地从农业用途转为非农用途，18年间，我国耕地面积仅减少2.42%，年均减少0.14%，耕地转移为城市建设用地的年均速率约为0.08%，是经济快速发展国家中耕地面积下降最少的国家之一；如果不包括1999～2003年540万公顷的退耕还林面积，耕地还增加了1.82%。因此，过去20年耕地的变化对国家粮食安全的影响是微不足道的。

黄季焜和邓祥征等人的研究结论是，20多年来，城市化和工业化并没有导致中国耕地面积的显著减少，而且耕地面积变化对中国粮食安全没有造成显著影响。他们认为依据国际经验，经济快速增长过程中伴随的农业用地向工业、基础设施和住宅等用途的大量转移是不可避免的，相比日本、韩国、欧洲等发达国家和地区，中国是耕地面积下降最少的国家之一。因此，在推进城市化和工业化进程中，适度的耕地非农化是不可避免的，人为遏制这一转移趋势会影响经济的健康发展。

部分学者则进一步地讨论了城市化和粮食安全之间的关系，他们通过建立相关的指标，采用计量经济学的方法，进行了定量研究。

李海鹏（2008）[3]运用系统科学理论建立了城市化与粮食安全协调发展的动态耦合模型，通过模型评价分析表明，1980～1997年，中国城市化发展与粮食安全不存在较大矛盾，二者处于独立发展时期。但1997年

①　邓祥征、黄季焜、Scott Rozelle：《中国耕地变化及其对生物生产力的影响——兼谈中国的粮食安全》，《中国软科学》2005年第5期，第65～70页。

②　Deng X. Z., Huang J. K., Rozelle S. et al., "Cultivated Land Conversion and Potential Agricultural Productivity in China", *Land Use Policy*, 2006, Vol. 23, No. 4, pp. 372 - 384.

③　李海鹏、叶慧：《我国城市化与粮食安全的动态耦合分析》，《开发研究》2008年第5期，第38～42页。

以来，二者已存在相互胁迫关系，但仍然处于协调发展阶段。虽然所得的研究结果认为城市化与粮食安全暂不存在矛盾，但该文作者也表示出对粮食安全问题的担忧，他认为从协调耦合度的发展趋势来看，城市化与粮食安全问题已处于相互胁迫阶段，说明我国已经进入粮食安全危机潜伏阶段。

杨丽梅（2011）[1] 采用城市化率、耕地规模经营率、粮食产量、耕地面积4个指标，对成都市城市化、耕地保护与粮食安全问题进行相关关系的计量分析，认为城市化可以促进土地的规模经营，而土地规模经营又可促进城市化率。虽然耕地占补的面积和质量不对等，但土地经营规模效应的存在，使得耕地的绝对数量和粮食产量不存在显著关系，因此作者认为城市化与粮食安全两者之间并不存在冲突。

三 城市化与粮食安全之间的关系存在长期与短期之间的差异

持该观点的学者们认为，长期来看，城市化对粮食增长有促进作用，而短期内两者之间不可避免地会存在一系列冲突与矛盾。这一观点的意义在于，目前，在我国推进城市化过程中，城市化与粮食安全之间的矛盾是必然存在的；但在长期内，国家只要大力发展科学技术，提高土地的集约利用水平，完全可以实现推进城市化和保障国家粮食安全的双重目标。

郭剑雄（2004）[2] 从供需两个方面，论述了城市化对粮食安全的影响。他认为，从需求层面来讲，城市化发展降低了人口的出生率，从而降低了粮食消费增长速度；但城市化也提高了经济产出水平和人均收入，因而提高了人们的粮食消费水平。从供给层面来讲，短期内城市化水平的提高，会使城市发展与农业在土地资源、水资源等方面形成竞争局面，从而加大粮食安全的压力；而长期来看，只要农业资本投入能够实现较大增长，农业技术能够实现不断创新，就可以实现资本和技术对

---

[1] 杨丽梅、顾烔、尹宏祯等：《城市化、耕地保护与粮食安全——来自成都市土地整理数据的调查研究》，《农村经济》2011年第5期，第27～31页。

[2] 郭剑雄：《城市化与粮食安全目标间的协调》，《农业现代化研究》2004年第4期，第279～282页。

资源的替代，因而有可能实现城市化水平和粮食生产能力的同步提高。通过对世界上发达国家、发展中国家城市化与粮食安全关系的比较研究，作者进一步分析认为，在城市化进程中，其粮食安全压力变换呈现为一条倒 U 形曲线。在诸如中国这样的人口密集型国家，保障粮食安全的城市化战略需要满足两个条件：第一，城市化推进中耕地减少而带来的粮食生产能力的损失，不能大于同期农业技术进步而获得的农业生产能力的提高；第二，应当选择耕地资源损失最小的、以大城市为主的城市化道路。

郭剑雄（2004）、陈项（2007）[①]、郭兵（2011）[②] 等人对城市化与粮食安全关系的定性分析表明，从短期看，由于土地和劳动力等农业生产要素明显减少和农业现代化水平的提高不明显，城市化带来的负面效应大于正面效应；但从长期看，城市化的发展对于解决粮食安全问题具有重要作用，因为城市化会促使农业向规模化、集约化方向发展，农业现代化水平提高带来的粮食增产将会大于因农业生产要素减少而带来的粮食减产。也就是说，当城市化发展到一定阶段，它将不再对粮食安全产生威胁，而是有利于粮食安全问题的解决。事实也已经证明，城市化水平低的国家，虽然能够通过劳动力、土地等要素投入的增加实现粮食生产的较快增长，但相对于其更快的粮食需求增长，仍然会存在粮食供给不足；城市化率高的发达国家，则能够依靠技术进步等“质”的提高，来弥补要素投入减少带来的负面效应，实现较快的产出增长，与其较低的需求增长率相比，粮食供给反而倾向于过剩。

杜江等人（2007）[③] 利用 1949～2004 年我国城市化水平和粮食产量的数据，通过协整检验、误差修正模型估计、脉冲响应函数及方差分解技术，从实证研究的视角，分析了城市化发展同粮食生产之间的关系。研究结果表明，长期来看，城市化快速、健康的发展将会对粮食

---

① 陈项：《城市化进程中的粮食安全问题》，《合作经济与科技》2007 年第 4 期，第 45～46 页。

② 郭兵：《我国城市化与粮食安全关系问题研究》，《经济体制改革》2011 年第 1 期，第 32～35 页。

③ 杜江、刘渝：《城市化发展与粮食产量增长的动态分析：1949～2004》，《当代经济科学》2007 年第 4 期，第 100～107 页。

的生产起到促进作用，粮食产业持续、稳定的发展将是城市化发展的强有力后盾；但是在短期内，由于城市化发展和粮食生产在土地、人力等资源方面存在必然的竞争，因而两者之间不可避免地存在一系列冲突与矛盾。

第四节　中部地区粮食安全问题的相关研究综述

一　耕地非农化与中部地区粮食安全关系研究

民以食为天，粮以土为本。土地是人类生存之本，耕地是土地之精华，耕地变化与粮食安全的关系尤为密切。有学者指出，随着我国经济的快速发展，经济建设对土地的需求日益膨胀，适度的外延扩张，通过农地非农化来满足经济发展对建设用地的需求，是经济发展的必然趋势。[①] 近年来，中部地区经济社会发展进入高速阶段，中部各省均提出要加快城市化发展步伐，分别提出了建设武汉城市圈、中原城市群、长株潭城市群、皖江城市带、环鄱阳湖城市群等发展战略，而 2009 年 9 月 23 号国务院通过的《促进中部地区崛起规划》更为中部地区的经济发展带来了前所未有的机遇。可见在今后一段时间内，中部地区耕地非农化是不可避免的趋势。因此，中部地区耕地非农化与粮食安全之间的关系问题，已成为人们关注的一个焦点。对于这一问题，多数研究者认为，中部地区经济社会发展导致的耕地非农化，必将从数量和质量两方面，对其粮食安全问题产生重大的负面影响。

何蒲明（2008）[②] 等人分析了湖北省耕地减少对国家粮食安全的影响，结果表明城镇化导致湖北省耕地面积不断减少，使得其粮食供给余额及粮食产量占全国粮食总产量的比重逐年减少。未来 20 年，随着湖北省城镇化发展水平的提高，耕地面积和粮食产量都将呈现下降的趋势，粮食

[①] 陈江龙、曲福田、陈雯：《农地非农化效率的空间差异及其对土地利用政策调整的启示》，《管理世界》2004 年第 8 期，第 37～43 页。

[②] 何蒲明、王雅鹏、黎东升：《湖北省耕地减少对国家粮食安全影响的实证研究》，《中国土地科学》2008 年第 10 期，第 52～57 期。

供需缺口将越来越大，作为粮食主产区不仅不能外调粮食，而且还需要调入粮食，这对于维护国家粮食安全是极为不利的。

徐易（2008）[1] 等人虽然认为耕地非农化并不是影响湖北省粮食产粮的主要因素，但也承认耕地非农化会从耕地数量和质量上影响粮食播种面积和粮食单产，从而影响粮食总产量的变化，因此需要从法律、制度、技术、行政和意识方面保护耕地，确保全省粮食安全。

熊鹰（2004）等人认为，耕地数量和质量变化对粮食产粮有明显的约束作用。城市化和工业化的快速发展，一方面导致耕地面积不断减少；另一方面又导致土壤污染、土地退化等问题，使得耕地质量下降，从而形成了耕地资源的隐性减少。两者共同作用，已对湖南省粮食生产构成持久的约束作用。

杨建锋（2006）[2] 等人的研究表明，河南省城市化和工业化的发展，导致其耕地资源在数量上不断下降，虽然最近几年保持了数量上的动态平衡，但是耕地资源的"隐形"减少，即耕地资源质量的下降已经成为影响粮食生产的重要因素。

二　中部地区粮食产量变化的特征、原因研究

农业是自然再生产和社会经济再生产的统一，因此农业是受自然、经济和社会政策等因素影响最大的产业部门，粮食生产自然会随着自然环境、农民经济收入水平、政府对粮食生产的政策等因素的变化而变化，而这一变化则可以从粮食产量的变化情况中得到很好的体现。因此，针对粮食生产易受外界因素变化影响这一特征，中部地区粮食产量（一般包括粮食总产量和粮食单产两个方面）变化的特征、原因分析成为人们研究的一个关注点。从中部地区粮食产量变化研究文献的特点来看，研究者一般从粮食产量的长时序变化角度，来总结粮食产量变化的特征和原因。

---

[1]　徐易、李然、黄朝禧：《湖北省粮食产量与耕地非农化关系研究》，《资源开发与市场》2008 年第 5 期，第 407～409 页。

[2]　杨建锋、王国强、王玉霞：《河南省近期耕地资源与粮食生产能力变化研究》，《地域研究与开发》2006 年第 2 期，第 101～104 页。

孔令聪(2007)①、翟艳（2007)② 等人分别对安徽省改革开放以来的粮食产量波动情况进行了研究，认为虽然安徽省粮食产量保持了稳定上升的总体态势，但由于受自然灾害、农业经济政策、农业投入等因素的影响，其粮食生产仍存在生产波动性大、稳定性差的特点。

朱再清（2003)③ 把 1978～2001 年的湖北省粮食产量波动情况分为 7 个周期，并揭示了湖北省粮食生产波动呈现出"谷—峰—谷"的形态特征，幅差大于 5%，且持续时间至少在 2 年以上。

仝文伟等人（2009)④ 对 1951～2005 年河南省粮食产量周期波动的分析表明，河南省粮食产量波动具有短周期的显著特征，平均波动周期为 3.3 年左右，波幅较小，扩张期略长于收缩期，并从粮食单产和粮食播种面积两方面讨论了粮食波动的原因。

此外，张素文（2005)⑤、张明阳（2005)⑥ 等人对新中国成立以来湖南省的粮食生产变化及其影响因子进行了研究；朱红根（2006)⑦、谈东华（2007)⑧、刘克春（2007)⑨ 等人对改革开放以来，江西省粮食生产波动及其特征进行了分析；张建平（2006)⑩ 对山西省 50 多年来的粮

① 孔令聪、胡永年、王光宇：《安徽省粮食生产的波动性分析与政策建议》，《农业现代化研究》2007 年第 5 期，第 525～528 期。
② 翟艳、刘鹏凌：《安徽省粮食产量波动及稳定途径研究》，《乡镇经济》2007 年第 10 期，第 19～21 页。
③ 朱再清、陈方源：《湖北省粮食总产波动状况及其原因分析》，《华中农业大学学报》（社会科学版）2003 年第 2 期，第 13～16 页。
④ 仝文伟、胡怀旭、王二虎等：《河南省粮食产量周期波动分析》，《河南科学》2009 年第 2 期，第 222～225 页。
⑤ 张素文、李晓青：《湖南省粮食生产变化趋势及影响因子研究》，《国土与自然资源研究》2005 年第 1 期，第 30～31 页。
⑥ 张明阳、谢志仁、王克林：《湖南省建国以来粮食产量变化小波分析》，《南京师大学报》（自然科学版）2005 年第 1 期，第 118～121 页。
⑦ 朱红根、刘克春、翁贞林等：《江西省粮食波动成因及对策研究》，《商业研究》2006 年第 21 期，第 137～141 页。
⑧ 谈东华、周波、朱述斌：《江西省粮食生产周期性波动的实证分析》，《商业研究》2007 年第 10 期，第 141～144 页。
⑨ 刘克春：《粮食生产波动影响因素的实证分析——以江西省为例》，《特区经济》2007 年第 12 期，第 188～189 页。
⑩ 张建平：《山西省粮食产量及粮食作物结构变化趋势的相关分析》，《中国农学通报》2006 年第 12 期，第 516～520 页。

食产量变化进行了探讨。

综合以上研究可以看出，中部地区粮食产量变化研究的时序长度一般都在30～50年，即一般都是通过新中国成立（1949年）以来或改革开放（1978年）以来粮食产量的变化情况，来分析粮食产量变化和波动特征。根据变化和波动的特征，研究者一般都从自然灾害、粮食生产投入要素（农业劳动力、农药、化肥、农业机械等）、粮食播种面积、粮食价格、粮食生产政策等方面来分析粮食产量变化的原因。综合而言，目前研究者关注的都是中部地区粮食产量长时序的变化特征，而缺乏在同一时期中部地区各省份粮食产量变化情况的对比研究，同时也罕有对整个中部地区粮食产量变化及其在全国所占地位变化的相关研究。

三　中部地区粮食安全影响因素方面的研究

由于中部地区是我国粮食的主产区，其粮食生产除了满足自身的需求外，还要向区外输出大量的粮食，以保证我国的粮食安全。根据经济学的相关原理，大量研究表明由于粮食生产的比较效益低下，粮食主产区一般都是经济欠发达地区，因此中部地区在维护国家粮食安全的同时，如何发展经济以增加农民收入成为学者关注的一个重点。因为农民是粮食生产的主体，粮食安全与否在很大程度上依赖农民粮食生产的积极性，而农民产粮的积极性问题又与农民的收入呈明显的正相关关系，因此农民收入问题是影响中部地区粮食安全问题的一个最为重要的因素。

王放（2007、2008）[1][2] 对河南省粮食安全与农民增收之间的矛盾进行了较为详细的分析。根据这一结果，作者提出了通过合理施肥、正确使用农业机械等物质投入要素来增加粮食产量、降低成本等方法，以期达到

---

① 王放、丁文斌、王雅鹏：《粮食主产区农民增收与粮食安全耦合分析——基于河南省18市农业生产效率的 DEA 实证分析》，《西北农林科技大学学报》（社会科学版）2007年第5期，第21～25页。

② 王放、王雅鹏：《河南省粮食安全与农民增收矛盾分析》，《安徽农业科学》2008年第12期，第5210～5212页。

实现粮食增产和农民增收的目的。

然而，邓群钊等人（2007）[①] 则认为中部地区粮食安全与农民增收两个问题之间存在严重的不相容性，认为在现有的条件下，试图通过提高粮食总产量来增加农民收入的可能性非常之小。

湖北省发改委农业资源区划办公室课题组（2004）[②] 的研究也表明，湖北省农业增收和农民收入增长存在较大矛盾，试图单纯依靠增加粮食产量来增加农民收入的做法是难以实现的。针对这一问题，课题组提出了湖北粮食安全与农民增收的9项措施。另外，粮食生产比较效益低下，使得中部地区大量年轻、文化较高的劳动力发生转移；随着中部地区城市化进程的不断推进，耕地不断流失；同时在农业产业结构调整的过程中，经济作物的比重不断加大。上述因素都对中部地区粮食安全问题产生了较为严重的影响。

此外，张敬仲（2008）[③] 对河南省粮食安全问题进行了分析，研究认为人均耕地面积的日益减少、粮食品种结构的不合理、农业资金的短缺、劳动力的匮乏等因素对河南省的粮食生产产生了不利的影响；熊鹰（2004）[④]、匡勇（2004）[⑤] 等人分析了耕地资源与湖南省粮食安全之间的关系，认为耕地资源数量和质量的变化对粮食生产构成持久的约束作用，耕地资源稀缺已成为制约粮食安全的瓶颈；张启良（2000）[⑥] 对江西省粮食安全进行的相关分析也表明，耕地面积减少、农业产业结构调整、农业劳动力素质低下等因素也是影响江西省粮食安全问题的主要原因。

[①] 邓群钊、贾仁安、梁英培：《中部地区粮食安全与农民收入"不相容"问题的实证分析》，《农业系统科学与综合研究》2007年第1期，第105～109页。

[②] 湖北省发改委农业资源区划办公室课题组：《粮食安全与湖北农民增收的措施研究》，《中国农业资源与区划》2004年第5期，第20～24页。

[③] 张敬仲：《河南粮食安全生产存在的主要问题及对策》，《粮食流通技术》2008年第5期，第7～10页。

[④] 熊鹰、王克林、胡敢等：《湖南省耕地资源态势与粮食安全研究》，《地域研究与开发》2004年第2期，第92～95页。

[⑤] 匡勇、胡泽友：《湖南粮食安全现状分析及对策》，《湖南农业科学》2004年第6期，第7～10页。

[⑥] 张启良：《从江西实际看影响我国粮食安全的隐患》，《求实》2000年第1期，第33～35页。

第三章 城市化与粮食安全互为影响的机制分析

第一节 城市化与粮食安全互为影响的理论基础

一 系统科学理论

系统是指由相互作用和相互依赖的若干组成部分所组成的，具有一定结构和功能的有机整体，因此系统具有的最为明显的特性就是整体性，它是指系统的有机整体、存在方式、目标功能都表现出统一的特性。整体性是系统要素与结构的体现，主要有以下3个论点。一是整体大于它的各部分之和。当要素按照一定规律组织起来就具有综合性功能，各要素在相互联系、相互制约、相互作用下，产生了不同的性质、功能和运动规律，尤其是出现了新质，这是各要素独立存在时所没有的。二是一旦形成了系统，各要素不能分解成独立的要素而孤立存在。如果硬性分开，那么分解出去的要素就不再具有系统整体性的特点和功能。三是各个要素的性质和行为对系统的整体性是起作用的，这种作用是在各要素的相互作用过程中表现出来的。各要素是整体性的基础，系统整体如果失去其中一些关键要素，那么也难以成为完整的形态而发挥作用。

反馈是系统的另一个重要特性，是指系统的输出端通过一定的通道，即反馈环，变成了决定整个系统未来功能的输入。反馈是一个复杂的过程，系统自调控就是反馈功能的一个体现，具有增强系统功能作用的称为正反馈，具有削弱系统功能作用的称为负反馈，这两种反馈相互交替、相辅相成就能够维持系统的稳态。正反馈是增大与中心点距离的过程，系统中某种成分的变化引起其他一系列的变化，反过来又加速了这一成分的变化。因此，正反馈的作用常常是使系统远离稳态。负反馈是一种不断减小与中心点距离的过程，是不断趋向中心点的行为过程。所以，负反馈在系统的动态中得到更广泛的应用，是保持系统稳定性的重要机制。一般的系统都是一种反馈系统，能自调节并维持自己的正常功能。系统不断通过反馈进行调节，使系统维持和达到稳态。城市化系统和粮食安全系统之间，各种自然资源、劳动力、资金、技术等要素之间都存在着各种反馈关系，如果不加以有效的控制，就不可能成为稳定的系统。

系统具有一定的结构和功能，而且它们之间存在着显著的辩证关系，主要包括以下4个方面的内容。第一，结构与功能是相互依存的，要素与结构是功能的内在根据和基础，功能是要素与结构的外在表现，一定结构表现出一定的功能，一定的功能总是由一定的系统结构产生的。第二，结构与功能又是相互制约、相互转化的。一方面，系统的结构决定系统的功能，系统结构的变化必然导致整个系统的功能发生变化；另一方面，功能具有相对的独立性，可反作用于结构。在环境变化的影响下，此时结构虽未变化，但功能可以先不断地发生变化，功能变化反过来影响结构。第三，结构和功能的联系密切不可分，在生态系统中存在多种类型。组成系统的结构与要素都不同，系统的功能也就相应地不同；但组成系统的要素与结构都不同，也能获得相同的功能（如不同结构的生态系统，都有生产的功能）；组成系统的要素相同，但结构不同，系统的功能也就不同；一个生态系统的同一结构，可能有多种功能。第四，系统稳定是相对的。系统总处于环境之中，与外界进行物质和能量、物质和信息的交换。在这种交换过程中，系统的结构不仅在量的方面可以逐渐发生变化，而且在一定条件下可以产生质的飞跃。

二　可持续发展理论

可持续发展理论是20世纪70年代以来逐步发展起来的世界思潮，是人们对生态环境认识的第二次突破。1980年，国际自然资源保护联盟（International Union for the Conservation of Nature，IUCN）在其一份报告《世界资源保护战略》中，首次提出了可持续发展。报告指出"必须研究自然的、社会的、生态的、经济的以及利用自然资源过程中的基本关系，以确保全球的可持续发展"。1981 年，美国莱斯特·布朗（Lester R. Brown）出版《建设一个可持续发展的社会》，提出以控制人口增长、保护资源基础和开发再生能源来实现可持续发展。1987 年，由挪威首相布伦特兰夫人领导的世界环境与发展委员会（World Committee of Environment and Development，WCED）发表了《我们共同的未来》（*Our Common Future*），第一次科学地论述了可持续发展的概念，即所谓可持续发展是指"既满足当代人的需要，又不对后代人满足其需要的能力构成危害的发展"。这一概念具有较高的综合性和代表性，它的提出得到了国际社会的普遍接受。

然而，由于可持续发展涉及自然、环境、社会、经济、科技、政治等诸多方面，因而其所涉及的学科涵盖了生态学、资源科学、环境学、社会学、人口学、经济学等众多学科。鉴于学科性质的差异和研究者所站的角度不同，因而对可持续发展所下的定义也就明显不同。生态学认为可持续发展是寻求一种最佳的生态系统以支持生态的完整性和人类整体生存、生活愿望的实现，其实质是要保护和加强环境系统的生产和更新能力，因此可持续发展是一种不超越生态环境系统更新能力的发展。社会学认为可持续发展是一个复杂的社会系统工程，它强调在生存不超出生态系统承载力的情况下，改善人类社会的生活质量，最终实现人的全面发展。经济学认为当发展能够保证当代人福利增加时，不会使后代人的福利减少，即在保持资源的质量和其所提供的服务的前提下，使经济发展的净利益增加到最大限度。

可持续发展遵循 3 个基本原则：公平性原则，包括代内的公平、代际间的公平和资源分配与利用的公平；持续性原则，即人类经济和社会的发展不能超越资源和环境的承载能力；共同性原则，即只有全人类共同努力，才能实现可持续发展的总目标，并将人类的局部利益与整体利益结合起来。

综上所述，可持续发展是一种从资源环境角度出发所提出的关于人类长期发展的战略和模式，涉及经济、社会、技术和环境等诸多方面，其根本目的就是要实现以谋求社会全面进步为目标的协调发展模式。

从可持续发展的概念和内涵可以看出，可持续发展的主要任务是保证资源的可持续利用，推进传统生产方式和消费方式的转变，积极、有效地保护生态环境，以达到资源的持续、高效利用，生态环境的优化发展，并最终满足人们日益增长的物质、文化和精神生活的需求。因此，可持续发展的研究不仅包括自然资源、生态环境、经济、社会某一方面的研究，更涵盖了自然资源—生态环境—经济—社会等复合系统的综合研究，也就是说有效协调好区域的自然资源、生态环境、经济、社会4个子系统是实现区域可持续发展的关键。为此，在城市化与粮食安全的研究过程中，必须始终坚持可持续发展的原则，并在可持续发展理论的指导下，使得区域内的自然资源、经济资源、人力资源在城市化和粮食生产过程中得到合理分配，在推进城市化发展的过程中实现粮食的增产，不断提高国家和区域的粮食安全水平，并促使区域生态环境质量得到改善，可持续发展能力进一步提高。

三　人地关系理论

"人"是指社会性的人，即在一定地域内、一定生产方式下从事各种活动的人。人本身具有生产者和消费者的双重属性：作为生产者，人通过个体的和社会化的劳动向自然环境索取资源，将自然界物质转化为其生存所必需的产品；作为消费者，人通过消耗自然资源和自己生产出的产品，将废弃物返还给自然环境。

"地"是指与人类活动有密切关系的无机和有机自然界诸要素有规律结合的地理环境，即存在地域差异的地理环境，也是指在人类作用下已经改变了的地理环境，包括自然、生态、经济、文化、社会地理环境。

人地关系是指随着经济社会的不断发展，人类为了生存和发展的需要，不断地扩大和加深对地理环境的改造和利用，改变地理环境的面貌，增强对地理环境的适应能力，与此同时，也不断形成显著的人类地域活动特征和地域差异。另外，随着人类对地理环境作用的增强，地理环境无时无刻不在发生变化，其变化的广度和深度也无时无刻不对人类活动起反作用，也就是说人类的一切生产活动也受到了地理环境的制约。因此，人地关系就是在人类活动对地理环境产生影响、地理环境对人类活动加以制约这一相互作用的过程中不断演化和发展的，这一演化过程是一个漫长的从量变到质变的过程。这种人类活动与地理环境之间相互影响、相互作用的关系，就被称为人地关系，即有关人类及其各种社会活动与地理环境之间的关系。

人地关系问题随着人类的产生而出现，并随着人类的发展而不断向更宽的广度和更深的深度发展。以人类活动和地理环境相互关系为核心的人地关系理论是地理学研究的传统领域。人地关系地域系统是地理学研究的核心，而人地关系地域系统研究的中心目标就是协调人地关系。为实现这一目标，我们必须从空间结构、时间过程、组织续编、整体效应、协同互补等方面去认识和寻求全球的、全国的或区域的人地关系系统的整体优化、综合平衡及有效的调控机理。反映人地关系认识的理论称为"人地关系论"，但一般我们将人地关系研究纳入地理环境研究的大范畴之中。人类发展到现代社会，由于经济工业化和社会城市化的发展，人类对自然的开发利用和改造的规模、范围、深度和速度都在不断增加。强大技术手段的应用不断改变着各地区的自然结构和社会经济结构，其主要表现在空间越来越小、人均资源越来越少、地球环境日益恶化、生态系统平衡不断破坏、经济发展不平衡加剧、社会发展面临的危机不断增加等方面，这些问题已形成制约人类自身发展的人口问题、资源短缺问题、环境污染问题和生态恶化问题四大全球性的问题。如何有效地协调人地关系，并促使人类活动适应自然发展规律，从而实现人类社会与自然环境的和谐发展，是当前人地关系研究的核心。

人地关系理论是地理学中最基本的理论之一，长期以来它左右着地理学的发展。从19世纪到20世纪初，人类社会与地理环境的关系曾经是地理学最为热衷的话题，也是哲学、社会学以及整个社会所关心的热点问题，其发展经历了环境决定论、或然论（可能论）、适应论、生态论和文化决定论等几个阶段，目前关于人与自然共生的社会生态学思想已经为绝大多数学者所接受。人地关系具有动态演替性、地域差异性、复杂性和多样性等特点，这就决定了对城市化与粮食安全的研究是在一定的区域、经济、文化和社会基础上进行的特定的区域综合分析。人地关系原理告诉我们，人类与自然是一种共存的关系，人类既不能无限制地征服和改造自然，也不能毫无改变地去完全适应自然。人类与自然在相互作用过程中所产生的各种矛盾，可以通过减轻对自然环境的作用力和增强对自然环境的抵抗力来加以解决。可见，作为人类活动与自然环境相互作用尤为明显的城市化过程和粮食生产过程是当前各种资源问题、环境问题和生态问题产生的重要原因，只有协调好城市化进程和粮食生产过程中的劳动力、土地和水等资源的分配，协调好城市化过程中的人类经济社会活动和粮食生产过程中的人类生产活动与生态环境保护之间的关系，才能构建和谐的人地关系，促进城市化与粮食安全的协调发展。

四　生态经济学理论

生态经济学是研究经济社会再生产过程中，生态系统与经济系统之间物质循环、能量流动和价值增值及其应用的科学，是从经济学的角度来研究由经济系统和生态系统所构成的复合系统的结构、功能及其运动规律的科学，是生态学和经济学相结合而形成的一门边缘学科。同一般经济学的主要区别在于，生态经济学具有较多的伦理观点、可持续发展的理念和学科的交叉性。生态经济学的理论基础包括：生态学及其相关的自然科学，如生物学、气象学、地理学等，经济学及其相关的社会科学，如社会学、人口学、哲学、伦理学等；其研究方法论包括系统论、控制论和信息论，认为生态系统和经济系统可以耦合为一个生态经济系统；它通过研究自然生态和经济活动的相互作用，探索生态经济社会复合系统协调、持续发展的规律性，并为资源保护、环境管理和经济发展提供理论依据。生态经济学的根本任务就是要揭示生态经济系统的矛盾运动规律，从而指导人们在社会经济发展过程中，不仅要满足人们的物质需求，而且要保护自然资源的再生能力；不仅追求局部和近期的经济效益，而且要保持全局和长远的生态效益，永久保持人类生存、发展的良好生态环境；其最终目标是使生态经济系统整体效益优化，从宏观上为社会经济的发展指出方向。生态经济学通过生态系统内在的负反馈机制和经济系统的正反馈机制之间的调节，实现整个生态经济系统的稳定和持续发展。其研究内容包括生态平衡与经济平衡的关系、生态效益与经济效益的关系、生态供给与经济需求的关系、生态经济系统演进的特征和生态经济系统持续发展的测度模型等。

生态经济学理论的建立要求人们改变传统的以经济发展为主导，无视生态环境支撑作用的旧观念，取而代之以生态与经济协调发展的新观念。生态经济学的主要原则有：人类与自然环境和谐共处的原则，经济主导与生态基础对立统一的原则，经济有效性与生态安全性兼容的原则，经济效益、社会效益、生态效益统一的原则。生态经济学的理论体系提出了当今世界为解决资源合理开发、生态环境有效保护、经济合理发展和人与自然和谐相处的重大问题，其根本目的旨在探索人类实现资源、生态、环境、人口、经济、社会相互协调的有效途径，为解决世界性资源环境与发展问题提供可行的方法和理论依据。生态经济学理论包括生态经济协调发展理论、生态经济有机整体理论、生态经济系统全面理论、生态经济生产理论、生态经济价值理论和生态经济循环理论。

如前所述，城市化发展过程涉及人口转移、资本和产业集聚、土地景观结构变化、自然资源需求变化等多种经济和自然要素变化过程，而粮食生产系统的发展也涉及农业劳动力、资金、技术等多种经济资源以及耕地的数量、土壤的肥沃程度、水资源、气候条件等自然资源状况的变化，因此，城市化系统和粮食安全系统都是典型的生态经济系统。但两个系统的侧重点存在明显不同。城市化系统主要取决于人口的集中、资本的丰富程度和产业的集聚程度等经济要素。自"十一五"以来，城市化一直被确定为我国经济社会发展的主要驱动力，因此城市化系统更多地关注经济发展的特性。而粮食安全系统虽然受制于经济社会发展状况和农业生产技术水平，但更受制于耕地的数量、土壤的质量、光热水资源的配合状况，因而粮食安全系统更多地关注生态的特性。因此，为不断推进城市化进程，不断提高粮食安全水平并协调好城市化系统与粮食安全系统的关系，就必须始终坚持生态经济学理论，将劳动力、资本、土地、水资源等各种经济社会资源和自然资源有效地在城市化系统和粮食安全系统中进行分配，从而维护好我国的发展和稳定。

五 资源和环境经济学理论

资源经济学是一门具有较强应用性的经济学科，它以西方的微观经济理论和产权制度理论为基础，采用微观经济学的分析方法，并结合传统资源科学中有关资源分析的方法，对资源的价值、资源的分配、资源的可持续利用和有效管理等问题进行研究。与生态经济学和环境经济学相比，资源经济学的研究对象相对较小，即其研究的对象是在一定的经济社会发展水平和技术条件下，能够为人们所利用并能增加人们福利的各种自然资源，其研究的重点在于揭示在资源利用过程中所产生的各种资源经济问题和经济关系。

环境经济学则是以环境与经济之间的相互关系为特定研究对象的经济学分支学科。与资源经济学相比，环境经济学研究的范围较为广阔，即其研究对象是在一定的经济社会发展水平和技术条件下，对人类经济活动有影响的各种自然要素，包括大气、土地、水、植物、动物及其所组成的环境系统。环境经济学与资源经济学、生态经济学之间存在十分密切的联系，它们都是在现代经济迅速发展、人口不断增加、资源急剧耗损、生态环境严重恶化的条件下产生的，是三门具有姐妹关系但又不能互相替代的新兴学科。生态经济学从侧重生态系统科学的视角出发，将生态学的基本原理应用于经济系统，以解决经济系统中的能量只能单向流动和物质无法循环的问题，从而实现生态效益和经济效益的有机统一；而环境经济学则侧重从环境保护的角度，运用微观经济学的基本原理和方法，解决经济社会发展对环境系统的污染和破坏问题，使经济发展能够有效地控制在环境的承载力范围内，进而实现经济和环境的可持续发展。

资源经济学从 20 世纪 90 年代产生以来，经过不断的发展，已经形成了其特有的原理和研究方法，主要包括：资源最优耗竭理论与霍特林定律、资源稀缺性及其度量原理和指标、资源价值的评估与核算的原理和方法、资源代内和代际分配原理和方法、资源产权制度理论、资源效率至上的观点等。资源经济学的主要研究内容包括：资源的经济界定和资源问题产生的根源、资源稀缺性及其测度、资源市场的完善和资源贸易、资源定价机制及其有效评估、资源的有效配置和资源区划、资源产权及其有效管理等。

环境经济学则以西方经济学中的"稀缺理论""效用价值论""外部经济性理论"为基础，应用微观经济学的中心理论，通过揭示市场机制和政府干预两大手段在环境问题上存在的配置和管理失灵，进而提出环境的承载能力也是一种稀缺资源，必须由免费物品转变为稀缺商品。环境经济学揭示了环境问题的制度根源和经济根源，并提出了解决的方法，即环境经济行为外部性的内部化问题。环境经济学的资本理论包括环境经济行为的外部性理论、环境资源的公共利益与公共选择理论等。由于环境经济学是以环境污染和经济发展的相互关系为研究对象，因而决定了环境经济学的基本研究方法是费用—效益分析法。

在城市化推进过程以及维护粮食安全过程中，资源和环境问题都与它们有着密切的联系。就城市化问题而言，首先，城市化过程必然会导致土地景观格局的变化，因而产生土地资源利用问题；其次，城市非农生产需要由比城市地域范围大得多的地区提供各种食物、水、能源等资源支撑；最后，城市在非农生产过程中产生大量废气、废水和固体废弃物，直接或间接地排放到环境中，从而对环境产生影响。就维护粮食安全问题而言，首先，粮食生产必须以耕地资源和水资源为基本的载体，粮食安全的程度与耕地和水资源水量存在显著的正相关关系；其次，粮食生产过程中使用的农用汽油、柴油、化肥、农药、农用薄膜等化学能源，必然会对农业生产环境产生重要影响，目前，农业面源污染的整治问题已成为有待有效解决的重大环境问题。因此，在推进城市化和维护粮食安全的过程中，我们必须始终以资源经济学和环境经济学为指导，将土地资源、水资源等各种自然资源在城市建设和粮食生产过程中进行有效配置，并有效控制城市生产和粮食生产过程中产生的各种废弃物，尽可能将其控制在环境可承载的范围之内，从而实现城市经济、农业生产和资源环境的可持续发展。

六　系统协同理论

系统协同理论是研究不同事物共同特征及其协同机理的学科，10多年来得到了快速发展和广泛的应用。系统协同理论认为，属性不同的各种千差万别的系统，在整个环境中都存在相互影响而又相互合作的关系，其中也包括通常的社会现象，如不同单位间的相互配合与协作，部门间关系的协调以及系统中的相互干扰和制约等。系统协同理论表明，由较多子系统组成的复杂系统在一定条件下，由于子系统的相互作用和协作，这种系统会发生各种本质性的变化。其研究内容可以概括为从自然界到人类社会各种系统的发展演变，探讨其转变所遵守的共同规律。我们运用系统协同论的方法可以把已经取得的研究成果拓宽应用于其他相关学科，为探索位置领域提供有效手段，还可以进一步找出影响系统变化的主导因素，进而更好地发挥各子系统之间的协同作用。

"协同"表达了处理和解决问题的方式以及事物发展过程中的状态，即指为实现系统总体演进的目标，各子系统或各要素之间通过相互协作、配合、促进等相互作用过程，使整个系统实现良性循环的发展态势。协同是系统发展的内在规定，是对系统的各种因素和属性之间的动态相互作用关系及其程度的一种反映，它广泛存在于物理、化学、资源环境科学、生态学、经济学等自然科学和人文社会科学领域。在生态系统中，不同物种之间、生物体与环境之间的高度合作是保证生态系统有序、良好的结构和机能，维持生物系统的存在和进化的必要条件。哈肯把协同学原理概括为不稳定性原理、序参量原理和支配原理，并认为它们是构成协同学的核心。

在城市化进程中维护好粮食安全，其实质就是通过各种有效政策和措施，将劳动力、资本、土地、水资源等经济社会资源和自然资源，有效地分配到城市建设和粮食生产，使得由人口城市化子系统、经济城市化子系统、土地城市化子系统和城市生活方式子系统这 4 个子系统构成的城市化系统，与由粮食生产安全子系统、粮食供给安全子系统和粮食消费安全子系统这 3 个子系统构成的粮食安全系统两者之间达到协同发展的效果。例如，政府通过有效配置劳动力资源，使得农村剩余劳动力不断流向城市，推进人口城市化的发展；与此同时，政府又积极推进农地流转机制体制建设，通过强化对农业劳动力的培训、提高农业劳动力素质等办法，推进粮食生产的集约和规模经营，从而达到提高粮食生产安全水平的作用。

第二节　城市化与粮食安全相互约束机制分析

一　城市化与粮食安全相互约束概述

20 世纪 50 年代初期，美国学者舒尔茨提出，在经济发展和城市化推进的过程中，在低收入和高收入国家存在两种不同性质的农业问题：前者是食品供给极端缺乏的"食物供给问题"，后者是食品供给充足经济下的"农业发展问题"。随后，日本学者速水佑次郎在此基础上加以发展，提出从经济不发达阶段进入低收入阶段，再到经济发达的高收入阶段，农业的发展也要经过性质不同的三个阶段，它们之间存在各自特有的问题。在经济不发达阶段，存在的主要是食品供给问题，低收入阶段主要是农民的贫困问题，而最后一个阶段则主要是农业结构调整问题。速水佑次郎在《农业经济论》和《日本农业保护政策探讨》两书中对这三个阶段的问题性质和内容进行了系统的论述和分析，他认为：目前，食品供给问题和贫困问题主要集中于低收入的发展中国家，这些国家人口增长迅速，粮食消费尚未满足。随着经济增长和收入的提高，居民粮食需求也在迅速增长。但是，受经济社会条件以及自然因素的制约，发达国家已开发的先进农业技术又难以转移到发展中国家；同时，为了优先实现工业化和城市化，低收入国家农业投资也受到限制，其生产率只能缓慢增长。因此，低收入国家粮食供给赶不上需求的增长，导致物价整体上涨。在低收入国家，食品消费在居民消费中占很大比重，其恩格尔系数一般都在 50% 以上。在食品消费支出中粮食消费所占比重很高，因此粮食涨价会使人们的生活更加困难，经济越不发达、收入水平越低，这种影响就越大。

在发展中国家，当食品价格上涨时，为了避免城市工人的不满并引起骚乱，政府就必须相应地提高工人工资；而工人工资的提高，则必然导致城市工业部门利润的下降，厂商可用于扩大再生产的投资规模也必然减少，因而使得工业发展陷于困境。与此同时，粮价上涨和工资增加也会受到工商企业主的反对，他们要求对城市有必要的粮食供应，并维持较低的价格水平。因此，发展中国家在推进城市化过程中，如果农业部门生产技术处于停滞，则不可避免会出现粮食安全问题，进而抑制整个经济的发展，使得发展中国家难以摆脱贫困阶段。因此，在发展中国家，不断推进农业技术进步就显得十分重要。随着发展中国家工业化和城市化的不断发展，低收入国家开始向高收入发达国家的行列迈进，在这一发展过程中，各个国家一般都呈现人口增长速度缓慢、收入增加较快，因而恩格尔系数普遍快速下降的境况。当经济发展迈过中等收入陷阱后，恩格尔系数一般都维持在 30% 左右。由于食品消费的弹性很低，因而粮食需求增长缓慢。而在此过程中，由于城市和工业的快速发展，城市部门和工业部门的经济实力已较为强大，工业反哺农业已成为现实。此时，农业科技人才数量不断增多，农业科技研究水平不断提高，农业科技推广体系也比较健全，因而在发展过程中农业生产率的提高速度也在加快。因此，在迈向发达国家的经济社会发展过程中，则有可能出现粮食总供给的增长速度超过粮食需求的增长速度，但由于人们消费结构的改善，此时可能出现部分高品质的农产品供给不足的现象。速水佑次郎还引用李嘉图、刘易斯、拉尼斯－费景汉和乔根森等人的论述，对发展中国家在农业发展的三个阶段中，城市化与粮食安全相互约束机制问题进行了详细的阐述。

二 城市化与粮食生产对劳动力资源的需求所产生的约束机制

人是经济生产中最为活跃的因素，城市化推进过程中最为显著的特征之一就是人口的城市化，即将大量的农村人口转变为城市人口，使从事农业生产的农民转变为从事城市工业生产的工人。长期以来，受我国经济体制和户籍制度的影响，我国人口城市化过程发展十分缓慢，再加上我国人多地少的特征，使得大量人口滞留在农村，因而农业生产中存在大量的农业剩余劳动力。自20世纪90年代以来，沿海地区乡镇企业蓬勃发展，经济和社会发展日新月异，大量的中西部地区农村剩余劳动力不断涌向东部沿海城市地区，使得人口城市化得到了快速的发展。经过近20年的经济发展，农村劳动力已从所占比例的相对减少，向农业劳动力数量的绝对减少方向转变，目前农村可转移的剩余劳动力数量已经越来越少，部分地区甚至出现农业劳动力资源短缺现象。另外，在人口城市化过程中，农村劳动力转移呈现"学历层次越高越倾向出外打工，学历层次越低越倾向在家务农"和"年纪轻者出外打工，年龄大者在家务农"的特征。目前，农业劳动力中已出现较为严重的人口老龄化现象，劳动力质量正在不断下降，其中农村劳动力中51岁以上人口的比重达到了33%。如果按照现有劳动力总量和年龄的推算，到2020年前后，50岁以上劳动力的比重将达到50%左右。[①] 农业劳动力转移的这一特征造成很多农村地区农业劳动力呈现明显的老龄化、妇女化、儿童化和素质劣质化等现象。[②] 然而，在推

① 刘卉：《城镇化进程中的粮食安全政策研究》，湖南师范大学硕士学位论文，2012，第31～32页。
② 臧武芳、潘华顺：《论粮食安全与城市化》，《社会科学》2001年第3期，第11～15页。

进农业现代化的发展过程中，恰恰需要一部分年轻的、具有较强学习能力的劳动者以及具备一定文化素质的农业劳动力，而缺乏这样的劳动力资源，再加上效率不高的农业技术推广服务体系，严重制约了农业新技术、新机械、新方法的推广，使得粮食生产水平得不到有效提高，从而对我国粮食安全问题造成一定威胁。[①]

刘易斯的二元经济论则从理论上分析了在城市化过程中劳动力资源供给变化可能产生的粮食安全问题。二元经济理论认为：发展中国家一般存在两个部门，一个是传统的农业部门，这个部门存在大量的剩余劳动力，其边际劳动生产率为零；另一个则是城市工业部门，这个部门具有很高的劳动生产率，也是接受农村剩余劳动力的部门。刘易斯认为，当城市中的工业部门的工资水平高于农业部门工资水平的30%以上时，农村劳动力的供给就是无限的，此时现代工业部门投资的多少和资本积累的高低将是经济发展和劳动力转移的唯一推动力。资本主义部门将生产剩余用于投资，并且以固定工资吸引维持生计部门的劳动力，随着投资的增加，维持生计部门的剩余劳动力就会源源不断地流向资本主义部门，直到农村剩余劳动力转移完为止。[②]此后，由于劳动—土地比率下降，农村劳动力的边际生产率将不再为零，因此工业部门只能以大于粮食生产的成本才能把劳动力从农村吸引出来。此时，劳动的供给曲线就会因为现代工业部门的工资和就业继续上升而成为具有正斜率的一条斜线，而不再是一条水平线，也就是劳动力不再是无限供给的了。当城市工业部门不断发展吸光了农村剩余劳动之后，城乡劳动者工资都会上升，这时城市工业部门和农业部门将会在劳动力资源方面展开竞争。然而，由于农业部门在竞争中一般处于弱势地位，因而竞争的结果可能导致农业劳动力资源匮乏，进而可能产生粮食安全问题。拉尼斯－费景汉的研究进一步说明，当工业雇用的工人数超过农村剩余劳动力数时，由于土地资源和农业劳动力资源的绝对减少，农业生产也会绝对减少，进而导致食品价格开始上升，工业利润和资本积

---

① 李岳云：《工业化、城市化与粮食安全》，《现代经济探讨》2007年第1期，第27～30页。

② 田玉军、李秀彬、陈瑜琦等：《城乡劳动力流动及其对农地利用影响研究评述》，《自然资源学报》2010年第4期，第686～695页。

累则会下降。因此，发展中国家如果不提高农业生产率，而只是不断向工业转移农业资源，则不可避免地会出现粮食安全问题。乔根森还认为，只要劳动力从农业向工业转移，农业生产就会减少，因而必然出现粮食安全问题。

三　城市化与粮食安全对土地资源的需求所产生的约束机制

万物土中生，城市化的发展和粮食生产都离不开土地，而且两者所需的土地都集中在耕地上。从总体上看，我国土地面积总量为 960 万平方公里，居世界第三位；但我国人口数量大，根据 1996 年土地资料详查数据，全国耕地面积只占土地总面积的 13.68%①，人均土地和耕地面积不到世界平均水平的 1/3 和 2/5。可见，从经济社会发展的需求看，我国人均土地和耕地面积并不丰富，在推进城市化进程和保障粮食安全的建设过程中，总体上面临严峻的土地资源约束。② 城市化过程中最为明显的表征就是城市的空间扩张，也就是将农业用地转变为城市建设用地，其主要表现形式为通过城市交通、住宅、产业发展等过程对耕地进行占用，因此城市化是侵占耕地的一个重要的驱动力。从全国层面上看，1978～2008 年，全国人口城市化率从 1978 年的 17.2% 增长到 2008 年的 47.0%，年均提高约 0.95 个百分点，城市的数量也得到了空前的增长，由 1978 年的 192 座增加到 2008 年的 654 座。在城市化不断推进的过程中，耕地面积则急剧减少。根据《中国统计年鉴》的相关数据，全国耕地面积由 1978 年的 9938.93 万公顷，减少到 1995 年的 9497.09 万公顷，耕地面积净减441.84 万公顷。由于 1996 年国土资源部对全国土地资料进行了详查，因而使得 1996 年之后的土地资源统计数据与前一段时间不具有衔接性，但在 1996～2008 年，国土资源部的土地变更调查结果显示，全国耕地面积由 1996 年的 1.3 亿公顷，减少为 2008 年的 1.217 亿公顷，净减耕地面积830 万公顷，明显逼近 1.2 亿公顷的耕地保有红线。总体来看，在 1978～

---

① 封志明、刘宝勤、杨艳昭：《中国耕地资源数量变化的趋势分析与数据重建：1949～2003》，《自然资源学报》2005 年第 1 期，第 35～43 页。

② 刘宁：《土地资源约束条件下的中国城市化》，《经济体制改革》2005 年第 6 期，第 94～97 页。

2008 年的 31 年过程中，由于城市化的推进，全国耕地面积累计减少 1271.84 万公顷。在这一统计过程中，建设用地实行占补平衡过程中所减少的耕地面积还不包括在这一统计范围内，而且在占补平衡的过程中，明显存在占优补劣的情况，因此从耕地的数量和质量两个方面综合考虑，减少的耕地远远不止是统计上的这一数据。

土地是人类生存之本，土地变化与粮食安全的关系尤为密切。由于世界人口的快速增长，人们对粮食的需求不断扩大，从而将大面积的自然生态系统转化为农业用地，以满足人类生存的需求。自 10000~12000 年前人类进入定居农业社会以来，世界人口已由 200 万~1000 万人增长到了 2006 年的 65 亿人，预计在 2100 年左右将稳定在 100 亿~120 亿人。人口的快速增长（尤其是在 1700~2000 年的 300 年时间里）导致了大面积的土地利用和土地覆被变化，为满足人类生存的需求，人类已将 11.35 亿公顷的森林和灌木林地，6.69 亿公顷的热带稀树草原、温带草原和寒带亚寒带草原转变为耕地，与此同时，牧草地的面积也由 5.3 亿公顷增长到 33 亿公顷。[①] 我国耕地存在众多的统计口径，因而导致耕地在不同的时期很难进行比较，为此封志明等人对我国耕地面积的变化情况进行了系统的重新估算，研究认为新中国成立初到改革开放前，由于中国人口快速增长，再加上此阶段农业生产技术相对落后，为维持人们的生活，耕地面积从 1949 年的 0.98 亿公顷，增长到 1978 年的 1.35 亿公顷，其间耕地面积增加了 0.37 亿公顷；而在 1978~2003 年，由于我国经济的快速发展，城市化进程的快速推进，我国耕地面积呈现显著的下降趋势（封志明等，2005）。这一时期，农业技术进步所导致的粮食增长有效地弥补了耕地面积减少的损失，因而实现了城市化和粮食安全的双重发展目标。

然而，由于土地资源的有限性，经过人类长时期的开发，目前可供人类开垦的后备土地资源已相当有限，这一趋势在中国尤为突出。因此，寄希望于通过增加土地供给面积这一手段来协调城市化建设和保障粮食安全的双重目标的可能性已较小。另外，在粮食生产方面，受光温水生产潜力

[①]　Lal, R., "Anthropogenic Influences on World Soils and Implications to Global Food Security", *Advances in Agronomy*, 2007, No. 93, pp. 69 – 93.

和资源投入的报酬递减规律的制约，即便农业技术能够得到进一步的发展，单位面积能够产出的粮食也有一定的上限。因此，在人口总量仍不断增长、城市化仍在不断推进的过程中，由于城市建设和粮食生产都需要足够的土地资源作为保障，因此城市化和粮食安全在土地资源方面必然存在约束机制。李嘉图最先研究了粮食与经济发展和城市化的关系，他认为，随着城市工业的发展，工人数量和工资总额增加，粮食需求也随之增加，但由于耕地资源有限和粮食生产投入的报酬递减规律等因素的制约，粮食的供给不能同步增长。于是，在城市化的发展过程中不断出现粮价上涨、工资增加和工业利润下降等现象，进而导致城市工业发展受阻。为了避免陷入这种困境，只有向土地资源丰富的国家进口廉价的农产品。[①]

四 城市化与粮食安全对水资源的需求所产生的约束机制

水是生命的源泉，水资源对城市化和粮食安全的约束机制主要体现在水资源数量和水资源质量两个方面。从水资源的数量上看，尽管地球被称为水的行星，但其淡水所占比重仅为水资源总量的 2.5%[②]，而城市的发展与粮食的生产都依赖淡水资源，因而淡水资源数量的多寡和淡水资源在空间上的分布特征，在很大程度上决定了城市化的规模和空间布局，也决定了粮食生产的品种、结构和粮食生产的规模。从水资源的质量上看，水体的水质主要取决于自然和人为影响两种因素。就自然方面来讲，水质主要取决于水体所处流域的生态环境条件和地球化学物质循环，例如水中的各种微量元素及其含量、氧的浓度及各种盐分的含量都与流域的生态环境状况密切相关；就人为影响方面来讲，水质主要取决于流域周边的经济社会发展状况，即流域的人口数量、产业类型、经济密度等相关要素，例如人口密度大、重化工业分布密集的地区，其水体受人类活动的影响要比人口密度小、现代服务业分布密集地区大得多，前者所在地区的水质一般也要显著低于后者所在地区的水质。

水对城市的发展影响十分广泛，只有水资源的数量和质量能够满足城

---

① 曾静：《我国工业化发展对粮食安全的影响及对策研究》，华中农业大学博士学位论文，2010。
② 刘耀彬：《城市化与资源环境相互关系的理论与实证研究》，中国财政经济出版社，2007。

市人口生活需求和城市工业生产需求,才能规划、布局相应的城市。在水资源贫乏的地区,城市的人口规模不可能太大,而且人们的用水量也受到明显的限制;与此同时,水资源消耗量大的相关产业也不可能得以发展,而且为有效地利用水资源,产业在发展过程中也不得不通过各种技术措施提高其水资源的利用水平。因此,我们可以明显看出,水资源是影响城市布局和发展的最为重要的因子之一,是城市发生与发展的生命线,它不仅影响城市的生产方式和城市的工业类型和规模,还影响城市居民的生态健康、生活质量和生活习惯,尤其是在干旱、半干旱地区,水资源几乎成为城市发展约束的唯一因素。

水是任何生物体都不可缺少的重要组成部分,从生物学角度看,生物体的含水量一般都在60% ~ 80%,有些生物甚至可以达到90%。从这个意义上说,如果没有水就没有生命。此外,生物的一切代谢活动都必须以水为介质,生物体内营养的运输、废物的排泄、激素的传递以及生命赖以存在的各种生物化学过程,都必须在水溶液中才能进行。[1] 粮食生产部门是依靠粮食作物的生产发育,通过人类一系列的农业经济生产活动来获取粮食产品的社会生产部门。从生物学角度看,水是粮食生产不可或缺的资源,是粮食生产中不可替代的基本要素。从人类发展的历程来看,历史上的古埃及文明、古印度文明、古中国文明和古巴比伦文明四大农业文明都发源于著名的大江大河流域,可见水对粮食生产以及人类的产生、发展均具有极为重要的作用。

由于城市建设和粮食生产都必须拥有足够的水资源,而水资源数量有限、质量不一,因此有限的水资源在满足城市用水和农业生产用水中存在难以均衡的现象,进而使得城市化和粮食安全两者之间产生约束机制。由于资源配置更倾向于回报率高的部门,而农业用水的产出效益明显低于第二、第三产业。因此,更多的水资源会被分配到第二、第三产业,进而挤占农业用水。[2] 另外,由于城市化的推进,在城市的工业经济生产活动中

---

[1] 尚玉昌:《普通生态学》(第二版),北京大学出版社,2002,第45页。

[2] Rosegrant, M. W., Ringler, C., *Impact on Food Security and Rural Development of Reallocating Water from Agriculture*, International Food Policy Research Institute, Washington, D. C., 1999. http://ageconsearch. umn. edu/ bitstream/975002/eptdp47. pdf.

会大量排放"三废"和生活垃圾，而这些废弃物中一般都含有硫酸盐、磷酸盐、重金属离子、氰化物、有机络合物等有毒、有害物质，其排入水体中使得水质受到严重污染，因而对粮食安全也产生显著的威胁。Lal（2007）的研究表明，由于工业化、城市化和农业生产在用水方面的激烈竞争，世界农业用水占水资源消费总量已由 1900 年的 81.4%，下降到 2000 年的 56.7%。[1] 在中国的城市化进程中，我国农业用水在全国总用水量中的比重已从 80% 以上降至 70% 以下。[2] Rosegrant 等人则指出，城市污水和工业废水的排放明显导致了水质下降，显著影响了农业生产，正逐步威胁着世界的粮食安全。[3]

五 粮食消费结构变化使城市化与粮食安全之间产生约束机制

由于城市化进程的加快，城乡居民收入的显著增加，农产品品种的日益丰富，交易市场的不断完善，城乡居民膳食结构也必然发生相应的变化。黄季焜（1999）的研究表明，由城市化导致的生活方式和饮食偏好的变化以及市场发育和职业变动等社会经济结构变动因素，对中国食物需求结构的变动起着决定性作用，并将继续影响未来中国食品消费结构的变化。[4] 城市化对粮食安全影响的具体表现是城乡居民的直接粮食消费量显著减少，而肉、奶、蛋等间接粮食消费量不断增加。以我国城市化进程中的粮食消费结构变化为例，改革开放前，我国人均肉类占有量为 9.1 千克，到 2009 年则增加到人均 44.4 千克；人均奶类的占有量也从 1.2 千克增加到 26.4 千克。根据生态系统能量梯级转化的林德曼十分之一定律可知，当直接粮食转化为肉、奶、蛋等间接粮食的时候，只有大概 10% 的

① Lal, R., "Anthropogenic Influences on World Soils and Implications to Global Food Security", *Advances in Agronomy*, 2007, No. 93, pp. 69 - 93.
② 姚万军、胡秋阳、段文斌：《粮食生产七年增长之后的安全隐忧——关于我国粮食供需状况的调查报告》，《光明日报》2011 年 4 月 26 日。
③ Rosegrant, M. W., Ringler, C., Msangi, S. et al., *International Model for Policy Analysis of Agricultural Commodities and Trade（IMPACT）：Model Description*, International Food Policy Research Institute, Washington D. C., 2008. http://www.Ifpri.org/themes/impact/impactwater. pdf.
④ 黄季焜：《社会发展、城市化和食物消费》，《中国社会科学》1999 年第 4 期，第 102 ~ 116 页。

能量得以有效的传递，而再从间接粮食向人类这一转化过程中，又仅有10%左右的能量得以传递，因此城市化过程所导致的消费结构变化将大大增加粮食的总需求，尤其是饲料粮食的需求。

张培刚较早地从理论上对城市化进程中人们消费结构变化对粮食安全所产生的约束特征进行了阐述。他认为，当工业化和城市化发展进入到相当成熟的阶段，人们的收入将随着生产的发展而逐渐增加，粮食需求的收入弹性的作用，必然使人们和社会对粮食的有效需求发生显著变化。就食物来说，随着城市化进程的不断推进，人们家庭收入将呈现出持续增加的态势，因而饮食习惯必然发生改变，即吃粗粮的将改吃细粮，或者少吃米面杂粮，多吃肉、蛋、禽等间接粮食食物。此外，如果粮食生产的工业化表现为粮食的机械化和大规模组织经营，则机器、化肥以及其他现代耕种所必需的设备和工具，都必须由现代工业来提供。在所有的粮食生产技术中，动力机械和化学肥料的运用最为重要，它们增加了每个人工小时的生产力，也增加了土地产出水平，从而在粮食生产部门显示出了现代工业化的特征。随着工业化进程的深入发展，由于市场的扩张和生产技术的改进，粮食生产的总产量和单产必然会增加，生产规模亦必然会有所扩大。所以，只有当工业化发展到一定的层次后，大规模的粮食生产才能有效推进；只有积极应用现代工业的成果，改善粮食生产的基本条件，才能不断开拓粮食生产新领域，从而实现长期粮食安全（张培刚，2002）。[1]

在城市化进程中，由于农村剩余劳动力不断向城市和工业部门转移，因而为农地的规模化和集约化经营提供了有利条件。然而，由于我国仍然实行的是以家庭为单位的联产承包责任制，土地流转虽然在全国范围内开始实施，但进展仍十分缓慢。据农业部统计，截至2009年年底，全国农村家庭承包耕地转出面积为0.101亿公顷，还不到我国耕地总面积的1%，流转的形式主要包括：转包占52.89%，出租占25.69%，转让占4.54%，互换占4.39%，股份合作占5.42%，其他占7.07%。与此同时，虽然农地流转在不断推进，但在实施过程中所遇到的诸多问题都没有能够得到有效解决，也没有建立有效的土地流转机制，给农地的规模经营造成

---

[1]　张培刚：《农业与工业化》，华中科技大学出版社，2002，第259~390页。

了一定的障碍。① 由于农地流转难以在短期内得以有效推进，因此以家庭为单位的农业生产经营模式仍然是中国农业经济发展的主要模式。与集约化和规模化农业相比，家庭农业具有信息流通闭塞、承担农业生产经济风险能力弱等特点。因此，在城市化进程中，农民仍然趋向保持原来的农业生产模式，使得农业结构调整难以进行，进而使得农业生产难以符合粮食需求结构转变的需求，产生粮食生产与需求相脱离的情况。

第三节　粮食生产对城市化的促进机制

一　粮食安全是城市化发展的基础

人类要生存，经济和社会要存在和发展，都必须有充足的食物供给，而农业是提供食物的唯一部门，因而它的存在和发展，是一切物质和文化部门以至整个人类社会得以存在和发展的前提和基础。② 张培刚教授较早地从发展经济学的角度阐述了粮食安全对城市化的重要作用，他认为从发展经济学的角度来看，农业是国民经济的基础产业，而在整个农业生产体系当中，粮食又是农业的基础产业，它是人类的生存之本，是其他产业的发展之源。城市是非农产业集聚的地方，即从事第二、第三产业人口及生产活动集中的地方。非农产业及人口的集中，促进了城市地区的社会化和专业化，导致了不同产业构成在空间上的分工，表达了经济结构上的进步趋势，从而造就了现代都市文明。正是社会分工的原因，使得城市不能生产农产品，城市所需的粮食必须由城市以外的地区，即农村地区进行农业生产来供给。就整个社会而言，农业劳动力生产粮食产品的能力，除第一产业从业者自己及其家属所需份额之外，剩余的粮食生产能力就是城市生存的必要前提条件。所以，只有农业发达，城市的兴起和成长在经济上才成为可能。正是基于这个原因，历史上第一批城市都诞生在农业发达的沿

---

① 农业部课题组：《农业农村经济重大问题研究 2010》，中国财政经济出版社，2011，第115～127页。
② 曾靖：《我国工业化发展对粮食安全的影响及对策研究》，华中农业大学博士学位论文，2010，第35页。

江、沿河地区，例如，埃及的尼罗河流域、中东的两河流域、印度的恒河流域以及中国的黄河流域。①

稳定的粮食供给是城市化发展的基础，但以粮食生产为主体的农业，不但为城市发展提供粮食，而且提供了城市非农产业发展所需的各种原料。从世界城市经济发展的实践可知，在城市工业化早期阶段，一般国家的工业都是以粮食等农产品为原料的加工工业，所以城市的发展与粮食生产密切相关。在经济发展过程中，虽然农业在国民经济生产中所占比重持续下降，但如果考虑食品工业、饮料工业、纺织服装等与农业密切相关的产业，则农业的相对重要性下降的速度就要缓慢得多。

张培刚教授较早地论述了粮食生产与工业化之间的关系，由于工业化与城市化在诸多方面具有本质的一致性，因此，对粮食生产与工业化之间的论述也在一定程度上体现了粮食生产对城市化的基础作用。从张培刚教授的阐述中可以得出，粮食生产对于城市化的基础性作用表现在以下两个方面。第一，从实物形态的联系方式来看，发展粮食产业，一方面为所有产业的生产者提供生存必需的食品；另一方面又为以粮食为加工对象的产业提供原材料，从而保障相关产业的发展。第二，从价值形态的联系方式来看，粮食价值的变化，一方面会直接影响到全社会居民的生活水平甚至社会的稳定；另一方面又会影响相关产业的生产成本，进而引发整个国民经济的波动。在张培刚教授对粮食生产与城市化关系重要论述的基础上，现代产业经济学又对张培刚教授的理论进行了深化，现代产业经济学的产业关联理论提醒人们：一个国家要保证国民经济各产业间的协调发展，首先必须保障粮食安全。相反，城市化道路的选择以及城市化进程的快慢对粮食供求关系都会产生直接或间接的影响，进而又从总体上影响到一国的粮食安全水平。国外农业转型的实践证明，保障粮食安全的关键不是粮食产业内部自身的发展，而是在于粮食产业与工业等相关产业是否能形成一体化、市场化、集约化经营（张培刚，2002）。

虽然粮食的充足供给是城市化发展的必要条件，但并不是充分条件。

---

① 许学强、周一星、宁越敏：《城市地理学》（第二版），高等教育出版社，2009，第57～58页。

就一个国家和地区而言，剩余粮食的生产能力并不一定构成本国或本地区城市化的前提。例如，历史上英国在实现城市化的过程中，是依靠其军事、政治力量及现代交通工具，从国外得到自己所需的农产品，进而为其城市化提供了保障。然而，在世界以和平为主题的发展进程中，依靠军事、政治力量从国外征收粮食已基本不可能，但通过国际贸易的方法获取粮食，从而为一国城市化提供基础，也是一条可行的路径。例如，日本、韩国、新加坡等国家通过国际劳动分工，长期依赖进口粮食实现了它的工业化和城市化进程（许学强等，2009）。

二 农业为城市化发展提供劳动力

仅有农业生产力的发展和粮食生产的剩余尚不足以导致城市的兴起和成长，如果没有技术的发展，绝大多数人口始终都从事农业生产活动的话，那么，城市化仍不可能发生。因此，城市化的发展还必须依赖农村为城市提供剩余的农村劳动力，只有这样，城市化的发展才有人力的支撑。在人类社会发展的最初阶段，农业是唯一的生产部门。农业劳动生产率提高以后，农产品出现了剩余，使得农业劳动力能够向非农产业转移，从而为非农产业的发展提供了最为基本的生产要素。可见，没有农业部门的劳动贡献，就很难有其他产业部门的形成和发展。在现代经济发展初期，农业中存在较多的剩余劳动力，才使非农产业部门的发展能够顺利进行。所以，农业部门的劳动贡献是非农产业发展的重要条件。

一般来讲，城市都在农业发达的地区首先兴起，这是因为粮食的剩余刺激人口劳动结构发生分化，社会出现了一批专门从事非农业活动的人口。显然，最初这些劳动人口全部是由农业部门提供的，因为在人类经济的发展中，首先进行的是维持自己生存的第一产业，之后才是第二产业和提高生活质量的第三产业。另外，第二、第三产业的发展为农业提供了新工具、新技术和新服务，促进农业劳动生产效率的进一步提高，从而使得农村又可以提供更多的农村剩余粮食和剩余劳动人口，进一步地转移到城市和非农产业部门从事生产活动。这个往复过程不断叠加上升，城市化也就随之得到不断的发展。

因此，如果农业部门只提供粮食，而不能提供剩余劳动力，非农部门就不能兴起，因而城市也就不可能产生。所以，农业生产力不断提高，进而造成农业剩余劳动力的不断产生和转移，是城市兴起和成长的第二前提。不仅在城市产生的初期需要农业部门向城市提供剩余劳动力，欧美发达国家在工业革命时期的城市化发展过程中，也依赖农业部门提供的农村剩余劳动力。在英国工业革命的初期，伴随着大工业的发展，城市劳动力出现了短缺现象，为此英国实施了著名的"圈地运动"，强迫把农民转化为城市中的产业工人，为城市化和工业化的发展提供大量廉价的劳动力。在美国，工业化时期所需要的劳动力则通过国际移民的方式得以解决。在我国，自 20 世纪 80 年代以来，乡镇企业得到蓬勃发展，城市经济和非农产业快速推进，产生了大量的就业岗位；而我国恰好是人多地少的农业国家，在广大的中西部农村地区存在大量的剩余劳动力，这一发展使得我国中西部地区的农村剩余劳动力不断涌向东部沿海地区，产生了在中国特有的"民工流"现象。

三　农业为城市化的发展提供最为原始的资本积累

农业的发展是城市化的原始动力，而粮食生产又是农业生产的主体，因而农业对城市化的贡献在很大程度上可以视为粮食生产对城市化的贡献。城市化首先产生于那些农业分工完善、农村经济发达的地区，这些地区在农业生产力发展到一定程度之后产生了农业剩余，为城市化的发生和发展奠定了基础。[①] 农业剩余对城市化的驱动作用主要表现为：在一个经济社会发展水平较为落后的国家，由于其工业基础薄弱，科学技术水平落后，因而其工业产品不可能具有很强的竞争力，寄希望于通过工业实现出口创汇来为国家城市化发展提供资本积累的可能性很小。然而，在推进城市化和工业化的过程中，国家又需要有一定的资本积累，用于进口发达国家和地区的先进技术、设备和其他一些工业产品及原材料。因此，在经济较为落后的发展中国家，农业在这一发展过程中就扮演着重要的角色。在发展中国家，只有通过出口具有比较优势的农产品及各种农产品加工品，

---

① 李丽萍、郭宝华：《城市化形成机制的经济学分析》，《中州学刊》2006 年第 5 期，第 53 ~
56 页。

才能赚取一定数量的外汇，为推进工业化和城市化进行资本积累。通过农业的积累，发展中国家向外购买各种先进的技术和生产设备，用以发展本国的非农产业，从而实现本国民族工业的壮大，推进城市化发展。[①] 另外，发展中国家在工业化的初期，为加快推进工业化和城市化的发展，还通过相关的发展政策，人为压低农产品价格，从而提高工业产品价格，即实行工农产品的剪刀差政策，使得农业生产剩余不断流向工业部门，达到在国内迅速积累工业发展所需资本的目的。因此，如果没有农业为工业化和城市化发展提供原始的资本积累，大多数发展中国家工业化和城市化的快速发展就难以实现。

在城市化发展过程中，农业主要通过4种方式为工业化、城市化发展提供剩余：一是农民通过赋税提供剩余；二是农业剩余通过不利的贸易条件由农业流向工业，由农村流往城市；三是通过吸收农民在金融机构的存款和对政府及企业债券的认购提供剩余；四是政府凭借政治力量使农民无偿放弃财产向非农产业和城市提供剩余。[②] 在工业化初期阶段，大多数国家及地区在资本积累对农业剩余汲取方式的选择上，对政府干预下的方式的偏好要明显高于市场机制下的方式，从而更有效地促使农业剩余转向非农产业和城市。

我国经济体制改革之前，农民为工业化提供资本原始积累，主要是通过工农产品价格剪刀差的方式。20世纪50年代，为了加快工业化步伐，迅速把国防搞上去，中国政府选择优先发展重工业的赶超型工业化道路。而重工业是资本密集型产业，选择这条工业化道路对农业提出的要求是：在使用价值形态上，为国家的工业化提供必需的农产品数量；在价值形态上，为国家的工业化提供最低限度的资本原始积累。在中国的工业化过程中，资本从农业流向工业、从农村流向城市是一种必然的趋势。中国政府采取的是强行压低农产品价格的工农产品价格剪刀差政策，以实现资本由农村向城市的转移。其主要形式是对包括粮食在内的主要农产品实行统购统销，为的是保障城市居民的基本生活和国家工业化建设对农产品的需

---

① 李秉龙、薛兴利：《农业经济学》（第二版），中国农业大学出版社，2009，第7~8页。
② 刘传江：《论城市化的生成机制》，《经济评论》1998年第5期，第56~61页。

要，并通过制定低价收购农产品的政策，把一部分农业收入转化为工业化的启动资金。农产品统购不仅是农产品的收购方式，也是一种特殊的国民收入分配方式。也就是说，农产品统购并不是一般意义上的商品交换，它还具有从农村转移资金的功能。这种转移资金的功能又是通过交换来实现的。或者说，统购是交换和分配的统一体。1953～1978 年，我国农民通过低价交售农产品为工业化提供的资本原始积累，其金额达 5100 亿元，约占同期农业净产值的 1/3。[①]

四　粮食生产为城市化发展提供了广阔的市场

农业对国民经济发展的市场贡献包括两个方面的含义。第一，农民作为买者，要购买服装、家具、日用工业品、耐用消费品和农药、化肥、种子、农膜、农用机械、电力及其他粮食生产的投入品。农民对工业产品的需求扩大了城市工业产品市场，而工业产品市场的扩大又进一步刺激了城市工业和其他非农产业部门的扩张。在经济发展的初期阶段，农业部门是经济当中的主要部门，工业刚刚起步。此时，即便城市工业部门或其他非农产业部门就业人员的人均收入水平高于农民的人均收入水平，但是由于农业部门在社会中的绝对优势地位，农村地区仍然是国内工业产品的主要市场。随着经济发展水平的不断提高，农业劳动力不断转移到城市非农产业部门就业，农村人口不断定居在城市。在此阶段，城市得到有效的发展，城市的市场也不断扩大，但由于此阶段城市化的推进，农民收入水平大大增加，从而使其消费水平也不断提高，因此在此阶段，农村的消费市场也得到了进一步的扩张。与此同时，现代农业生产模式的不断推进，也进一步增加了农业对化肥、农药、农业机械等农用工业产品的需求，从而有效地推进了城市的发展。

第二，农民作为一个卖者，在市场上出售农产品，把粮食及其他农产品销售给非农产业部门的生产者和消费者。随着农业生产水平和商品化程度的提高，农民对农产品的销售规模越来越大。农民的这种销售活动不仅

①　许经勇：《"三农问题"与资本原始积累》，《南京财经大学学报》2004 年第 6 期，第 1～6 页。

提高了农业自身的市场化程度，而且满足了非农产业的生产者和消费者对农产品的需求。农产品市场流通量增加以后，不但可以促进农产品运输业的发展，而且也使农产品的市场销售体系日益完善，也有利于农业要素市场体系的发育成熟。

第四节 城市化对粮食安全的促进机制

一 城市化提高农民的收入水平

城市化发展有利于加速农业现代化进程。舒尔茨对此进行过深入研究，他认为城市化对农业发展通常产生有利的影响。推进城市化对农业现代化和农村的促进作用主要表现在以下几个方面。第一，在城市地区，收入一般很快上升，这就促使人们对农产品（如粮食、肉类、蔬菜等）的需求迅速扩大。由于这些产品是劳动密集型的，农业就能够在不增加农业土地面积的情况下扩大生产，无论是总量还是单个农场都是如此，因而以这种方式扩大农场的生产活动直接地增加了农民收入。与此同时，由于城市就业机会增加，实际上在一定程度上也减少了农村的农业劳动人口，为农场的规模扩大和规模经营以及农民收入的进一步增加提供了可能性。第二，城市化可以提高资本的使用效率，进而有助于农场的扩张和现代化。由于许多农民家庭都具有明显的城乡联系，当农村人口在城市工作时，人们经常会把收入寄回农村家里，或者在许多情况下继续做移民兼职农民。市场条件的改善增加了农民收入，为资本积累提供了更为坚实的基础。第三，城市中心为普及教育、增加旅游交往提供了机会，使农村人口更多地接触到新事物、新概念，拓宽了农民的活动范围，使他们更容易接受新的变化，从而使得新农业生产技术和农用物资更容易在农业生产中得到应用。第四，城市市场为农村提供了范围广泛、日益增加的各种工业消费品，刺激了农业生产的发展。这就为农业发展提供了有利的环境，通过一种特定的努力，为促进城市周围农村地区的发展，指明了一条理想的途径。

Satterthwaite（2010）等人的研究表明，随着城市化进程的不断推进，非农收入在农户总收入的比重正不断增长。在非洲，非农收入在农户家庭所占比重为30%～50%，在亚洲大约为60%，在拉丁美洲约为40%。研究认为，非农收入的增加在许多地方对于减少农村贫困，提高贫困区粮食安全水平具有重要作用。[①]

二　城市化提高粮食生产的技术水平

虽然城市化进程需要和农业生产激烈争夺土地、水等资源，但粮食生产的技术进步和粮食生产的基本条件改善也是伴随城市化发生的。从理论上来讲，提高粮食单产的途径主要有两种：一是增加农业要素投入；二是推动科学技术的进步。但如果科技水平不变，只增加农业要素投入，那么农业的边际生产力就会下降，从而使粮食的发展潜力受到制约。因此，提高农业生产水平，确保粮食生产安全最为关键的就是提高农业生产技术，因为只有农业生产的技术水平不断进步，才能有效提高土地产出率、资源转化率以及农业生产的经济效益。专家预测，未来20年，为了满足世界人口对粮食的需要，每年需增加1.8%的粮食产量，其中1.5%要靠科技进步来实现。[②]城市化进程中，农业生产技术的推广和应用会呈现显著加快的发展趋势。农业科学技术的进步主要表现在以下方面：在农业生产中大力推进农业机械化，广泛应用各种信息技术、生物技术、化学技术、耕作与栽培技术以及饲养技术，与此同时，不断培育各种高性能的优良作物品种，建立不断改进高产、优质、省工、节本的饲养技术体系，从而实现在农业生产过程中的生育进程模式化、诊断测试仪表化、农业技术规范化。[③]城市化进程加速了先进科学技术的推广和应用，使得广大劳动生产者的文化素质有了显著提高。据统计，在20世纪90年代以后，非农就业每增加1个百分点，粮食单位面积产量就会增长2.5%左右（刘卉，2012）。

---

① Godfray, H. C. J., Crute, I. R., Haddad, L. et al., "The Future of the Global Food System," *Philosophical Transactions of the Royal Society B*, 2010, No. 365, pp. 2769－2777.

② 刘卉：《城镇化进程中的粮食安全政策研究》，湖南师范大学硕士学位论文，2012，第34页。

③ 李秉龙、薛兴利：《农业经济学》（第二版），中国农业大学出版社，2009，第359页。

三　城市化增加了粮食生产资本投入

随着农业生产效率的提高和农村劳动力的不断转移,推行规模化和集约化的现代农业生产条件已经成熟。现代农业是一种以资本替代农业劳动力和土地等传统生产要素的农业生产模式,因此,要有效提升粮食生产的规模化和集约化发展水平,就需要大量的农业生产资本。只有有了较为充足的农业资本,才能使劳动力、土地、农业机械、化肥等各种农业生产要素发挥活性,促进粮食生产的分工和专业化,形成较高的粮食生产能力。然而,由于农业生产比较效益低下的原因,农业资本存在低收益性、效益的外部性和投资的政策性等特征。因此,对于粮食生产所需资本就必须从家庭、市场和政府投入3个方面来实现。

如前所述,推进城市化和工业化的发展有利于完善市场经济体系,能够显著提高城乡居民的收入水平,同时也是实现国家和地区经济快速发展的引擎。因此,城市化主要通过3个渠道增加粮食生产的资本投入。首先,城市化通过增加农村家庭收入水平,进而增加农民对粮食生产技术、机械、化肥等生产要素的投入,同时也增加了农民对于自身人力资本投资的能力,为粮食生产技术和设备的推广和应用打下坚实基础。其次,城市化通过完善市场经济体系,降低市场风险,促进农村市场的繁荣发展。在完善的农村市场体系中,农民在粮食生产过程中实现良性的竞争发展,农户通过向金融机构贷款,能够获得充足的粮食生产信贷资金,增加粮食生产的资本投入。最后,城市化和工业化通过增强国家的经济实力,进而加大政府对粮食生产的财政扶持力度,全面实施工业反哺农业的发展政策。

四　城市化为粮食经济的发展提供广阔的市场

现代农业是在市场经济高度发达的基础上产生和发展起来的,因而是一种市场化农业。随着城市化和工业化的不断推进,现代工业的大发展为粮食生产效率的提高提供了极大的可能性,从而为粮食生产和经营的市场化打下了坚实的基础。与传统农业不同的是,在现代农业阶段,进入农业交换领域的除了大米、小麦等各种最终粮食产品以外,还有各种以粮食为原料的加工食品、粮食种子以及粮食运输、农业劳务输出等各种农业服务，形成了粮食产品市场与服务市场共同发展的景象。现代农业是一种市场化农业，因此粮食生产也发展成为有明显市场经济特征的粮食经济，这不仅表现在国内粮食生产及其相关联产业的高度发展上，而且表现在粮食生产的外向型特征方面。也就是说，粮食经济赖以运作的市场基础不仅包括了国内市场，而且包括了国外市场。粮食经济已经发展成为卷入世界农业生产体系和交换体系的粮食产业。它既不是单纯的出口粮食，也不是单纯的进口粮食，而是在社会生产力高度发展、居民消费达到很高水平情况下形成的、实行资源配置全球化的现代化粮食经济体系。这种粮食经济以农产品的高度商品化为前提，以合理的国际分工和国际专业化为依据，是一种国内市场与国外市场高度一体化的开放型农业。它表现为国内外粮食产品的大规模交叉流动，粮食生产卷入具有相对稳定的国际分工格局之中，粮食和农业市场的国家化达到了很高的程度。[1] 城市化的发展为粮食经济的发展提供了广阔的空间，粮食生产对资源禀赋条件的依赖性大，因此，只有在市场化的基础上配置各种粮食生产资源，才能使得粮食经济建立在经济可行和可持续的基础之上。[2]

第五节　城市化与粮食安全互为影响的综合分析

城市化与粮食安全之间存在复杂的相互关系，两者之间既有相互矛盾、相互制约的一面，又存在相互促进的一面。首先，从保障粮食安全的层面来看，粮食安全是城市化的基础条件，并为城市食品产业、酿酒工业、医药等产业提供了基本的原材料，为城市和非农产业的发展提供了大量的劳动力，为工业产品的销售提供了广阔的市场，因而对城市化的发展和推进起到了至关重要的保障作用。但在我国土地、水等自然资源日益短缺的情况下，粮食安全作为国家的一个重大战略，又显著制约着工业化进程的快慢以及城市化道路和发展模式的选择。其次，从推进城市化进程的层面来看，城市化的发展增强了国家经济的总体实力，提高了粮食生产的

---

[1]　宣杏云、王春法：《西方国家农业现代化透视》，上海远东出版社，1999。
[2]　李秉龙、薛兴利：《农业经济学》（第二版），中国农业大学出版社，2009，第363页。

物质资本投入；通过城市农业科技产业的发展，提高了粮食生产的科学技术水平；城市人口的不断增加和市场经济的不断完善，为农产品销售和农业生产服务业的发展提供了广阔的市场。但在城市化的推进过程中，耕地被不断地侵占，工业生产排放的各种废弃物污染了农业生产的水土资源，优质的农业劳动力不断流向城市和非农生产部门，对粮食安全产生了严重的威胁。因此，城市化和粮食安全两者之间既是相互发展的条件，也是相互发展的约束。

从粮食安全层面看，对于一个资源有限、粮食生产比较优势较低的国家来讲，要不断提高粮食安全水平，就意味着必须在粮食生产中保持一定数量的水土资源，增强对农业生产的投入和财政补贴。这就意味着城市化的发展不能突破保障国家粮食安全的底线，因而可能导致水土等资源不可能在城市化和粮食生产之间进行有效配置，从而降低了资源的使用效率。也就是说，在城市化进程中，水土等各种资源对其的约束将更为突出，城市化的发展速度必将受到制约，影响我国现代化的进程。从城市化的发展层面来看，对于一个城市化发展水平不高、工业化快速推进的国家，加快推进工业化和城市化的发展，就意味着要将更多的资源投入城市和工业部门，增强对城市和非农产业部门的扶持。这就意味着，城市化的推进可能会突破保障粮食安全的资源保有量的底线，因而可能导致国家的粮食安全问题受制于国外市场，从而增加我国经济社会发展的政治风险，不利于国家的稳定。因此，如何在推进城市化进程中维护国家的粮食安全，是维护国家发展与稳定的根本。

第四章　中部地区粮食安全系统发展分析

第一节　中部地区粮食生产安全系统分析

一　中部地区粮食生产的总体状况及其波动特征分析

1. 中部地区粮食生产基本状况分析

中部地区是我国粮食主产区，承担着保障中国粮食安全的重要职责。《促进中部崛起规划》指出：必须着力把中部地区打造成为高产、稳产的粮食生产基地。到 2020 年，力争使中部地区粮食产量达到全国粮食总产量的 1/3，切实保障国家粮食安全。为此，我们有必要分析中部地区粮食生产情况及其变化特征。

改革开放以来，中部地区粮食产量总体呈现较快的增长趋势，其总产量由 1978 年的 9226.2 万吨增加到 2008 年的 16571.51 万吨，增长了 79.61%，年均增长 2.57%。由于粮食生产受众多因素影响，中部地区粮食产量呈现明显的波动增长特征，因此，中部地区粮食产量占全国粮食总产量的比重也呈现明显的波动特征。1978 ~ 2008 年，中部地区粮食产量占全国粮食产量比重的均值为 30.33%。其中，1991年比重最低，为 27.81%；2007 年最高，达 32.20%。如图 4 - 1 所示。

2. 中部地区粮食生产波动的特征分析

粮食生产波动可以利用波动指数（也称变异率）进行测算，它是测量经济变量周期的一个常用指标，通常用来表示经济变量的短期波动强

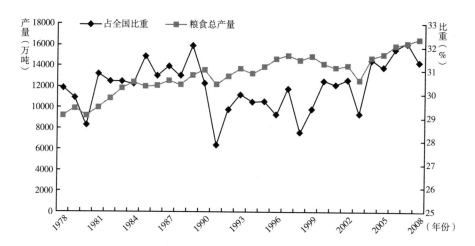

图 4 – 1　1978～2008 年中部地区粮食总产量及其占全国粮食产量的比重的变化

注：本图数据主要来源于 1983～2009 年中部六省历年的统计年鉴，1984～2009 年《中国农业统计年鉴》《中国统计年鉴》；其中，中部地区历年粮食总产量为六省粮食总产量之和。

度，是实际观察值对其长期趋势的偏离。[①] 其计算公式为：

$$RV = (y_i - \hat{y}_i)/\hat{y}_i \times 100\% \qquad (4 - 1)$$

式（4 – 1）中，y_i 为 i 时期粮食的实际产量，$\hat{y}_i$ 为 i 时期粮食产量的趋势值，$y_i - \hat{y}_i$ 为消除长期趋势后经济变量的绝对波动量，表示第 i 年实际观察值对其长期趋势的绝对偏差。RV 的绝对值表示变量的稳定程度，该绝对值越大，稳定性越差，说明变量越远离长期趋势；该绝对值越小，稳定性越好，说明变量越靠近长期趋势。

根据 1978～2008 年中部地区的粮食总产量，通过线性方程拟合中部地区粮食产量的长期趋势，得到其总产量拟合方程为：$\hat{y}_i = -372419.649 + 193.445T$，$T$ 为年份。其中方程的检验值 F 为 134.96，自变量 t 值为 11.617，常数项 t 值为 –11.22，都通过了 1% 的显著性检验，调整后的 $R^2 = 0.817$，说明方程具有很好的拟合效果。

在消去长期趋势后，我们可以计算出中部地区历年粮食波动指数。如表 4 – 1 所示。从表 4 – 1 中可以看出，1978～2008 年，中部地区粮食产

① 田德斌、车明诚：《黑龙江省粮食产量波动分析与政策建议》，《农业现代化研究》2009 年第 3 期，第 284～287 页。

量波动较为频繁，波动指数在 - 19.86% ~ 8.21%，超过 5% 的有 14 年，超过 8% 剧烈波动的有 4 年，其中分别出现在 1978 年、1980 年、1984 年和 2003 年，其波动指数分别为 - 10.71、- 15.36、8.21 和 - 19.86。可见，中部地区粮食产量总体比较稳定，一般年份波动幅度都维持在 8% 以内。

表 4 - 1　1978 ~ 2008 年中部地区粮食产量波动指数

年份	粮食总产量（万吨）	预测值（万吨）	绝对波动量（万吨）	波动指数（%）	年际增长量（万吨）	年际增长率（%）
1978	9226.20	10214.561	- 988.361	- 10.71	—	—
1980	9189.58	10601.451	- 1411.871	- 15.36	- 719.39	- 7.26
1982	10819.56	10988.341	- 168.781	- 1.56	784.79	7.82
1984	12393.20	11375.231	1017.969	8.21	570.51	4.83
1986	12038.89	11762.121	276.769	2.30	53.73	0.45
1988	12115.86	12149.011	- 33.151	- 0.27	- 450.87	- 3.59
1990	13618.70	12535.901	1082.799	7.95	556.28	4.26
1992	12982.44	12922.791	59.649	0.46	876.39	7.24
1994	13198.19	13309.681	- 111.491	- 0.84	- 501.29	- 3.66
1996	14688.58	13696.571	992.009	6.75	828.91	5.98
1998	14531.07	14083.461	447.609	3.08	- 423.54	- 2.83
2000	14134.92	14470.351	- 335.431	- 2.37	- 788.16	- 5.28
2002	13998.32	14857.241	- 858.921	- 6.14	247.25	1.80
2004	14778.50	15244.131	- 465.631	- 3.15	2221.31	17.69
2006	15887.31	15631.021	256.289	1.61	834.21	5.54
2008	16571.51	16017.911	553.599	3.34	418.30	2.59

依据周期波动理论，一个完整周期要从波谷（峰）开始上升（下降）到波峰（谷），然后又恢复到波谷（峰），具有明显上凸（下凹）形态，并且在以年为单位的时间序列上，其波峰与波谷的持续时间至少在两年以上，因此再结合实际要求，遵循幅差需要大于 5% 的原则，按照"谷—峰—谷"的形态特征形成一个完整的波动周期。1978 ~ 2008 年，中部地区粮食产量波动可以划分为 9 个周期，其中 8 个为完整周期。如表 4 - 2

所示。从粮食波动的 8 个完整周期来看，中部地区粮食生产波动具有以下特征。

表 4 - 2　1978 ~ 2008 年中部地区粮食波动的周期划分

周期	起止年份	周期长度（年）	波峰（%）	波谷（%）	波幅（%）	波谷年产量增长率(%)
1	1978 ~ 1980	2	- 5.04	- 15.36	10.32	- 7.26
2	1980 ~ 1986	5	8.21	- 15.36	23.57	0.45
3	1986 ~ 1988	2	4.86	- 0.27	5.13	- 3.59
4	1988 ~ 1991	3	7.95	- 5.15	13.10	- 11.11
5	1991 ~ 1994	3	4.26	- 5.15	9.41	- 3.66
6	1994 ~ 1998	5	7.12	- 0.84	7.96	- 2.83
7	1998 ~ 2001	3	4.33	- 6.64	10.97	- 2.72
8	2001 ~ 2003	2	- 6.14	- 19.86	13.72	- 10.30
9	2003 ~	—	—	—	—	—

（1）波动频繁，波动周期短。1978 ~ 2008 年，中部地区粮食总产量波动周期平均长度为 3.12 年，低于全国平均 5.8 年的波动周期长度。[①] 从 8 个完整的波动周期来看，波动每 2 ~ 5 年发生一次，属于典型的短期波动类型。其中，以第 2 个和第 6 个周期的时间最长，历时 5 年；历时 3 年和 2 年的周期各有 3 个。因此，总体上看，中部地区粮食产量具有波动周期短、频率快的特点。

（2）粮食生产波动幅度较大。1978 ~ 2008 年，中部地区粮食生产的波动幅度较大，8 个完整的周期平均波动幅度为 11.77%，明显高于我国粮食生产 6.83% 的波动幅度。[②] 其中，波动幅度最大的为第 2 个周期，达 23.57%；最小的为第 3 个周期，为 5.13%；在其余的 6 个波动周期当中，有 5 个波动幅度都接近或明显超过 10%。研究表明，波动幅度超过 10% 的波动周期即属于强劲的波动周期，可见中部地区粮食生产很容易出现大涨大落的现象。

[①]　吴新娣、王春芝、史润林：《中国粮食生产波动的统计周期分析》，《中国统计》2007 年第 11 期，第 44 ~ 45 页。

[②]　喻翠玲、冯中朝：《我国粮食生产的波动性及其影响因素分析》，《农业现代化研究》2006 年第 1 期，第 7 ~ 10 页。

（3）粮食生产呈古典型波动。粮食生产波动可分为两类：一是古典型波动，即波谷的环比增长率下降，且为负值；另一种是增长型波动，即波谷的环比增长率下降，但为正值。在中部地区粮食生产波动的 8 个完整周期当中，其波谷粮食总产量环比增长率均为负值的有 7 个，因而中部地区粮食波动属于典型的古典型波动。如表 4－2 所示。

3. 中部地区粮食生产波动的因素分析

农业生产是自然再生产与经济再生产过程的统一，因而影响粮食生产的因素大体可以分为自然因素和社会经济因素两大类。从自然因素层面看，影响粮食生产的因素主要有自然灾害的频次、危害程度、土壤的肥沃程度等；从社会经济层面看，影响粮食产量变化的主要因素有耕地的数量、质量水平、利用程度、粮食生产的资本投入以及农业和粮食政策、粮食市场价格的变化等。本书侧重从社会经济层面分析中部地区粮食生产的波动状况。从社会经济层面看，一定时期粮食生产的波动除了受农业政策、粮食价格等因素的影响外，主要取决于耕地的数量（面积）、质量（其最终体现为耕地单产水平）及其利用程度（包括耕地复种指数、粮食种植比例以及农业物质与技术投入等）。[①] 其数学表达式为：

$$Y_t = A_t \times I_m \times R_s \times Y_u \qquad (4-2)$$

式（4－2）中，Y_t 为粮食总产量（吨），A_t 为耕地面积（公顷），I_m 为复种指数（％），R_s 为粮播比例（％），Y_u 为粮食平均单产（吨/公顷）。区域粮食总产量与该地区的耕地面积、粮食播种面积比例及粮食年平均单产成正比关系，任何一个因子的变化都会引起粮食总产量的变化。

（1）政策导向及粮食价格对粮食生产波动的影响。研究表明，我国农业特别是粮食生产一直是政策主导型的，其影响主要表现在三个方面。第一是制度创新。改革初期实行家庭联产承包责任制，极大地激发了农民的种粮积极性，中部地区粮食产量由 1978 年的 9226.2 万吨，增加到 1982 年的 10819.56 万吨，短短 4 年时间，粮食增产近 1600 万吨。第二是行政领导。我国在 1995 年开始推行的粮食生产省长负责制，对于稳定粮食生

---

① 郭丽英、王道龙、邱建军：《河南省粮食生产态势及其能力提升对策》，《中国人口·资源与环境》2009 年第 2 期，第 153～156 页。

产起到了极大的作用。1978～2008 年，在自然气候等相关条件相当的情况下，政策对粮食生产起着重要作用。第三是经济政策，尤其是粮食收购价格以及粮食价格体系和流通体制的改革等，对粮食生产波动都起到了重要作用。已有研究表明：收购价格与粮食产量存在正相关关系，收购价格每变动 1%，粮食总产量将变动 0.277%。[①] 中部地区是我国粮食主产区，因而更容易受到粮食经济政策的影响。

1978 年以后，由于我国农村实行改革并提高了粮食价格，极大地调动了农民的积极性。1979 年起，国家大幅度提高粮食统购价格并实行超购加价 50% 的激励政策，从而使中部地区粮食产量比 1978 年增长 7.6%，并在 1981～1984 年，使粮食生产保持了 4 年的稳定增长。1985 年，国家取消了部分鼓励粮食生产的优惠政策，并实行"倒三七"比例价，实际降价幅度接近 10%，而农资价格涨幅却高达 4.8%，这"一降一涨"挫伤了农民种粮的积极性。[②] 因此，在 1985 年，中部地区粮食作物播种面积较 1984 年减少 101.31 万公顷，产量减少 408.04 万吨，减幅达 3.29%。1985～1988 年是政策的徘徊时期，因而导致了中部地区粮食生产的第三次波动。1989 年后，国家定价的比重逐步下降，市场机制开始显现。1993 年以后，粮食价格以市场形成为主，因而导致中部地区粮食生产在1991～1994 年产生了一个波动周期。从 1994 年开始，定购粮重新由政府定价，到 1996 年秋粮上市以后，不仅定购粮继续由政府定价，而且要按保护价敞开收购农民余粮，因此使中部地区粮食产量由 1994 年的 13198.19万吨，上升到 1997 年的 14954.61 万吨，增加了 1756.42 万吨，增幅达13.31%。由于粮食连年丰收，产生粮食供大于求的局面，政府保障粮食收购的财政压力加大，农民按保护价售粮后拿不到货款，"打白条"现象严重，因而导致粮食产量从 1997 年的 14954.61 万吨，下降到 2003 年的12557.19 万吨，下降了 2397.42 万吨，降幅达 16.03%。受粮食连年减产的影响，粮食供求关系趋紧，2003 年以后粮食价格大幅度上涨。2004 年以来，

---

① 鲁靖：《中国粮食市场运行与政府宏观调控政策耦合研究》，华中农业大学博士学位论文，2002，第 75 页。

② 马明华：《农产品价格波动的主要原因分析》，华中科技大学博士学位论文，2005，第8～9 页。

国家连续 8 年出台中央"一号文件"，加大对于农业的扶持力度，采取了对种粮实施直接补贴，取消农业税等一系列强农、惠农的政策，促进了农民种粮的积极性，从而使得粮食产量从 2003 年的 12557.19 万吨，增加到 2008 年的 16571.51 万吨，增加了 4014.32 万吨，增幅达 31.97%。

（2）耕地总量及粮食播种面积变化对粮食产量的影响。近年来，随着工业化和城市化的不断推进，大量耕地被各种开发区和城市所占用，耕地面积逐渐减少，尤其是进入 20 世纪 90 年代以来，减少趋势日趋明显。1990年以来，中部地区耕地每年减少 1.23 万公顷，2008 年人均耕地面积仅0.064 公顷，明显低于全国 0.092 公顷的水平，这对于中部粮食生产基地的建设极为不利。受此影响，中部地区粮食作物播种面积也由 1978 年的3419.75 万公顷，减少到 2008 年的 3170.66 万公顷，净减 249.09 万公顷，年均减少 8.3 万公顷。按 1998～2008 年中部地区粮食平均产量 6170.94 公斤/公顷计算，由于耕地面积减少一项，每年将使中部地区粮食减少 51.22 万吨。

随着科学技术的进步、优质品种以及先进种植制度的采用，耕地和播种面积对粮食生产的影响程度会在一定范围内逐渐减小。[1] 但改革开放以来，中部地区粮食播种面积年度减幅在 20 万公顷以上的 11 年当中（分别为 1979 年、1980 年、1984 年、1985 年、1988 年、1991 年、1992 年、1994 年、2000 年、2001 年、2003 年，其中 1980 年、1985 年、1991 年、1992 年、2000 年、2001 年、2003 年，粮食作物播种面积减少的幅度都在75 万公顷以上），仅有 3 年粮食产量略有提高，其他 8 年都因为粮食播种面积减少而使粮食产量大幅下降，下降幅度平均为 775.67 万吨。肖海峰等人的研究也表明，粮食播种面积的生产弹性系数为 0.879[2]，说明扩大播种面积是提高粮食产量的最有效途径，粮食播种面积每增加 1%，就可导致粮食产量增长 0.879%，因此播种面积仍是粮食生产中对产量提高制约性很强的因素，因而也是影响粮食产量波动的主要因素之一。

（3）农业物质和技术投入对粮食波动的影响。在通常情况下，农业

---

[1]　于法稳、王茯泉：《实现甘肃省粮食安全的政策建议》，《开发研究》2005 年第 2 期，第 7～9 页。

[2]　肖海峰、王姣：《我国粮食综合生产能力影响因素分析》，《农业技术经济》2004 年第 6 期，第 45～49 页。

生产的物质和技术投入主要包括化肥、农药、农业机械、农村用电、农业灌溉设施建设等各项因素对粮食产量波动的影响。农业物质和技术投入在农业生产中发挥着特殊重要的作用，不仅是保证农作物生长发育的需要，而且是实现农业持续发展和提高粮食产量的关键。从历史上看，粮食生产投入增加的时期也是粮食生产发展较快的时期，投入减少在很大程度上影响粮食生产。投入的增产作用具有延续性，某一年份粮食生产投入的增减，将对其后若干年的粮食生产产生影响。①

为进一步分析农业投入对中部地区粮食生产波动的影响，我们将影响中部地区粮食产量的农业机械总动力、化肥施用量、农村用电量、有效灌溉面积等生产投入要素与粮食总产量进行相关分析，得到各要素和粮食总产量的相关系数分别为 0.836、0.874、0.908 和 0.768，可见，物质和技术生产投入对粮食产量的增长有极大的促进作用，其主要表现是粮食单产不断提高。中部地区粮食单产呈现出类似于粮食总产量的波动增长趋势，1985～2008 年，其单产从 4888.35 公斤/公顷上升到 6931.11 公斤/公顷，上升了 41.79%，年均上升 1.82%。因此，尽管改革开放以来，中部地区耕地、粮食播种面积总体上呈现不断减少的趋势，但粮食总产量仍然在波动过程中呈现出明显的增长趋势，这一变化在很大程度上就是由于农业物质和技术投入对粮食生产产生了极大的促进作用。

（4）粮食流通体制对粮食生产波动的影响。由于粮食生产的周期性较长，因此粮食生产很容易受到粮食流通体制的影响。粮食流通体制对粮食生产的影响具有特殊性，其影响主要表现在两个方面：一是产生间接的或直接的综合性影响，即通过播种面积、农民投入、政府投入和田间管理产生对粮食生产的影响；二是当出现卖粮难时，不畅的流通体制往往放大粮食供给程度，因而容易产生误导，使政府放松对粮食生产的关注，进一步挫伤农民的种粮积极性，导致粮食产量下降。

根据经济学中的蛛网理论，农民习惯于把当前的粮食销售价格和流通状况作为市场需求的信号，并以此为依据安排下一年度的粮食生产。如果

---

① 孔令聪、胡永年、王光宇：《安徽省粮食生产的波动性分析与政策建议》，《农业现代化研究》2007 年第 9 期，第 525～528 页。

农民生产的粮食不能顺利销售，就必然影响农民的种粮收益，挫伤农民种粮的积极性。尤其是在农业连年丰收和粮食供给充裕的情况下，流通则成为事关粮食生产的重要因素之一。例如，从1994～1999年的5年间，中部地区粮食产量逐年递增，但许多地方却由于粮食流通体制不畅，出现农民卖粮难的情况。另外，由于粮食供大于求，价格也不断下降，因此不畅的粮食流通体制往往放大粮食供给程度。而这种放大效应容易产生误导，使农民放松粮食生产，导致粮食产量下降。因此，从2000年开始，中部地区粮食产量呈现出明显的下降趋势，其产量由1999年的14923.08万吨，下降到2003年的12557.19万吨，降幅达15.85%。

二 中部地区粮食生产的区域结构分析

1. 粮食的定义及其生产结构

中国传统粮食的解释有广义和狭义之分。狭义的粮食是指谷物类，即禾本科作物，包括稻谷、小麦、玉米、大麦、高粱、燕麦、黑麦等，习惯上还包括蓼科作物中的荞麦；广义的粮食是指谷物、豆类、薯类的集合，其中豆类主要包括大豆、绿豆等，薯类主要包括甘薯、马铃薯等。[1] 在国际上，粮食安全的评估对象是食物，包括谷物、薯类（木薯、马铃薯、红薯、田薯等）、糖类、豆类、坚果、油料、蔬菜、水果、刺激物（咖啡、可可豆、茶）、调料、酒类、肉类、食用蛋白、动物脂肪、奶类、蛋类、鱼和海产品、其他水产品和其他，共十八类。[2] 近年来，在国家强农、惠农政策的支持下，中部地区粮食总产量呈现出连续9年增产丰收的发展态势。然而，随着经济发展水平和人们收入水平的不断提高，人们对优质大米、小麦、豆类等各种粮食的需求不断增加，对各种杂粮、粗粮的需求相对减少，因此人们的粮食消费结构正向优质化、精细化方向发展，而粮食生产结构变化速度较慢，难以跟上人们消费结构的变化。因此，探讨粮食生产结构变化，有利于优化中部地区粮食生产的品种，进一步提高中部地区的粮食产量。

---

[1] 肖春阳：《中外粮食、粮食安全概念比较》，《黑龙江粮食》2009年第2期，第40～43页。

[2] 周强、刘林山、张镱锂等：《高原牧区草地变化对牧民粮食安全的影响——以青海省达日县为例》，《自然资源学报》2011年第8期，第1333～1345页。

本研究按照中国广义粮食的概念，对中部地区粮食生产结构进行了分析。中部地区粮食生产结构包括粮食生产的区域结构和粮食生产的品种结构。其中，粮食生产的区域结构主要是指中部地区各省份的粮食生产总量在整个中部地区的比重及其内在变化情况，粮食生产的品种结构主要是指历年中部各省份各类粮食生产的比例及其变化情况。

2. 中部地区粮食生产的区域结构分析

改革开放以来，中部六省粮食产量也呈现出显著的波动式增长趋势。其中，山西省粮食总产量由 1978 年的 706.96 万吨增加到 2008 年的 1028 万吨，增幅为 45.41%；而其间安徽、江西、河南、湖北和湖南五省，其粮食生产总量分别由 1482.6 万吨、1125.74 万吨、2097.4 万吨、1725.6 万吨和 2087.9 万吨，增加到 3023.35 万吨、1958.1 万吨、5365.48 万吨、2227.23 万吨和 2969.35 万吨，增幅分别达 103.92%、73.94%、155.82%、29.07% 和 42.22%；整个中部地区的粮食总产量则由 1978 年的 9226.2 万吨，增加到 2008 年的 16571.51 万吨，增长了 79.61%，年均增长 2.57%。从粮食增产总量方面看，中部六省的排序依次为河南（3268.08 万吨）＞安徽（1540.75 万吨）＞湖南（881.45 万吨）＞江西（832.36 万吨）＞湖北（501.63 万吨）＞山西（321.04 万吨）；而从粮食产量年均增长速度方面来看，6 省排序依次为河南（5.03%）＞安徽（3.35%）＞江西（2.39%）＞山西（1.46%）＞湖南（1.36%）＞湖北（0.94%）。如表 4 - 3 所示。

虽然中部六省的粮食生产总量都呈波动式增长，但六省粮食生产增长情况却存在一定程度的差异。通过粮食生产变异系数（Variable Coefficient of Grain Production，VCGN），可以看出中部地区六省粮食生产的稳定性状况。其计算公式为：

$$VCGN = S/\bar{Y} \qquad (4-3)$$

式（4-3）中，S 为 1978～2008 年粮食产量的标准差，$\bar{Y}$ 为其间粮食产量的平均值，VCGN 值越大，说明粮食生产越不稳定，反之则越稳定。

通过计算我们得到中部地区及六省的粮食生产变异系数，如表 4 - 3 所示。从表 4 - 3 中可以看出，中部地区的变异系数均小于 0.30，表明 31

表 4 - 3 1978 ~ 2008 年中部六省及整个中部地区粮食生产情况

单位：万吨

年份	山西	安徽	江西	河南	湖北	湖南	中部地区
1978	706.96	1482.6	1125.74	2097.4	1725.6	2087.9	9226.20
1979	800.69	1609.6	1296.5	2134.5	1849.53	2218.15	9908.97
1980	685.71	1453.9	1240.04	2148.68	1536.45	2124.8	9189.58
1981	725.00	1818.5	1268.71	2314.5	1706.76	2201.3	10034.77
1982	825.00	1933	1408.74	2217.1	1995.92	2439.8	10819.56
1983	806.00	2010.5	1460.45	2904	1987.89	2653.85	11822.69
1984	872.00	2202.5	1549.18	2893.5	2263.01	2613.01	12393.20
1985	822.68	2168	1553.54	2710.53	2216.13	2514.28	11985.16
1986	732.43	2371	1453.77	2545.67	2304.51	2631.51	12038.89
1987	712.49	2428.7	1562.77	2948.41	2320.66	2593.7	12566.73
1988	818.30	2310.3	1535.43	2663	2252.65	2536.18	12115.86
1989	879.10	2424.67	1589.62	3149.44	2370.39	2648.2	13061.42
1990	969.01	2520.13	1658.20	3303.66	2475.03	2692.67	13618.70
1991	742.40	1749.15	1625.70	3010.3	2244.1	2734.4	12106.05
1992	858.30	2341.92	1599.70	3109.61	2426.6	2680.01	13016.14
1993	990.20	2595.9	1517.10	3639.21	2325.7	2631.37	13699.48
1994	890.40	2361.24	1603.50	3253.8	2422.1	2667.15	13198.19
1995	917.10	2652.74	1607.40	3466.5	2463.84	2752.09	13859.67
1996	1077.10	2700.26	1766.30	3839.9	2484.4	2820.62	14688.58
1997	901.87	2802.7	1767.70	3894.66	2634.4	2953.28	14954.61
1998	1081.48	2590.5	1555.50	4009.61	2475.79	2818.19	14531.07
1999	821.70	2771.2	1732.70	4253.25	2451.88	2892.35	14923.08
2000	853.35	2472.01	1614.60	4101.5	2218.49	2874.97	14134.92
2001	692.10	2500.3	1600.00	4119.88	2138.49	2700.3	13751.07
2002	925.54	2765	1549.50	4209.98	2047	2501.3	13998.32
2003	958.87	2214.8	1450.30	3569.47	1921.02	2442.73	12557.19
2004	1062.00	2743	1803.40	4260	2100.12	2809.98	14778.50
2005	978.00	2605.31	1853.86	4582	2177.38	2856.55	15053.10
2006	1024.50	2860.71	1896.52	5112.3	2099.1	2901.18	15894.31
2007	1007.05	2901.4	1904.21	5245.22	2185.44	2909.89	16153.21
2008	1028.00	3023.35	1958.1	5365.48	2227.23	2969.35	16571.51
$\bar{Y}$	876.30	2367.25	1584.15	3453.97	2195.08	2641.00	13117.77
S	120.18	420.54	196.85	926.77	256.82	238.44	1938.87
$VCGN$	0.14	0.18	0.12	0.27	0.12	0.09	0.15

年来中部地区粮食生产总体比较稳定。对于中部六省来说，湖南省粮食生产变异系数最小，仅为0.09，说明湖南省粮食生产最为稳定；其次为江西和湖北两省，其变异系数为0.12；其他三省生产变异系数较小，其主要原因是三省的粮食产量年均增长速度较慢。相对来讲，河南省粮食生产最不稳定，变异系数达0.27，原因主要表现在其粮食增产总量和粮食产量年均增长速度均居中部六省首位，31年间其粮食总产量增长了1.56倍，年均增长速度达5.03%；安徽省粮食生产的变异系数仅次于河南省为0.18，主要原因也是安徽省的粮食增长总量和增长速度较快，31年间其粮食总量增长了1.04倍，年均增长率达3.35%，粮食增产总量和粮食产量年均增长速度均仅次于河南，居第二位，因而河南、安徽两省已成为中部地区最为重要的粮食生产省份。

如图4-2所示，从中部六省粮食产量占整个中部地区粮食生产总量的比重来看，河南和安徽两省粮食产量所占比重呈显著的波动式增长趋势，其中河南省增长最为明显，其比重由1978年的22.73%，上升到2008年的32.38%，上升了9.64个百分点，增幅达42.41%；安徽省则由1978年的16.07%上升到2008年的18.24%，上升了2.17个百分点，增幅为13.5%。相对来讲，湖北、湖南、山西和江西四省在中部地区粮食生产总量中所占比重则呈下降趋势，其中湖北、湖南和山西三省下降较为明显，其比重分别由1978年的18.70%、22.63%和7.66%，下降到2008年的13.24%、17.92%和6.20%，分别下降了5.26个、4.71个和1.46

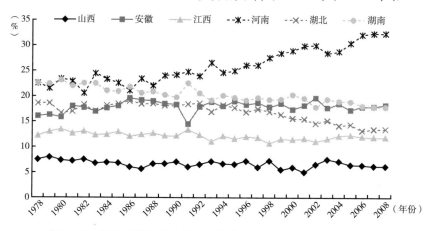

图4-2　1978~2008年中部六省粮食产量占中部地区比重的变化

个百分点，降幅分别为28.13%、20.81%和19.06%；江西省所占比重也有所下降，但下降幅度相对较小，其比重由1978年的12.20%下降到2008年的11.82%，仅下降了0.39个百分点，降幅仅为3.2%。

以1991年为界，1978～1991年河南和湖南两省粮食产量占中部地区粮食生产总量比重的平均值相当，均超过了20%，其中河南为22.97%，湖南为21.66%；湖北和安徽两省则处于第二层次，其间两省粮食产量占中部地区粮食生产总量的平均值均在18%左右，其中湖北省为18.15%，安徽省为17.61%；江西则处于第三层次，其间其粮食产量占中部地区粮食生产总量的平均值为12.66%；山西则属于非粮食主产区，其所占中部地区的比重仅为6.95%。1991年之后，在1992～2008年，河南省粮食产量占中部地区粮食生产总量的比重呈明显上升趋势，其间其所占比重平均值由22.97%上升到28.57%，上升了5.60个百分点；安徽省呈波动式略微增长趋势，其所占比重由前期的17.61%上升到18.27%；湖南和湖北两省则呈波动式下降趋势，其间两省所占比重分别由前期的21.66%和18.15%，下降到19.20%和15.75%，分别下降了2.46个和2.41个百分点；江西和山西呈波动式略微下降趋势，其比重与前期相比分别下降了0.94个和0.45个百分点。由此可见，20世纪90年代以前，河南、湖南、湖北和安徽四省粮食产量占中部地区粮食生产总量的比重相差不大，均在20%左右，四省占中部地区粮食生产总量的比重之和达80.39%。而20世纪90年代后，尤其是进入2000年以来，河南省粮食生产一枝独秀，其占中部地区比重超过30%；湖南、湖北和安徽三省所占比重均在15%～20%，三省占中部地区粮食生产总量比重之和达53.22%；山西和江西则一直较为稳定，其中山西为非粮食主产区，其所占比重仅为6.5%，江西则一直维持在11%左右的水平。

为进一步分析改革开放以来中部六省对中部地区粮食增长的贡献大小，我们以粮食增长贡献率（Grain Output Increase Contribution，GOIC）为分析指标，对中部六省对整个中部地区的粮食增长贡献大小情况进行分析，其计算公式为：

$$GOIC = \left[F_{(i+5)j} - F_{ij} \right] \bigg/ \sum_{j=1}^{6} \sum_{i=1}^{6} \left[F_{(i+5)j} - F_{ij} \right] \qquad (4-4)$$

式（4-4）中，F_{ij} 为 i 年 j 地区的粮食总产量，i 分别取 1978 年、1983 年、1988 年、1993 年、1998 年和 2003 年共 6 个时间点，即每隔 5 年计算一次粮食增长的情况，j 分别指山西、安徽、江西、河南、湖北和湖南六省。根据式（4-4），我们得到 1978 年以来中部六省的粮食增长贡献率。如表 4-4 所示。

表 4-4　中部六省对中部地区粮食增产的贡献率

年份	六省的粮食增产贡献率（%）						中部地区粮食增产总量（万吨）
	山西	安徽	江西	河南	湖北	湖南	
1978~1983	3.81	20.33	12.89	31.07	10.10	21.80	2596.49
1983~1988	4.20	102.26	25.58	-82.20	90.31	-40.14	293.17
1988~1993	10.85	18.03	-1.16	61.64	4.61	6.01	1583.62
1993~1998	10.98	-0.65	4.62	44.54	18.05	22.47	831.59
1998~2003	6.21	19.03	5.33	22.30	28.11	19.02	-1973.88
2003~2008	1.72	20.14	12.65	44.74	7.63	13.12	4014.32

根据表 4-4 的内容，我们将中部地区粮食增产贡献率分为 5 个阶段进行分析。

（1）1978~1983 年。中部六省粮食产量均呈显著的波动式增长趋势，因而使得整个中部地区粮食产量呈现较大幅度增长，增产粮食总量达 2596.49 万吨，其中河南省对中部地区粮食增产的贡献率最大，达 31.07%，湖南和安徽的贡献率分别居第二和第三位，都超过了 20%，湖北和江西的贡献率则超过了 10%，山西省的粮食增产贡献率最小，仅为 3.81%。

（2）1983~1988 年。河南和湖南两省粮食产量出现了明显的减产趋势，其中河南省减产 241 万吨，湖南省减产 117.67 万吨，因而两省对中部地区粮食增产产生了副作用。其间，中部地区粮食增产的主要贡献则来自安徽、湖北和江西三省，三省粮食分别增产 299.80 万吨、264.76 万吨和 74.98 万吨，贡献率分别达 102.26%、90.31% 和 25.28%。这一增一减使得整个中部地区在该时间段粮食产量停滞不前，5 年间仅增长了 293.17 万吨。

（3）1988~1998 年。中部六省粮食产量都呈显著上升趋势，因而整个中部地区粮食产量增长了 2415.21 万吨。其中，河南贡献最大，其平均贡献率超过了 50%；其次为湖南、湖北和山西三省，其平均贡献率均在 11% 左右，安徽省在此期间的平均贡献率为 8.69%；最后，江西省在此期间贡献最小。

（4）1998～2003 年。中部六省粮食产量均呈显著下降趋势，减产总量达 1973.88 万吨，其中湖北省对中部地区粮食减产的贡献率达 28.11%，而河南、湖南和安徽三省对中部地区粮食减产的贡献率也较大，均在 20% 左右。

（5）2003～2008 年。中部六省粮食产量均呈显著增长趋势，增产总量达 4014.32 万吨，其中河南省贡献率最大，达 44.74%；安徽省次之，达 20.14%；湖南和江西两省的贡献率则在 13% 左右；湖北省贡献率为 7.63%。

综合以上分析可知，虽然中部地区是我国粮食主产区，但中部六省之间的粮食生产存在较大差异。20 世纪 90 年代以前，中部地区粮食增产的贡献由河南、湖南、安徽、湖北和江西 5 个粮食主产省区共同分担。进入 20 世纪 90 年代以来，尤其进入 21 世纪以来，中部地区粮食增产的主要贡献来自于河南，其贡献率超过 30%，粮食大省的地位相当突出；安徽、湖北和湖南三省的贡献度则降至 15%～20%；江西的贡献率下降显著，其贡献率仅为 8.99%。

三　中部六省粮食生产品种结构分析

中部地区地处我国内陆腹地，所处位置为北纬 24°29′～40°44′、东经 108°21′～119°37′，地跨长江和黄河两大流域。根据我国自然地理区划，中部农业主产区跨华北和华中两个自然地理区。[①] 从地形地貌特征看，其主要位于我国第二、第三级阶梯，受季风影响较强，季风气候较为显著。较大的经纬度跨度和复杂的地貌地势结构导致区内地貌、气候、水土资源等自然条件的东西、南北差异十分明显，自然地理环境具有显著的南北过渡特性[②]，因而中部地区农业生产结构具有很大的差异性。由于中部地区农业生产条件差异大，因此有必要进一步分析中部地区粮食生产的品种结

---

① 赵济：《中国自然地理》（第三版），高等教育出版社，1993。
② 李小建：《中国中部农区发展研究》，科学出版社，2010。

构。本研究将粮食品种结构分为整个中部地区粮食品种结构变化和中部六省粮食安全品种结构变化两个部分。本部分按国家统计局的统计口径，将粮食分成稻谷、小麦、玉米、豆类、薯类五大品种，而对高粱、大麦、荞麦等其他各种粮食统称为其他类；将稻谷、小麦和玉米三种粮食合称为主粮，豆类、薯类和其他类合称为杂粮。

1. 中部地区粮食生产品种结构变化分析

图4－3反映了改革开放以来中部地区稻谷、小麦和玉米三大主要粮食作物产量占粮食生产总量的比重变化情况。从中可以看出，稻谷在粮食总产量中的比重总体呈现出较为明显的波动下降趋势，其所占比重由1978年的55.79%，下降到2008年的47.18%，下降了8.61个百分点，降幅达15.43%；而同期小麦和玉米产量占粮食总产量的比重则呈现出较强的波动式增长趋势，分别由1978年的17.64%和10.12%，上升到2008年的29.01%和17.77%，上升幅度分别达64.46%和75.59%。从稻谷、小麦和玉米三类主粮产量占中部地区粮食生产总量的比重来看，改革开放以来，主粮所占比重由1978年的83.55%上升到2008年的93.96%，上升了10.41个百分点，上升幅度达12.46%。

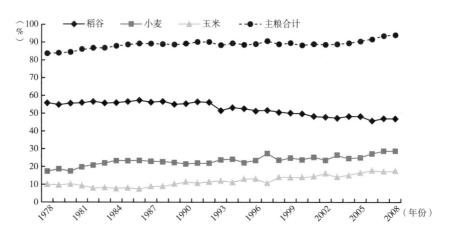

图4－3　1978～2008中部地区稻谷、小麦和玉米产量占
粮食生产总量比重变化

图4－4则反映了豆类、薯类和其他类等杂粮占中部地区粮食生产总量的比重变化情况。从中可以看出，豆类产量占粮食生产总量的比重呈现

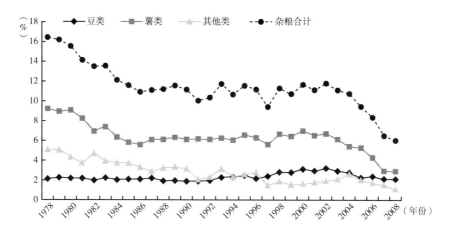

图 4-4 1978~2008 年中部地区豆类、薯类和其他类粮食产量
占粮食生产总量的比重变化

出先升后降的变化趋势，其比重由 1978 年的 2.13%，呈波动状上升到
2002 年的 3.18%，然后又下降到 2008 年的 2.10%；而薯类和其他类所占
比重则呈显著的波动式下降趋势，其比重分别由 1978 年的 9.23% 和
5.08%，下降到 2008 年的 2.89% 和 1.04%，下降了 6.34 个和 4.04 个百
分点，降幅达 68.68% 和 79.47%。受薯类和其他类所占比重不断下降以及
豆类产量所占比重先升后降的综合影响，中部地区杂粮产量占粮食生产总
量的比重则呈现出较为剧烈波动的下降趋势，其所占比重由 1978 年的
16.45% 下降到 2008 年的 6.04%，下降了 10.41 个百分点，降幅达 63.28%。

为进一步分析中部地区各类粮食生产所占比重的变化原因，我们就必
须对各类粮食产量的具体变化情况进行分析。表 4-5 反映了改革开放以
来中部地区各类粮食产量的变化情况。

依据图 4-3 的分析，再结合表 4-5，我们可以看出，稻谷、小麦和
玉米三大主要粮食作物在中部地区粮食生产中处于绝对优势地位。改革开
放以来，稻谷、小麦和玉米产量呈现出明显的波动式增长趋势，三者产量
分别由 1978 年的 5147.47 万吨、1627.46 万吨和 933.73 万吨，增长到
2008 年的 7817.76 万吨、4807.53 万吨和 2945.40 万吨，31 年来分别增加
了 2670.29 万吨、3180.07 万吨和 2011.67 万吨，增幅分别达 51.88%、
195.40% 和 215.44%。

表 4 – 5　1978～2008 年中部地区各类粮食生产情况

单位：万吨

年份	稻谷	小麦	玉米	豆类	薯类	其他类	粮食生产总量
1978	5147.47	1627.46	933.73	196.96	851.78	468.80	9226.20
1979	5449.67	1861.56	993.73	221.81	879.68	502.52	9908.97
1980	5128.88	1650.00	975.22	202.16	833.20	400.12	9189.58
1981	5630.45	2027.87	956.85	217.31	829.42	372.87	10034.77
1982	6149.52	2317.33	890.6	214.42	741.60	506.09	10819.56
1983	6591.07	2614.26	1013.13	259.74	879.66	464.83	11822.69
1984	6941.88	2953.61	990.44	255.96	781.17	470.14	12393.20
1985	6781.46	2814.2	998.27	251.42	696.91	442.90	11985.16
1986	6919.39	2875.11	927.41	250.14	668.71	398.13	12038.89
1987	7085.32	2928.26	1157.48	275.27	759.58	360.82	12566.73
1988	6872.97	2781.64	1103.49	230.05	737.29	390.42	12115.86
1989	7217.71	2944.45	1388.99	254.15	825.78	431.34	13061.42
1990	7549.01	2955.39	1589.33	256.58	831.59	436.80	13618.70
1991	6834.16	2717.64	1336.34	227.29	742.71	247.91	12106.05
1992	7289.84	2885.33	1465.32	252.83	793.48	295.64	13016.14
1993	7092.05	3309.33	1690.12	313.65	861.39	432.94	13699.48
1994	7046.4	3234.42	1502.17	307.22	797.05	310.93	13198.19
1995	7301.65	3125.5	1831.17	339.12	910.17	352.06	13859.67
1996	7568.00	3494.63	1982.43	310.69	922.04	410.79	14688.58
1997	7759.58	4151.73	1632.83	358.46	839.15	212.86	14954.61
1998	7372.66	3440.39	2076.43	405.59	961.97	274.03	14531.07
1999	7490.81	3749.92	2083.6	409.04	962.17	227.54	14923.08
2000	7060.93	3423.10	1999.03	442.2	987.73	221.93	14134.92
2001	6651.52	3509.26	2057.39	399.12	889.60	244.18	13751.07
2002	6706.5	3349.05	2293.96	445.47	939.56	263.78	13998.32
2003	5977.08	3376.54	1806.26	369.44	768.05	259.82	12557.19
2004	7174.19	3701.94	2313.16	406.79	796.73	385.69	14778.50
2005	7298.98	3813.02	2514.19	331.62	793.33	301.96	15053.10
2006	7311.62	4388.75	2857.24	374.23	685.58	269.89	15894.31
2007	7617.62	4679.72	2800.66	340.30	476.61	238.30	16153.21
2008	7817.76	4807.53	2945.40	348.81	479.18	172.83	16571.51

根据图 4 - 4，再结合表 4 - 1，我们可知豆类、薯类和其他类作物明显处于次要地位。其中，豆类产量呈现出明显的增长趋势，其产量由 1978 年的 196. 96 万吨增长到 2002 年的 445. 47 万吨，增加了 248. 51 万吨，之后则呈现出下降趋势，到 2008 年其产量下降到 348. 81 万吨，下降了 96. 66 万吨。从总体上看，31 年来豆类产量增加了 151. 85 万吨，增幅为 77. 10% 。薯类和其他类产量则呈波动式下降趋势，其产量由 1978 年的 851. 78 万吨和 468. 80 万吨，下降到 2008 年的 479. 18 万吨和 172. 83 万吨，分别下降了 372. 60 万吨和 295. 97 万吨，降幅达 43. 74% 和 63. 13% 。而对于整个中部地区粮食生产总量来讲，其产量由 1978 年的 9226. 20 万吨，上升到 2008 年的 16571. 51 万吨，增加了 7345. 31 万吨，增幅达 79. 61% 。如表 4 - 5 所示。

表 4 - 6　1978 ~ 2008 年中部地区各类粮食产量增长情况

项目	稻谷	小麦	玉米	豆类	薯类	其他类	粮食总量
产量增加总量（万吨）	2670. 29	3180. 07	2011. 67	151. 85	- 372. 60	- 295. 97	7345. 31
总增长幅度（%）	51. 88	195. 40	215. 44	77. 10	- 43. 74	- 63. 13	79. 61
年均增加量（万吨）	86. 14	102. 58	64. 89	4. 90	- 12. 02	- 9. 55	236. 94
年均增长速度（%）	1. 40	3. 68	3. 90	1. 92	- 1. 90	- 3. 27	1. 97

从以上分析可知，改革开放以来，中部地区粮食生产总量增加的主要贡献来自于稻谷、小麦和玉米三类主粮产量的增加，其中稻谷、小麦和玉米年均产量增加的绝对量分别为 86. 14 万吨、102. 58 万吨和 64. 89 万吨，三者年均增长的速度为 1. 40% 、3. 68% 和 3. 90% ；而其间整个中部地区粮食生产总量年均增加的绝对量为 236. 94 万吨，年均增长速度为 1. 97% 。如表 4 - 6 所示。由于小麦和玉米产量增长的速度远高于粮食生产总量的增长速度，而稻谷增长速度又低于粮食生产总量增长速度，因此呈现出小麦和玉米产量所占比重逐年上升，而稻谷所占比重逐年下降的发展趋势。对杂粮来讲，改革开放以来，豆类产量呈现先增后减的趋势，1978 ~ 2002 年，豆类产量年均增加的绝对量为 9. 94 万吨，年均增长速度达 3. 46% （大于粮食生产总量年均 1. 97% 的增长速度）；2002 ~ 2008 年，豆类产量年均减少 12. 08 万吨，年均降幅达 3. 99% ，因此中部地区豆类

产量占粮食生产总量的比重呈现出明显的先升后降的变化趋势。从总体上看，31 年来豆类产量年均增长速度为 1.92%，小于粮食生产总量 1.97% 的增长速度，因此，总体上豆类所占比重显出略微下降的趋势。薯类和其他类产量则呈明显的波动状下降趋势，产量年均减少 12.02 万吨和 9.55 万吨，年均下降速度为 1.90% 和 3.27%，由于粮食生产总量不断增加，而薯类和其他类作物产量不断下降，导致其占粮食生产总量的比重呈现显著的下降趋势。

通过计算各类粮食产量增加对粮食生产总量增加的贡献率（Contribution Rate，CR），可以得出各类粮食生产对中部地区粮食生产总量的贡献大小，其计算公式为：

$$CR_i = \Delta P_i / \sum_{i=1}^{6} \Delta P_i \qquad (4-5)$$

式（4-5）中，CR 为各类粮食产量增加的贡献率，$\triangle P$ 为粮食产量的增加量，i 为稻谷、小麦、玉米、豆类、薯类和其他类等六类粮食作物。经计算，各类粮食产量增加对粮食生产总量增加的贡献率见表 4-7。

表 4-7　1978~2008 年各类粮食产量增加对粮食生产总量增加的贡献率

单位：%

粮食种类	稻谷	小麦	玉米	豆类	薯类	其他类
贡献率	36.35	43.29	27.39	2.07	-5.07	-4.03

从表 4-7 可以看出，主粮对中部地区粮食生产总量增加的贡献率为 107.03%，其中小麦的贡献率最大为 43.29%，稻谷次之为 36.35%，玉米的贡献率最小为 27.39%；杂粮对粮食生产总量增加的贡献率为 -7.03%，其中豆类产量总体增加，对粮食生产总量增加的贡献率为 2.07%，而薯类和其他类粮食产量不断减少，其对粮食生产总量增加的贡献率为负值，分别为 -5.07% 和 -4.03%。杂粮的贡献率为负值的理论意义表明，改革开放以来，中部地区杂粮生产总量逐步下降，生产逐步萎缩，也就是说杂粮的播种面积不断减少，耕地越来越用于主粮生产，粮食生产的品种结构逐渐向单一化方向发展。

2. 中部六省粮食生产品种结构变化分析

表4-8反映了1978~2008年山西省粮食生产结构变化情况。从表中可以看出，改革开放以来，山西省玉米产量及其占全省粮食总产量的比重显著增长，由1978年的271.16万吨和38.36%，上升到2008年的682.80万吨和66.42%，其中产量增长了1.52倍，比重提高了28.06个百分点。而稻谷和其他类粮食产量和所占比重显著下降，其中稻谷在山西粮食生产中微不足道，其产量和比重由1978年的5.90万吨和0.83%，下降到2008年的0.14万吨和0.01%；其他类粮食则由230.48万吨和32.60%，下降到12.39万吨和1.21%，其中产量下降了218.09万吨，比重下降了31.39个百分点。小麦、豆类和薯类的产量和所占比重则呈现出明显的先升后降的变化趋势。1978~1998年，山西省以玉米、小麦、其他类粮食生产为主，其中玉米所占比重最大，三类粮食生产量之和占全省粮食生产总量的比重都在85%以上；1998~2008年，玉米产量和比重迅速增长，其在山西粮食生产中已居于绝对优势地位，在此期间，山西省粮食以玉米和小麦为主，两类粮食生产量之和占全省粮食生产总量在1998年达到了73.69%，而在2008年则高达91.03%。可见，进入21世纪以来，山西省粮食生产的品种越来越单一，逐步向玉米和小麦两种主粮集中。

表4-8　1978~2008年山西省粮食生产结构变化

年份	项目	稻谷	小麦	玉米	豆类	薯类	其他类	粮食合计
1978	产量（万吨）	5.90	128.84	271.16	13.74	56.84	230.48	706.96
	所占比重（%）	0.83	18.22	38.36	1.94	8.04	32.60	100.00
1988	产量（万吨）	4.10	234.80	249.50	26.29	68.90	234.71	818.30
	所占比重（%）	0.50	28.69	30.49	3.21	8.42	28.68	100.00
1998	产量（万吨）	3.95	320.90	476.07	60.99	89.54	130.03	1081.48
	所占比重（%）	0.37	29.67	44.02	5.64	8.28	12.02	100.00
2008	产量（万吨）	0.14	253.00	682.80	34.75	44.92	12.39	1028.00
	所占比重（%）	0.01	24.61	66.42	3.38	4.37	1.21	100.00

表4-9反映了1978~2008年安徽省的生产结构变化情况，分析表4-9可知，安徽省粮食生产以稻谷和小麦两类主粮为主。1978~1998年，稻谷产量一直占粮食生产总量的一半以上，小麦则占23%以上，两者产

量占粮食生产总量的比重都在 75% 以上。在此期间，薯类是除稻谷和小麦之外的第三大类粮食，但其所占比重由 1978 年的 14.49%，下降到 1998 年的 8.21%，下降趋势十分明显；玉米所占比重则居第四位，但其在粮食生产中的比重则由 1978 年的 4.93%，上升到 1998 年的 8.74%，呈现出了明显的上升趋势；豆类和其他类粮食所占比重均小于 5%，其中其他类粮食所占比重均小于 1%。

表 4 – 9　1978～2008 年安徽省粮食生产结构变化

年份	项目	稻谷	小麦	玉米	豆类	薯类	其他类	粮食合计
1978	产量（万吨）	782.45	355.32	73.13	51.76	214.81	5.13	1482.60
	所占比重（%）	52.78	23.97	4.93	3.49	14.49	0.35	100.00
1988	产量（万吨）	1285.33	581.23	138.64	67.35	233.03	4.72	2310.30
	所占比重（%）	55.63	25.16	6.00	2.92	10.09	0.20	100.00
1998	产量（万吨）	1423.92	599.10	226.50	103.50	212.80	24.68	2590.50
	所占比重（%）	54.97	23.13	8.74	4.00	8.21	0.95	100.00
2008	产量（万吨）	1383.49	1167.90	286.60	129.95	46.61	8.80	3023.35
	所占比重（%）	45.76	38.63	9.48	4.30	1.54	0.29	100.00

1998～2008 年，安徽省的小麦和玉米产量及其占全省粮食生产的比重仍不断上升，其中小麦产量和比重上升幅度较大，由 1998 年的 599.10 万吨和 23.13%，上升到 2008 年的 1167.90 万吨和 38.63%，其中产量增长了 94.94%，所占比重提高了 15.5 个百分点。2008 年，全省的粮食生产以稻谷、小麦和玉米三大类主粮为主，三类主粮产量之和占全省粮食生产总量的比重超过 90%，而豆类、薯类和其他类三大类粮食占全省粮食生产总量的比重均小于 5%，三者所占比重之和小于 10%。

表 4 – 10 反映了 1978～2008 年江西省粮食生产结构变化情况。从表中可以知道，1978～2008 年，稻谷产量由 1978 年的 1080.79 万吨，增加到 2008 年的 1862.13 万吨，增长了 781.34 万吨，增幅为 72.29%。改革开放以来，江西省稻谷产量占全省粮食生产总量的比重都在 90% 以上，豆类和薯类两类粮食所占比重均小于 5%，小麦、玉米和其他类粮食所占比重更是小于 1%。可见，江西省粮食生产结构十分单一，稻谷生产在全省粮食生产中占据了绝对优势。

表 4 - 10　1978~2008 年江西省粮食生产结构变化

年份	项目	稻谷	小麦	玉米	豆类	薯类	其他类	粮食合计
1978	产量(万吨)	1080.79	9.5	0.9	11.4	19.6	3.55	1125.74
	所占比重(%)	96.01	0.84	0.08	1.01	1.74	0.32	100.00
1988	产量(万吨)	1478.66	8.20	1.35	15.62	28.73	2.87	1535.43
	所占比重(%)	96.30	0.53	0.09	1.02	1.87	0.19	100.00
1998	产量(万吨)	1425.60	9.20	8.70	38.10	70.80	3.1	1555.50
	所占比重(%)	91.65	0.59	0.56	2.45	4.55	0.20	100.00
2008	产量(万吨)	1862.13	1.89	6.58	26.73	59.11	1.66	1958.1
	所占比重(%)	95.10	0.10	0.34	1.37	3.02	0.08	100.00

表 4 - 11 反映了 1978~2008 年河南省粮食生产结构变化情况。分析表 4 - 11 可知，1978~2008 年，小麦和玉米是河南省粮食生产的主体，两者产量呈现出显著增长趋势，分别由 1978 年的 868.18 万吨和 468.94 万吨，增加到 2008 年的 3051 万吨和 1615 万吨，分别增加了 2182.82 万吨和 1146.06 万吨，分别增长了 2.51 倍和 2.44 倍。在此期间，小麦产量占全省粮食生产总量的比重呈现出波动增长趋势，20 世纪 80 年代以来，其所占比重一直超过 50%，而玉米所占比重则呈现出一直上升的趋势，其比重由 22.36% 上升到 30.10%，上升了 7.74 个百分点。1978~1988 年，小麦和玉米两者产量之和占全省粮食生产总量的比重在 63%~80%，而 1988~2008 年则一直维持在 79% 以上。

表 4 - 11　1978~2008 年河南省粮食生产结构变化

年份	项目	稻谷	小麦	玉米	豆类	薯类	其他类	粮食合计
1978	产量(万吨)	194.77	868.18	468.94	69.53	367.18	128.80	2097.40
	所占比重(%)	9.29	41.39	22.36	3.32	17.51	6.14	100.00
1988	产量(万吨)	162.21	1520.95	600.26	69.93	217.47	92.18	2663.00
	所占比重(%)	6.09	57.11	22.54	2.63	8.17	3.46	100.00
1998	产量(万吨)	369.68	2073.53	1096.33	112.05	294.29	63.73	4009.61
	所占比重(%)	9.22	51.71	27.34	2.79	7.34	1.59	100.00
2008	产量(万吨)	443.13	3051.00	1615.00	96.20	143.00	17.15	5365.48
	所占比重(%)	8.26	56.86	30.10	1.79	2.67	0.32	100.00

1978~2008 年，河南省薯类和其他类粮食产量及其占全省粮食生产总量的比重均呈不断下降趋势，其中薯类产量由 1978 年的 367.80 万

吨下降到 2008 年的 143 万吨，下降了 224.8 万吨，降幅达 61.12%；其他类粮食产量则由 128.80 万吨下降到 17.15 万吨，下降了 111.65 万吨，降幅达 86.68%。在此期间，薯类和其他类粮食占全省粮食生产总量的比例分别由 1978 年的 17.51% 和 6.14%，下降到 2008 年的 2.67% 和 0.32%，分别下降了 14.84 个和 5.82 个百分点。改革开放以来，稻谷的产量呈明显增加的趋势，但其产量增加速度明显小于粮食生产总量增长速度，因而 31 年来稻谷产量占粮食生产总量的比重不断波动，始终维持在 6% ~ 9.5% 的水平。可以看出，尤其是进入 21 世纪以来，河南省粮食生产不断向小麦、玉米和稻谷三类集中，粮食生产结构也逐渐趋于主粮。

表 4-12 反映了改革开放以来湖北省粮食生产结构的变化情况，从表中可以明显看出，稻谷是湖北省粮食生产的主体部分，在湖北省粮食生产中占主导地位，其产量由 1978 年的 1207.86 万吨，上升到 1998 年的 1633.21 万吨，然后又下降到 2008 年的 1533.72 万吨，呈现出先升后降的变化趋势；而其占湖北省粮食生产总量的比重则由 1978 年的 70%，下降到 1998 年的 65.97%，然后又上升到 2008 年的 68.86%，呈现出先降后升的变化趋势。

表 4-12 1978~2008 年湖北省粮食生产结构变化

年份	项目	稻谷	小麦	玉米	豆类	薯类	其他类	粮食合计
1978	产量(万吨)	1207.86	227.82	102.80	30.13	90.15	66.84	1725.60
	所占比重(%)	70.00	13.20	5.96	1.75	5.22	3.87	100.00
1988	产量(万吨)	1576.08	408.07	92.04	24.46	97.56	54.44	2252.65
	所占比重(%)	69.97	18.12	4.09	1.09	4.33	2.42	100.00
1998	产量(万吨)	1633.21	409.33	186.73	40.75	160.44	45.33	2475.79
	所占比重(%)	65.97	16.53	7.54	1.65	6.48	1.83	100.00
2008	产量(万吨)	1533.72	329.19	226.42	25.98	81.04	30.88	2227.23
	所占比重(%)	68.86	14.78	10.17	1.17	3.64	1.39	100.00

小麦是湖北省第二大粮食作物，在此期间其产量由 1978 年的 227.82 万吨，上升到 1998 年的 409.33 万吨，然后下降到 2008 年的 329.19 万吨，呈现出先升后降的变化趋势；而其所占比重也呈现出先

升后降的变化趋势，1978 年所占比重最低为 13.20%，1988 年所占比重最高达 18.12%，然后下降到 2008 年的 14.78%。玉米则是湖北省的第三大粮食作物，在此期间其产量增长较快，由 1978 年的 102.80 万吨，上升到 2008 年的 226.42 万吨，增加了 123.62 万吨，增幅达120.25%；其所占比重也由 1978 年的 5.96%，上升到 2008 年的10.17%，上升了 4.21 个百分点。在杂粮生产方面，薯类在湖北省粮食生产中居主导地位，其在粮食生产总量所占比重在 3.5% ~ 6.5%，而豆类在粮食生产中所占比重在 2% 以下。

表 4 - 13 反映了改革开放以来湖南省粮食生产情况变化。从表中可以明显看出，稻谷在湖南省的粮食生产中占绝对优势，其所占比重一直在90% 左右的水平，表现出与江西省粮食生产结构相类似的特征。1978 ~2008 年，湖南省稻谷产量呈现出明显的增长态势，其产量由 1978 年的1875.70 万吨，上升到 2008 年的 2664.27 万吨，产量增加了 788.57 万吨，增长幅度为 42.04%。

表 4 - 13　1978 ~ 2008 年湖南省粮食生产结构变化

年份	项目	稻谷	小麦	玉米	豆类	薯类	其他类	粮食合计
1978	产量（万吨）	1875.70	37.80	16.80	20.40	103.20	34.00	2087.90
	所占比重（%）	89.84	1.81	0.80	0.98	4.94	1.63	100.00
1988	产量（万吨）	2366.59	28.39	21.70	26.40	91.60	1.50	2536.18
	所占比重（%）	93.31	1.12	0.86	1.04	3.61	0.06	100.00
1998	产量（万吨）	2516.30	28.33	82.10	50.20	134.10	7.16	2818.19
	所占比重（%）	89.29	1.01	2.91	1.78	4.76	0.25	100.00
2008	产量（万吨）	2664.27	4.55	128.00	35.20	104.50	32.83	2969.35
	所占比重（%）	89.73	0.15	4.31	1.19	3.52	1.11	100.00

除稻谷生产外，在湖南省的粮食生产品种当中，玉米和薯类占主要地位。改革开放以来，湖南省玉米产量由 1978 年的 16.80 万吨，上升到2008 年的 128 万吨，产量增加了 111.20 万吨，增加了 6.62 倍；其占粮食生产总量的比重也由 1978 年的 0.80%，上升到 2008 年的 4.31%，上升了 3.51 个百分点。在此期间，湖南省薯类生产总量都维持在 100 万吨左右，其在粮食生产中的比重在 3.5% ~5%；而小麦、豆类和其他类粮食

在湖南省粮食生产总量中所占比重均在 2% 以下。综合以上分析可知，在湖南省粮食生产中，水稻占绝对优势，其比重一直在 90% 左右，而小麦、玉米、豆类、薯类和其他类粮食占粮食生产总量的比重之和只有 10% 左右，可见湖南省粮食生产结构十分单一。

为进一步分析中部六省在稻谷、小麦、玉米、豆类、薯类和其他类这六大粮食品种中所占的地位，我们用中部六省 1978 ~ 2008 年六大类粮食品种的平均值，代表六省各粮食品种的生产状况；用六省在六类粮食品种所占的份额（Proportion Possessed by Different Grain，PPDG）反映六省在六大类粮食品种生产中所处的地位和作用，其计算公式为：

$$PPDG_{ij} = P_{ij}/\sum_{i=1}^{6} P_{ij} \qquad (4-6)$$

式（4-6）中，P_{ij} 为六省 6 种粮食 1978 ~ 2008 年的平均产量，$\sum_{i=1}^{6} P_{ij}$ 为六省某一品种粮食作物的产量，i 分别指山西、安徽、江西、河南、湖北和湖南六省份，j 分别指稻谷、小麦、玉米、豆类、薯类和其他类等六类粮食。

结合表 4-14，我们将六省在各粮食品种所占比重超过 15% 的省份归类，以便更好地反映各粮食品种的主产省份，其结果如表 4-15 所示。

表 4-14　中部六省六大粮食品种生产状况及其所占份额

省份	项目	稻谷	小麦	玉米	豆类	薯类	其他类
山西	产量（万吨）	3.85	249.69	371.97	31.57	64.85	156.43
	所占份额(%)	0.06	7.94	22.44	10.35	8.09	45.43
安徽	产量（万吨）	1193.17	662.35	193.33	85.67	201.96	30.78
	所占份额(%)	17.37	21.07	11.66	28.08	25.19	8.94
江西	产量（万吨）	1489.55	7.54	4.73	23.81	43.42	15.11
	所占份额(%)	21.68	0.24	0.29	7.80	5.41	4.39
河南	产量（万吨）	276.05	1879.18	878.79	93.89	252.21	73.84
	所占份额(%)	4.02	59.77	53.01	30.78	31.45	21.45
湖北	产量（万吨）	1532.71	319.48	147.27	32.57	123.17	43.47
	所占份额(%)	22.31	10.16	8.88	10.68	15.36	12.62
湖南	产量（万吨）	2374.87	25.96	61.60	37.58	116.29	24.70
	所占份额(%)	34.57	0.83	3.72	12.32	14.50	7.17

表 4 – 15　六大粮食品种的主要生产省份及其所占比重

粮食品种	主产省份
稻　　谷	湖南（34.57%）、湖北（22.31%）、江西（21.68%）、安徽（17.37%）
小　　麦	河南（59.77%）、安徽（21.07%）
玉　　米	河南（53.01%）、山西（22.44%）
豆　　类	河南（30.78%）、安徽（28.08%）
薯　　类	河南（31.45%）、安徽（25.19%）、湖北（15.36%）
其 他 类	山西（45.43%）、河南（21.45%）

从表 4 – 14 和表 4 – 15 中我们可以得出以下结论。第一，稻谷生产主要集中在长江中下游的湖南、湖北、江西和安徽四省，四省所占份额之和为 95.93%；其主要原因是该区域水资源充沛，热量资源丰富，且水热同期配合良好，适合水稻生产；而偏北部的河南和山西两省，由于水资源短缺，热量不如长江中下游地区丰富，所以稻谷生产所占份额极低。第二，小麦生产主要集中在河南和安徽两省，两省小麦生产份额之和达 80.84%；湖北和山西两省也有一定量的小麦生产，其中湖北省所占份额为 10.16%，山西所占份额为 7.94%，两省小麦生产份额之和为 18.10%。第三，河南和山西两省是玉米的主要生产地，两省生产份额之和达 75.45%；安徽和湖北两省也有一定量的玉米生产，其中安徽省玉米生产所占份额为 11.66%，湖北所占份额为 8.88%，两省玉米所占份额之和为 20.54%。第四，豆类的生产则主要集中在河南和安徽两省，两者生产豆类的份额之和为 58.86%；相对于稻谷、小麦和玉米来讲，豆类的生产在中部地区分布比较均匀，山西、湖北和湖南三省豆类生产的份额均超过 10%，生产最少的江西省所占份额也达到了 7.80%。第五，河南、安徽和湖北三省是薯类的主要生产省份，三者生产薯类所占份额之和为 72%，湖南省也有一定规模的薯类生产，其所占份额为 14.5%；山西和江西薯类的生产则相对较小，其中山西所占份额为 8.09%，江西所占份额为 5.41%。第六，山西和河南的其他类粮食产量所占份额之和为 66.88%，其中山西为 45.43%，河南省为 21.45%；湖北省的其他类粮食生产也有一定规模，其所占份额达 12.62%；安徽和湖南两省的生产规模相当，其中安徽所占份额为 8.94%，湖南省为 7.17%。第七，就整个中部地区而言，中部六省的主要优势粮食生产品种如下：山西省的主要优势粮食生产

作物为玉米和其他类粮食作物，安徽为小麦、豆类和薯类，江西仅有稻谷，河南为小麦、玉米、豆类、薯类和其他类。湖北和湖南两省的六大类粮食品种在中部地区的地位相对比较均匀，两省在水稻生产方面存在明显优势，另外在薯类生产方面也略有优势。

第二节　中部地区粮食消费状况分析

粮食消费一般是指一个国家或地区的居民为维持生存和发展需要而对粮食的各种消耗，可以用粮食的消费数量或者消费金额来表示或计量，它是粮食生产的最终目的和内在动力。由于粮食消费是人类生存和发展的必要前提，因而粮食消费在各类消费中处于第一位或最基础的地位。[1][2] 要对粮食安全状况有准确的判断，除了要详细分析粮食生产状况外，还必须先对粮食消费情况进行研究。当前，我国经济快速发展，工业化和城市化进程进一步加快，中部地区也同样面临着这一变化趋势。依据现有研究可知这一变化趋势必将促使中部地区粮食需求不断增长，粮食消费结构也必将产生显著变化。[3] 然而，由于粮食消费统计数据还存在一些不足，因而必须采用科学的研究方法，对中部地区城乡居民的粮食消费数量和结构及其变化情况进行分析，对中部地区工业化与城市化发展过程中粮食的需求量和消费结构进行分析，以便对中部地区粮食消费状况进行总体判断。这不仅有助于中部地区的农业发展和农业产业结构调整，而且还可以使国家更好地实施中部粮食生产基地建设的各项农业发展政策，更好地促进中部地区粮食生产基地建设。根据对已有文献的总结和分析，我们了解到中国粮食需求可以分为两大类和四大用途。两大类是指食物用粮和非食物用粮，其中食物用粮指直接和间接满足人们食物消费需求的粮食，又可分为口粮和饲料用粮两大用途；非食物用粮主要分为工业用粮和种子用粮两大

---

① 骆建忠：《基于营养目标的粮食消费需求研究》，中国农业科学院博士学位论文，2008。

② 高启杰：《城乡居民粮食消费情况分析与预测》，《中国农村经济》2004 年第 10 期，第 20 ~ 25、32 页。

③ 吴乐、邹文涛：《我国粮食消费的现状和趋势及对策》，《农业现代化研究》2011 年第 2 期，第 129 ~ 133 页。

用途。因此，中国的粮食需求结构由口粮、饲料用粮、工业用粮和种子用粮这四种用途构成。①② 粮食除以上两大类和四大用途之外，在生产、存储和营运的过程中还会有所损耗，因此粮食消费总体上分为五大类，即口粮、饲料用粮、工业用粮、种子用粮和粮食损耗 5 个部分。根据以上分析，本研究就中部地区的口粮、饲料用粮、工业用粮、种子用粮和粮食损耗这 5 种粮食消费进行详细分析，以更好地研究中部地区的粮食消费状况。

一　中部地区口粮消费状况分析

口粮是城乡居民直接将粮食用于直接消费的部分，而稻谷和小麦是我国城乡居民口粮的主要组成部分。胡小平等人的研究表明，稻谷生产的85%、小麦生产的80%都用于口粮消费。由于在我国的统计资料当中没有对我国粮食消费总量的统计③，更没有对城乡居民口粮消费量进行直接统计，因此，我们根据统计年鉴当中"城镇居民家庭平均每人全年购买的主要商品数量"和"农民家庭平均每人全年主要消费品消费量"这两部分的数据，经过计算得到中部六省城镇居民和农村居民的口粮消费量（Total-Consumption of Grain Ration，TCGR），然后将城镇居民和农村居民的口粮消费量相加，即得到中部六省的口粮消费总量。由于统计年鉴上没有统计城乡居民在外就餐的口粮消费量，据肖国安（2000）等人研究，农村人口在外就餐的用粮占 4% 左右，城镇人口占 12% 左右。为更准确地计算口粮消费量，本研究按肖国安的折算标准，将在外就餐的用粮也加入计算。为此，我们可以得到中部六省口粮消费总量的计算公式为：

$$TCGR_{ij} = GRUP_{ij} \times UP_{ij}(1 + 12\%) + GRRP_{ij} \times RP_{ij}(1 + 4\%) \quad (4-7)$$

式（4-7）中，$GRUP_{ij}$ 为中部 i 省 j 年城镇居民的年均口粮消费量（Grain Ration of Urban Population，GRUP），UP 为 i 省 j 年城镇人口总量，$GRRP_{ij}$ 为中部 i 省 j 年农村居民的年均口粮消费量（Grain Ration of Rural

---

① 胡小平、郭晓慧：《2020 年中国粮食需求结构分析及预测——基于营养标准的视角》，《中国农村经济》2010 年第 6 期，第 4～15 页。

② 马永欢、牛文元：《基于粮食安全的中国粮食需求预测与耕地资源配置研究》，《中国软科学》2009 年第 3 期，第 11～16 页。

③ 肖国安：《未来十年中国粮食供求预测》，《中国农村经济》2002 年第 7 期，第 9～14 页。

Population，GRRP），*RP* 为 *i* 省 *j* 年城镇人口总量。我们将中部六省的口粮消费量加总求和，即得到整个中部地区口粮消费量。需要指出的是，统计局统计的粮食总产量和农村居民的粮食消费量是按原粮形态统计的，而城镇居民粮食消费量则是指成品粮的购买量。[①] 为此我们将粮食总产量和农村居民粮食消费量按照 0.85 的通用折算系数[②]，在将原粮转化为成品粮后，再参与分析与比较。经过计算，我们得到中部六省 1985～2008 年的口粮消费量，如表 4－16 所示。

表 4－16　1985～2008 年中部地区口粮消费量

单位：万吨

年份	山西	安徽	江西	河南	湖北	湖南	中部地区
1985	507.93	1330.35	911.11	1579.87	1181.58	1504.57	7015.41
1986	519.45	1359.94	939.06	1623.05	1214.75	1486.94	7143.19
1987	535.30	1384.94	957.57	1672.99	1216.11	1487.57	7254.48
1988	529.18	1382.39	986.87	1704.42	1248.84	1513.51	7365.21
1989	539.36	1403.16	1004.41	1805.31	1253.63	1516.61	7522.48
1990	543.01	1363.68	1029.70	1853.42	1280.86	1553.26	7623.93
1991	553.19	1337.27	1006.00	1752.77	1238.32	1541.68	7429.23
1992	549.50	1336.50	998.92	1727.80	1231.03	1516.13	7359.88
1993	551.09	1313.61	1046.40	1813.41	1295.82	1517.53	7537.86
1994	546.41	1277.03	1016.94	1787.96	1265.06	1452.02	7345.42
1995	546.83	1242.93	997.17	1776.90	1234.49	1435.54	7233.86
1996	556.09	1226.73	1004.13	1782.98	1203.73	1426.60	7200.26
1997	541.07	1212.07	963.50	1783.96	1202.32	1390.00	7092.92
1998	554.27	1197.58	962.37	1732.26	1179.57	1433.38	7059.43
1999	542.33	1199.18	975.34	1766.18	1088.21	1401.93	6973.17
2000	568.81	1263.52	920.30	1819.75	1040.51	1343.46	6956.35
2001	579.64	1206.68	850.47	1789.45	975.93	1297.12	6699.29
2002	551.67	1124.88	825.62	1752.66	965.83	1233.81	6454.47
2003	545.21	1078.00	801.32	1751.13	857.97	1169.91	6203.54
2004	539.53	1049.32	796.53	1736.89	838.22	1158.34	6118.83
2005	518.28	1018.15	732.42	1553.83	826.19	1109.98	5758.85
2006	498.42	1007.62	754.34	1547.12	806.82	1060.19	5674.51
2007	487.81	944.90	726.29	1496.59	788.69	1005.76	5450.04
2008	467.20	918.80	714.40	1466.29	745.80	978.97	5291.46

---

① 封志明、史登峰：《近 20 年来中国食物消费变化与膳食营养状况评价》，《资源科学》2006 年第 1 期，第 2～8 页。

② 许世卫：《中国食物发展与区域比较研究》，中国农业出版社，2001。

为更好地反映中部地区口粮消费量的变化趋势，我们将表4-16的计算结果，绘制成折线图。如图4-5所示。

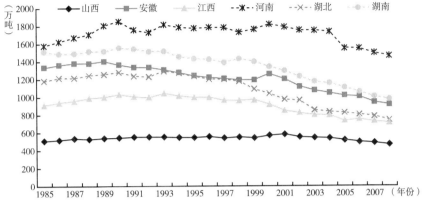

图4-5　1985~2008年中部六省口粮消费量变化

综合分析图4-5和表4-16可以看出，1985~2008年，中部六省的口粮消费总量均经历了一个先略有增长，然后不断下降的发展过程。其中，江西、河南、湖北和湖南四省的口粮消费在1990年达到最大，安徽在1989年达到最大，而山西则在1991年达到最大（虽然在1996年、1998年、2000年和2001年的口粮消费量略超过1991年，但1991年口粮消费量下降的趋势比较明显）。可见，中部六省口粮消费不但变化特征相同，而且口粮消费达到最高点的时间也相对比较一致，即六省口粮消费量都是从1985年左右开始增长，到1990年左右口粮消费量达到最大，然后开始呈现不断下降的变化趋势。

由于中部六省口粮消费都呈现出基本一致的变化特征，因此整个中部地区的口粮消费量先升后降的变化趋势也十分显著。从表4-16中可以看出，整个中部地区口粮消费量由1985年的7015.41万吨，上升到1990年的7623.93万吨，年均消费增长速度为1.68%；从1990年开始，中部地区口粮消费呈现出较为显著的下降趋势，一直下降到2008年的5291.46万吨，年均消费下降速度为2.01%。1985~2008年，中部地区和中部六省的口粮消费均呈现出先升后降的变化特点，其主要原因在于人口增长导致口粮消费不断增加、人们生活水平提高以及人口城市化过程导致口粮消费不断减少三方面综合作用的结果。

第一，人口的增长导致口粮粮食消费量的不断增加。表 4 – 17 显示了 1985 年以来中部六省的总人口变化情况。从中可以看出，1985 ~ 2008 年，中部六省的人口都呈现出显著的增长趋势，其中山西、安徽、江西、河南、湖北和湖南六省的人口总量分别由 1985 年的 2674 万人、5156 万人、3510 万人、7847 万人、4980 万人和 5622 万人，增加到 2008 年的 3411 万人、6741 万人、4400 万人、9918 万人、6111 万人和 6845 万人，分别增

表 4 – 17　1985 ~ 2008 年中部六省总人口变化

单位：万人

年份	山西	安徽	江西	河南	湖北	湖南	中部地区
1985	2674	5156	3510	7847	4980	5622	29789
1986	2714	5217	3576	7985	5048	5696	30236
1987	2758	5287	3632	8148	5120	5783	30728
1988	2807	5377	3684	8317	5185	5916	31286
1989	2853	5469	3746	8491	5259	6014	31832
1990	2899	5661	3811	8649	5439	6111	32570
1991	2942	5744	3865	8763	5512	6166	32992
1992	2979	5817	3913	8861	5580	6208	33358
1993	3013	5870	3966	8946	5653	6246	33694
1994	3045	5938	4015	9027	5719	6303	34047
1995	3077	6000	4063	9100	5772	6392	34404
1996	3109	6054	4105	9172	5825	6428	34694
1997	3141	6109	4150	9243	5873	6465	34981
1998	3172	6152	4192	9315	5907	6502	35241
1999	3204	6205	4231	9387	5938	6532	35497
2000	3248	6278	4149	9488	5960	6562	35684
2001	3272	6325	4186	9555	5975	6596	35908
2002	3294	6369	4222	9613	5988	6629	36114
2003	3314	6410	4254	9667	6002	6663	36310
2004	3335	6461	4284	9717	6016	6698	36510
2005	3355	6516	4311	9768	6031	6732	36714
2006	3375	6593	4339	9820	6050	6768	36945
2007	3393	6676	4368	9869	6070	6806	37182
2008	3411	6741	4400	9918	6111	6845	37426

长了 737 万人、1585 万人、890 万人、2071 万人、1131 万人和 1223 万人，24 年来中部六省人口的年均增长速度分别为 1.06%、1.17%、0.99%、1.02%、0.89% 和 0.86%。从人口增长的数量上来看，24 年来河南省人口数量增加最多，其次为安徽省，山西省人口数量增加最少；从人口增长速度上来看，安徽省人口增长速度最快，其次为山西省，湖南省人口增长速度最慢。由于中部六省的人口都呈显著的增长趋势，因此整个中部地区的人口总数由 1985 年的 29789 万人，增加到 2008 年的 37426 万人，人口总数增加 7637 万人，增加幅度为 25.64%，年均增长速度为 1.00%。

为更好地揭示人口变化规律，我们将 1985~2008 年中部六省和整个中部地区的人口数据绘制成曲线图，可以明显看出中部六省和整个中部地区的人口都呈现出显著的线性增长趋势。因此，我们以时间为自变量（设 1985 年为 1，1986 年为 2，1987 年为 3，并以此类推到 2008 年），以人口总数为因变量，对中部六省和整个中部地区的人口变化情况进行回归方程拟合分析，结果如表 4-18 所示。

表 4-18　1985~2008 年中部六省和整个中部地区人口变化拟合方程

区　　域	拟合方程	R^2
山　　西	$y = 32.23x + 2696$	0.982
安　　徽	$y = 66.10x + 5191$	0.978
江　　西	$y = 36.61x + 3582$	0.945
河　　南	$y = 85.72x + 8039$	0.959
湖　　北	$y = 48.11x + 5107$	0.898
湖　　南	$y = 49.46x + 5743$	0.952
中部地区	$y = 318.2x + 30361$	0.959

从表 4-17 和表 4-18 来看，在今后较长的一段时间里，中部六省和整个中部地区的人口仍将呈显著的增长趋势，并且可以根据表 4-18 的线性方程进行预测。由于人口的不断增长，口粮的消费量增加也是一个必然的发展趋势。

第二，随着生活水平的提高，城乡居民人均口粮消费量不断下降。表 4-19 显示了 1985 年、1990 年和 2008 年中部六省城乡居民口粮消费的变化情况。从中可以看出，1985～1990 年，中部六省城乡居民的口粮消费量在一定程度上都有所增加或基本保持稳定；而从 1990～2008 年，中部六省城乡居民的口粮消费量都呈现出明显的下降趋势。从城镇居民口粮消费下降情况看，19 年来，山西、安徽、江西、河南、湖北和湖南六省分别下降了 56.09 千克、62.94 千克、50.04 千克、63.6 千克、52.34 千克和 52.94 千克，降幅分别达 38.97%、44.43%、37.74%、44.88%、40.83% 和 41.10%；而同期六省农村居民的口粮消费量则分别下降了28.10 千克、106.31 千克、86.20 千克、41.03 千克、99.93 千克和 88.71千克，下降幅度分别为 14.77%、39.54%、29.75%、19.01%、38.19%和 33.24%。1985～2008 年，城乡居民口粮消费量不断下降，其主要原因是随着人们收入水平的不断提高，生活水平不断改善，因此在人们的膳食结构中，肉类、奶类、蛋类、水产品等各种间接粮食消费量不断增加，同时水果、蔬菜等各种食物的消费量也显著增长，因而必然导致口粮消费量的显著减少。

表 4 - 19　1985～2008 年中部六省城乡人均口粮（成品粮）消费量变化

单位：千克

项目	年份	山西	安徽	江西	河南	湖北	湖南
城镇居民 口粮消费量	1985	149.20	133.73	130.80	138.50	134.20	139.45
	1990	143.94	141.67	132.60	141.71	128.20	128.80
	2008	87.85	78.73	82.56	78.11	75.86	75.86
农村居民 口粮消费量	1985	189.68	267.92	276.42	201.33	255.66	278.15
	1990	190.31	268.86	289.72	215.87	261.69	266.90
	2008	162.21	162.55	203.52	174.84	161.76	178.19

第三，人口城市化导致口粮消费量不断下降。用农村居民口粮消费量减去城镇居民口粮消费量，得到城乡居民口粮消费量的差额，表 4 - 20 显示了 1985 年、1990 年和 2008 年中部六省城乡居民口粮消费量的差额变化情况。从表 4 - 20 中可以看出，城乡居民口粮消费量差别较大；其中江西省城乡居民口粮消费量差额最大，在 1990 年达到了 157.12 千克；而山西省城乡居民口粮消费量差额最小，1985 年两者差额仅 40.48 千克。

表 4 - 20　1985～2008 年中部六省城乡居民口粮（成品粮）消费量差额变化

单位：千克

年份	山西	安徽	江西	河南	湖北	湖南	中部地区
1985	40.48	134.19	145.62	62.83	121.46	138.70	107.21
1990	46.37	127.19	157.12	74.16	133.49	138.10	112.74
2008	74.36	83.82	120.96	96.73	85.90	102.33	94.02

1985～1990 年，安徽、江西、湖北和湖南四省城乡居民的口粮消费量差额均超过 100 千克，而河南省城乡居民口粮消费量差额在 50～100千克，山西省最小为 40～50 千克。与 1990 年相比，2008 年安徽、江西、湖北和湖南四省城乡居民口粮消费量差额均有不同程度缩小，其中江西和湖南两省城乡居民口粮消费量的差额缩小的幅度较小，两者之间的差额仍超过了 100 千克，其中江西省为 120.96 千克，湖南省为102.33 千克；而安徽和湖北两省城乡居民口粮消费量差额缩小幅度较大，分别下降了 43.37 千克和 47.59 千克，使得两者之间的差额缩小至83.82 千克和 85.90 千克。与安徽、江西、湖北和湖南四省相比，2008年山西和河南两省城乡居民口粮消费量差额则比 1990 年有所扩大，其中山西省城乡居民口粮消费量差额由 46.37 千克扩大到 74.36 千克，河南省则由 74.16 千克扩大到 96.73 千克。对于整个中部地区来讲，1985 年城乡居民口粮消费量差额为 107.21 千克，1990 年为 112.74 千克，而2008 年则缩小至 94.02 千克。

城乡居民存在较大的口粮消费量差额表明，就中部地区而言，当一个农村人口转变为城镇人口时，在 1985 年将减少口粮消费量 107.21 千克，在 2008 年将减少口粮消费量 94.02 千克。随着城市化进程的不断加快，人口越来越多地向城市集聚，从而使得农村人口转变为城市人口。由于农村人口的口粮消费量远大于城镇人口的口粮消费量，因此，人口城市化不断推进的过程，也就是口粮消费量不断下降的过程。

二　中部地区饲料粮消费状况分析

饲料粮消费量又称为间接粮食消费量，是指为生产肉类（包括猪肉、牛肉和羊肉等）、奶类、蛋类、水产品等各种由粮食转化而来的畜产品而消耗的粮食总量。为估算间接粮食消费量，必须先确定料肉比。在现有文献资料中，料肉比差异非常大。例如，猪肉料肉比，徐翔（1993）[①]、刘静义（1996）[②]、隆国强（1999）[③] 等人认为其比例约为 4.3∶1，程国强等人（1998）[④] 则认为其比例较低，只有 2.5∶1；牛肉料肉比，李波等人（2008）[⑤] 认为其高达 4.8∶1，骆建忠（2008）[⑥] 则采用 1∶1 的较低比例；其他如禽、蛋、奶、水产品的料肉比也都存在很大差异。产生差异的原因是研究人员的测算标准不同，有些学者是参照畜牧业标准化、规模化饲养的耗粮标准进行分析，有些学者是根据对中国小农户的调查进行估算。料肉比的差异受饲养规模及专业化程度影响极大。一般而言，饲养场（户）专业化、标准化的程度越高、规模越大，饲料中粮食所占比例就越高，料肉比也越高；反之，专业化、标准化的程度越低、规模越小，料肉比就越低。这是因为家庭小规模饲养所需饲料中的粮食通常有一部分可以被替代（例如用米糠、麦麸、菜叶、泔水等），从而节约了一部分饲料粮。[⑦] 进入20 世纪 90 年代以来，畜禽的分户散养模式已经逐渐被专业化、规模化饲养模式所取代。当前，随着经济社会发展水平的进一步提高和农业生产技术的快速进步，畜牧业的专业化、集约化和规模化生产模式已在全国普遍推行，农业散养的生产模式已基本消失。考虑到畜牧业这一发展变化特征，我们认为料肉比会逐渐提高，最终会达到标准化生产的水平，饲料粮的需求也逐渐会按标准的料肉比来测算。因此，本研究在参考了众多文献的料肉比的基础上，综合考虑各种影响因素和中部地区的实际生产情况，选择了标准料肉比或者与标准料肉比最为接近的折算系数来测算饲料粮需求。按照国际、国内比较通行的标准，猪肉的料肉比为 4.3∶1，禽肉为

---

① 徐翔：《中国粮食需求与供给预测》，《南京农业大学学报》1993 年第 3 期。

② 刘静义、温天舜、王明俊：《中国粮食需求预测研究》，《西北农业大学学报》1996 年第6 期。

③ 隆国强：《大国开放中的粮食流通》，中国发展出版社，1999。

④ 程国强、陈良彪：《中国粮食需求的长期趋势》，《中国农村观察》1998 年第 11 期。

⑤ 李波、张俊飚、李海鹏：《中国中长期粮食需求分析及预测》，《中国稻米》2008 年第 3期。

⑥ 骆建忠：《基于营养目标的粮食消费需求研究》，中国农业科学院博士学位论文，2008。

⑦ 胡小平、郭晓慧：《2020 年中国粮食需求结构分析及预测——基于营养标准的视角》，《中国农村经济》2010 年第 6 期，第 4～15 页。

2.7 : 1，蛋类为 2.7 : 1[1][2]，牛羊肉的料肉比为 2 : 1[3]，奶产品为 0.3 : 1[4]，水产品为 0.4 : 1。

　　钟甫宁（1997）[5]、卢锋（1998）[6]、李成贵（2000）[7]、肖国安（2002）等人的研究认为，肉类和水产品生产数据是衡量政绩的一个重要指标，其产量数据统计采用的是所谓"上报数据"，即统计部门与农业部门基层工作人员通过观察、调查、估测取得数据，并层层上报汇总而成。由于提供上报数据的农业生产统计系统在人事、经费上不同程度地受到同级政府行政部门的制约和控制，同时在统计过程中又缺乏有效的监督机制，因此肉类和水产品产量在运作过程及数据质量上可能会较多地受到行政干预的影响，从而产生虚报产量的情况。鉴于中部地区是我国主要的粮食生产基地，农业是各省在经济发展过程中所抓的重点工作之一，畜牧业和水产养殖业的发展必然是反映各省经济社会发展的一个重要指标，因此，本研究认为中部地区肉类和水产品的产量存在一定程度的虚报成分。钟甫宁（1997）和卢锋（1998）认为，20 世纪 80 年代中期以来，肉类和水产品产量统计数据的水分逐渐明显，有理由相信肉类和水产品产量统计中有不低于 40% 的虚报成分（钟铺宁，1997；李成贵，2000），而肖国安（2002）在《未来十年中国粮食供求预测》一文当中，对我国肉类生产是按其产量 80% 的比例折算后再进行研究。为此，本研究综合考虑这两类研究，采用两者的平均值，即按肉类和水产品统计产量的 70% 作为折算

---

[1]　胡小平、郭晓慧：《2020 年中国粮食需求结构分析及预测——基于营养标准的视角》，《中国农村经济》2010 年第 6 期，第 4～15 页。

[2]　姚成胜、朱鹤健：《区域主要食物资源安全评价及其安全对策——以福建省为例》，《自然资源学报》2008 年第 5 期，第 832～840 页。

[3]　肖国安：《未来十年中国粮食供求预测》，《中国农村经济》2002 年第 7 期，第 9～14 页。

[4]　李鹏、谭向勇、王玉斌：《从食物保障状况看中国当前粮食安全》，《中国农村经济》2005 年第 6 期，第 4～10 页。

[5]　钟甫宁：《关于肉类生产统计数字中的水分及其原因的分析》，《中国农村经济》1997 年第 10 期，第 63～66 页。

[6]　卢锋：《我国若干农产品产销量数据不一致及产量统计失真问题》，《中国农村经济》1998 年第 10 期，第 63～66 页。

[7]　李成贵：《中国粮食消费：数据及有关问题的思考》，《中国农村经济》2000 年第 9 期，第 15～18 页。

系数。据隆国强 （1999） 等人的有关研究，中国饲料中饲料粮占 74% 左右，所以按上述比例计算的饲料粮，再乘以 74% 得出实际饲料粮。根据以上分析，饲料粮消费总量 （Total Consumption of Feed Grain, TCFG） 的计算公式为：

$$TCFG_j = 0.7 \times 0.74 \times \sum_{i=1}^{7} P_{ij} \times R_{ij} \qquad (4-8)$$

式 （4-8） 中，$TCFG_j$ 为 j 年饲料粮消费总量，0.7 是指各种肉类和水产品的产量按统计产品的 70% 进行折算，0.74 是指实际饲料粮按照饲料粮总量的 74% 折算，P_{ij} 分别指猪肉、牛肉、羊肉、禽肉、蛋类、奶类和水产品六大畜禽产品和水产品 j 年的产量，R_{ij} 是指猪肉、牛肉、羊肉、禽肉、蛋类、奶类和水产品六大畜禽产品和水产品的折粮系数，j 是指 1985~2008 年的各年份。

表 4-21 显示了 1985~2008 年中部地区畜禽产品和水产品的生产变化情况。从表 4-21 中可以明显看出，猪肉、牛肉、羊肉、禽肉、蛋类、奶类和水产品七大类畜禽产品都呈现出线性的增长趋势，七大类畜禽产品和水产品的产量分别由 1985 年的 423.99 万吨、9.44 万吨、8.51 万吨、42.57 万吨、140.3 万吨、23.11 万吨和 109.46 万吨，呈线性增长趋势增加到 2008 年的 1636.82 万吨、151.94 万吨、64.98 万吨、408.73 万吨、713.49 万吨、444.72 万吨和 1453.43 万吨，分别增加了 1212.83 万吨、142.5 万吨、56.47 万吨、366.16 万吨、573.19 万吨、421.61 万吨和 1343.97 万吨，分别增长了 2.86 倍、15.10 倍、6.64 倍、8.60 倍、4.09 倍、18.24 倍和 12.28 倍，年均增长速度分别为 6.05%、12.84%、9.24%、10.33%、7.33%、13.72% 和 11.90%。从畜禽产品和水产品产量增加的绝对数量来看，24 年来水产品产量增加的总量最大 （1343.97 万吨），猪肉次之 （1212.83 万吨），羊肉产量增加最少 （54.67 万吨）；从各种畜禽产品增长的速度来看，奶类的年均增长速度最快 （13.72%），牛肉次之 （12.84%），而猪肉最小 （6.05%）。

根据各种畜禽产品和水产品的产量、相关的折粮系数、饲料粮占饲料的百分比以及饲料粮消费总量的计算公式，我们得到 1985~2008 年中部地区各类畜禽产品的饲料粮消耗量及饲料粮消耗总量。如表 4-22 所示。

表 4 - 21　1985～2008 年中部地区畜禽产品生产变化

单位：万吨

年份	猪肉	牛肉	羊肉	禽肉	蛋类	奶类	水产品
1985	423.99	9.44	8.51	42.57	140.30	23.11	109.46
1986	473.26	14.27	9.50	46.28	146.52	27.00	131.86
1987	490.41	19.61	11.34	50.51	160.05	30.70	157.47
1988	546.49	26.07	13.59	55.76	175.76	34.26	170.38
1989	575.85	29.23	15.4	60.96	186.53	34.16	185.12
1990	615.55	35.89	16.8	63.83	203.26	36.34	195.27
1991	654.78	47.01	17.41	76.27	233.08	40.34	200.23
1992	703.4	53.00	19.09	91.28	259.99	39.85	229.34
1993	818.37	64.97	22.87	107.05	301.43	39.89	276.5
1994	966.52	83.19	26.12	126.86	354.63	45.05	340.51
1995	1117.26	114.77	38.07	158.95	394.66	49.22	416.26
1996	1121.98	115.93	41.17	182.8	449.35	48.77	506.16
1997	1237.05	131.51	49.42	228.11	540.77	53.73	589.43
1998	1314.44	149.79	55.16	249.34	582.8	58.12	628.93
1999	1320.37	153.59	57.13	256.53	602.22	63.23	660.77
2000	1363.04	155.1	62.13	271.01	627.23	72.74	689.24
2001	1401.49	162.38	68.04	297.58	660.16	92.46	709.56
2002	1457.02	165.39	75.32	315.92	692.93	114.95	762.33
2003	1512.72	174.48	84.72	337.09	736.93	144.46	796.74
2004	1596.3	183.31	90.34	357.52	768.24	182.68	843.06
2005	1689.1	191.93	95.19	385.41	809.56	224.94	898.91
2006	1631.45	169.91	71.75	307.87	757.48	273.32	844.69
2007	1492.28	148.44	64.54	364.71	738.7	359.08	908.34
2008	1636.82	151.94	64.98	408.73	713.49	444.72	1453.43

表 4 - 22　1985～2008 年中部地区各类畜禽产品饲料粮消费量

单位：万吨

年份	猪肉	牛肉	羊肉	禽肉	蛋类	奶类	水产品	合计
1985	944.40	9.78	8.82	59.54	196.22	3.59	22.68	1245.02
1986	1054.14	14.78	9.84	64.73	204.92	4.20	27.32	1379.93
1987	1092.34	20.32	11.75	70.64	223.85	4.77	32.63	1456.29
1988	1217.25	27.01	14.08	77.99	245.82	5.32	35.30	1622.77
1989	1282.65	30.28	15.95	85.26	260.88	5.31	38.36	1718.69
1990	1371.08	37.18	17.40	89.27	284.28	5.65	40.46	1845.32
1991	1458.46	48.70	18.04	106.67	325.99	6.27	41.49	2005.61

续表

年份	猪肉	牛肉	羊肉	禽肉	蛋类	奶类	水产品	合计
1992	1566.75	54.91	19.78	127.66	363.62	6.19	47.52	2186.44
1993	1822.84	67.31	23.69	149.72	421.58	6.20	57.29	2548.63
1994	2152.83	86.18	27.06	177.43	495.99	7.00	70.55	3017.04
1995	2488.58	108.54	39.44	222.31	551.97	7.65	86.25	3504.74
1996	2499.10	120.10	42.65	255.66	628.46	7.58	104.88	3658.43
1997	2755.41	136.24	51.20	319.03	756.32	8.35	122.13	4148.68
1998	2927.78	155.18	57.15	348.73	815.10	9.03	130.31	4443.29
1999	2940.99	159.12	59.19	358.78	842.26	9.83	136.91	4507.08
2000	3036.04	160.68	64.37	379.03	877.24	11.30	142.81	4671.48
2001	3121.68	168.23	70.49	416.20	923.30	14.37	147.02	4861.28
2002	3245.37	171.34	78.03	441.85	969.13	17.86	157.95	5081.54
2003	3369.43	180.76	87.77	471.45	1030.67	22.45	165.08	5327.62
2004	3555.60	189.91	93.59	500.03	1074.46	28.39	174.68	5616.66
2005	3762.30	198.84	98.62	539.03	1132.25	34.96	186.25	5952.25
2006	3633.89	176.03	74.33	430.59	1059.41	42.47	175.02	5591.74
2007	3323.90	153.78	66.86	510.08	1033.15	55.80	188.21	5331.79
2008	3645.85	157.41	67.32	571.65	997.89	69.11	301.15	5810.38

从表 4-22 中可以看出，1985～2008 年，由于中部地区畜牧业和渔业的快速发展，其所消耗的饲料粮均呈现出显著的增长趋势。从饲料粮消费的总量来看，1985 年所消耗的饲料粮为 1245.02 万吨；1991 年迈入 2000 万吨行列，达 2005.61 万吨；1994 年消费总量又迈入 3000 万吨，达 3017.04 万吨；此后，在 1997 年和 2002 年，中部地区饲料粮消费量先后迈过 4000 万吨、5000 万吨两个台阶；2003 年以后，中部地区畜牧业发展处于稳定波动阶段，饲料粮消费也呈现出波动的发展趋势，基本稳定在 5300 万～6000 万吨。从表 4-22 中可以看出，中部地区饲料粮消费在 1991～2002 年发展尤为迅猛，在这 12 年的时间里，其饲料粮消费先后跨了 2000 万吨至 5000 万吨的 4 个台阶，也就是说基本上每隔 3～5 年中部地区的饲料粮消耗就增长 1000 万吨左右，由此可见，这一阶段是中部地区畜牧业发展最为快速的时期。1985～2008 年，中部地区饲料粮消费量由 1985 年的 1245.02 万吨，增加到 2008 年的 5810.38 万吨，24 年间饲料粮消费量增加了 4565.35 万吨，增加了 3.67 倍，年均增长速度为 6.93%。

进一步分析可知，1985～2008 年，在中部地区的饲料粮消费当中，猪肉、禽肉和蛋类生产所消耗的饲料粮占了饲料粮消费的绝大部分，而牛肉、羊肉、奶类和水产品生产所消耗的饲料粮虽然也呈现出显著的线性增长趋势，但我们可以明显看出其只占饲料粮消费比重的很小部分。为进一步分析各种畜禽产品所占饲料粮消费总量的比重情况，按照已有相关研究对畜牧业类型的划分，本研究将生产猪肉、禽肉和蛋类的三类畜牧业合称为耗粮型畜牧业生产，将生产牛肉、羊肉和奶类的畜牧业合称为节粮型畜牧业生产①，水产品则称为渔业生产，图 4-6 和图 4-7 分别显示了 1985～2008 年各种畜牧业和渔业生产所消耗的饲料粮比重及其变化情况。

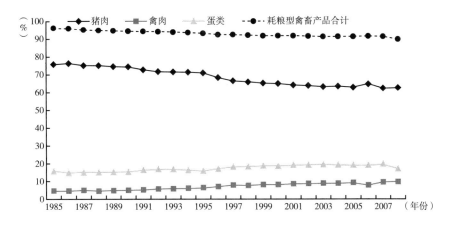

**图 4-6　1985～2008 年中部地区猪肉、禽肉和
蛋类生产消耗饲料粮所占比重**

从图 4-6 中可以看出，1985～2008 年，中部地区猪肉生产消耗饲料粮占畜牧业生产饲料粮消耗量的比重呈现出显著的下降趋势，其所占比重由 1985 年的 75.85%，下降到 2008 年的 62.75%，下降了 13.10 个百分点，降幅为 17.27%；同期禽肉和蛋类生产饲料粮消耗占畜牧业和渔业生产饲料粮消耗总量的比重则呈现出上升的趋势，其中禽肉和蛋类的比重分别由 1985 年的 4.78% 和 15.76%，上升到 2008 年的 9.84% 和 17.17%，分别上升了 5.06 个和 1.41 个百分点，上升幅度分别为 105.86% 和

---

① 姚成胜：《农业耦合系统的定量综合评价及其区域实证研究》，福建师范大学博士学位论文，2008。

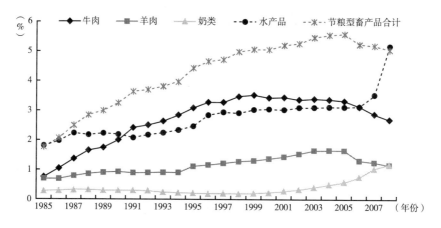

图 4 - 7　1985~2008 年中部地区牛肉、羊肉、奶类和
水产品生产消耗饲料粮所占比重

8.95%。1985~2008 年，耗粮型畜牧业生产消耗的饲料粮所占比重则呈现出缓慢的下降趋势，其比重由 1985 年的 96.40% 下降到 2008 年的 89.76%，下降了 6.64 个百分点，降幅为 6.89%。之所以表现出下降，是由于猪肉生产的饲料粮所占比例的下降速度要略高于禽肉和蛋类生产的饲料粮比重上升速度。从图 4 - 6 中可以看出，在 1985~2008 年的 24 年当中，虽然耗粮型畜牧业生产消耗饲料粮所占比重呈下降趋势，但它在畜牧业生产中占据了绝对优势，24 年当中只有 2008 年的比重低于 90%，其余 23 年均在 90% 以上。其中，1985 年所占比重最高为 96.40%，2008 年最低为 89.76%。

图 4 - 7 则反映了牛肉、羊肉和奶类等节粮型畜产品和水产品生产饲料粮消耗所占比重的变化情况，从中我们可以得出以下结论。

（1）在节粮型畜牧业生产当中，牛肉生产消耗饲料粮所占比重最大，并显示出先上升、后下降的变化趋势，其所占比重由 1985 年的 0.79%，呈较快的增长速度，上升到 1999 年的 3.53%，年均增长速度达 11.29%。在 1999~2008 的 10 年当中，牛肉生产消耗饲料粮所占比重不断下降，由 1999 年的 3.53% 下降到 2008 年的 2.71%，并且可以划分为两个阶段：1999~2005 年，其下降较为缓慢，年均下降速度为 0.09%；而 2005~2008 年，其下降相对较快，年均下降速度为 6.75%。

（2）羊肉生产消耗饲料粮所占比重次之，并也表现出了先升后降的变化趋势。其占比重由 1985 年的 0.71% 不断上升至 2004 年的 1.67%，年均增长速度为 4.60%；然后以年均 8.69% 的速度下降到 2008 年的 1.16%。

（3）与前两者相比，牛奶生产消耗饲料粮所占比重则显示出先缓慢下降，然后呈快速上升的变化趋势，其所占比重由 1985 年的 0.29% 逐渐下降到 1998 年的 0.20%，然后快速上升至 2008 年的 1.19%。

（4）节粮型畜牧业生产消耗饲料粮所占比重也呈现出先升后降的变化趋势，其占比先由 1985 年的 1.78% 以年均 5.88% 的增长速度，上升到 2005 年的 5.58%，上升了 3.8 个百分点；然后再由 2005 年的 5.58% 以 3.25% 的速度，下降到 2008 年的 5.06%。节粮型畜牧业生产消耗饲料粮所占比重之所以呈现出先升后降的变化趋势，其主要原因是，在1985～2005 年，羊肉和奶类生产消耗饲料粮的比重一直呈不断上升的趋势，牛肉生产消耗饲料粮所占比重在 1985～1999 年也呈现出快速的增长趋势，虽然从 1999～2005 年开始下降，但其下降的年均速度只有 0.09%。而在 1999～2005 年，羊肉和奶类生产消耗的饲料粮所占比重上升较快，其年均上升速度分别达 3.95% 和 17.96%。三者综合作用，使得节粮型畜牧业生产消耗饲料粮所占比重在 1985～2005 年呈现出快速的增长趋势。2005～2008 年，牛肉和羊肉生产消耗饲料粮所占比重分别以 6.75% 和 11.24% 的速度下降，而奶类生产消耗饲料粮所占比重虽然增长，但其并不足以抵消牛肉和羊肉生产消耗饲料粮所占比重的下降。因此，节粮型畜牧业生产消耗饲料粮所占比重在此期间呈现出显著的下降趋势。

（5）水产品生产消耗饲料粮所占比重变化情况较为复杂，大致可以划分为四个阶段。第一阶段为 1985～1991 年的先升后降变化阶段，该阶段渔业生产饲料粮消耗所占比重由 1985 年的 1.82% 上升到 1987 年的 2.24%，然后又下降到 1991 年的 2.07%；第二阶段为 1991～1996 年的快速增长阶段，该阶段渔业生产饲料粮消耗所占比重由 1991 年的 2.07%，上升到 1996 年的 2.87%，年均增长速度为 6.74%；第三阶段为 1996～2006 年的缓慢增长阶段，其所占比重由 1996 年的 2.87%，缓慢上升至 2006 年的 3.13%，年均增长速度仅为 0.88%；第四阶段为 2006～2008 年的井喷式发展阶段，其所占比重由 2006 年的 3.13% 呈井喷的态势升高到

2008 年的 5.18%，上升了 2.05 个百分点，增长幅度达 65.5%，年均增长速度为 28.64%。

综合以上分析可知，在中部地区的畜牧业和渔业生产当中，猪肉生产在畜牧业当中占绝对的主导地位。中国工程院任继周院士研究认为，我国传统"以粮为纲"和以"粮－猪"为主体的耗粮型畜牧业生产是影响我国粮食安全的重要因素。我国属于一个贫粮的国家，但却生产了世界一半左右的猪肉；而美国是富粮国家，却只生产了世界 9% 左右的猪肉。研究认为，综观世界上畜牧业比较发达的国家，其现代畜牧业的发展都是以节粮型畜牧业为主，如果中国能以牛、羊等节粮型畜牧业代替以猪生产为主体的耗粮型畜牧业，我国将可节约粮食 0.67 亿吨，粮食安全的压力将大为降低。[1][2] 从中部地区畜牧业生产的实际情况来看，以 2008 年为例，在饲料粮消耗总量不变的情况下，如果能将耗粮型畜猪肉生产消耗饲料粮的 1/3 用于发展节粮型的牛羊养殖，则中部地区的肉类总产量至少可以增加 369.20 万吨。也就是说，在保持肉类总产量不变的前提下，如果以牛羊肉生产替代 1/3 的猪肉生产，则可以节约饲料粮 928.62 万吨。《国家粮食安全中长期规划纲要（2008～2020）》（以下简称《纲要》）也指出：我国粮食的供需将长期处于紧平衡状态，保障粮食安全面临严峻挑战，必须加快调整种养结构，逐步扩大优质高效饲料作物种植，大力发展节粮型草食畜禽。《纲要》进一步指出，我国在北方必须加强天然草原的保护和改良，充分利用农区坡地和零星草地，建设高产、稳产人工饲草地，提高草地产出能力；在南方必须加快草地资源的开发，积极发展山地和丘陵多年生人工草地、一年生高产饲草，扩大南方养殖业的饲草来源；在农区和半农区，必须加快节粮型畜牧业发展，积极推行秸秆养畜，转变畜禽饲养方式，促进畜牧业规模化、集约化发展，提高饲料转化效率。从 1985～2008 年中部地区节粮型畜牧业牛、羊和奶类生产的实际情况看，24 年来，中部地区节粮型畜牧业虽然有很大发展，但其在畜牧业生产中还是处于绝对的从属地位。1997 年以来，由于我国粮食连年丰收，粮食价格徘徊

---

① 任继周：《节粮型草地畜牧业大有可为》，《草业科学》2005 年第 7 期，第 44～48 页。
② 任继周、南志标、郝敦元：《草业系统中的界面论》，《草业学报》2000 年第 1 期，第 1～8 页。

不前甚至下跌，因此粮食产量逐年下降，中部地区粮食生产也呈现出不断下降的趋势，在 2003 年达到了最低点，粮食供应开始趋紧，粮食安全问题不断显现。因此，本研究以 2003 年粮食安全较为严峻的情况为例，考察中部地区及其他国家和地区的肉类生产情况，这更能体现出中部地区肉类生产的稳定性。表 4 - 23 详细列出了 2003 年世界各主要发达国家和发展中国家的猪肉、牛肉、羊肉的生产情况。

表 4 - 23　2003 年中国、中部地区及世界部分国家畜牧业生产结构

国家（地区）	肉类总产量（万吨）	牛肉产量（万吨）	羊肉产量（万吨）	猪肉产量（万吨）	牛羊肉占肉类总产量比例（％）	猪肉占肉类总产量比例（％）	牛羊肉与猪肉产量之比
中部地区	2109.01	174.48	84.72	1512.72	12.29	71.73	17.1∶100
中　　国	6932.9	630.4	357.2	4518.6	14.25	65.18	21.9∶100
印　　度	603.8	149.0	70.7	63.0	36.39	10.43	348.7∶100
埃　　及	144.5	25.0	10.8	0.3	24.78	0.21	11933.3∶100
法　　国	652.1	165.0	13.7	235	27.40	36.04	76∶100
美　　国	3910.6	1222.6	9.2	893.1	31.50	22.84	137.9∶100
巴　　西	1705.9	738.5	11.8	214.5	43.98	12.57	349.8∶100
澳大利亚	384.7	207.3	60.8	42.0	69.69	10.92	638.3∶100

从表 4 - 23 中可以看出，节粮型家畜（牛羊肉）和耗粮型家畜（猪肉）之比，2003 年中国为 21.9∶100，在世界主要国家中其耗粮型猪肉产量高居顶峰，猪肉产量占肉类总产量的 65.18%[①]，而其他重要国家都是节粮型畜牧业生产高于或远高于耗粮型畜牧业生产。虽然法国节粮型畜牧业生产略低于耗粮型畜牧业，但其比例也达到了 76∶100。而中部地区节粮型畜牧业产量和耗粮型畜牧业产量两者之比仅为 17.1∶100，牛羊肉总产量仅为 259.2 万吨，仅占肉类总产量的 12.29%。而猪肉产量却高达 1512.72 万吨，占肉类总产量的 71.73%，远远高于法国、美国等发达国家和巴西、澳大利亚和埃及等畜牧业发达的国家，即便与中国总体水平相比，中部地区猪肉产量所占比重也高出了 6.55 个百分

①　任继周、南志标、林慧龙：《以食物系统保证食物（含粮食）安全——实行草地农业，全面发展食物系统生产潜力》，《草业学报》2005 年第 3 期，第 1～10 页。

点，可见中部地区节粮型畜牧业存在极大的发展空间。因此，充分利用山地和丘陵，大力开发草场资源，大力发展节粮型畜牧业，是中部地区畜牧业发展的重要方向。已有研究也表明，中部地区山地和丘陵面积广阔①，十分适合草场资源的开发和建设，因而在中部地区发展节粮型畜牧业大有可为。

与畜牧业生产相比，渔业生产所需的饲料相当少，但水产品所含蛋白质却与畜禽产品相似，同时水产品还含有丰富的脂肪、矿物质和维生素，是人类食物的重要来源之一，但其产量增长速度明显低于人类需求的增长速度。《纲要》也指出：必须积极发展水产养殖业，充分利用内陆淡水资源，积极推广生态、健康水产养殖。发展稻田和庭院水产养殖，合理开发低洼盐碱地水产养殖，扩大淡水养殖面积。中部地区淡水资源十分丰富，安徽、江西、湖北和湖南四省属于长江流域，其中安徽境内拥有淮河水系，江西拥有赣、抚、信、修、饶五大水系，湖南拥有湘、资、沅、澧四大水系，湖北拥有汉江水系，可见四省水域面积十分广阔，历来有水乡之称。河南和山西两省隶属于黄河流域，也有部分涉及海河流域，相对于中部其他四省来讲，河南、山西水资源总体不算丰富，但相对于北方省市来讲，两省的水资源则相对来说还是比较丰富的。中部地区不但水网密布，湖泊数量也十分众多，其中全国著名的淡水湖大多在中部地区。在全国五大淡水湖中，中部拥有第一大淡水湖鄱阳湖，面积 3913 平方公里，蓄水量 300 亿立方米；第二大淡水湖洞庭湖，面积 2740 平方公里，蓄水量 187 亿立方米；第四大淡水湖巢湖，面积 776 平方公里，蓄水量 36 亿立方米。2009 年，中部水资源总量 4540.4 亿立方米，占全国的 18.78%。除山西较贫乏外（占全国的 0.35%），中部其他省的水资源相对富余（中国中部经济发展研究中心，2010）。1985～2008 年，中部地区水产品产量由 1985 年的 109.46 万吨，呈线性增长趋势增加到 2008 年的 1453.43 万吨，增加了 1343.97 万吨，增长了 12.28 倍，年均增长速度为 11.90%，但与中部地区"水乡"的实际情况相比仍有差距，中部地区的渔业仍存在极大的

---

① 南昌大学中国中部经济发展中心：《中国中部经济发展报告（2009）》，经济科学出版社，2010。

发展空间。因此，渔业的发展也必然是中部地区作为粮食保障基地建设的重要内容之一。

　　从以上分析可知，1985～2008年，中部地区畜牧业和渔业有了快速发展，其中猪肉、牛肉、羊肉、禽肉、蛋类、奶类和水产品的产量分别增长了2.86倍、15.10倍、6.64倍、8.60倍、4.09倍、18.24倍和12.28倍，年均增长速度分别为6.05%、12.84%、9.24%、10.33%、7.33%、13.72%和11.90%。24年来，中部地区畜禽产品和水产品生产有了极大的增长。那么，居民的畜禽产品和水产品消费量增长情况如何，生产的增长量是否足以满足消费的增长量，抑或是生产的增长量不足以满足消费的增长量，对此，我们有必要进行进一步的分析。由于统计年鉴等相关资料并没有直接统计畜禽产品和水产品的消费量状况，只是统计了城镇居民和农村居民年人均畜禽产品和水产品的消费量，因此，要分析各种畜禽产品和水产品的消费状况，就必须对城镇居民和农村居民畜禽产品消费状况进行详细分析。

（一）中部地区城镇居民禽畜产品和水产品实际消费状况分析

　　图4-8和图4-9分别反映了1985～2008年，中部地区城镇居民耗粮型畜禽产品、节粮型畜产品和水产品消费量的变化情况。从两幅图中可以看出，24年来，城镇居民畜禽产品和水产品的消费量总体都有比较大的增长，但各种畜禽产品和水产品的增长情况存在显著差异。

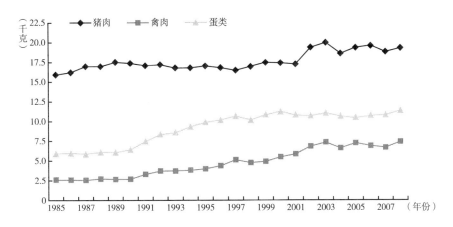

图4-8　1985～2008年中部地区城镇居民耗粮型畜产品消费状况

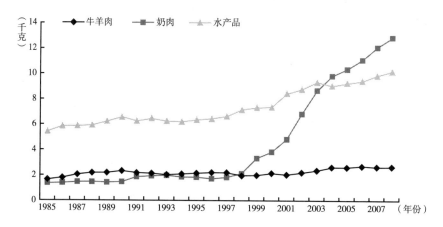

图 4 - 9　1985～2008 年中部地区城镇居民节粮型畜产品和水产品消费状况

1. 中部地区城镇居民耗粮型畜禽产品的实际消费状况分析

（1）猪肉消费变化情况。从图 4 - 8 中可以看出，猪肉消费变化大体可以分为三个阶段。第一阶段为 1985～1989 年，该阶段城镇居民年人均猪肉消费量由 1985 年的 15.91 千克上升到 1989 年的 17.53 千克，城镇居民年人均猪肉消费量增长了 1.62 千克，增幅为 10.18%；第二阶段为 1989～1997 年，该阶段城镇居民年人均猪肉消费量呈现出波动式下降趋势，城镇居民年人均猪肉消费量由 1989 年的 17.53 千克成波动式下降到 1997 年的 16.43 千克，下降了 1.1 千克，降幅为 6.27%；第三阶段为 1997～2008 年，该阶段城镇居民年人均猪肉消费量呈现出波动式增长趋势，且波动较为强烈，城镇居民年人均猪肉消费量由 1997 年的 16.43 千克，呈较强的波动趋势增长到 2008 年的 19.35 千克，增加了 2.92 千克，增幅为 17.77%。从总体上看，24 年来，中部地区城镇居民年人均猪肉消费呈现出了明显的增长趋势，年人均消费量由 1985 年的 15.91 千克增长到 2008 年的 19.35 千克，增加了 3.44 千克，增幅为 21.62%，年均增长速度为 0.85%。

（2）禽肉和蛋类消费变化情况。从图 4 - 8 中可以看出，1985～2008 年，中部地区城镇居民年人均禽肉和蛋类的消费量呈现出快速的增长趋势，其消费量分别由 1985 年的 2.54 千克和 5.9 千克，增加到 2008 年的 7.42 千克和 11.38 千克，分别增加了 4.88 千克和 5.48 千克，增长了

192.13%和92.88%，年均增长速度分别为4.77%和2.89%。进一步分析可以发现，城镇居民年人均禽肉和蛋类消费量的增长可以分为两个阶段。第一阶段为1985～1990年，该阶段城镇居民年人均禽肉和蛋类的消费量呈现出缓慢的增长态势，两者的消费量分别由1985年的2.54千克和5.90千克，上升到1990年的2.66千克和6.39千克，分别增长了0.12千克和0.49千克，增长幅度分别为4.72%和8.31%；第二阶段为1990～2008年，中部地区城镇居民年人均禽肉和蛋类的消费量呈现出较快的增长速度，其消费量分别由1990年的2.66千克和6.39千克，上升到2008年的7.42千克和11.38千克，分别增长了4.76千克和4.99千克，分别增长了178.95%和78.09%，年均增长速度分别为5.86%和3.26%。

2. 中部地区节粮型畜产品和水产品的实际消费状况分析

图4－9反映了1985～2008年，中部地区城镇居民年人均节粮型畜产品和水产品消费量的变化情况。从中可以看出，24年来，中部地区城镇居民年人均节粮型畜产品和水产品消费量都有增长，但增长的情况存在明显的差异。

（1）牛羊肉消费变化情况。从图4－9中可以看出，1985～2008年，中部地区城镇居民年平均牛羊肉消费量呈现出波动增长的变化趋势，其变化大体可以分为三个阶段。第一阶段为1985～1990年，其间城镇居民年人均牛羊肉消费量由1985年的1.65千克，呈较快的上升趋势增加到1990年的2.33千克，增加了0.68千克，上升幅度达41.21%，年均增长速度为7.15%；第二阶段为1990～1999年，其间城镇居民年人均牛羊肉消费量呈现出缓慢的下降趋势，其消费量由1990年的2.33千克下降到1999年的1.99千克，下降了0.34千克，下降幅度为14.59%，年均下降速度为1.74%；第三阶段为1999～2008年，该阶段城镇居民人均牛羊肉消费量呈现出明显的增长趋势，其消费量由1999年的1.99千克上升到2008年的2.64千克，上升了0.65千克，增幅为32.66%，年均增长速度为3.19%。从总体上看，1985～2008年的24年间，中部地区城镇居民年人均牛羊肉消费量在不断增加，其年均增长速度为2.06%。

（2）奶类消费量变化情况。从图4－9中可以看出，1985～2008年，中部地区城镇居民年人均奶类消费量呈现出强劲的增长趋势，其变化状况基本可以分为三个阶段。第一阶段为 1985~1990 年，该阶段城镇居民年人均奶类消费量变化较为平稳，并呈现出略微的增长趋势，其消费量由 1985 年的 1.34 千克上升到 1990 年的 1.44 千克，增长了 0.1 千克，增幅为 7.46%；第二阶段为 1991~1996 年，该阶段城镇居民年人均奶类消费量变化也较为平稳，但呈现出略微的下降趋势，其消费量由 1991 年的 1.86 千克下降到 1996 年的 1.69 千克，下降了 0.17 千克，下降幅度为 9.14%；第三阶段为 1992~2008 年，其间城镇居民年人均奶类消费量逐年迅猛增加，呈现出飞跃式的发展，其消费量由 1992 年的 1.81 千克呈线性增长到 2008 年的 12.87 千克，增长了 11.06 千克，增加了 6.11 倍，年均增长速度达 19.52%。

（3）水产品消费量变化情况。从图 4-9 中可以看出，1985~2008 年，中部地区城镇居民年人均水产品消费量呈现出明显的增长趋势，其变化大体也可以划分为三个阶段。第一阶段为 1985~1990 年消费量的较快增长阶段，其间城镇居民年人均水产品消费量由 1985 年的 5.43 千克上升到 1990 年的 6.56 千克，上升了 1.13 千克，增幅为 20.81%，年均增长速度为 3.85%；第二阶段为 1990~1994 年消费量的缓慢增长阶段，其间城镇居民年人均水产品消费量由 1990 年的 6.56 千克下降到 1994 年的 6.18 千克，下降了 0.38 千克，降幅为 5.79%，年均下降速度为 1.48%；第三阶段为 1994~2008 年消费量的快速增长阶段，其间城镇居民年人均水产品消费量由 1994 年的 6.18 千克快速上升到 2008 年的 10.16 千克，增加了 3.98 千克，增幅为 64.40%，年均增长速度为 3.61%。从总体上看，24 年来，中部地区城镇居民年人均水产品消费量呈现出快速增长趋势，其年均增长速度为 2.76%。

（二）中部地区农村居民畜禽产品和水产品实际消费状况分析

图 4-10 和图 4-11 分别反映了 1985~2008 年，中部地区农村居民耗粮型畜禽产品和水产品、节粮型畜产品消费量的变化情况。从两幅图中可以看出，24 年来，农村居民畜禽产品和水产品的消费量总体都有比较大的增长，但各种禽畜产品和水产品的消费变化情况也存在显著差异。

1. 中部地区农村居民耗粮型畜禽产品和水产品实际消费量分析

（1）猪肉消费变化情况。从图 4-10 中可以看出，1985~2008 年，中部地区农村居民猪肉消费量总体呈现出上升趋势，并大体分为三个阶

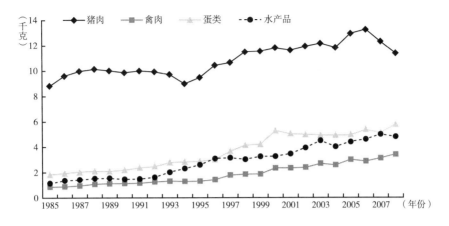

图 4 – 10　1985～2008 年中部地区农村居民耗粮型
畜禽产品和水产品消费状况

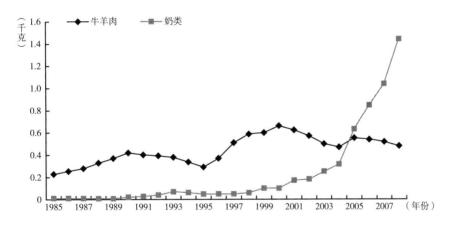

图 4 – 11　1985～2008 年中部地区农村居民节粮型畜产品消费状况

段。第一阶段为 1985～1994 年，其间中部地区农村居民年人均猪肉消费
量呈现出倒 U 型变化趋势，其消费量由 1985 年的 8.83 千克上升到 1988 年
的 10.17 千克，然后又下降到 1994 年的 9.01 千克；第二阶段为 1994～2006
年，其间中部地区农村居民年人均猪肉消费量呈现出显著的线性增长趋势，
其消费量由 1994 年的 9.01 千克上升到 2006 年的 13.28 千克，增加了 4.27
千克，增幅为 47.39%；第三阶段为 2006～2008 年，其间中部地区农村居民
年人均猪肉消费量呈现出显著的下降趋势，其消费量由 2006 年的 13.28 千
克下降到 2008 年的 11.36 千克，下降了 1.92 千克，降幅为 14.46%。从总

体上看，1985~2008 年，中部地区农村居民年人均猪肉消费量呈现出增长趋势，24 年来其消费量增长了 2.53 千克，年均增长速度仅为 1.10%。

（2）禽肉、蛋类和水产品消费量变化情况。从图 4 - 10 中可以看出，1985~2008 年，中部地区农村居民年人均禽肉、蛋类和水产品消费量一直呈现出不断增长的趋势，三者的消费量分别由 1985 年的 0.90 千克、1.86 千克和 1.20 千克，增长到 2008 年的 3.43 千克、5.79 千克和 4.81 千克，分别增加了 2.53 千克、3.93 千克和 3.61 千克，分别增长了 2.81 倍、2.11 倍和 3.01 倍，年均增长速度分别为 5.99%、5.06% 和 6.22%。从以上分析可以看出，24 年来，中部地区农村居民年人均禽肉、蛋类和水产品的消费量增长十分迅速，但与同期城镇居民相比，其年人均禽肉、蛋类和水产品消费量要小得多，表 4 - 24 显示了 1985~2008 年，城乡居民三者消费量的差别。

表 4 - 24　1985~2008 年中部地区城乡居民禽肉、蛋类和水产品消费量及其差距

单位：千克

城乡居民及其消费差距	间接粮食种类	1985 年	1990 年	1995 年	2000 年	2005 年	2008 年
城镇居民	禽　肉	2.54	2.66	4.01	5.48	7.28	7.42
	蛋　类	5.9	6.39	9.86	11.25	10.49	11.38
	水产品	5.43	6.56	6.35	7.36	9.23	10.16
农村居民	禽　肉	0.90	1.15	1.36	2.33	3.00	3.43
	蛋　类	1.86	2.23	2.88	5.28	4.99	5.79
	水产品	1.20	1.50	2.63	3.31	4.46	4.81
城乡居民消费量差距	禽　肉	1.64	1.51	2.65	3.15	4.28	3.99
	蛋　类	4.04	4.16	6.98	5.97	5.5	5.59
	水产品	4.23	5.06	3.72	4.05	4.77	5.35

从表 4 - 24 中可以看出，城乡居民年人均禽肉、蛋类和水产品消费量的差距均呈现出扩大趋势，其消费量差距分别由 1985 年的 1.64 千克、4.04 千克和 4.23 千克，扩大到 2008 年的 3.99 千克、5.59 千克和 5.35 千克。可见，目前中部地区农村居民年人均禽肉、蛋类和水产品的消费量仍有很大的增长空间，24 年来其消费量的快速增长主要是由于 1985 年农村居民年人均禽肉、蛋类和水产品的绝对消费量过小所致。

2. 中部地区农村居民节粮型畜产品实际消耗量分析

图4－11反映了1985～2008年中部地区农村居民牛羊肉和奶类两种节粮型畜产品年人均消费量的变化情况。从中可以看出，24年来，中部地区农村居民年人均节粮型畜产品消费量总体呈现出增长趋势，但增长的情况存在明显的差异。

（1）牛羊肉消费变化情况。从图4－11可以看出，1985～2008年，中部地区农村居民年人均牛羊肉消费量总体呈现出增长趋势，但可以划分为两个明显的倒V型变化阶段。第一阶段为1985～1995年的倒V型，先升后降，其间农村居民年人均牛羊肉消费量由1985年的0.23千克上升到1990年的0.42千克，然后再下降到1995年的0.29千克；第二阶段为1995～2008年的倒V型变化，其间农村居民年人均牛羊肉消费量由1995年的0.29千克上升到2000年的0.66千克，然后又逐渐下降到2008年的0.48千克。从总体上看，24年来，中部地区农村居民年人均牛羊肉消费量增加了0.25千克，增长了1.09倍，年均增长速度为3.25%。

（2）奶类消费量变化情况。从图4－11中可以看出，1985～2008年，中部地区农村居民年人均奶类消费量也呈现出强劲的增长趋势，其变化状况基本可以分为三个阶段。第一阶段为1985～1998年，该阶段农村居民年人均奶类消费量变化较为平稳，并呈现出略微的增长趋势，其消费量由1985年的0.01千克上升到1998年的0.06千克，增加了0.05千克；第二阶段为1998～2004年，该阶段农村居民年人均奶类消费量呈现出较快的增长趋势，其消费量由1998年的0.06千克上升到2004年的0.32千克，增加了0.26千克；第三阶段为2004～2008年，其间城镇居民年人均奶类消费量逐年迅猛增加，呈现出飞跃式的发展，其消费量由2004年的0.32千克呈线性增长到2008年的1.44千克，增加了1.12千克。从总体上看，1985～2008年，中部地区农村居民年人均奶类消费量呈现出明显的指数增长态势，24年来其年平均增长速度达24.12%。

（三）中部地区畜禽产品和水产品消费总量分析

在详细探讨中部地区城乡居民畜禽产品和水产品年人均消费量变化状况的基础上，通过计算，我们可以准确地确定中部地区畜禽产品和水产品的消费总量，其计算公式为：

$$TAMP_{ij} = AAMPCUP_{ij} \times UP_i + AAMPCRP_{ij} \times RP_i \qquad (4-9)$$

式（4-9）中，$TAMP_{ij}$（Total Animal and Marine Products，TAMP）为 i 年 j 种畜禽产品和水产品的消费总量，$AAMPCUP_{ij}$（Average Animal and Marine Products Consumption of Urban Population，AAMPCUP）为城镇居民 i 年 j 种畜禽产品和水产品的平均消费量，UP_i 为 i 年中部地区城镇人口总量，$AAMPCRP_{ij}$（Average Animal and Marine Products Consumption of Rural Population，AAMPCRP）为农村居民 i 年 j 种畜禽产品和水产品的平均消费量，RP_i 为 i 年中部地区农村人口总量。经过计算，我们可以得到 1985~2008 年，中部地区各种畜禽产品和水产品的实际消费总量。如表 4-25 所示。

表 4-25　1985~2008 年中部地区各种畜禽产品和水产品的实际消费总量

单位：万吨

年份	猪肉	禽肉	蛋类	水产品	牛羊肉	奶类
1985	301.02	35.61	77.08	58.44	14.47	7.43
1986	328.05	37.20	81.33	66.92	16.61	7.98
1987	348.39	40.09	86.28	71.24	18.96	8.72
1988	360.10	44.63	90.62	75.36	21.82	9.17
1989	367.42	46.76	92.96	79.10	23.27	9.32
1990	371.17	47.41	100.06	82.21	26.27	10.01
1991	378.16	53.67	112.55	82.37	25.01	13.20
1992	382.67	59.75	124.49	88.85	25.32	14.42
1993	378.91	62.61	136.71	99.74	24.78	15.98
1994	364.43	63.88	145.51	108.51	24.45	15.14
1995	386.67	67.87	154.62	120.08	24.86	15.64
1996	416.79	75.21	166.89	135.95	28.27	15.72
1997	422.72	92.17	189.35	141.21	32.35	16.95
1998	455.05	91.78	200.87	143.94	33.06	20.38
1999	466.66	96.53	214.01	155.64	34.54	33.76
2000	481.25	116.65	251.92	161.20	39.51	43.35
2001	479.60	122.34	244.18	179.21	37.92	56.79
2002	516.28	138.51	246.56	197.70	39.24	82.74
2003	536.00	153.52	253.75	222.49	40.66	109.45
2004	517.40	144.58	251.14	210.13	44.18	131.23
2005	561.75	166.97	256.22	227.07	47.41	151.92
2006	579.03	161.87	272.74	236.24	50.20	173.24
2007	551.82	168.83	273.58	255.63	50.33	198.27
2008	546.03	188.73	301.26	260.95	50.64	226.81

从表 4 – 25 中可以看出，1985 ~ 2008 年，中部地区各种畜禽产品和水产品的消费总量都呈现出显著的增长趋势，24 年来猪肉、禽肉、蛋类、水产品、牛羊肉和奶类的消费总量分别增长了 245.01 万吨、153.12 万吨、224.18 万吨、202.51 万吨、36.17 万吨和 219.38 万吨，分别增长了 0.81 倍、4.30 倍、2.91 倍、3.47 倍、2.50 倍和 29.53 倍，年均增长速度分别为 2.62%、7.52%、6.11%、6.72%、5.60% 和 16.02%。

（四）中部地区各类畜禽产品和水产品保障水平评价

根据各种畜禽产品和水产品的生产量和消费量数据，我们可以构建中部地区畜禽产品和水产品供给保障系数（Assurance Index of Animal and Marine Products，AIAMP），以充分揭示中部地区畜产品和水产品的供给保障状况，其计算公式为：

$$AIAMP_{ij} = (TAMPS_{ij} - TAMPC_{ij})/TAMPS_{ij} \qquad (4-10)$$

式（4 – 10）中，$AIAMP_{ij}$ 为 i 年 j 类畜禽产品和水产品的保障系数，$TAMPS_{ij}$（Total Animal and Marine Products Supply，TAMPS）为 i 年 j 类畜禽产品和水产品的总供应量，$TAMPC_{ij}$（Total Animal and Marine Products Consumption，TAMPC）为 i 年 j 类畜产品和水产品的总消费量。

$AIAMP_{ij}$ 在理论上的取值范围为（$-\infty$，1），它是个静态指标。$AIAMP_{ij} < 0$，说明该国或该地区在 i 年生产的 j 类畜产品和水产品无法满足该国或该地区的消费需求，因此必须采用进口或食物储备的办法才能满足对 j 类畜产品和水产品的需求；此时 $AIAMP_{ij}$ 越小，说明 j 类畜产品和水产品的安全性越低。$AIAMP_{ij} = 0$，说明该国或该地区在 i 年 j 类畜产品和水产品刚好能依靠自身的生产满足本国或本地区的消费。$AIAMP_{ij} > 0$，说明该国或该地区在 i 年生产的 j 类畜产品和水产品除满足本国或本地区所有居民的消费外，尚有剩余；此时 $AIAMP_{ij}$ 越大，说明 j 类畜产品和水产品的安全性越高。

由 $AIAMP_{ij}$ 可以导出以下两个反映 $AIAMP_{ij}$ 的统计性指标。

1. 畜产品和水产品供给保障指标均值（Mean Value of AIAMP$_{ij}$，MVAIAMP$_j$）

其计算公式为：

$$MVAIAMP_j = \frac{1}{n} \sum_{i=1}^{n} AIAMP_{ij} \qquad (4-11)$$

该指标是 $AIAMP_i$ 在 $[1, n]$ 时段内的平均值，反映在这段时间内某一国家或地区的畜产品和水产品的保障水平。同时该指标还可反映某一国家或地区在 $[1, n]$ 时段内，是否可以通过食物储备的办法（即通过丰产年 j 类畜产品和水产品的剩余来弥补低产年 j 类畜产品和水产品的不足）来满足其消费者对 j 类畜产品和水产品的需求能力及大小。理论上讲，若 $MVAIAMP_j < 0$，说明在 $[1, n]$ 时段内，该国或该地区即使运用食物储备的手段也无法满足其对 j 类畜产品和水产品的消费需求，且 $MVAIAMP_j$ 值越小，则运用食物储备的手段满足该国或该地区对 j 类畜产品和水产品消费需求的能力越弱；$MVAIAMP_j = 0$，则表示在 $[1, n]$ 时段内，该国或该地区运用食物储备的办法刚好能满足其对 j 类畜产品和水产品的消费需求；若 $MVAIAMP_j > 0$，则说明在 $[1, n]$ 时段内，该国或该地区运用食物储备不但能满足该地区对 j 类畜产品和水产品的消费需求，而且尚有剩余，且 $MVAIAMP_j$ 值越大，说明 j 类畜产品和水产品的安全保障水平越高。

2. 畜产品和水产品供给保障指标变异系数（Variable Coefficient of $AIAMP_{ij}$，$VCAIAMP_j$）

其计算公式为：

$$VCAIAMP_j = S_{AIAMP_j} / MVAIAMP_j \tag{4-12}$$

式（4-12）中，S_{AIAMP_j} 为 $AIAMP_{ij}$ 的标准差，$VCAIAMP_j$ 可以反映畜产品和水产品安全性指标 $AIAMP_{ij}$ 在 $[1, n]$ 时段内的波动情况；其值越大，说明该国或该地区的畜产品和水产品安全性水平波动幅度也越大，而且越不稳定。

与畜禽产品和水产品产量统计数据有所不同，我国畜禽产品和水产品消费量采用的是抽样调查数据，即由国家统计局下属的城市、农村调查总队通过对城乡居民进行家计调查产生的。由于调查总队是在人事、经费来源上高度独立的垂直组织系统，因而有可能在较少受到地方政府行政干预影响的状态下，客观地进行统计调查工作。因此，相对于畜禽产品和水产品的产量数据，畜禽产品和水产品的消费数据是较为客观真实的数据（钟甫宁，1997；卢锋，1998）。因此，对于城乡居民畜禽产品和水产品消费量数据以及消费总量数据进行计算，无须采用相关的折算。根据以上分析，经计算可以得到 1985～2008 年中部地区各种畜禽产品和水产品的供给保障系数（$AIAMP$）、供给保障指标均值（$MVAIAMP$）和供给保障指标变异系数（$VCAIAMP$）。如表 4 - 26 所示。

表 4 - 26　1985～2008 年中部地区畜禽产品和水产品供给保障水平变化

年份	$AIAMP_{猪肉}$	$AIAMP_{禽肉}$	$AIAMP_{蛋类}$	$AIAMP_{水产品}$	$AIAMP_{牛羊肉}$	$AIAMP_{奶类}$
1985	- 0. 01	- 0. 14	0. 15	0. 17	- 0. 11	0. 38
1986	0. 01	- 0. 10	0. 14	0. 19	0. 00	0. 40
1987	- 0. 01	- 0. 09	0. 16	0. 25	0. 09	0. 42
1988	0. 04	- 0. 10	0. 18	0. 26	0. 15	0. 43
1989	0. 06	- 0. 07	0. 20	0. 27	0. 18	0. 43
1990	0. 10	- 0. 04	0. 21	0. 28	0. 20	0. 42
1991	0. 12	0. 00	0. 22	0. 29	0. 31	0. 37
1992	0. 16	0. 05	0. 22	0. 31	0. 35	0. 34
1993	0. 24	0. 12	0. 25	0. 34	0. 42	0. 30
1994	0. 32	0. 20	0. 29	0. 38	0. 48	0. 36
1995	0. 35	0. 27	0. 31	0. 41	0. 54	0. 38
1996	0. 33	0. 29	0. 33	0. 43	0. 52	0. 38
1997	0. 36	0. 30	0. 35	0. 46	0. 52	0. 38
1998	0. 35	0. 33	0. 36	0. 47	0. 54	0. 35
1999	0. 35	0. 32	0. 34	0. 46	0. 54	0. 17
2000	0. 35	0. 27	0. 35	0. 47	0. 52	0. 10
2001	0. 36	0. 29	0. 33	0. 45	0. 54	0. 09
2002	0. 35	0. 26	0. 34	0. 44	0. 54	- 0. 02
2003	0. 35	0. 24	0. 36	0. 42	0. 54	- 0. 06
2004	0. 38	0. 30	0. 37	0. 45	0. 54	- 0. 02
2005	0. 37	0. 27	0. 38	0. 45	0. 53	0. 02
2006	0. 35	0. 17	0. 34	0. 42	0. 49	0. 07
2007	0. 33	0. 24	0. 33	0. 42	0. 46	0. 15
2008	0. 37	0. 24	0. 28	0. 46	0. 47	0. 19
$MVAIAMP$	0. 25	0. 15	0. 28	0. 38	0. 39	0. 25
$VCAIAMP$	0. 58	1. 09	0. 27	0. 26	0. 50	0. 67

从表 4 - 26 中可以看出，1985～2008 年，中部地区畜禽产品和水产品的保障状况存在以下特点。

（1）中部地区畜禽产品和水产品生产总体上具有较强的保障能力。在 1985～2008 年，各种畜禽产品和水产品的 $MVAIAMP$ 值均为正值，而且

VCAIAMP 值也不大，表明在此期间，中部地区畜禽产品和水产品的供应较为稳定，其生产不但能满足本地区居民的消费需求，而且有一定的剩余可供出口或者储备。

（2）猪肉和蛋类生产的供给保障能力不断增强。从猪肉供给保障状况来看，20 世纪 90 年代以前，中部地区猪肉生产基本只能维持本区域居民消费的需求，不具备出口或储备猪肉产品的生产能力。进入 20 世纪 90 年代以后，中部地区猪肉的供给保障系数由 1990 年的 0.10 不断提高到 2008 年的 0.37，表明进入 20 世纪 90 年代以来，中部地区猪肉生产不但可以满足本地区居民因生活消费水平提高对猪肉产品的需求，而且具备出口或储备猪肉的生产能力，并且这种能力正不断增强。从蛋类供给保障状况来看，1985~2008 年蛋类的供给保障状况大体分为两个阶段：第一阶段为 1985~2005 年，其间蛋类的供给保障系数由 0.15 逐步上升到 2005 年的 0.38，蛋类的供给保障能力不断增强；第二阶段为 2005~2008 年，其间蛋类供给保障系数由 0.38 下降到 0.28，表明该阶段蛋类的消费增长率要显著高于生产增长率，从而导致蛋类的供给保障系数下降。从总体上看，1985~2008 年，中部地区猪肉和蛋类供给保障系数的均值分别为 0.25 和 0.28，变异系数分别为 0.58 和 0.27，表明在此期间中部地区猪肉和蛋类供给的保障性水平较高，而且生产相对稳定。

（3）禽肉和奶类生产的供给保障能力波动较为显著。从禽肉生产来看，1985~1990 年，中部地区禽肉的 *AIAMP* 均为负值，表明在此期间，中部地区禽肉生产不能满足本地区城乡居民禽肉消费的需求，需要从外界进口；1991 年禽肉的 *AIAMP* 为 0，表明该年禽肉的生产恰好满足本地区居民消费的需求；之后禽肉的 *AIAMP* 一直不断上升，到 1998 年达到 0.33 的最高值，表明在此期间中部地区禽肉的生产增长较快，其生产不但满足了本区域的消费需求，而且剩余量越来越大，可供储备或出口；1998 年以后，禽肉的 *AIAMP* 开始下降，由 1998 年的 0.33 下降到 2008 年的 0.24，表明在此期间中部地区禽肉的消费量增长较快，使得禽肉的剩余量不断下降。从奶类生产来看，1985~2008 年，其供给保障状况大体可以分为两个阶段。第一阶段为 1985~2003 年，其间中部地区奶类的 *AIAMP* 值由 1985 年的 0.38 呈波动状态下降至 2003 年的 -0.06，表明其间中部地区奶类的供给保障水平不断降低，逐步由原来自给有余，转向到 2002 和 2003 年必须依靠进口才能满足奶类消费需求的供给状况。从奶类生产情况来看，中部地区奶类生产总量由 1985 年的 23.11 万吨上升到 2003 年的 144.46 万吨，而其间的 *AIAMP* 值却逐渐降低，可见在此期间中部地区奶类的消费量增长速度显著超过了奶类生产的增长速度。第二阶段为 2003～2008 年，该阶段奶类的 *AIAMP* 值由 2003 年的 -0.06 逐步上升到 2008 年的 0.19，表明该阶段随着奶类需求量的迅猛增长，奶类生产也开始蓬勃发展，奶类的生产量增长率逐渐超过了奶类消费量的增长率，使得奶类的 *AIAMP* 由负值转变为正值。从总体上看，1985～2008 年，中部地区禽肉和奶类的 *MVAIAMP* 值分别为 0.15 和 0.25，表明 24 年来中部地区的禽肉和奶类生产不但能有效供给本区域的居民消费增长需求，而且尚有剩余可供出口；但在此期间，两者的 *VCAIAMP* 值分别为 1.09 和 0.67，相对于猪肉、牛羊肉、蛋类和水产品来讲，两者的变异系数较大，表明禽肉和奶类生产供给的波动性较大。

（4）牛羊肉和水产品供给保障能力提升速度快且日趋稳定。1985～2008 年，牛羊肉和水产品的 *AIAMP* 值分别由 1985 年的 -0.11 和 0.17，分别提高到 2008 年的 0.47 和 0.46，表明在此期间，中部地区牛羊肉生产和水产品生产发展较快。尤其是进入 20 世纪 90 年代以来，牛羊肉和水产品的供给保障始终处于较高水平。1993 年以后，牛羊肉的 *AIAMP* 值在绝大多数年里都稳定在 0.4 以上，而水产品的 *AIAMP* 值更是稳定在 0.5 左右的水平，表明中部地区牛羊肉生产供给不但能满足本区域消费增长需求，而且有近 40%～50% 的产量剩余可供出口。从牛羊肉和水产品 *AIAMP* 的均值来看，1985～2008 年，两类产品的 *MVAIAMP* 值分别为 0.39 和 0.38，表明 24 年来，中部地区为我国牛羊肉产品和水产品市场的供给稳定做出了较大贡献。此外，在此期间，两类产品的 *VCAIAMP* 值分别为 0.50 和 0.26，相对来讲，两类产品的生产供给状况较为稳定。

三　中部地区工业用粮消费状况分析

工业用粮指用粮食作为主要原料或辅料的生产行业（例如食品、医药、化工、酒精、制酒、淀粉等行业）所用粮食的统称，不包括饲料行业用粮。工业用粮作为中国第三大粮食用途，其数量在中国粮食消费总量中排在第三位。20 世纪 90 年代中期以来，我国工业用粮呈现高速增长的态势，占粮食消费总量的比重也显著增加，由 1995 年的 3800 万吨增至 2008 年的 7350 万吨，增长近 1 倍，年均增速为 5.2%，其中，2005～2008 年，年均增速达到 11.3%。[①] 根据现有研究可知，各种酒类、酒精、味精等以粮食为主要原料的工业，是工业用粮的主体部分，因此在实际估算中，一般依据各种白酒、啤酒、酒精、味精的折粮系数，然后再乘以其产量，得到工业用粮的消费总量。参照肖国安（2002）的相关研究，我们按照白酒 1∶2.3、啤酒 1∶0.172、酒精 1∶3、味精 1∶24 的折粮系数[②]，对中部六省及整个中部地区的工业用粮（Total Industrial Grain Consumption，TIGC）进行估算，其计算公式为：

$$TIGC_j = \sum_{i=1}^{6} \sum_{j=1}^{4} P_{ij} \times R_j \qquad (4-13)$$

式（4-13）中，$TIGC_j$ 为某一年份中部地区工业用粮消费总量，j 指白酒、啤酒、酒精、味精 4 种耗粮工业产品，R_j 为 4 种工业产品的折粮系数，i 分别指中部六省，P_{ij} 指中部六省 4 种耗粮型工业产品的产量，$\sum_{j=1}^{4} P_{ij} \times R_j$ 为某一年中部六省工业用粮消耗总量。有关白酒、啤酒、酒精、味精历年产量的有关数据主要来自于《中国食品工业年鉴（1992～2009）》、《中国糖酒年鉴（2000～2009）》、《中国农产品加工年鉴（1995～2009）》和《中国酿酒工业年鉴（2000～2009）》。由于资料的限制，本研究只对中部地区 1991～2008 年 18 年的工业粮食消费量进行估算。经过计算，我们得到中部六省及整个中部地区工业用粮消费总量情况。如表 4-27 所示。

从表 4-27 中可以看出，1991～2008 年，中部六省和整个中部地区工业用粮消费总量都经历了先上升，然后再进入波动期，最后又呈现出显著上升的趋势。1991～1997 年，山西、安徽、江西、河南、湖北和湖南

---

① 胡小平、郭晓慧：《2020 年中国粮食需求结构分析及预测——基于营养标准的视角》，《中国农村经济》2010 年第 6 期，第 4～15 页。

② 肖国安：《未来十年中国粮食需求预测》，《中国农村经济》2002 年第 7 期，第 9～14 页。

表 4 - 27 中部六省及整个中部地区工业用粮消耗量

单位：万吨

年份	山西	安徽	江西	河南	湖北	湖南	中部地区合计
1991	24.53	113.31	37.59	182.69	83.61	26.30	468.03
1992	26.43	121.21	33.39	315.61	80.51	23.38	600.52
1993	27.58	131.85	36.49	350.90	84.67	25.90	657.39
1994	30.13	142.52	39.79	370.02	92.02	28.43	702.92
1995	30.24	149.67	40.60	427.25	94.27	30.56	772.60
1996	36.12	172.40	46.41	467.44	107.02	34.98	864.38
1997	36.92	180.94	48.01	515.42	111.55	37.36	930.21
1998	36.57	180.75	47.07	513.09	108.66	36.99	923.14
1999	24.74	207.72	44.13	484.86	94.74	27.89	884.08
2000	20.53	191.47	41.32	518.64	91.64	26.87	890.48
2001	22.36	157.76	36.31	566.56	92.16	31.02	906.18
2002	21.91	158.50	35.18	634.72	94.67	33.61	978.59
2003	23.41	127.73	27.54	468.99	106.09	17.17	770.94
2004	27.95	132.04	27.24	557.26	88.08	32.68	865.24
2005	32.53	258.32	31.48	758.71	109.27	41.00	1231.30
2006	42.10	353.40	38.30	1101.43	122.13	43.15	1700.51
2007	43.81	270.81	56.38	1482.70	129.48	41.64	2024.82
2008	40.93	469.18	60.00	1365.61	186.28	70.91	2192.93

六省的工业用粮消耗总量分别由 1991 年的 24.53 万吨、113.31 万吨、37.59 万吨、182.69 万吨、83.61 万吨和 26.30 万吨，上升到 1997 年的 36.92 万吨、180.94 万吨、48.01 万吨、515.42 万吨、111.55 万吨和 37.36 万吨，从而使得在此期间整个中部地区的工业用粮消费量也由 468.03 万吨上升到 930.21 万吨；1997～2004 年，中部六省和整个中部地区的工业用粮消费量都呈现出了明显的波动趋势，并基本都在 2003 年或 2004 年降到了低谷，其主要原因是 2003 年我国粮食产量下降到最低谷，整个中部地区自然也不例外。由于粮食供给趋紧，从 2004 年开始，粮食价格显著上涨，因而影响了工业生产的粮食使用量。自 2004 年以后，中部六省和整个中部地区工业用粮消费总量均呈现出较快的增长速度，山西、安徽、江西、河南、湖北和湖南六省的工业用粮消耗总量分别由 2004 年的 27.95 万吨、132.04 万吨、27.24 万吨、557.26 万吨、88.08 万

吨和 32.68 万吨，上升到 2008 年的 40.93 万吨、469.18 万吨、60.00 万吨、1365.61 万吨、186.28 万吨和 70.91 万吨，分别增长了 46.44%、255.33%、120.26%、145.06%、111.50% 和 116.98%，年均增长速度分别为 10.01%、37.30%、21.83%、25.12%、20.59%、21.37% 和 26.17%，因此导致 2004～2008 年整个中部地区工业用粮消耗量由 865.24 万吨上升到 2192.93 万吨，增长了 153.45%，年均增长速度为 26.17%。

从中部六省工业用粮消耗总量分别来看，河南省是中部工业用粮大省，其工业用粮占整个中部地区工业用粮总量的比重由 1991 年的 37.43% 上升到 2008 年的 62.27%，上升了 24.84 个百分点；而山西、安徽、江西、湖北和湖南五省的工业用粮所占比重均呈下降趋势，其所占比重分别由 1991 年的 5.03%、23.22%、7.70%、17.13% 和 5.39%，下降到 2008 年的 1.87%、21.40%、2.74%、8.49% 和 3.23%，分别下降了 3.16 个、1.82 个、4.96 个、8.64 个和 2.16 个百分点。从 1991～2008 年 18 年的平均值来看，河南省工业用粮占整个中部地区的比重最大，为 60.28%，其次分别为安徽、湖北、江西、湖南和山西，其所占比重分别为 19.14%、10.21%、3.96%、3.32% 和 2.99%。

四　中部地区种子用粮分析

相对于口粮、饲料粮和工业用粮来讲，种子用粮相对较为稳定，其所占数量和比重也相对较小。在农业科学技术条件一定的情况下，种子用粮数量与播种面积的相关性最大，在粮食播种面积平稳上升的时期，种子用粮将不断增加；反之，在粮食播种面积下降的时期，种子用粮也呈下降的趋势。然而，从长期变动的情况来看，农业科技将会有所进步，因此种子用粮数量将会呈现出一定的下降趋势。但相关研究表明，除非生产技术有重大突破导致单位播种面积种子用粮数量显著减少，否则种子用粮数量与播种面积的正相关关系不会变化（胡小平，2010）。基于以上分析，本研究通过分析粮食作物播种面积及单位粮食作物播种面积种子用粮数量，来估算中部地区种子用粮总消费量。单位粮食作物播种面积种子用粮数量采用肖国安（2002）的折算系数进行计算，其中为稻谷 75 千克/公顷、玉米 75 千克/公顷、小麦 150 千克/公顷、大豆 75 千克/公顷、其他类粮食作物为 225 千克/公顷。中部地区种子用粮（Grain Amount Used for Seeds，GAUS）的计算公式如下：

$$GAUS_{ij} = \sum_{i=1}^{6} \sum_{j=1}^{5} P_{ij} \times Q_j \qquad (4-14)$$

式（4-14）中，i 代表山西、安徽、江西、河南、湖北和湖南六省，j 代表稻谷、玉米、小麦、大豆和其他类粮食等 5 种粮食作物，P_{ij} 为 i 省 j 种粮食作物的播种面积，Q_j 为 j 种粮食作物单位播种面积所需的种子用粮数量，$\sum_{j=1}^{5} P_{ij} \times Q_j$ 为 i 省某一年份的种子用粮数量。经计算，我们得到中部六省和整个中部地区的种子用粮数量。如表 4-28 所示。

表 4-28 1985~2008 年中部六省及整个中部地区种子用粮数量

单位：万吨

年份	山西	安徽	江西	河南	湖北	湖南	中部地区合计
1985	51.07	72.92	30.32	124.21	58.75	47.04	384.31
1986	51.31	74.48	30.06	127.04	58.21	46.84	387.94
1987	52.43	75.91	30.27	125.75	58.77	46.42	389.55
1988	52.54	77.69	29.93	124.99	58.32	46.93	390.4
1989	53.61	76.37	30.88	125.87	59.15	48.67	394.55
1990	52.95	76.23	31.08	124.9	59.05	49.11	393.32
1991	51.01	73.62	30.36	121.24	59.24	49.72	385.19
1992	50.96	70.93	29.64	118.19	56.03	48.78	374.53
1993	48.96	70.64	28.18	118.59	52.9	46.05	365.32
1994	47.30	69.25	28.85	115.33	52.35	46.07	359.15
1995	46.19	68.34	29.17	115.83	51.67	46.24	357.44
1996	47.12	69.8	29.94	116.6	51.35	46.49	361.30
1997	44.92	69.66	30.19	115.42	53.99	46.68	360.86
1998	46.56	69.39	28.91	116.89	52.21	45.85	359.81
1999	46.66	68.72	29.61	115.94	50.83	46.2	357.96
2000	45.76	60.58	27.91	116.08	45.5	45.25	341.08
2001	40.16	56.27	27.37	113.36	43.57	43.4	324.13
2002	41.99	57.48	26.42	114.28	40.47	42.36	323.00
2003	39.25	56.41	25.19	112.21	38.8	41.37	313.23
2004	38.80	60.62	28.88	112.09	41.61	49.68	331.68
2005	39.86	61.5	29.56	114.19	44.81	51.61	341.53
2006	34.47	70.39	28.67	118.72	39.65	53.87	345.77
2007	38.49	69.28	28.6	115.36	42.09	54.98	348.80
2008	38.86	70.14	28.96	116.91	40.55	46.33	341.75

从表 4 - 28 中可以看出，1985～2008 年的 24 年当中，中部六省的种子用粮情况大体上可以分为两种类型，一种是山西和湖北两省表现出较为显著的下降趋势；另一种是安徽、江西、河南和湖南四省表现出显著的波动趋势，但种子用粮消费总量基本上较为稳定，并呈现出略微下降的趋势。

表 4 - 28 显示，1985～2008 年，山西和湖北两省的种子用粮数量分别由 1985 年的 51.07 万吨和 58.75 万吨，下降到 2008 年的 38.86 万吨和 40.55 万吨，分别下降了 12.21 万吨和 18.2 万吨，下降幅度分别达到 23.91% 和 30.98%。虽然山西和湖北两省种子用粮均呈现出显著下降，但下降的主要原因却有所不同。对于山西省而言，1985～2008 年，山西省粮食作物播种面积总体较为稳定，但小麦和其他类粮食作物的播种面积显著下降，分别由 1985 年的 101.31 万公顷和 137.05 万公顷，下降到 2008 年的 69.74 万公顷和 68.65 万公顷，分别下降了 31.57 万公顷和 68.40 万公顷。虽然在此期间玉米和豆类的播种面积显著增加，分别由 1985 年的 49.71 万公顷和 16.59 万公顷，增加到 2008 年的 137.86 万公顷和 34.77 万公顷，分别增加了 88.15 万公顷和 18.18 万公顷，但由于单位面积小麦和其他类粮食的种子用粮数量分别为 150 千克/公顷和 225 千克/公顷，要显著高于单位面积玉米和豆类 75 千克/公顷的数量，因此粮食作物种植结构的这一改变，导致了山西省种子用粮数量呈现出显著的下降趋势。对于湖北省而言，1985～2008 年，湖北省种子用粮下降的主要原因是由于稻谷、小麦和其他类粮食播种面积以及粮食作物播种总面积不断呈显著下降趋势所造成的，其稻谷、小麦和其他类粮食播种面积分别由 1985 年的 253.86 万公顷、133.14 万公顷和 69.65 万公顷，下降到 2008 年的 197.89 万公顷、100.86 万公顷和 25 万公顷，分别下降了 55.97 万公顷、32.28 万公顷和 44.65 万公顷，降幅分别为 22.05%、24.25% 和 64.11%。稻谷、小麦两类主要粮食作物播种面积和其他粮食作物播种面积的显著下降，导致在此期间湖北省粮食作物播种总面积下降了 120.16 万公顷，降幅达 23.52%。进一步分析可知，湖北省粮食作物播种面积之所以显著下降，其主要原因是在 1985～2008 年，湖北省城市化趋势十分显著，进而导致耕地面积显著下降。

相对于山西和湖北两省来讲，1985～2008年，安徽、江西、河南和湖南四省的种子用粮数量呈现出波动状态，总体上来讲，四省的种子用粮相对较为稳定，其主要原因在于以下两个方面：第一是24年来，四省的粮食作物播种面积基本上在较为稳定的水平上波动；第二是四省的粮食作物种植结构基本也保持稳定，因而有利于维持种子用粮的稳定。1985～2008年，安徽省的粮食作物播种面积始终围绕着600万公顷波动，波动幅度在50万公顷左右；江西省粮食作物播种面积始终在350万公顷左右波动，波动幅度在20万公顷左右；河南和湖南两省的粮食作物播种面积则始终在910万公顷和500万公顷左右，波动幅度分别为30万公顷和20万公顷。另外，24年来，安徽、江西、河南和湖南四省的粮食作物种植结构虽有一定变化，但变化不大，安徽以水稻和小麦为主，江西和湖南两省水稻占绝对优势，河南则以小麦和玉米为主。由于山西和湖北两省种子用粮显著减少，而安徽、江西、河南和湖南四省的种子用粮呈现出稳定的波动趋势，因此整个中部地区的种子用粮数量也呈现出下降趋势。从表4-28中可知，整个中部地区种子用粮数量由1985年的384.31万吨下降到2008年的341.75万吨，下降了42.56万吨，降幅为11.07%。

五 中部地区粮食损耗状况分析

粮食损耗（Total Lossed Grain，TLG）是指由于粮食在存储和运营过程中，在存储和运营设备以及管理手段等各种因素综合作用下所产生的粮食损失。在粮食损耗的估算研究中，程国强（1998）是按照美国、印度粮食运营和库存期4%的损耗率，对中国的粮食产量损失率进行估算的。对此，肖国安（2002）认为，对于中国来讲，参照美国、印度等国家的粮食损耗率进行估算，其损耗率太高，不符合中国实际情况，其认为中国的粮食损耗率在2%左右；而郭书田（2001）则认为中国粮食损耗率约为0.7%。参照国内外相关研究，笔者认为4%的粮食损耗率较高，而0.7%的损耗率又明显偏低，因此笔者较为认同肖国安所提出的2%的粮食损耗率。依据此粮食损耗率，本研究对1985～2008年中部六省及整个中部地区的粮食损耗进行了估算，其结果如表4-29所示。

表4-29 1985~2008年中部六省和整个中部地区粮食损耗量

单位：万吨

年份	山西	安徽	江西	河南	湖北	湖南	中部地区合计
1985	16.45	43.36	31.07	54.21	44.32	50.29	239.70
1986	14.65	47.42	29.08	50.91	46.09	52.63	240.78
1987	14.25	48.57	31.26	58.97	46.41	51.87	251.33
1988	16.37	46.21	30.71	53.26	45.05	50.72	242.32
1989	17.58	48.49	31.79	62.99	47.41	52.96	261.23
1990	19.38	50.40	33.16	66.07	49.50	53.85	272.37
1991	14.85	34.98	32.51	60.21	44.88	54.69	242.12
1992	17.17	46.84	31.99	62.19	48.53	53.60	260.32
1993	19.80	51.92	30.34	72.78	46.51	52.63	273.99
1994	17.81	47.22	32.07	65.08	48.44	53.34	263.96
1995	18.34	53.05	32.15	69.33	49.28	55.04	277.19
1996	21.54	54.01	35.33	76.80	49.69	56.41	293.77
1997	18.04	56.05	35.35	77.89	52.69	59.07	299.09
1998	21.63	51.81	31.11	80.19	49.52	56.36	290.62
1999	16.43	55.42	34.65	85.07	49.04	57.85	298.46
2000	17.07	49.44	32.29	82.03	44.37	57.50	282.70
2001	13.84	50.01	32.00	82.40	42.77	54.01	275.02
2002	18.51	55.30	30.99	84.20	40.94	50.03	279.97
2003	19.18	44.30	29.01	71.39	38.42	48.85	251.14
2004	21.24	54.86	36.07	85.20	42.00	56.20	295.57
2005	19.56	52.11	37.08	91.64	43.55	57.13	301.06
2006	20.49	57.21	37.93	102.25	41.98	58.02	317.89
2007	20.14	58.03	38.08	104.90	43.71	58.20	323.06
2008	20.56	60.47	39.16	107.31	44.54	59.39	331.43

由于粮食损耗量主要和粮食产量呈正相关关系，因此粮食损耗量必然随着粮食产量的变化而变化。从表4-29中可以看出，1985~2008年，中部六省及整个中部地区粮食损耗量随着粮食产量的不断波动增长，也呈现出显著的波动增长趋势。从总体上看，整个中部地区粮食损耗量从1985年的239.70万吨增长到2008年的331.43万吨。

六 中部地区粮食总消费分析

由于粮食库存需求最终会转化为各种粮食消费，因此本研究不考虑粮食库存增减因素的影响。为此，我们可以得出粮食总需求即为口粮、饲料粮、工业用粮、种子用粮以及粮食损耗五大类粮食消费量的总和，其计算公式为：

$$TGD = TCGR + TCFG + TIGC + GAUS + TLG \qquad (4-15)$$

式（4-15）中，TGD 为粮食总需求（Total Grain Demand），$TCGR$ 为口粮消费总量（Total Consumption of Grain Ration），$TCFG$ 为饲料粮消费总量（Total Consumption of Feed Grain），$TIGC$ 为工业用粮消费总量（Total Industrial Grain Consumption），$GAUS$ 为种子用粮消费量（Grain Amount Used for Seeds），TLG 为粮食损耗总量（Total Lossed Grain）。

通过对中部地区五大类粮食消费量的分析，我们可以得到中部地区粮食消费总量的变化情况。鉴于数据的局限性，工业用粮只分析了1991~2008年的消费状况，未对1985~1990年的消费状况进行分析，因此，对于中部地区粮食总消费状况的分析，我们也根据工业用粮的情况，只分析1991~2008年中部地区粮食消费总量的变化状况，其结果如表4-30所示。

表4-30　1991~2008年中部地区各类粮食消费情况及粮食消费总量

单位：万吨

年份	口粮	饲料粮	工业用粮	种子用粮	粮食损耗	粮食消费总量
1991	7429.23	2005.61	488.03	385.19	242.12	10550.18
1992	7359.88	2186.44	600.52	374.53	260.32	10781.69
1993	7537.86	2548.63	657.39	365.32	273.99	11383.19
1994	7345.42	3017.04	702.92	359.15	263.96	11688.49
1995	7233.86	3504.74	772.60	357.44	277.19	12145.83
1996	7200.26	3658.43	864.38	361.30	293.77	12378.14
1997	7092.92	4148.68	930.21	360.86	299.09	12831.76
1998	7059.43	4443.29	923.14	359.81	290.62	13076.29
1999	6973.17	4507.08	884.08	357.96	298.46	13020.75
2000	6956.35	4671.48	890.48	341.08	282.70	13142.09
2001	6699.29	4861.28	906.18	324.13	275.02	13065.9
2002	6454.47	5081.54	978.59	323.00	279.97	13117.57
2003	6203.54	5327.62	770.94	313.23	251.14	12866.47
2004	6118.83	5616.66	865.24	331.68	295.57	13227.98
2005	5758.85	5952.25	1231.30	341.53	301.06	13584.99
2006	5674.51	5591.74	1700.51	345.77	317.89	13630.42
2007	5450.04	5331.79	2024.82	348.80	323.06	13478.51
2008	5291.46	5810.38	2192.93	341.75	331.43	13967.95

从表 4 - 30 中可以看出，在中部地区各类粮食消费中，口粮消费是粮食消费的主体部分，其次为饲料用粮和工业用粮，而种子用粮和粮食损耗在粮食消费总量中所占比重较小。从中还可以明显看出，1985～2008 年，口粮消费量呈现出显著的下降趋势，而饲料粮和工业用粮则呈显著的上升趋势。2005 年，饲料用粮首次超过口粮的消费水平，同时工业用粮也迈上千万吨的行列。为进一步反映各种粮食消费情况的变化，我们通过计算各类粮食消费在粮食消费总量中所占比重，来进一步进行分析，结果如表 4 - 31 所示。

表 4 - 31　1991～2008 年中部地区各类粮食消费量占粮食消费总量的比重

单位：%

年份	口粮	饲料粮	工业用粮	种子用粮	粮食损耗	合计
1991	70.42	19.01	4.63	3.65	2.29	100.00
1992	68.26	20.28	5.57	3.47	2.41	100.00
1993	66.22	22.39	5.78	3.21	2.41	100.00
1994	62.84	25.81	6.01	3.07	2.26	100.00
1995	59.56	28.86	6.36	2.94	2.28	100.00
1996	58.17	29.56	6.98	2.92	2.37	100.00
1997	55.28	32.33	7.25	2.81	2.33	100.00
1998	53.99	33.98	7.06	2.75	2.22	100.00
1999	53.55	34.61	6.79	2.75	2.29	100.00
2000	52.93	35.55	6.78	2.60	2.15	100.00
2001	51.27	37.21	6.94	2.48	2.10	100.00
2002	49.20	38.74	7.46	2.46	2.13	100.00
2003	48.21	41.41	5.99	2.43	1.95	100.00
2004	46.26	42.46	6.54	2.51	2.23	100.00
2005	42.39	43.81	9.06	2.51	2.22	100.00
2006	41.63	41.02	12.48	2.54	2.33	100.00
2007	40.44	39.56	15.02	2.59	2.40	100.00
2008	37.88	41.60	15.70	2.45	2.37	100.00

从表 4 - 31 中可以看出，口粮消费量占粮食消费总量的比重由 1991 年的 70.42% 稳步下降到 2008 年的 37.88%，下降了 32.54 个百分点，下降幅度达 46.21%。与口粮变化情况相似的是种子用粮的变化情况，其间其占粮食消费总量的比重由 3.65% 下降到 2.45%，下降了 1.2 个百分点，

下降幅度达 32.88%。与口粮和种子用粮所占比重下降相反，饲料粮和工业用粮占粮食消费总量的比重则呈现出显著的上升趋势，其间饲料粮和工业用粮所占比重分别由 1991 年的 19.01% 和 4.63% 上升到 2008 年的 41.60% 和 15.70%，分别上升了 22.59 个和 11.07 个百分点，上升幅度分别达 118.36% 和 239.09%。从以上分析中可以看出，随着人口增长和城市化的推进，未来一段时间中部地区口粮的消费量将呈现出较为稳定的趋势；另外，随着城市化的推进和人们收入水平的提高，人们的消费结构将进一步改变，可以预见未来一段时间饲料用粮和工业用粮的数量必将进一步增长，因此，饲料用粮和工业用粮的不断增长将是影响中部地区粮食安全保障能力的最为重要的因素。

第三节 中部地区粮食安全保障能力分析

2006 年，《中共中央、国务院发布关于促进中部地区崛起的若干意见》（中发［2006］10 号文件）首次指出，要把中部地区建设成为我国重要的粮食生产基地。2009 年，《促进中部崛起规划》进一步指出：必须"结合实施《全国新增 1000 亿斤粮食生产能力规划（2009～2020 年）》，着力把中部地区打造成为高产稳产的粮食生产基地。到 2020 年，力争使中部地区粮食产量达到全国粮食总产量的 1/3，切实保障国家粮食安全"。两个文件对中部地区粮食保障基地的定位以及对中部地区粮食生产能力的要求，使得中部地区不光承担着中部六省本省的粮食安全问题，而且必须承担整个中国的粮食安全问题。为此，本研究结合中部地区粮食生产和粮食消费总量的情况，通过构建相应的粮食安全保障指数，对中部地区粮食安全保障能力进行定量评价。为此，本研究基于以下两个假设：一是不考虑粮食库存量增减对粮食供给和粮食需求的影响；二是假设中部地区是一个封闭性区域，即不存在粮食的进出口状况。

在以上两个假设的前提下，中部地区粮食消费需求均来自粮食生产，当粮食总供给（粮食总产量）大于粮食总需求时，说明中部地区不但能够保证本地区的粮食需求，还能为中部地区以外地区的粮食安全提供保障，也就是说中部地区能够为保障中国粮食安全做出贡献。反之，则认为中部地区粮食生产不但不能为保障中国粮食安全做出贡献，还有部分粮食需求得不到满足。基于以上思想，本研究通过构建粮食保障系数（Grain Insurance Index，GII），来反映中部地区对中国粮食安全的保障水平，其计算公式为：

$$GII = (TGS - TGD)/TGS$$
$$= [TGS - (TCGR + TCFG + TIGC + GAUS + TLG)]/TGS \qquad (4-16)$$

式 4-16 中，TGS 为粮食总供给（Total Grain Supply），TGD、$TCGR$、$TCFG$、$TIGC$、$GAUS$、TLG 分别为粮食需求总量、口粮消费总量、饲料粮消费总量、工业用粮消费总量、种子用粮消费总量和粮食损耗总量。

从理论上讲，GII 的取值范围为（$-\infty$，$+\infty$），当某一地区粮食总供给很小而粮食消费量又很大时，$GII \to -\infty$；反之，当某一地区粮食总供给很大而总需求很小时，$GII \to +\infty$。然而，现实中这两种情况一般都不可能发生。从国内外有关国家的粮食安全状况研究中可以看出，即使一半以上粮食需求进口，或有一半左右粮食可供出口的国家都很少，因此现实中 GII 的取值一般更多是介于 -1 和 $+1$ 之间。进一步分析可知，当 $GII > 0$ 时，表明某一地区不但能够满足本地区所有粮食需求，还能为区外的粮食需求提供保障，GII 越大表明该地区对区外的粮食保障能力越强；而当 $GII < 0$ 时，表明某一地区的粮食生产不能满足本区域粮食安全的需求，GII 越小表明该地区将会有更多的粮食需求无法得到满足。

通过对 1991~2008 年中部地区粮食总供给（总产量）和粮食消费总量的计算，我们得到 18 年来中部地区的粮食保障水平变化情况。如图 4-12 所示。

从图 4-12 中可以看出，1991~2008 年，中部地区对中国粮食安全的保障水平可以明显地划分为两个阶段。

第一阶段为 1991~2003 年，其间中部地区对中国粮食安全保障水平呈显著波动下降趋势，仔细分析又可以发现这一阶段又以 1999 年为时间节点分为两个部分。一是在 1991~1999 年，粮食安全保障指数呈现波动变化状态，其主要原因是：在此期间中部地区粮食总产量由 12106.05 万吨增加到 14923.08 万吨，增加了 2817.03 万吨，增幅为 23.27%，年均增长速度为 2.65%；而粮食消费总量则由 10550.18 万吨上升到 13020.75 万

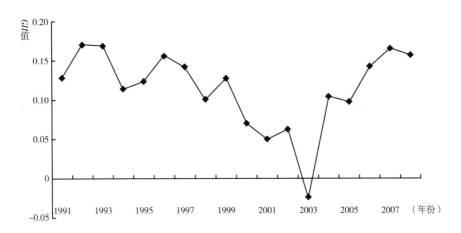

图 4 – 12　1991～2008 年中部地区粮食保障系数变化

吨，增长了 2470.57 万吨，增幅为 23.42%，年均增长速度为 2.66%。从两者的对比关系来看，这一阶段粮食生产总量增长幅度、增长速度和粮食消费总量增长幅度、增长速度基本相当，因而粮食安全保障水平随着粮食生产总量和粮食消费总量的变化而呈现出了显著的波动变化趋势，变化始终在［0.10，0.17］的区间范围内。二是在 1999～2003 年，中部地区粮食生产总量呈现出显著的下降趋势，GII 指数由 1999 年的 0.13 快速下降到 2003 年的 –0.02。其主要原因是：在这一时期，中部地区粮食总产量由 14923.08 万吨下降到 12557.19 万吨，下降了 2365.89 万吨，降幅达 15.85%，年均下降速度为 4.22%；而在此期间粮食消费量由 1999 年的 13020.75 万吨呈波动状态变化到 2003 年的 12866.47 万吨，总体上略微下降了 154.28 万吨，降幅仅为 1.18%，年均下降速度仅为 0.3%。因此，粮食消费量的下降幅度和速度要远低于粮食产量的下降幅度和速度，导致这一时期粮食保障指数呈现出快速下降的趋势。

　　第二阶段为 2003～2008 年，其间中部地区对中国粮食安全保障水平呈快速上升趋势，GII 值由 2003 年的 –0.02 快速上升到 2008 年的 0.16。其上升的主要原因是：在此期间中国出台了一系列促进粮食增长的政策和措施，促使中部地区粮食产量从 2003 年的 12557.19 万吨上升到 2008 年的 16571.51 万吨，增加了 4014.32 万吨，增幅达 31.97%，年均增长速度为 5.70%；而在此期间粮食消费量虽然也有所增长，但其间粮食消费总量仅由 2003 年的 12866.47 万吨上升到 2008 年的 13967.95 万吨，增长 1101.48 万吨，增幅仅为 8.56%，年均增长速度仅为 1.66%。由于粮食产量增幅和速度远高于粮食消费的增幅和增速，因而导致了这一时期粮食保障指数不断升高。

为了更好地分析中部地区对我国粮食安全的保障能力，我们可以通过对中部地区在满足本区域所有各类粮食需求的基础上，所能承载的区外人口数量（Population Load-bearing Capacity Outside，PLCO）进行进一步的分析，其计算公式为：

$$PLCO = [TGS - (TCGR + TCFG + TIGC + GAUS + TLG)]/PCGP \quad (4-17)$$

式（4-17）中，TGS、$TCGR$、$TCFG$、$TIGC$、$GAUS$、TLG 和 $PCGP$ 分别为粮食供给总量、口粮消费总量、饲料粮消费总量、工业用粮总量、种子用粮总量、粮食损耗量和人均粮食占有量（Per Capital Grain Possession，PCGP）。

从式（4-17）中可以看出，对于中部地区所能承载的人口数量主要取决于人均粮食占用量，然而不同的生活条件对人均粮食占有量有不同的标准。张利国（2011）综合相关部门和多数学者的观点，并结合新中国成立以来我国粮食安全的实际情况，认为当人均粮食占有量为 350 千克/年时，人们的生活可以达到温饱型。[①] 中国农业科学院"食物发展研究"课题组在联合多部门、跨学科专家进行研究的基础上指出，人均粮食占有量 400 千克仅仅是初步小康型社会标准。通过研究，课题组指出：2010 年，我国基本小康社会人均粮食占有量为 391 千克；2020 年，我国全面小康社会人均粮食占有量将为 437 千克；2030 年，我国向富裕阶段过渡时期人均粮食占有量为 472 千克。[②] 陈百明认为，2010 年要使城乡全面接近小康社会的标准，则人均粮食占有量必须达到 420 千克/年；2030 年要

[①] 张利国：《我国区域粮食安全演变：1949～2008》，《经济地理》2011 年第 5 期，第 834～838 页。

[②] 中国农业科学院"食物发展研究"课题组：《再论人均 400 公斤粮食必不可少》，《科技进步与对策》1991 年第 4 期，第 31～32 页。

使城乡全面进入小康社会，则人均粮食占有量必须达到 450 千克/年；2050 年要使城乡居民达到富裕社会的标准，则人均粮食占有量必须达到 500 千克/年。[①] 本研究在参考以上研究的基础上，将人均粮食占有量为 350 千克/年定义为温饱型社会、400 千克/年定义为初步小康型、437 千克/年定义为全面小康型、472 千克/年定义为小康向富裕过渡型、500 千克/年定义为富裕型，并对在 5 种情况下，中部地区所能承载的人口数量进行分析，其结果如表 4 - 32 所示。

表 4 - 32　1991~2008 年不同生活条件下中部地区所能承载的区外人口总量

单位：万人

年份	温饱型	初步小康型	全面小康型	小康向富裕过渡型	富裕型
1991	4445.34	3889.68	3560.34	3296.33	3111.74
1992	6384.14	5586.13	5113.16	4734.00	4468.9
1993	6617.97	5790.73	5300.43	4907.39	4632.58
1994	4313.43	3774.25	3454.69	3198.52	3019.4
1995	4896.69	4284.60	3921.83	3631.02	3427.68
1996	6601.26	5776.10	5287.05	4895.00	4620.88
1997	6065.29	5307.13	4857.78	4497.56	4245.7
1998	4156.51	3636.95	3329.02	3082.16	2909.56
1999	5435.23	4755.83	4353.16	4030.36	3804.66
2000	2836.66	2482.08	2271.92	2103.45	1985.66
2001	1957.63	1712.93	1567.89	1451.63	1370.34
2002	2516.43	2201.88	2015.45	1866.00	1761.5
2003	- 883.66	- 773.20	- 707.73	- 655.25	- 618.56
2004	4430.06	3876.30	3548.10	3285.00	3101.04
2005	4194.60	3670.28	3359.52	3110.40	2936.22
2006	6468.26	5659.73	5180.53	4796.38	4527.78
2007	7642.00	6686.75	6120.59	5666.74	5349.40
2008	7438.74	6508.90	5957.80	5516.02	5207.12
平均	4750.92	4157.06	3805.09	3522.93	3325.64

从表 4 - 32 中可以看出，1991~2008 年，中部地区在满足本区域的所有粮食需求外，在不同生活条件下所能承载的区外人口数量发生着显著

---

① 陈百明：《未来中国的农业资源综合生产能力与食物保障》，《地理研究》2002 年第 3 期，第 294~304 页。

变化，其变化趋势与粮食安全保障系数变化基本一致，即可以分为两个阶段：第一阶段为 1991~2003 年，其所能承载的区外人口数量呈现出波动状下降趋势；第二阶段为 2003~2008 年，其所能承载的区外人口数量呈显著增长态势。从表 4-32 中还可以看出，2003 年，中部地区所能承载的区外人口数量为负值，其隐含的意义是在一定的生活条件下，该年有相应数量的区内人口需要迁入其他区域，这样才能保障中部地区本身的粮食安全；或者是必须从区外调入相应数量的粮食，才能保障中部地区的粮食安全。也就是说，在 2003 年，中部地区没能为保障我国粮食安全做贡献。除 2003 年外，在温饱型、初步小康型、全面小康型、小康向富裕过渡型以及富裕型 5 种生活水平条件下，中部地区所能保障的最低人口数量分别为 1957.63 万人、1712.93 万人、1567.89 万人、1451.63 万人和 1370.34 万人，最高人口数量分别为 7642.00 万人、6686.75 万人、6120.59 万人、5666.74 万人和 5349.40 万人，1991~2008 年平均分别为 4750.92 万人、4157.06 万人、3805.09 万人、3522.93 万人和 3325.64 万人。可见，中部地区作为我国粮食主产区，为保障我国粮食安全做出了极大贡献。

第五章 中部地区城市化系统 发展分析

第一节 中部地区城市化的基本概况

改革开放以来，随着我国经济工作重点的转移，经济结构不断优化，城市化进程不断加快，经济建设逐步走上了快速和较为健康的发展道路。中部地区与我国经济社会发展总体发展态势相似，改革开放以来中部地区的城市化步伐明显加快，城市经济在国民经济中的地位日益突出。截至2008年，中部地区共有城市168个，其中副省级城市1个（武汉）、地级市80个、县级市87个，详见表5-1。

表 5-1 2008 年中部各省及整个中部地区所拥有的各类城市数量

单位：个

城市级别	山西	安徽	江西	河南	湖北	湖南	中部地区合计
副省级城市	0	0	0	0	1	0	1
地级市	11	17	11	17	11	13	80
县级市	11	5	10	21	24	16	87
总　计	22	22	21	38	36	29	168

与1978年相比，中部地区城镇人口总量由3838.83万人增长到2008年的15128.26万人，净增了11289.43万人；城镇人口所占比重由1978年的14.15%，增长到2008年的40.42%，增加了26.27个百分点。

综观国内外相关研究可知，中部地区存在农村面积广阔、农业人口众多、城镇化水平相对滞后、城乡二元结构尤为突出等众多问题。因此，为更好地推进中部地区发展，中部六省都先后制定了相应的城市化发展战略，它们分别是太原城市圈、皖江城市带、环鄱阳湖城市群、中原城市群、武汉城市圈和长株潭城市群六大城市圈（群）发展战略。然而，在推进城市化发展的过程中，中部地区仍存在中心城市辐射带动作用不强、资源要素整合有限、产业集聚度不高、创新能力较弱、城市间分工协作程度较低等突出问题。城市是重要的要素集聚区和经济辐射源泉，城市群是促进城市合理分工和拓展功能的有效形式，在促进经济增长和推动城镇化进程中发挥着不可或缺的重要作用。因此，为更好地实现城市化的辐射带动作用，更好、更快地推进中部地区经济社会结构的转型发展，2010 年 5 月，国家发展和改革委员会正式颁布了《关于促进中部地区城市群发展的指导意见》（发改地区［2010］967 号），突出强调了中部地区发展城市群和加快推进城市化的重要作用和意义。为此，本研究对中部地区六大城市圈（群）进行简要介绍。

一 太原城市圈

多数研究认为，太原城市圈是以太原都市区（太原市区、晋中市区、清徐县城、阳曲县城）为核心，太原盆地城镇密集区为主体，辐射阳泉、忻定原（忻州、定襄、原平）、离柳中（离石、柳林、中阳）的城镇组群，形成"一核一区三组群"的城镇空间格局。"一核"即太原都市区，由太原市区、晋中市区、清徐县城、阳曲县城构成，是太原城市圈城镇空间组织的核心；"一区"即太原盆地城镇密集区，包括太原、晋中、吕梁、阳泉、忻州五市的 30 个县（市、区），是太原城市圈的主体，也是山西省城镇相对密集的地区；"三组群"是太原都市区和太原盆地城镇密集区共同辐射的范围，包括阳泉、忻定原（忻州、定襄、原平）、离柳中（离石、柳林、中阳）三个城镇组群，共同构成太原城市圈的外围圈层。2010 年，太原城市圈土地面积为 39867 平方公里，总人口 1626.24 万人，国内生产总值 5449.40 亿元，财政总收入 557.11 亿元，分别占全省的 25.5%、45.5%、59.2% 和 57.5%；人口密度 407.92 人/平方公里，人均国内生产总值 33509 元，人均财政总收入 3425.76 元，分别为全省平均水平的 1.787 倍、1.275 倍、1.263 倍；城乡居民人均收入分别是全省平均水平的 1.055 倍和 1.055 倍；第三产业比重为 44.38%，高于山西省平均水平 7.3 个百分点。太原城市圈以占全省 25.5% 的土地面积承载了山西省 45.5% 的人口，创造出山西省 59.2% 的 GDP 和 57.5% 的财政总收入。可见，太原城市圈以占山西全省 1/4 的土地，养育着近 1/2 的人口，创造着全省 1/2 强的财富，在山西经济发展和城市建设中具有十分突出的战略地位，是山西省城市经济最为繁荣的地区，是山西实现崛起和经济转型的引擎。[①]

二　皖江城市带

皖江城市带包括合肥、芜湖、马鞍山、铜陵、安庆、池州、滁州、宣城以及六安市的金安区和舒城县，国土面积 75730 平方公里。2008 年，皖江城市带人口 3058 万人，实现地区生产总值 5818.7 亿元，分别占全市同类指标的 49.8% 和 65.5%。皖江城市带位于"长三角"腹地，承东启西、连南接北，是安徽省东部经济较为发达的地区，也是我国中西部地区最靠近"长三角"的区域，在承接东部发达地区的经济辐射和产业转移方面，具有独特的地理优势。推动皖江城市带建设，不仅可以使安徽更好地融入"长三角"经济圈，还可以发挥皖江城市带的辐射效应，促进安徽省经济快速、均衡和可持续发展。因此，安徽省在"长三角"经济区成立之初即提出了建设皖江城市带，融入"长三角"经济圈的战略构想，将其发展的重心东移。2010 年，皖江城市带的生产总值为 8402.1 亿元，比 2008 年增长 33.4%，两年平均增长 15.5%，增幅比全省高 1.8 个百分点，占全省的比重达 68.5%，比 2008 年提高 3 个百分点。固定资产投资占全省的 73.1%，比 2008 年提高 2.9 个百分点；财政收入占全省的 64.3%，比 2008 年提高 0.4 个百分点。以上的分析表明，皖江城市带在安徽省社会经济发展中的地位日益提高，皖江城市带已经成为安徽省经济格局中最为重要的一个增长极，其经济发展对安徽省的经济发展原动力作用越来越明显。[②]

[①]　南昌大学中国中部经济社会发展研究中心：《中国中部经济社会竞争力报告（2011）》，社会科学文献出版社，2012，第 98～116 页。

[②]　南昌大学中国中部经济社会发展研究中心：《中国中部经济社会竞争力报告（2011）》，社会科学文献出版社，2012，第 117～129 页。

三 环鄱阳湖城市群

环鄱阳湖城市群涵盖南昌、景德镇和鹰潭 3 个地级市以及九江、新余、宜春、抚州、宜春、上饶和吉安 7 个地级市的部分县（市、区）。环鄱阳湖城市群包括江西 10 个设区市的 38 个县（市、区），占全省县（市、区）的 38.4%，土地面积 5.12 万平方公里，占全省土地面积的 30.68%。[①] 环鄱阳湖城市群以鄱阳湖为中心，是我国重要的生态功能保护区，也是长江三角洲、珠江三角洲、海峡西岸经济区等重要经济板块的直接腹地，是中部地区正在加速形成的增长极之一，具有发展生态经济、促进生态与经济协调发展的良好条件。2010 年，环鄱阳湖城市群人口总数 2254 万人，占全省总人口的 50.52%，其中城镇人口 1057.6 万人，城镇化率为 46.92%；GDP 为 5558 亿元，占全省经济总量的 58.81%，人均 GDP 为 27629 元，高于全省平均量近 30%；财政总收入达 674.43 亿元，占全省财政总收入的 55%；固定资产投资额为 4973.88 亿元，占全省固定资产投资总额的 56.7%；三次产业比重为 16.1：48.9：35.0；规模以上工业增加值 1935.58 亿元，占全省总量的 62.4%；社会消费品零售总额 1655.48 亿元，占全省总量的 56%。

四 中原城市群

中原城市群是以郑州为中心，以洛阳为副中心，以开封、新乡、焦作、许昌、平顶山、漯河、济源等地区性城市为节点构成的紧密联系圈，土地面积 5.87 万平方公里，人口 3950 万人，分别占全省土地面积和总人口的 35.3% 和 40.3%。中原城市群是河南省乃至中部地区承接发达国家及中国东部地区产业转移、西部资源输出的枢纽和核心区域之一，并将成为参与国内外竞争、促进中部崛起、辐射带动中西部地区发展的重要增长极。2008 年，中原城市群实现地区生产总值 10568 亿元，位居中部地区第一位，第二、第三产业增加值占 GDP 比重为 89.7%，人均地区生产总值 21470.3 元，地方一般预算财政收入 544.30 亿元，规模以上工业增加

---

① 黄新建：《环鄱阳湖城市群发展战略研究》，社会科学文献出版社，2009，第 13 页。

值 3431.19 亿元。在中国 15 个城市群中，综合实力名列第 7 位，位列中国中西部第一位。中原城市群的形成为中原经济区建设打下了坚实的基础，提供了有力支撑。

五　武汉城市圈

武汉城市圈是以武汉为中心，由武汉和周边 100 公里范围内的黄石、鄂州、孝感、黄冈、咸宁、仙桃、天门、潜江 9 市构成的区域经济联合体，洪湖、京山、广水是武汉城市圈观察员县（市）。武汉城市圈区位条件优越，产业基础较好，综合实力较强，发展潜力巨大，是湖北省人口、产业、城市和生产要素最密集、最具活力的地区，是湖北省经济发展的核心区域。武汉城市圈国土面积 58052 平方公里，常住人口 3000 万人，以占全省 1/3 的土地面积和一半的人口，贡献了全省约 2/3 的生产总值。2010 年，武汉城市圈 GDP 达 9585.59 亿元，比上年增长 15%，高于全省平均水平 0.2 个百分点，占全省地区生产总值的 60.6%，在全省经济发展中始终处于主导地位；反映经济发展水平和实力的人均 GDP、人均地方一般预算收入分别比 2007 年增加 12998 元和 816 元，经济实力和效益稳步增强；反映经济发展支撑条件的城乡居民人均储蓄存款余额比 2007 年增加 8929 元。2010 年，武汉城市圈高新技术产业增加值占工业增加值比重比 2007 年提高 0.3 个百分点，万名就业人员专利申请量比 2007 年增加 5.4 件，科技经费支出占财政支出比重比 2007 年下降 0.3 个百分点，均高于全省平均水平。[1]

六　长株潭城市群

长株潭城市群是指由长沙、株洲和湘潭 3 个核心城市以及周边的岳阳、益阳、常德、娄底和衡阳 5 个次级中心城市构成的城市群，即所谓的"3＋5"城市群。其中，长沙、株洲、湘潭三市沿湘江呈"品"字形分布，两两相距不足 40 公里，结构紧凑，为长株潭城市群的核心层，是湖

---

[1]　南昌大学中国中部经济社会发展研究中心：《中国中部经济社会竞争力报告（2011）》，社会科学文献出版社，2012，第 163～177 页。

南发展的核心增长极；岳、益、常、娄、衡 5 市为长、株、潭三市的辐射层，亦即"3＋5"城市群的紧密层，是湖南发展的重要增长极。近年来，长株潭城市群经济持续高速发展，总量迅速扩张。2009 年，该地区实现地区生产总值 10347.52 亿元，占全省经济总量的 80.02%，对全省经济增长贡献率达 55%，年均增长 13.8%；人均地区生产总值为 26122 元，为"十一五"期末 2005 年的 2.5 倍；实现地方财政收入 539.11 亿元，年均增长 22.62%。在长株潭城市群，新型工业化加速推进，工程机械、轨道交通等优势产业实力壮大，电子信息、新能源等战略性新兴产业迅速发展，农业产业化步伐更为稳健，现代生产性服务业整体素质提升，产业结构不断优化。2009 年，三次产业结构为 12.6：48.6：38.8，较 2005 年，第一产业所占的比重下降 4.3 个百分点，第二产业提高 6.2 个百分点；高新技术产业增加值 1273.53 亿元，占工业增加值的比重为 29.12%，提高 9.66 个百分点。[①]

由以上分析可知，在中部地区城市化发展过程中，其城乡人口结构、经济结构、社会结构等方方面面都发生了显著变化。另外，本研究主要是考察城市化对粮食安全的影响，分析城市化与粮食安全的内在关系，并探讨中部地区城市化进程中的粮食安全水平变化，为此，本研究采用广义的城市化概念，认为城市化是一个包含产业、人口、空间、生活方式和技术发展水平等多维度的复杂变化过程。更具体地分析，城市化包含以下几方面。一是人口城市化。随着城市化的发展，城乡人口数量和分布结构将产生变化，越来越多的人口由分散的农村向城镇集中，农村人口持续减少，城镇人口数量不断增多，规模不断扩大。二是经济城市化。主要指在城市化发展过程中，经济社会的经济发展水平、产业结构和社会结构的转变，劳动力从第一产业不断向第二、第三产业转移，人类社会从传统的农业社会向工业化社会转变。三是土地城市化。随着城市化的推进，城市不断向周边地区扩张，城市面积和城市建成区面积不断扩大，新的城镇地域形成，城镇的基础设施和服务设施不断完善，城镇数量显著增加，并且越来

---

① 湖南省长株潭两型社会办公室、湖南省社会科学院：《湖南省"十二五"长株潭城市群发展规划纲要》（征求意见稿），2010，第 10 页。

越多的城镇规模不断升级。四是生产生活方式城市化。城市化进程中，农业和农村传统、分散的生产方式，不断向城镇经济集聚和规模化方向变迁，在技术创新和制度创新双重动力的推动下，人口、土地、资本等经济要素更为有效地在城乡之间流动和重组。与此同时，人们的价值观念和生活方式不断更新，城市文明、城市生活方式和价值观念不断向乡村地区渗透和扩散，传统乡村文明逐渐淡化，从而导致乡村文明不断向城镇文明转化。由于生产生活方式城市化相对较难以衡量，因此本研究基于以上分析，拟从人口城市化、经济城市化和土地城市化3个方面，对中部地区城市化的现状进行全面分析。

第二节　中部地区人口城市化状况分析

一　人口城市化的统计口径问题分析

人口城市化是城市化过程中尤为重要的一环，周一星（1995）认为：虽然劳动力和经济产值构成、收入水平、消费水平、教育水平等各指标都可以在一定程度上反映城市化水平，但能被较多学者所接受的指标却是人口统计学指标。其主要原因是该指标较为简明，资料最容易获得，因而反映城市化最为常用的指标即为城市人口占总人口的比重。[①]

采用城市人口所占比重方法来度量城市化水平时，最为重要的一点就是人口统计口径标准的确定。自新中国成立以来，我国人口统计口径共发生过 5 次变化。

（1）1953 年第一次人口普查时规定，全国城镇包括市的市区、县城城关和拥有 2000~3000 人的工商业比较发达的集镇。普查的结果是，全国有 166 个市、5402 个镇，合计 7726 万人口，但市郊的 895 万农业人口未计在内。1955 年，国务院对城乡划分标准做出正式规定。城镇是县、市人民委员会所在地和常住人口 2000 人、其中非农业人口占 50% 以上的居民区。规定还将城镇再分为市和镇，人口 2 万人以上的列为市，其余为

---

① 周一星：《城市地理学》，商务印书馆，1995。

镇。根据这个规定，全国市由 166 个减为 163 个，镇由 5402 个减为 4487 个，城镇人口合计为 8285 万人，减少的镇多为 1000 人左右的小镇。应该说，第一次人口普查采用的城镇人口定义包括了生活在城镇的所有登记人口，采用这样的城镇人口统计口径是比较合适的。①②

（2）20 世纪 60～70 年代，为了实现最大限度的资本积累，1963 年，我国政府开始严格控制城镇人口数量，精减城镇人口，调整市镇建制，缩小城市郊区，把设镇的标准提高到 3000 人，非农业人口不少于 70%；把设市的标准提高到 10 万人，非农业人口不少于 80%。而且统计城镇人口时，只计算市和镇中的非农业人口，其余一律算作乡村人口。因此，在 1964 年第二次人口普查时，城镇人口定义以户籍制度为基础，仅包括城镇非农业人口，使得城镇人口统计明显偏小。③

（3）由于第二次城镇人口统计显著偏小，1982 年第三次人口普查时，又改用市镇行政辖区的总人口进行统计。随后，我国市镇设置标准下降，新设市镇数量激增；大量进行县改市、乡改镇、县改区，市镇行政辖区空前扩张，我国的市镇人口走入了偏大统计。城镇化水平一度超常增长而远离真实，产生了严重误导，1989 年公布的城镇人口比重高达 51.7%（周一星，2001）。

（4）鉴于以上原因，1990 年第四次人口普查时，对城镇人口统计不得不改用新标准，对设区的市采用区的总人口，对不设区的市和镇采用街道办事处和居民委员会的人口。分析表明，对设区的市基本上是偏大统计，对不设区市和建制镇是偏小统计，偏大偏小互相抵消，总体上偏小了一点，但总量上基本能反映我国当时的实际情况。尽管 1990 年第四次人口普查的城镇人口比重与 1982 年的第三次人口普查结果可以衔接，但是新口径并没有从根本上解决我国城乡人口划分长期存在的问题。第四次人口普查的统计口径实际上走了一条中间道路，比过去偏大的口径要小，比

---

① 王维志：《关于城乡划分标准与城镇人口统计问题》，《人口与经济》1990 年第 3 期，第 44～45 页。

② 沈建法：《1982 年以来中国省级区域城市化水平趋势》，《地理学报》2005 年第 4 期，第 607～614 页。

③ 周一星、于海波：《对我国第五次人口普查城镇化水平的初步分析》，《管理世界》2001 年第 5 期，第 193～194 页。

过去偏小的口径要大；它既部分继承了过去偏大的缺陷，又部分继承了偏小的缺陷，在市镇之间、省区之间不具有可比性（周一星，2001）。

（5）2000年第五次人口普查时，对城镇人口统计又进行了修正，其中城市区分为高密度区和低密度区。高密度区当作市区，所有人口计入城镇人口。对低密度区和县级市而言，所有街道当作市区的一部分，地区行政机关、市或区政府所在的镇或乡也当作市区的一部分，毗邻的镇或乡也当作市区的一部分，将所有人口计入城镇人口。对于县辖镇而言，居委会和镇政府所在的村委会被当作镇区，包括毗邻的村委会，所有人口都计入城镇人口，此外，市或镇以外有3000人以上居民的特殊地区的人口也被计入城镇人口。以上定义中的市区和镇区里的离开户口所在地半年以上的非户籍人口都算作城镇人口，包括农业人口和非农业人口。

以上分析表明，新中国成立以来，我国城镇人口统计口径变化频繁，由此计算出来的城市化水平可比性比较差。例如，按照2000年第五次人口普查标准的统计数据与1999年第四次人口普查标准的统计数据对我国城市化水平进行评价，其结果就相差5.2个百分点（沈建法，2005）。为使标准统一，从而使得城市化水平具有可比性，不少学者提出了经过调整的计算城市化水平的方法。例如，王嗣均（1989）[1] 和周一星（1995）[2] 等人提出，对于城市化水平的计算必须明确统计口径；辜胜阻（1991）[3] 和王嗣均（1996）[4] 等人则试图对现行统计数据进行修正，以便更为准确地评价城市化水平。有研究表明，城市人口比重指标受经济发展水平、经济结构、自然环境结构、历史因素、城镇定义标准等众多因素的影响，因此，对城市人口比重进行修正难度很大。[5] 另外，即便对城市人口比重进行修正，但由于修正方法的不同，也会出现在调整我国城市人口的数量

① 王嗣均、韩波：《关于城乡划分标准问题的几点意见》，《人口与经济》1989年第1期，第14～16页。
② 周一星、史育龙：《中国城市统计口径的出路何在：建立城市的实体地域概念》（上），《市场与人口分析》1995年第4期，第7～11页。
③ 辜胜阻：《非农化与城市化研究》，浙江人民出版社，1991。
④ 王嗣均：《中国城市化区域发展问题研究》，高等教育出版社，1996。
⑤ 周一星：《城市化与国民生产总值关系的规律性探讨》，《人口与经济》1982年第1期，第28～33页。

时，相互间存在着较大差异，从而使得结果也缺乏可比性。① 综合以上各种考虑，本研究仍采用中部六省的城镇人口数据，并用城镇人口比重法指标来衡量中部地区城市化水平，虽然该指标在中部六省可能存在一定差异，但应该不至于影响本研究的精神实质。

二 中部六省人口城市化演变及对比分析

通过计算城镇人口占总人口的比重，我们得到 1978～2008 年中部六省、整个中部地区和中国人口城市化的变化情况。如表 5-2 所示。

表 5-2　1978～2008 年中部地区及我国人口城市化水平变化

单位：%

年份	山西	安徽	江西	河南	湖北	湖南	中部地区	全国
1978	19.18	12.60	16.75	13.63	15.09	11.50	14.15	17.92
1979	19.81	13.00	17.44	13.83	16.14	12.25	14.73	18.96
1980	20.30	13.30	18.79	14.02	16.79	12.71	15.23	19.39
1981	25.12	13.80	19.06	14.19	17.21	12.96	15.79	20.16
1982	21.47	14.30	19.45	14.42	17.68	14.21	16.12	21.13
1983	22.32	14.70	19.56	14.56	17.96	14.42	16.40	21.62
1984	23.21	15.30	19.67	14.70	17.84	15.42	16.81	23.01
1985	24.15	16.00	19.78	14.83	22.50	16.29	18.01	23.71
1986	25.16	16.60	19.89	14.98	23.52	16.91	18.54	24.52
1987	26.17	17.20	20.00	15.12	25.17	17.35	19.14	25.32
1988	27.18	17.50	20.11	15.26	26.81	17.65	19.65	25.81
1989	28.27	17.80	20.22	15.40	28.36	17.45	20.06	26.21
1990	28.90	17.90	20.35	15.52	28.52	17.55	20.24	26.41
1991	29.06	18.00	21.08	15.85	27.81	18.61	20.23	26.94
1992	29.27	18.20	21.82	16.18	29.35	19.62	21.21	27.46
1993	29.54	18.50	22.55	16.51	30.63	19.31	21.62	27.99
1994	29.82	18.80	23.29	16.84	28.05	21.52	21.85	28.51
1995	30.11	19.09	23.85	17.19	31.20	24.26	23.13	29.04
1996	30.41	21.71	24.58	18.39	33.74	25.00	24.58	30.48

---

① 白先春、凌亢、郭存芝等：《中国城市化：水平测算与国际比较》，《城市问题》2004 年第 2 期，第 23～26 页。

续表

年份	山西	安徽	江西	河南	湖北	湖南	中部地区	全国
1997	30.71	22.02	25.32	19.59	31.24	25.20	24.69	31.91
1998	31.03	22.33	26.05	20.79	31.90	25.90	25.41	33.35
1999	31.35	26.00	26.79	21.99	33.52	26.39	26.85	34.78
2000	35.88	28.00	27.69	23.20	36.06	29.75	29.81	36.22
2001	35.09	29.30	30.41	24.43	38.64	30.80	30.49	37.66
2002	38.09	30.70	32.13	25.80	39.22	32.00	31.89	39.09
2003	38.81	32.00	34.02	27.21	39.78	33.50	33.14	40.53
2004	39.63	33.50	35.58	28.91	40.35	35.50	34.58	41.76
2005	42.11	35.50	37.10	30.65	40.90	37.00	36.16	42.99
2006	43.01	37.10	38.68	32.47	41.21	38.71	37.56	44.34
2007	44.03	38.70	39.80	34.34	41.59	40.45	38.95	45.89
2008	45.11	40.50	41.36	36.03	42.24	42.15	40.42	46.99

分析表 5-2 可知,中部地区城市化发展历程存在以下特点。

(1)改革开放以来,中部六省和整个中部地区城市化水平都有了很大提高。其中,1978~2008 年,山西、安徽、江西、河南、湖北和湖南六省的城市化水平分别提高了 25.93 个、27.90 个、24.61 个、22.40 个、27.15 个和 30.65 个百分点,城市化水平年均提高了 0.86 个、0.93 个、0.82 个、0.75 个、0.91 个和 1.02 个百分点,城市化的年均增长速度分别为 2.89%、3.97%、3.06%、3.29%、3.49% 和 4.43%。31 年来,在中部六省当中,湖南省城市化推进速度最快,安徽省次之,湖北省和河南省居中,江西省城市化发展速度较慢,而山西省最慢。由于中部六省城市化发展基础不同,虽然在 1978~2008 年,湖南省城市化发展速度最快而山西省最慢,但总体来看,六省的城市化总体水平则以山西省最高、河南省最低。以 2008 年为例,中部六省的城市化水平由高到低依次为山西(45.11%)、湖北(42.24%)、湖南(42.15%)、江西(41.36%)、安徽(40.50%)和河南(36.03%)。

(2)本研究将 1978~2008 年划分为 3 个时段,对每个时段中部六省和整个中部地区城市化提高水平和增长速度进行分析可知,中部地区城市化进程具有明显的快慢阶段性,如表 5-3 所示。

表 5－3　不同时段中部地区城市化提高水平和增长速度

单位：%

时段(年)	城市化项目	山西	安徽	江西	河南	湖北	湖南	中部地区
1978～1988	提高水平	8.00	4.90	3.36	1.63	11.72	6.15	5.50
	增长速度	3.55	3.34	1.85	1.14	5.92	4.38	3.34
1988～1998	提高水平	3.85	4.83	5.94	5.53	5.09	8.25	5.76
	增长速度	1.33	2.47	2.62	3.14	1.75	3.91	2.60
1998～2008	提高水平	14.08	18.17	15.31	15.24	10.34	16.25	15.01
	增长速度	3.81	6.13	4.73	5.65	2.85	4.99	4.75

1978～1988 年，湖北、湖南和山西三省的城市化年均增长速度相对较快，分别达 5.92%、4.38% 和 3.55%，10 年间三省城市化水平分别提高了 11.72 个、6.15 个和 8 个百分点；在此期间，安徽省城市化增长速度也达到了 3.34%，城市化水平提高了 4.9 个百分点。1988～1998 年，湖南和河南两省城市化年均增长速度相对较快，其中湖南省城市化年均增长速度为 3.91%，河南省为 3.14%；10 年间湖南和河南两省的城市化水平分别提高了 8.25 个和 5.53 个百分点。1998～2008 年则是中部六省城市化发展的黄金时期，10 年间六省的城市化发展水平都提高了 10 个以上百分点，其中安徽省提高最多，达 18.17 个百分点，年均达 1.82 个百分点；其次分别为湖南（16.25 个百分点）、江西（15.31 个百分点）、河南（15.24 个百分点）、山西（14.08 个百分点）和湖北（10.34 个百分点）。1998～2008 年也是中部六省和整个中部地区城市化水平增长速度最快的时期，其间除湖北省的城市化年均增长速度为 2.85% 以外，其他五省的城市化年均增长速度都在 3.8% 以上，其中安徽省最高，年均增长速度达 6.13%，河南省次之为 5.65%，湖南和江西紧随其后，年均增长速度分别为 4.99% 和 4.73%，山西省则居第五位，年均增长速度为 3.81%。就整个中部地区而言，在 1988～1998 年，城市化水平增长速度最慢为 2.60%；而 1978～1988 年的城市化水平提高幅度最小，其间提高了 5.5 个百分点；在 1998～2008 年，整个中部地区的城市化水平增长速度和提高幅度都是最大的，其间城市化水平年均增长速度为 4.75%，城市化水平提高了 15.01 个百分点。

（3）从整个中部地区来看，其城市化水平由 1978 年的 14.15% 上升到 2008 年的 40.42%，增长了 26.27 个百分点，城市化水平年均提高 0.88 个百分点，城市化的年均增长速度为 3.56%。与整个中部地区相比，只有湖南和安徽两省的城市化发展速度超过了中部地区平均水平，而其他四省均低于中部地区的平均水平。相对于整个中部地区来讲，1978～2008年，山西、江西和湖北三省的城市化水平要高于或略高于中部地区的平均水平，而安徽、河南和湖南三省的城市化水平要低于或略低于中部地区的平均水平（当然在少数年份也有达到和超过中部地区平均水平的）。

（4）相对于全国平均水平来讲，在中部六省当中只有山西省城市化水平与其相当，而安徽、江西、河南、湖北和湖南五省的城市化水平均要低于或显著低于全国城市化平均水平，整个中部地区的城市化水平与全国平均水平也存在明显的落差。为更好地反映中部地区城市化水平与全国平均城市化水平的差距，我们采用全国平均城市化水平（Urbanization Level of China，ULC）与中部地区城市化水平（Urbanization Level of Central China，ULCC）的差值，来表示中部地区城市化相对于全国平均城市化水平的滞后程度（Urbanization Level Difference，ULD），其计算公式为：

$$ULD_i = ULC_i - ULCC_{ij} \qquad (5-1)$$

式（5-1）中，ULD_i 为 i 年全国平均城市化水平与中部地区城市化水平的差值，ULC_i 为 i 年全国平均城市化水平，$ULCC_{ij}$ 为中部地区 i 年 j 省份或整个中部地区的城市化水平。表 5-4 显示了 1978～2008 年中部六省和整个中部地区城市化水平与全国平均城市化水平的差距。

表 5-4　中部地区城市化水平与全国平均城市化水平的差距

年份	山西	安徽	江西	河南	湖北	湖南	中部地区
1978	-1.26	5.32	1.17	4.29	2.83	6.42	3.76
1979	-0.85	5.96	1.53	5.13	2.82	6.72	4.23
1980	-0.91	6.09	0.60	5.38	2.60	6.68	4.17
1981	-4.96	6.36	1.09	5.96	2.95	7.20	4.37
1982	-0.34	6.83	1.68	6.71	3.45	6.92	5.01
1983	-0.70	6.92	2.06	7.07	3.66	7.20	5.22
1984	-0.20	7.71	3.34	8.32	5.17	7.59	6.20

续表

年份	山西	安徽	江西	河南	湖北	湖南	中部地区
1985	-0.44	7.71	3.93	8.87	1.21	7.42	5.70
1986	-0.63	7.92	4.63	9.55	1.01	7.61	5.98
1987	-0.85	8.12	5.32	10.20	0.15	7.97	6.18
1988	-1.37	8.31	5.70	10.56	-0.99	8.16	6.16
1989	-2.06	8.41	5.99	10.81	-2.15	8.76	6.15
1990	-2.49	8.51	6.06	10.89	-2.11	8.86	6.17
1991	-2.12	8.94	5.86	11.09	-0.87	8.33	6.71
1992	-1.81	9.26	5.64	11.28	-1.89	7.84	6.25
1993	-1.55	9.49	5.44	11.48	-2.64	8.68	6.37
1994	-1.31	9.71	5.22	11.67	0.46	6.99	6.66
1995	-1.07	9.95	5.19	11.85	-2.16	4.78	5.91
1996	0.07	8.77	5.90	12.09	-3.26	5.48	5.90
1997	1.20	9.89	6.59	12.32	0.67	6.71	7.22
1998	2.32	11.02	7.30	12.56	1.45	7.45	7.94
1999	3.43	8.78	7.99	12.79	1.26	8.39	7.93
2000	0.34	8.22	8.53	13.02	0.16	6.47	6.41
2001	2.57	8.36	7.25	13.23	-0.98	6.86	7.17
2002	1.00	8.39	6.96	13.29	-0.13	7.09	7.20
2003	1.72	8.53	6.51	13.32	0.75	7.03	7.39
2004	2.13	8.26	6.18	12.85	1.41	6.26	7.18
2005	0.88	7.49	5.89	12.34	2.09	5.99	6.83
2006	1.33	7.24	5.66	11.87	3.13	5.63	6.78
2007	1.86	7.19	6.09	11.55	4.30	5.44	6.94
2008	1.88	6.49	5.63	10.96	4.75	4.84	6.57
平均	-0.13	8.07	5.06	10.43	1.00	7.02	6.24

从表5-4当中我们可以得出以下几点结论。

（1）从1978～2008年的平均水平来看，除山西省城市化发展速度与全国总体相当外，其他5省以及整个中部地区的城市化水平均显著低于全国平均水平。其中，河南省城市化水平与全国平均城市化水平差距最大，平均相差10.43个百分点，其次分别为安徽相差8.07个百分点，湖南相差7.02个百分点，江西相差5.06个百分点，湖北相差1.00个百分点，整个中部地区城市化水平则与全国平均城市化水平相差6.24个百分点。

（2）1978～2008 年，山西省城市化水平与全国平均城市化水平的差距变化大体可以分为三个阶段。

第一阶段为 1978～1995 年，其间山西省城市化水平显著高于全国平均城市化水平，18 年间山西省城市化平均水平高出全国平均水平 1.38 个百分点。其中，1981 年山西省城市化水平比全国平均水平高出 4.96 个百分点，达到最大值；而 1984 年仅比全国平均水平高出 0.2 个百分点，为两者差距的最小值。在此期间山西省城市化水平之所以明显偏高，主要是由于山西是我国传统的能源工业基地，随着煤炭等能源资源的开发，大量的资源加工型产业、与能源相关的重工业快速发展，从而带动了山西省城市化的快速发展。

第二阶段为 1996～2004 年，这一时期山西省城市发展速度要低于全国平均城市化发展速度，从而导致在 1996～2004 年，山西省城市化水平逐渐开始低于全国平均城市化发展水平，其差距在波动中不断拉大。其中，1999 年山西省城市化水平低于全国平均水平 3.43 个百分点，达到这一时期的最大值；1996 年则低于全国平均水平 0.07 个百分点，为这一时期差距的最小值。

第三阶段为 2005～2008 年，其间山西省城市化又呈加速发展趋势，但与全国平均水平相比，其城市化发展速度在不断减缓，从而使得两者差距从 2005 年开始缓慢地拉大，由 2005 年仅落后 0.88 个百分点，增大到了 2008 年落后 1.88 个百分点。

（3）1978～2008 年，安徽、江西、河南和湖南 4 省城市化水平要显著低于全国平均城市化水平，并且 4 省城市化水平与全国平均城市化水平的差距均呈现出先扩大，然后再逐渐呈波动状态缩小或不断缩小的变化过程。此外，4 省变化的时间也较为一致，都是在 2000 年左右城市化开始加速发展，因而在 2000 年以后，4 省的城市化水平与全国的平均水平开始逐渐缩小。

相对来讲，河南省城市化发展速度最慢，因而其城市化水平与全国平均城市化水平差距最大。1978～2003 年，河南省城市化发展速度明显低于全国平均发展速度，因而其与全国平均城市化水平的差距由 1978 年的 4.29 个百分点，扩大到了 2003 年的 13.32 个百分点；2003～2008 年，河南省的城市化过程开始加速，其发展速度逐渐达到或超过了全国城市化发展的平均水平，因而其城市化水平与全国平均城市化水平的差距开始逐渐缩小，由 2003 年的 13.32 个百分点下降到 2008 年的 10.96 个百分点。

紧随河南省的是安徽省，其城市化水平基础差，发展速度也相对较慢，因而其城市化水平与全国平均城市化水平差距也较大，其差距由 1978 年的 5.32 个百分点逐渐上升到 1998 年的 11.02 个百分点。1998 年后，安徽省城市化发展速度也呈现出快速发展的趋势，从而使其城市化水平与全国平均城市化水平的差距在波动中呈现出不断减小的变化趋势，其差距由 1998 年的 11.02 个百分点下降到 2008 年的 6.49 个百分点。

对于湖南省来讲，1978 ~ 2001 年，其城市化发展速度与全国平均城市化的发展速度始终保持得较为一致，从而使得湖南省的城市化水平与全国平均城市化水平的差距始终在 5.5 ~ 8.5 个百分点内波动（个别年份除外）；而在 2002 ~ 2008 年，湖南省城市化发展开始加速，其发展速度逐渐超过了同一时期全国的平均水平，因而使得湖南省城市化水平与全国平均水平的差距开始缩小，由 2002 年的 7.09 个百分点缩小至 2008 年的 4.84 个百分点。

与河南、安徽和湖南 3 省一样，江西省城市化水平与全国平均城市化水平的差距变化也分为两个阶段。第一阶段为 1978 ~ 2000 年，其间江西省城市化发展速度要明显慢于全国的平均发展水平，因此江西省城市化水平由 1978 年落后于全国平均水平 1.17 个百分点，逐步上升到 2000 年落后于全国平均水平 8.53 个百分点；第二阶段则在 2001 ~ 2008 年，其间江西省城市化发展速度逐渐达到或超过了全国平均速度，从而使其城市化水平与全国平均水平的差距由 2001 年落后 7.25 个百分点，下降到 2008 年只落后 5.63 个百分点。

安徽、江西、河南和湖南 4 省城市化发展水平与全国平均发展水平差距变化极其相似，其主要原因在于 4 省都是我国的主要粮食产区，农村人口众多，农业生产在国民经济中占有重要地位。在 2000 年以前，国家粮食供求基本处于供不应求或者紧平衡状态，粮食安全的基础仍不稳固，因而导致四省的城市化很难得到快速推进；而在 2000 年以后，我国粮食安全形势开始转变，粮食供给逐渐达到了能够基本自给的状态，虽然粮食供求仍处于紧平衡状态，但随着经济的发展以及农业生产技术的进步，农业生产的基础较为稳固，为快速推进城市化提供了必要的条件。与此同时，在全国各地都加快推进城市化进程的过程中，4省也加快了各自的城市化发展步伐，尤其是在2006年中部崛起战略得到国家的认可之后，中部地区城市化进程加快的表现尤为突出，因而4省的城市化水平与全国平均水平的差距也在明显缩小。

（4）相对于安徽、江西、河南和湖南4省来讲，湖北省虽然也是我国粮食主产区，但湖北省一直是我国中部地区的重要工业基地，其经济社会发展基础要明显优于其他4省，因此湖北省城市化发展水平与全国平均城市化发展水平差距的变化就表现出与安徽、江西、河南和湖南4省不同的特征。1978～2008年，湖北省城市化水平与全国平均水平差距的变化大体可以划分为以下三个阶段。

第一阶段为1978～1984年，其间湖北省城市化发展速度要明显慢于全国的平均发展速度，因而使得其城市化水平由1978年落后于全国平均水平2.83个百分点，上升到了1984年落后于全国平均水平5.17个百分点。

第二阶段为1985～2001年，其间湖北省城市化加速发展，其城市化发展速度始终保持高于或接近全国平均城市化的发展速度，因此在这一阶段湖北省城市化水平与全国平均城市化水平的差距开始快速地缩小，并在1988年，湖北省城市化发展水平首次超过了全国平均水平近1个百分点。1988～2002年的15年当中，湖北省城市化水平与全国平均城市化水平的差距始终在不断波动。其中，湖北省城市化水平有10年超过了全国平均水平，1996年超过了全国平均水平3.26个百分点，为这一时期的最高值；2002年仅超过全国平均水平0.13个百分点，为这一时期的最低值。而城市化发展水平低于全国平均水平的有5年，其中，1998年比全国平均水平低1.45个百分点，为这一时期的最高值；2000年比全国平均水平落后0.16个百分点，为这一时期的最小值。

第三阶段为2003～2008年，与全国平均城市化发展速度相比，这一时期湖北省城市化发展速度明显落后，因而导致其城市化水平与全国平均水平开始拉大。其中，2003年湖北省城市化水平只落后于全国平均水平0.75个百分点，而2008年其城市化水平则落后于全国平均水平4.75个百分点。

(5) 对于整个中部地区来说，其城市化水平与全国平均城市化水平差距也大体可以分为两个阶段。

第一阶段为 1978～2003 年，该阶段我国农业生产基础较为薄弱，中部地区作为我国主要的粮食生产基地，在全国区域分工当中，始终承担着保障国家粮食安全的重要作用，因而中部地区的城市化进程明显慢于全国平均水平，从而使得中部地区城市化水平与全国平均水平的差距呈现逐步扩大的趋势。1978～1984 年，整个中部地区城市化水平由 1978 年落后于全国平均水平 3.76 个百分点，逐步上升到 1984 年的 6.20 个百分点；在 1985～1996 的 12 年间，中部地区城市化水平落后于全国平均水平的差距进一步提高，始终维持在 6～6.5 个百分点；1997～2004 年的 8 年间，其落后于全国平均水平的差距进一步提高，基本维持在 7 个百分点以上（2000 年除外），其中 1998 年最高落后达 7.94 个百分点。

第二阶段为 2005～2008 年，这一时期中部崛起战略开始得到国家重视，2006 年 4 月，中共中央、国务院首次颁布了《中共中央、国务院关于促进中部地区崛起的若干意见》（中发［2006］10 号文件），明确了中部崛起的战略意义，自此中部地区城市化发展迎来了难得的机遇。自2005 年以来，中部地区城市化发展速度有所加快，其城市化水平落后于全国平均城市化水平的幅度也由 1997～2004 年落后 7 个百分点以上，缩小至落后 6.5 个百分点左右。

三 中部地区人口城市化演变及分析

人口城市化主要来自三大部分，即城镇人口的自然增长、农村人口向城镇的迁移以及行政区划的变迁，其中第一、第二部分是人口城市化的主要原因。为进一步揭示中部地区人口城市化发展的模式以及中部地区城镇人口的迁移状况，本研究将中部地区人口城市化进程分解为三大部分，分别为人口数量变化（包括中部地区总人口数量和城镇人口数量变化）、人口城市化发展状况变化（包括城市化水平和城市化年增长率）以及人口变化状况（包括总人口增长率和城镇人口年均增长率、总人口年均增长量和城镇年均人口增长量），如表 5 - 5 所示。

表 5 – 5　中部地区人口城市化变化总体状况

年份	人口数量		城市化状况		人口变化状况			
	总人口 （万人）	城镇人口 （万人）	人口城市 化水平 （%）	年均 增长率 （%）	总人口 年均增长 率（%）	城镇人口 年增长 率（%）	总人口年 增长量 （万人）	城镇人口 年增长 量（万人）
1978	27127.22	3838.83	14.15	—	—	—	—	—
1979	27524.03	4053.71	14.73	0.58	1.46	5.60	396.81	214.88
1980	27890.50	4246.61	15.23	0.50	1.33	4.76	366.47	192.90
1981	28287.10	4391.29	15.73	0.50	0.10	3.41	396.60	144.68
1982	28682.34	4622.70	16.12	0.39	2.74	5.27	395.24	231.41
1983	29046.06	4764.30	16.40	0.29	1.27	3.06	363.72	141.60
1984	29408.47	4943.73	16.81	0.41	1.25	3.77	362.41	179.43
1985	29788.96	5365.30	18.01	1.20	1.29	8.53	380.49	421.57
1986	30234.82	5606.32	18.54	0.53	1.50	4.49	445.86	241.02
1987	30728.29	5881.51	19.14	0.60	1.63	4.91	493.47	275.19
1988	31285.70	6147.92	19.65	0.51	1.81	4.53	557.41	266.41
1989	31831.67	6386.09	20.06	0.41	1.75	3.87	545.97	238.17
1990	32469.82	6592.56	20.30	0.24	2.00	3.23	638.15	206.47
1991	32992.20	6773.56	20.53	0.23	1.61	2.75	522.38	181.00
1992	33358.02	7073.87	21.21	0.68	1.11	6.00	365.82	400.31
1993	33693.70	7284.88	21.62	0.41	1.01	2.98	335.68	211.01
1994	34047.04	7440.17	21.85	0.23	1.05	2.13	353.34	155.29
1995	34403.91	7956.80	23.13	1.27	1.05	6.94	356.87	516.63
1996	34693.89	8528.46	24.58	1.45	0.84	7.18	289.98	571.66
1997	34980.83	8635.18	24.69	0.10	0.83	1.25	286.94	106.72
1998	35240.64	8955.34	25.41	0.73	0.74	3.71	259.81	320.16
1999	35496.80	9529.13	26.85	1.43	0.73	6.41	256.16	573.79
2000	35684.39	10637.28	29.81	2.96	0.53	11.63	187.59	1108.15
2001	35907.78	10948.04	30.49	0.68	0.63	2.92	223.39	310.76
2002	36114.43	11515.82	31.89	1.40	0.58	5.13	206.65	567.78
2003	36310.03	12034.53	33.14	1.26	0.54	4.50	195.60	518.71
2004	36510.47	12624.21	34.58	1.43	0.55	4.90	200.44	589.68
2005	36713.55	13277.03	36.16	1.59	0.56	5.17	203.08	652.82
2006	36944.78	13878.21	37.56	1.40	0.63	4.53	231.23	601.18
2007	37181.69	14482.65	38.95	1.39	0.64	4.36	236.91	604.44
2008	37425.94	15128.26	40.42	1.47	0.66	4.46	244.25	645.61

从表 5 – 5 当中，我们可以发现以下两点重要的结论。

（1）虽然中部地区的总人口和城镇人口都在不断增加，但两者在增

加的数量和增长的速度方面存在明显差异。中部地区总人口数量由 1978
年的 2.71 亿人增长到 2008 年的 3.74 亿人，增长了 1.03 亿人，增长的幅
度为 37.96%；而同期城镇人口总量则由 1978 年的 0.38 亿人增长到 2008
年的 1.51 亿人，增长了 1.13 亿人，增幅达 294.09%。从表 5－5 中可以看
出，改革开放以来，中部地区的总人口和城镇人口都在快速增长，但是在
1978～2008 年，总人口的年均增长速度始终明显慢于城镇人口的年均增
长速度。从总人口的增长量和城镇人口的增长量方面来看，可以看出
1995 年是总人口增长量与城镇人口增长量大小的分界点。在 1995 年以
前，虽然城镇人口的增长速度大于总人口增长速度，但由于总人口的绝对
数量要远超过城镇人口的数量，因此 1995 年以前中部地区总人口增长量
要显著高于城镇人口增长量；而在 1995 年以后，经过改革开放后近 18 年
的发展，中部地区城镇人口达到了 7956.80 万人，城镇人口的基数明显增
大，再加上城镇人口的增长速度远超过总人口的增长速度，使得 1995 年
以后城镇人口每年增长的绝对量也超过了总人口的增长量。这一转换表
明，1995 年是中部地区城市化发展的转折点，1995 年以前中部地区人口
城市化的年均增长率基本在 0.5 个百分点左右波动，而在 1995 年以后其
人口城市化的增长率基本在 1.4 个百分点左右波动（个别年份除外）。可
见，1995 年以后，中部地区已经迈入了城市化进程的加速阶段，这是导
致城镇人口增长的绝对量也明显高于总人口增长的绝对量的主要原因。

（2）前文分析表明，城镇人口的增长主要来自两个方面，即城镇人
口的自然增长和农村人口向城镇的转移。因此，在不考虑行政区划变革对
人口城市化影响的情况下，我们可以将城镇人口增长率（Growth Rate of
Urban Population，GRUP）分解为城镇人口自然增长率（Natural Growth
Rate of Urban Population，NGRUP）和农村人口转移率（Transfering Rate of
Rural Population，TRRP）两个部分，其公式表达为：

$$GRUP = NGRUP + TRRP \qquad (5-2)$$

经过进一步的分析可知，1978～2008 年，中部地区人口城市化快速
发展的主要动力在于大量农村人口向城镇的转移。究其原因，主要是城镇
人口的自然增长率要低于或最多等于总人口的增长率，因为在我国城乡二

元结构问题较为突出的情况下，生育二胎政策在农村地区相对宽松，而在城镇地区则相对较紧，因此从理论上讲，总人口的自然增长率要大于或等于城镇人口的自然增长率，而小于或等于农村人口的自然增长率。从表5-5中可以看出，即便是总人口的年均增长率也明显小于城镇人口的年均增长率，因此城镇人口的年均自然增长率必然远小于城镇人口的年均增长率，故我们可以明显看出人口城市化的主要动力是乡村人口向城镇的转移。我们将总人口的年均增长率近似地等于城镇人口的年均自然增长率，那么就可以近似地估算每年从农村向城镇迁移的人口总量变化（Total Rural Population Transferred to Urban，TRPTU），其计算公式为：

$$TRPTU = TUP \times (GRUP - NGRUP) \approx TUP \times (GRUP - GRTP) \qquad (5-3)$$

式（5-3）中，TUP 为城镇人口总量（Total Urban Population，TUP），GRUP 为城镇人口年均增长率，NGRUP 为城镇人口的年均自然增长率，GRTP 为总人口的年均增长率（Growth Rate of Total Population，GRTP）。进一步计算后，我们还可以得到农村人口向城镇迁移对人口城市化的近似贡献率（Contribution Rate，CR），其计算公式为：

$$CR = TRPTU/TUPA \times 100\% \qquad (5-4)$$

式（5-4）中，TUPA 为每年增加的城镇人口总量（Total Urban Population Added，TUPA）。经计算，我们得到每年农村向城镇迁移的近似人口数量和农村人口迁移对人口城市化的近似贡献率，如表5-6所示。

从表5-6中可以看出，1979～2008 年，中部地区每年从农村向城镇迁移人口的数量呈现出波动的变化特征，其中 2000 年农村向城镇迁移的人口总量达 1057.79 万人，为 30 年来的最大值，农村人口向城镇迁移对人口城市化的贡献率高达 95.46%；而迁移的最小量发生在 1997 年，迁移的人口总量为 36.18 万人，对人口城市化的贡献率仅为 33.91%，其主要原因是 1998 年前后爆发了亚洲金融危机，城市就业形势比较严峻，因而农村向城镇迁移的人口数量显著减少。从 1979～2008 年的平均情况来看，30 年来中部地区农村人口向城镇的年平均迁移量达到了 301.38 万人，农村人口向城镇迁移对人口城市化的贡献率平均为 72.30%，可见农村人口的迁移是中部地区城市化进程的主要动力。

表5-6 中部地区农村向城镇迁移人口的数量估算及其对人口城市化的贡献率

年份	TRPTU（万人）	CR（%）	年份	TRPTU（万人）	CR（%）
1979	158.73	73.87	1994	78.89	50.80
1980	138.93	72.02	1995	438.64	84.90
1981	84.29	58.26	1996	504.59	88.27
1982	170.05	73.49	1997	36.18	33.91
1983	82.98	58.60	1998	256.02	79.97
1984	119.99	66.87	1999	508.69	88.66
1985	357.61	84.83	2000	1057.79	95.46
1986	160.72	66.68	2001	244.17	78.57
1987	183.69	66.75	2002	504.77	88.90
1988	159.72	59.95	2003	456.34	87.98
1989	130.88	54.95	2004	523.25	88.73
1990	78.44	37.99	2005	582.60	89.24
1991	74.94	41.40	2006	517.56	86.09
1992	225.20	74.99	2007	515.45	85.28
1993	139.83	66.27	2008	550.47	85.26

第三节　中部地区经济城市化状况分析

一　经济城市化概述

经济城市化是指人类社会不断从传统的农业社会向工业化社会转变的过程，在此过程当中，由于第二、第三产业不断发展，国民经济的产业结构将发生转变，从而导致劳动力不断由第一产业向第二、第三产业转移。美国经济学家罗斯托较早地阐述了在经济城市化过程中，人类社会由传统农业社会向工业社会转变的过程，并于1960年在《经济成长阶段》一书中提出了在工业化和城市化推进过程中，每个国家的经济发展都需要经历5个阶段：传统社会阶段、为起飞创造条件阶段、起飞阶段、向成熟推进阶段和高额群众消费阶段。[①] 1971年，罗斯托又在前5个阶段的基础上增

---

① 于同申：《发展经济学——新世纪经济发展的理论与政策》（第二版），中国人民大学出版社，2009。

加了追求生活质量阶段，他认为每个国家经济社会发展都必须经历6个阶段，这6个阶段都具有显著的特征。

（1）在传统社会阶段，经济社会处于原始状态，人们赖以生存的产业以农业为主，整个社会生产力低下，没有现代的科学基数，整个社会结构较为僵化，不利于经济变革。其中，中国的各个封建朝代、欧洲中世纪的各个国家都是传统社会阶段的代表。

（2）在为起飞创造条件的阶段，社会发展所需的各种条件逐渐形成，新的科学技术开始应用于农业和工业生产当中，金融机构开始出现，交通运输状况得到很大改进。在此阶段，尽管较低效率的生产方式仍在农业和工业生产中运用，但新的技术方法和高效率的生产模式开始逐步得到重视，经济社会发展的障碍逐渐被克服。这一时期属于一种新旧交替和并存的时期，在此阶段人们的收入增长仍较为缓慢。

（3）当经济社会发展迈入起飞阶段时，经济社会发展的障碍和阻力逐渐被克服，以前各种未曾利用的自然资源和生产方法开始得到广泛应用，经济社会开始快速发展，人均产值大幅度增加。起飞阶段是经济发展过程中具有分水岭意义的阶段，也是经济发展的关键阶段，起飞阶段到来的重要条件有三个：第一，农业和工业采用现代的组织技术与方法；第二，经济中的净投资上升，达到国民收入的10%；第三，产生了重要的新的工业部门，这些部门又带动了辅助部门的发展，从而导致农业劳动生产率大大提高，促使农业劳动力不断地向工业部门转移。起飞阶段一般持续20～30年，美国和法国的起飞阶段发生在1830年后的30年中，德国是在1850年后的20年中，日本则发生在1880年后的20年中。

（4）第四阶段为向成熟推进的阶段，这一阶段经济社会生产技术不断改进，并波及经济活动的各个领域，新投资维持在相当高的水平，使得经济生产的增长显著超过了人口增长，从而开发出新的出口商品，产生新的进口，使经济在世界贸易中的地位和作用不断加强。与此同时，传统的工业部门趋于稳定，新兴工业部门加速增长，人均国民生产总值持续增长，社会结构也开始发生重大转变。历史上，一般发达国家大概用近40年的时间完成了这一阶段，而目前大多数发展中国家还没有达到这一阶段。

（5）进入高额群众消费阶段，经济中的大多数资源都开始用于生产耐用消费品和提供劳务，经济社会的主导产业也转向了耐用消费品产业，同时也越来越多地应用于社会福利和社会保障事业当中，使社会服务业得到极大发展。在经济社会生产中，技术工人在劳动力中所占比重和城市居民在总人口中所占比重仍不断提高，人们的收入水平迈入了一个新的台阶。高额消费阶段是一个富裕阶段，在此阶段人们开始追求高水平的消费，而不再满足于基本的生活需求。

（6）在追求生活质量阶段，人们主要的需求不是有形的物质产品，而更多的是高品质的生产和生活服务，这一阶段经济社会的主导部门已从耐用消费品的生产转向以服务业为代表的、与提高居民生活质量密切相关的部门，如教育、医疗卫生、文化娱乐、房地产建设和旅游服务等部门，经济社会发展过程中的主要问题则演变为解决阻碍经济社会发展的各种社会问题。

经济城市化过程中的产业发展和经济结构转变问题，是城市化与区域经济发展相互作用理论体系的重要研究内容和组成部分，也是目前许多学者倡导的经济地理学的新的研究领域。[①] 关于城市化与产业结构变动的相互作用问题，国外学术界较早就进行了广泛关注，从配第和克拉克、库茨涅茨和钱纳里开始，国外众多学者从不同角度对这一问题进行了分析，研究重点也由城市化与经济发展的关系[②]、城市化与工业化的互动[③]等内容，逐渐转入到近期的城市化对服务业发展的影响[④][⑤]以及城市化与产业集聚

[①] 刘艳军、李成固：《东北地区产业结构演变的城市化响应机理与调控》，《地理学报》2009 年第 2 期，第 153 ~ 166 页。

[②] Arrow, Kenneth J., *The Economic Implication of Learning by Doing*, Review of Economic Studies, 1962, pp. 155 - 173.

[③] Chenery H B., Syrquin, M., *Patterns of Development*, *1950 - 1970*, London: Oxford University Press, 1975.

[④] Tiffen, M., "Transition in Sub-Saharan Africa: Agriculture, Urbanization and Income Growth", *World Development*, 2003, Vol. 31, No. 8, pp. 1343 - 1366.

[⑤] Hermelin B., "The Urbanization and Suburbanization of the Service Economy: Producer Services and Specialization in Stockholm. Geografiska Annaler", *Series B*: *Human Geography*, 2007, 89B（suppl.）, pp. 59 - 74.

互动关系①②等领域。在城市化与产业结构变化的研究方面，国外众多学者对此问题进行了相应研究，产生了较多的经典理论。

（1）早在 17 世纪，英国经济学家威廉·配第（William Petty）就通过研究发现，比起农业来，工业的收入要多，而商业的收入又比工业多。20 世纪 40 年代，科林·克拉克（C. G. Clark）的进一步研究表明，随着全社会人均国民收入水平的提高，就业人口首先由第一产业向第二产业转移，当人均国民收入水平有了进一步提高时，就业人口便大量向第三产业转移。这一规律的发现，被人们称为由人均收入变化而导致的产业结构演变的配第 - 克拉克定律。③

（2）美国经济学家库茨涅茨在继承配第和克拉克研究的基础上，又侧重从第一、第二、第三产业占国民收入的比重变化的角度进行统计分析，并把国民收入和劳动力在三次产业间的演变趋势结合起来，进一步论证了产业结构的演变规律。他指出：随着经济的发展，农业部门实现的国民收入在整个国民收入中的比重和农业劳动力在全部劳动力中的比重都有不断下降的趋势；工业部门在国民收入中的比重一般呈上升趋势，在工业部门的劳动力比重大体不变或略有上升；而服务业部门的劳动力相对比重几乎在所有国家都是上升的。④ 库茨涅茨进一步指出，在经济社会发展过程中，经济增长是一个总量过程，部门变化和总量变化是互为关联的，在结构变化与经济增长的关系中，首要的问题是经济总量的增长，只有总量的高速增长才能导致结构的快速演变，没有总量的足够变化，结构变化的可能性就会大大受到限制。

（3）美国经济学家钱纳里在经济发展的长期过程中考察了制造业内部各产业部门的地位和作用的变动，揭示制造业内部结构转换的原因，即产业间存在着产业关联效应，为了解制造业内部的结构变动趋势奠定了基

---

① Alonso-Villar, O., Chamorro-Rivas, J. M., Gonzalez-Cerdeira, X., "Agglomeration Economies in Manufacturing Industries: The case of Spain", *Applied Economics*, 2004, No. 36, pp. 2103 – 2116.

② Viladecans-Marsal, E., "Agglomeration Economies and Industrial Location: City-Level Evidence", *Journal of Economic Geography*, 2004, Vol. 4, No. 5, pp. 565 – 582.

③ 苏东水：《产业经济学》（第二版），高等教育出版社，2005，第 183 页。

④ 杨万钟：《经济地理学导论》（修订四版），华东师范大学出版社，1999，第 15 页。

础（苏东水，2005）。随后，钱纳里和赛尔奎因在研究各个国家经济结构转变的趋势时，进一步概括了工业化与城市化关系的一般变动模式，即随着人均收入水平的上升，工业化的演进导致产业结构的转变，带动了城市化程度的提高。从工业化导致的产业结构转变看，制造业生产比重与就业比重的上升基本上是同步的，而非农产业就业比重与生产比重的上升则表现出阶段性差别：在人均 GNP 达到 500 美元（1964 年美元）以前，生产比重的上升较快；而当人均 GNP 超过 500 美元之后，就业比重的上升明显加快。从产业结构转变对城市化进程的作用看，城市化率上升主要与就业结构变动相联系，而且与非农产业就业比重上升的联系更为密切。因此，如果说工业化带动了非农化，而非农化又带动了城市化，那么工业化对城市化的带动趋势是明显的。[①]

在经济城市化过程中劳动力在城乡之间以及不同产业之间的转移问题上，刘易斯提出了著名的两部门剩余劳动力理论模型。[②] 他认为发展中国家一般存在着二元经济结构：一个是传统的、人口众多的、仅能维持生计的部门（主要指传统农业部门），这个部门存在大量的剩余劳动力，其边际劳动生产率为零；另一个则是城市中的现代资本主义部门（主要指城市工业部门），这个部门具有很高的劳动生产率，也是接受农村剩余劳动力的部门。刘易斯认为，当城市中工业部门的工资水平高于农业部门工资水平的30%以上时，农村劳动力的供给是无限的，此时现代工业部门投资的多少和资本积累的高低将是经济发展和劳动力转移的唯一推动力。资本主义部门将生产剩余用于投资，并且以固定工资吸引维持生计部门的劳动力，随着投资的增加，维持生计部门的剩余劳动力就会源源不断地流向资本主义部门，直到农村剩余劳动力转移完为止。[③] 此后，由于劳动－土地比率下降，农村劳动力的边际生产率将不再为零，因此工业部门只能以大于粮食生产的成本才能把劳动力从农村吸引出来。此时，劳动力的供给曲

① 郭克莎：《工业化与城市化关系的经济学分析》，《中国社会科学》2002 年第 2 期，第 440～455 页。

② Lewis, W. A., "Economic Development with Unlimited Supply of Labour", *The Manchester School*, 1954, No. 5, pp. 91－131.

③ 田玉军、李秀彬、陈瑜琦等：《城乡劳动力流动及其对农地利用影响研究评述》，《自然资源学报》2010 年第 4 期，第 686～695 页。

线就会因为现代工业部门的工资和就业继续上升而称为具有正斜率的一条斜线，而不再是一条水平线，也就是劳动力不再是无限供给的了。当经济活动从传统农业部门向现代工业部门的转移达到平衡时，经济结构性质的转换就完成了（于同申，2009）。

刘易斯劳动力流动模型分析了发展中国家二元经济结构下的劳动力流动机制，但是该模型也存在以下几点不足之处：第一，它忽略了农业在工业发展中的作用，没有考虑到农业生产率对农村劳动力流动的影响；[①] 第二，该模型不能解释在城市中存在大量劳动力失业时，农村劳动力仍向城市流动的现象；[②] 第三，它没有考虑城乡劳动力流动对城市就业竞争和农村劳动力构成的影响，认为资本积累是城市和工业扩张的唯一动力，忽略了技术进步的作用（田玉军等，2010）；第四，该模型认为人口增长落后于资本积累，不应成为经济发展的阻力。

针对以上缺陷，美国经济学家费景汉（J. Fei）和古斯塔夫·拉尼斯（G. Rains）对刘易斯的二元经济理论进行了改进和完善，他们在接受劳动力无限供给假设的基础上，进一步分析了农业生产率和人口增长对劳动力流动的影响，认为只有在农业生产率提高和劳动力转移速度超过人口增长速度的情况下，才可能进入刘易斯模型的第二阶段。他们提出了劳动力转移的三个阶段：一是刘易斯模型中农业劳动力边际生产率为零的无限供给、工资率固定不变的阶段；二是农业劳动力边际生产率为正，刘易斯模型中固定工资率开始提升，即出现"第一转折点"的阶段；三是农业劳动力边际生产率和工资率相当，农业和工业开始竞争劳动力，即出现"第二转折点"的阶段。修正后的模型被称为 Lewis-Ranis-Fei 二元经济模型，简称 LRF 模型。[③]

LRF 模型虽然考虑了刘易斯所忽略的技术进步、农业发展和人口增长等因素对劳动力转移的影响，但也存在以下几点不足之处：第一，该模型

① 张焕蕊、吕庆丰：《简评刘易斯二元经济模型》，《当代经济》2008 年第 2 期，第 94 ~ 96 页。

② Todaro Michael. , "A Model of Labor Migration and Urban Unemployment in Less Developed Countries", *American Economic Review*, 1969, No. 21, pp. 157 - 170.

③ Ranis, G. , Fei, J. C. , "A Theory of Economic Development", *The American Economic Review*, 1961, Vol. 51, No. 9, pp. 533 - 565.

仍假设城市工业部门不存在失业问题，这与现实不相符，现实的情况是在城市存在大量失业的前提下，农村劳动力仍源源不断地向城市转移；[①] 第二，该理论认为城市工资水平由农业劳动力收入水平决定，并假定农业工资是常数，但现实当中发展中国家城市工资却是上升的，因此这不符合发展中国家农业工资变动的情况。[②]

为此，美国经济学家 Todaro 放弃了二元模型的假设，认为流动过程存在两个阶段，而非一个阶段，即技术素质较低的农村劳动力首先在"城市传统"部门就业，然后再在现代经济部门就业，并提出了依据这一判断的劳动力流动模型（Todaro，1969）。该模型认为：城乡收入差距的存在只是诱使农村人口向城市移民的基本因素，但人口迁移不只是对收入差距的反映，而主要是对预期收入差距的反映，预期收入差距主要由城乡实际收入差距和获得城市就业机会的可能性组成。城乡预期收入差别越大，人口流动得就越多；在任一时期，迁入者在城市现代部门找到工作的概率与现代部门新创造的就业机会成正比，与城市失业人数成反比；流动人口在城市待的时间越长，他获得工作的机会就越大，预期收入也越高。Todaro 模型很好地解释了城乡劳动力流动和城市失业现象，能较好地说明多数发展中国家的实际情况（朱农，2005）。

为充分揭示中部地区经济城市化的发展状况，本研究依据各种经典理论分析，对中部地区的经济发展水平、产业结构变化和就业结构变化情况进行全面分析。

二 中部地区经济城市化过程中的经济发展水平分析

前文已述，库茨涅茨、钱纳里等众多知名学者的研究表明，在经济社会城市化的进程中，经济发展水平是一个国家和地区城市化进程的重要标志，而人均 GDP 被认为是反映经济发展水平的重要指标。为此，本研究通过对比分析中部六省、整个中部地区以及中国的人均 GDP 变化情况，来揭示中部地区经济社会城市化过程中的经济发展水平。为更好地与钱纳

---

① 朱农：《中国劳动力迁移与"三农"问题》，武汉大学出版社，2005。
② 胡景北：《对经济发展过程中工资上升运动的解释》，《经济研究》1994 年第 3 期，第 32~43 页。

里和塞尔奎因工业化与城市化一般模式情况进行比较，我们将中部地区的人均 GDP 进行相应的折算。然而，由于钱纳里和塞尔奎因的一般模式在中国的应用存在着 GNP 和 GDP 的转化、汇率变动以及工业化衡量标准不统一等问题，因此，本研究结合实际，采用修正的"钱－塞"一般模式对中部地区经济发展水平、产业结构与人口城市化发展水平进行相应分析。如表 5－7 所示。具体修正是将 1997 年美元与 1964 年美元按照历年美国国民生产总值缩减指数进行折算（郭克莎，2002），同时考虑到历年的汇率变动问题，在以美元计算中部地区人均 GDP 时，采用当年的汇率来进行换算，以减少实际误差。

表 5－7　工业化与城市化关系变动的一般修正模式

级次	人均 GNP		产业结构变化		就业结构变化		人口城市化变化率（%）
	1964 年（美元）	1997 年（美元）	工业（%）	非农产业（%）	工业（%）	非农产业（%）	
1	70	350	12.5	47.8	7.8	28.8	12.8
2	100	500	14.9	54.8	9.1	34.2	22
3	200	1000	21.5	67.3	16.4	44.3	36.2
4	300	1500	25.1	73.4	20.6	51.1	43.9
5	400	2000	27.6	77.2	23.5	56.2	49
6	500	2500	29.4	79.8	25.8	60.5	52.7
7	800	4000	33.1	84.4	30.3	70	60.1
8	1000	5000	34.7	86.2	32.5	74.8	63.4
9	1500	7500	37.9	87.3	36.8	84.1	65.8

注：1997 年美元与 1964 年美元换算，使用此期间美国 GDP 缩减指数，换算因子为 5。如果采用钱纳里等的方法，则换算因子为 6 左右。

通过计算，我们得到了 1978～2008 年中部六省、整个中部地区和我国人均 GDP 的变化情况。如表 5－8 所示。

从表 5－8 中可以看出，中部六省人均 GDP 变化大体可以分为四个时段。

第一阶段为 1978～1993 年，这一时期中部六省人均 GDP 水平都比较低，基本在 350 美元以下（在 1993 年仅山西和湖北两省的人均 GDP 超过了 350 美元）。此阶段对应着"钱－塞"模式的第 1 级水平之前的发展阶

表 5-8　以 1997 年不变价格计算的中部六省、中部地区和
中国人均 GDP 变化情况

单位：美元

年份	山西	安徽	江西	河南	湖北	湖南	中部地区	中国
1978	109	93	106	93	116	134	106	165
1979	119	100	121	100	133	145	117	175
1980	122	101	124	113	140	151	123	187
1981	123	117	130	121	147	157	130	194
1982	142	123	140	124	163	169	141	208
1983	161	136	148	151	170	182	156	228
1984	196	162	168	164	203	197	179	259
1985	210	185	189	183	233	219	201	290
1986	224	203	199	189	243	234	212	311
1987	235	210	212	213	260	252	227	341
1988	254	218	232	229	276	267	243	373
1989	267	225	243	240	285	272	252	383
1990	280	226	249	246	292	278	259	392
1991	292	218	266	259	304	296	269	422
1992	329	252	312	291	343	330	305	476
1993	371	297	338	333	382	365	344	536
1994	410	337	363	376	430	401	382	600
1995	459	382	383	428	481	437	425	658
1996	513	428	423	484	532	485	474	716
1997	571	475	470	530	590	534	524	775
1998	628	512	498	572	637	576	566	828
1999	673	556	532	614	682	620	608	883
2000	736	598	586	666	779	673	667	950
2001	811	647	632	725	845	745	727	1022
2002	915	707	692	792	921	824	800	1107
2003	1051	771	776	876	1008	907	889	1210
2004	1212	869	872	997	1118	1014	1004	1324
2005	1364	962	977	1135	1250	1115	1124	1454
2006	1525	1097	1091	1290	1416	1233	1266	1614
2007	1745	1251	1224	1480	1623	1408	1444	1815
2008	1886	1407	1365	1656	1837	1584	1610	1968

段，即在 1993 年前后，中部六省才相继进入"钱－塞"模式的第 1 级水平，可见这一阶段在中部地区历时较长，达 16 年之久。在此阶段，虽然中部六省的人均 GDP 水平较低，但始终保持着较快的增长速度。1978～1993 年，山西、安徽、江西、河南、湖北和湖南六省的人均 GDP 分别增长了 262 美元、204 美元、232 美元、240 美元、266 美元和 231 美元，增长幅度分别达 240.37%、219.35%、218.87%、258.06%、229.31% 和 172.39%，年均增长速度分别为 8.51%、8.05%、8.04%、8.88%、8.27% 和 6.91%。

第二阶段为 1993～1997 年，这一时期中部地区人均 GDP 由 350 美元左右，快速上升到了 500 美元左右，对应着"钱－塞"模式由第 1 级水平向第 2 级水平跨越的发展阶段。在此期间，山西和湖北两省的人均 GDP 在 1996 年就进入了 500 美元行列，跨入了"钱－塞"模式的第 2 级水平；而河南和湖南两省则于 1997 年进入 500 美元行列，而安徽和江西在 1998 年才进入此行列。相对于前一阶段来看，这一阶段的跨越所花的时间只有 5 年左右，因此这一阶段的耗时相对较短。

在第三阶段的发展过程中，也就是经济发展水平由"钱－塞"模式的第 2 级发展水平向第 3 级发展水平过渡的阶段当中，中部六省的发展在时间上的差距开始拉大。其中，山西和湖北两省经济发展水平相对较高，两省的人均 GDP 在 2003 年便超过了 1000 美元，其中山西省为 1051 美元，湖北省为 1008 美元，因此两省于 2003 年正式进入"钱－塞"模式的第 3 级发展水平；2004 年，湖南省的人均 GDP 也达到了 1014 美元，也迈入了第 3 级发展水平；2005 年，河南省人均 GDP 也超过 1000 美元；而安徽和江西两省则在 2006 年才超过 1000 美元，正式迈入第 3 级发展水平。但从"钱－塞"模式的第 2 级水平向第 3 级水平跨越所花的时间上来看，中部六省所花费的时间相差不大，其中山西和湖北两省为 1996～2003 年，历时 8 年；湖南为 1997～2004 年，历时也为 8 年；安徽和江西为 1998～2006 年，历时 9 年；河南省则为 1997～2005 年，历时也为 9 年。

第四阶段为从 1000 美元开始，跨过 1500 美元的阶段，对应着"钱－塞"模式由第 3 级发展水平向第 4 级发展水平的跨越。其中，山西省在 2006 年跨过了 1500 美元，达到了第 4 级发展水平；2007 年，湖北省人均

GDP 也跨过 1500 美元，迈入这一发展水平行列；而河南和湖南两省则在 2008 年迈入了此行列。相对来讲，安徽和江西两省的经济发展水平和发展速度都较慢，截至 2008 年，两省的人均 GDP 分别为 1407 美元和 1365 美元，尚未迈入第 4 级发展水平；与安徽和江西两省形成鲜明对比，山西省和湖北省经济发展水平较高，2008 年两省的人均 GDP 分别达到了 1886 美元和 1837 美元，开始向"钱 - 塞"模式的第 5 级发展水平迈进。

从整个中部地区的经济发展水平看，依据"钱 - 塞"工业化与城市化发展的一般判断模式，其发展也可以划分为四个阶段。第一阶段为 1978～1993 年，在此期间整个中部地区经济发展水平处于"钱 - 塞"发展模式的第 1 级发展水平之前，在 1993 年达到了第 1 级水平；第二阶段为 1993～1997 年，中部地区的人均 GDP 由 344 美元上升到 1997 年的 524 美元，实现了由第 1 级发展水平向第 2 级发展水平的跨越，耗时为 5 年；第三阶段为 1997～2004 年，其人均 GDP 由 524 美元上升到 2004 年的 1004 美元，增长了 480 美元，实现了向第 3 级发展水平的跨越；第四阶段为 2004～2008 年，在此期间中部地区的人均 GDP 超过了 1500 美元，实现了向"钱 - 塞"模式第 4 级发展水平的跨越。

从以上分析可见，改革开放以来中部六省和整个中部地区经济发展水平都有了明显提高，其人均 GDP 先后跨过了"钱 - 塞"发展模式的四个发展阶段。在此期间，山西、安徽、江西、河南、湖北和湖南六省的人均 GDP 分别增长了 1777 美元、1314 美元、1259 美元、1563 美元、1721 美元和 1450 美元，分别增长了 16.30 倍、14.13 倍、11.88 倍、16.81 倍、14.84 倍和 10.82 倍，年均增长速度分别达到了 9.97%、9.48%、8.89%、10.07%、9.64% 和 8.58%；在此期间，整个中部地区人均 GDP 也从 1978 年的 106 美元增长到 2008 年的 1610 美元，增加了 1504 美元，增长了 14.19 倍，年均增长速度达 9.49%。与中部六省和整个中部地区相比，中国人均 GDP 水平的增长幅度和增长速度相对要慢。1978～2008 年，中国人均 GDP 增长了 1803 美元，仅增长了 10.93 倍，年均增长速度也只有 8.61%。不过，由于中国人均 GDP 的基数相对较大，因此虽然其增长速度略低于中部六省和整个中部地区，但其经济发展水平仍显著高于中部六省和整个中部地区。

从全国的平均水平来看，中国人均 GDP 在 1988 年就超过了 350 美元，进入了"钱－塞"模式的第 1 级发展水平，而中部六省基本在 1994 年才迈过了这一阶段。因此，在迈过第 1 级发展水平时，中部六省与全国平均水平相比落后了 5 年左右的时间。中国人均 GDP 水平在 1993 年达到了 536 美元，迈过了"钱－塞"模式的第 2 级水平，而中部地区最早迈过这一界限的山西和湖北两省为 1996 年，最晚的安徽和江西两省为 1998 年，两者相差 3～5 年。2001 年，中国人均 GDP 超过了 1000 美元，开始迈入"钱－塞"模式的第 3 级发展水平，而中部地区的山西和湖北两省在 2003 年迈过了 1000 美元，最晚的安徽和江西两省在 2006 年才迈过 1000 美元，两者相差的时间为 2～5 年。2006 年，我国人均 GDP 迈过了 1500 美元，进入"钱－塞"模式的第 4 级发展水平；山西省迈过 1500 美元的时间与其相同，但同期山西省人均 GDP 比全国平均水平低 89 美元；安徽和江西两省在 2008 年仍未迈过 1500 美元，因此这两省与全国平均水平的差距至少为 3 年。2008 年，中国人均 GDP 已达 1968 美元，接近 2000 美元，开始迈入"钱－塞"，模式的第 5 级发展水平；同年山西和湖北两省的人均 GDP 也超过了 1800 美元，与其差距不是太大；但湖南、安徽、江西等中部省份与其差距较大，尤其是江西省 2008 年人均 GDP 才 1365 美元，与全国平均水平相差 603 美元。

从整个中部地区与全国平均水平的对比来看，两者迈过 350 美元的时间分别为 1994 年和 1988 年，相差时间为 6 年；迈过 500 美元的时间分别为 1997 年和 1993 年，相差时间为 4 年；迈过 1000 美元的时间分别为 2004 年和 2001 年，相差时间为 3 年；迈过 1500 美元的时间分别为 2008 年和 2006 年，相差时间为 2 年。根据以上分析可以看出，整个中部地区与我国在进入相同经济发展水平时，两者相差的时间逐渐缩短，可见中部地区的经济发展水平和我国的平均水平正在逐渐缩小。

三　中部地区经济城市化过程中的产业结构变化分析

所谓产业结构是指生产要素在各产业部门间的比例构成和它们之间相互依存、相互制约的联系，即一个国家或地区的劳动力、资金、各种自然资源与物质资料在国民经济各部门之间的配置状况及其相互制约的方式

（杨万钟，1999）。各产业部门的构成及相互之间的联系、比例关系不尽相同，对经济增长的贡献大小也不同。依据配第 - 克拉克和库茨涅茨等经典的产业演变理论，在经济城市化过程中，一个国家或地区的第一产业比重不断下降，而第二、第三产业的比重必然上升。钱纳里和塞尔奎因则更进一步揭示了在不同的经济城市化发展阶段，工业和非农产业在国民经济当中所占比重的变化范围。如表 5 - 7 所示。为充分揭示中部地区城市化过程中的产业结构演变特征，本研究以工业占国民经济比重的变化为例，对中部六省、中部地区和我国工业占国民经济的比重变化情况进行详细比较分析，其结果如表 5 - 9 所示。

表 5 - 9　1978 ~ 2008 年中部六省、中部地区和中国工业占国民经济比重变化

单位：%

年份	山西	安徽	江西	河南	湖北	湖南	中部地区	中国
1978	54.7	31.8	26.6	36.3	34.5	35.3	36.1	44.1
1979	53.4	31.6	25.4	36.1	31.3	33.3	34.7	43.6
1980	53.5	31.3	27.7	35.1	37.9	34.1	36.1	43.9
1981	48.1	27.1	26.3	33.1	35.8	32.0	33.4	41.9
1982	44.7	27.6	25.0	33.7	34.2	30.7	32.6	40.6
1983	46.1	28.7	26.4	30.6	35.1	30.6	32.5	39.8
1984	45.4	29.8	29.5	31.5	36.7	31.6	33.8	38.7
1985	46.6	30.6	30.4	32.0	38.6	31.4	34.5	38.3
1986	46.3	30.6	30.9	34.7	37.3	31.3	34.7	38.6
1987	45.9	30.6	30.2	32.1	38.2	31.9	34.2	38.0
1988	44.9	31.9	30.9	34.5	39.0	32.6	35.3	38.4
1989	44.9	33.3	29.7	33.1	38.6	33.1	35.1	38.2
1990	43.5	33.9	27.2	30.9	34.5	29.6	32.8	36.7
1991	45.0	37.0	28.3	32.2	35.9	29.2	34.0	37.1
1992	43.6	36.6	28.7	37.6	37.0	28.8	35.3	38.2
1993	43.5	37.4	32.3	40.9	35.9	32.1	37.0	40.2
1994	42.0	35.3	28.4	42.8	34.1	30.3	35.9	40.4
1995	40.8	31.1	26.9	42.0	32.3	30.9	34.7	41.0
1996	41.2	30.3	26.7	41.2	32.2	31.1	34.4	41.4
1997	42.4	30.0	27.3	40.6	32.6	31.7	34.6	41.7
1998	40.9	30.1	27.7	39.3	33.4	31.8	34.1	40.3
1999	41.1	30.2	27.2	38.3	35.3	31.4	34.2	40.0
2000	40.6	30.5	27.2	39.6	35.1	30.8	34.5	40.4

年份	山西	安徽	江西	河南	湖北	湖南	中部地区	中国
2001	41.0	32.7	27.7	39.5	35.0	30.8	34.9	39.7
2002	42.6	31.7	28.7	40.0	35.0	30.5	35.1	39.4
2003	45.2	32.0	30.8	41.9	35.4	31.9	36.5	40.5
2004	47.9	31.3	33.0	42.6	35.3	32.3	37.3	40.8
2005	50.7	33.8	35.9	46.2	37.4	33.6	40.1	42.2
2006	52.7	35.7	38.7	48.8	38.6	35.6	42.1	43.1
2007	54.8	37.4	41.4	50.0	37.4	36.7	43.2	43.0
2008	54.3	39.3	42.7	51.9	38.2	38.4	44.6	42.9

从表 5 - 9 中我们可以得出以下结论。

（1）山西省工业在国民经济中所占比重最高，其变化大体呈现出先下降、后上升的两个发展阶段。第一阶段为 1978~2000 年，其工业所占比重由 1978 年的 54.7% 下降到 2000 年的 40.6%；第二阶段为 2000~2008 年，其工业所占比重又呈现出明显上升趋势，由 2000 年的 40.6%，上升到 2008 年的 54.3%，基本与 1978 年的比重相当。结合"钱 - 塞"模式，与人均 GDP 的发展水平相比，山西省的工业化水平要超前得多，自 1978~2008 的 31 年里，其工业化水平始终处在"钱 - 塞"模式第 9 级发展水平之后。可见，相对于经济发展水平来讲，山西省的工业属于畸形的发展形态。这主要是由于山西省是资源型省份，改革开放以来，山西省始终是我国的能源和原材料工业基地，工业在国民经济中占据了极为重要的份额。

（2）1978~2008 年，安徽省工业化水平大体可以划分为两个阶段。第一阶段为 1978~1997 年，在此阶段其工业化所占比重呈现出下降—上升—下降的波动变化过程，大体呈倒"N"型的变化模式，其间其工业化水平最高为 1993 年的 37.4%，最低为 1981 年的 27.1%。对比"钱 - 塞"模式，山西省工业所占比重大体处于"钱 - 塞"模式的第 5~9 级的发展水平。而与此形成鲜明对比的是，在此阶段，安徽省的人均 GDP 水平只处于"钱 - 塞"模式的第 1~2 级的发展水平，相差 4~7 个级别，可见安徽省工业化水平与其经济发展水平在此期间偏差十分巨大。究其原因是，改革开放至 20 世纪 90 年代中期，在国民经济发展的过程中，我国一直十分注重工业发展，其间通过工农产品的剪刀差使农业剩余不断流向工业，促使工业快速发展；另外，中部地区原本就有一定的工业基础，因此在这样一种发展政策当中，其工业发展水平自然得到了超前的发展。这一发展特征在其他中部省份也一样有所体现。第二阶段为 1997～2008 年，其间安徽省工业所占比重由 1997 年的 30% 上升至 2008 年的 39.3%，进入了"钱－塞"模式的第 6～9 级发展水平，而在此阶段安徽省的人均GDP 仅处于"钱－塞"模式的第 2～4 级发展水平，相差 4～5 个级别。究其原因是，在此阶段虽然第三产业开始蓬勃发展，但工业仍然是国民经济发展的重点，与其他中部省份一样，安徽省的工业主要也是能源、原材料和各种重化工业，工业的发展吸收农村劳动力有限，对国民经济的带动能力不强，因而在工业发展过程中，国民经济发展水平相对落后。

（3）与安徽省变化趋势较为一致，1978～2008 年，江西、河南、湖北和湖南四省的变化大体也可以划分为两个阶段。第一阶段大体为 1978～1996 年，其间四省的工业所占比重都呈现出显著的波动变化趋势，江西和河南两省达到工业化的时间为 1978～1998 年，波动的范围分别为（25.0%，32.3%）和（30.6%，42.8%）；湖北省为 1978～1995 年，波动的范围为（31.3%，39%）；湖南省为 1978～1994 年，波动的范围为（28.8%，35.3%）。在此期间四省的工业所占比重对应着"钱－塞"模式的第 4～9 级的水平，但其人均 GDP 只处于"钱－塞"模式的第 1～2级的水平，两者相差 3～7 个级别。第二阶段为 1996 年前后至 2008 年，其间江西、河南、湖北和湖南四省工业所占比重均呈显著的上升趋势，其中江西工业所占比重由 1999 年的 27.2% 上升的 2008 年的 42.7%，河南由 1999 年的 38.3% 上升到 2008 年的 51.9%，湖北由 1996 年的 32.2% 上升到 2008 年的 38.2%，湖南则由 1995 年的 30.9% 上升到 2008 年的38.4%。在此期间，四省的工业所占比重跨越了"钱－塞"模式的第 5～9 级水平，但在此期间其人均 GDP 仅处于第 2～5 级水平，两者相差 3～4个级别。由于江西、河南、湖北和湖南四省与安徽省情况相当，因此四省呈现出两段变化的主要原因与安徽省类似。

图 5－1 反映了中部地区和我国工业占国民经济比重的对比情况。从图中可以看出以下两个特点。

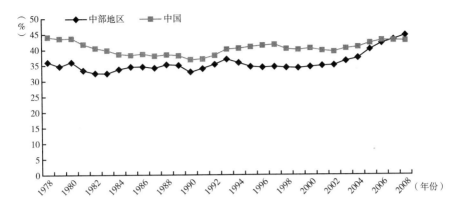

图 5 - 1 1978 ~ 2008 年中部地区和中国工业所占比重变化趋势

（1）从总体上讲，中部地区工业在国民经济中所占比重要显著小于我国的平均水平。1978 ~ 1993 年，中部地区工业所占比重与我国的平均水平的差距在逐渐缩小；1993 ~ 2000 年，两者的差距开始逐渐拉大。在 2003 年以后，中部地区工业仍在不断发展，因而其在国民经济中所占比重与全国平均水平又开始缩小，并最终在 2007 年与我国平均水平基本持平，2008 年则超过了我国的平均水平。从图 5 - 1 中还可以看出，1978 ~ 2008 年，中部地区工业所占比重的变化与全国的变化趋势基本一致，呈现出先下降、后上升的变化规律，但中部地区下降的更为平缓而上升的较为迅速，中国工业占国民经济比重的变化情况则刚好与此相反。

（2）改革开放以来，中部地区和我国的工业在国民经济所占比重的变化基本可以分为两个阶段。第一阶段为 1978 ~ 1990 年，中部地区和我国的工业在国民经济所占比重均呈现出下降的趋势，其中中部地区的工业所占比重由 1978 年的 36.1% 下降到 1990 年的 32.8%；而中国的工业所占比重则由 1978 年的 44.1% 下降到 1990 年的 36.7%。相对于"钱－塞"模式的发展水平来看，在此期间中部地区的工业所占比重对应着其第 7 ~ 9 级的发展水平，而中国的工业所占比重则对应着"钱－塞"模式第 9 级以后的水平；相对于中部地区和中国人均 GDP 的变化情况来看，在此时期，中部地区的人均 GDP 尚处于"钱－塞"模式第 1 级水平以前的阶段，而中国则已跨入了第 1 级水平。如表 5 - 8 所示。因此，从工业化与经济发展水平的差距上看，中部地区和全国的平均水平相差幅度相当。这一阶段工业比重与经济发展水平产生巨大偏差，是我国自新中国成立以来，一直通过工农产品剪刀差将农业剩余转移至工业、加速发展工业的结果。第二阶段为1991～2008年，在此期间中部地区和我国的工业在国民经济中所占比重都呈现出明显的增长趋势，中部地区工业所占比重由1991年的34.0%，经过一个近似为倒V型的波动期，然后逐渐上升到2008年的44.6%，大体处于"钱－塞"模式的第7～9级的发展水平；而中国工业所占比重则由1991年的37.1%，一直呈波动状态增长到2008年的42.9%，始终在"钱－塞"模式的第9级发展水平。在此阶段，中部地区的人均GDP由269美元增长到1610美元，跨过了"钱－塞"模式的第1～4级发展水平，而中国的人均GDP则由422美元增长到1968美元，大体处于"钱－塞"模式的第2～5级发展水平。如表5－8所示。由此可见，在此时期中部地区的产业结构与其经济发展水平相差5～6级，而中国的产业结构与其经济发展水平相差4～7级，两者的差距大体相当。

四 中部地区经济城市化过程中的就业结构分析

就业结构又称社会劳动力分配结构，一般指国民经济各部门所占用的劳动力数量、比例及其相互关系，或指不同就业人口之间及其在总就业人口中的比例关系，它表明了劳动力资源的配置状况或变化特征。就业结构是衡量经济结构是否合理的重要指标之一，合理的就业结构可以有效地促进国民经济快速发展，提高经济社会的生产效益，使得在使用一定的资源后，经济产出能达到最大。根据经典的产业结构演变理论，随着经济的发展，劳动力资源将不断地由农村的农业生产转向城市的非农产业，因此农业生产的劳动力资源所占比重将不断下降，而非农产业的劳动力资源所占比重将不断上升。钱纳里和塞尔奎因进一步指出了在工业化和城市化的不同发展阶段，非农产业劳动力所应达到的比例。如表5－7所示。为揭示中部地区非农产业劳动力所占比重的变化情况，我们对中部六省的非农产业劳动力资源所占比重进行对比分析，以揭示它们的变化规律，其结果如图5－2所示。

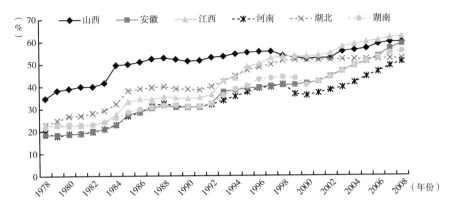

图 5 - 2 1978～2008 年中部六省非农产业就业比重变化

从图 5 - 2 中可以得出以下结论。

（1）在中部六省当中，相对来讲山西省的非农产业就业比重最高，其变化大体可以划分为三个阶段。第一阶段为 1978～1984 年的快速增长时期，其间山西省非农就业比重由 1978 年的 34.9% 上升到 1985 年的 49.9%，上升了 15 个百分点，增幅为 42.98%，年均升高 2.14 个百分点；第二阶段为 1985～1997 年的平稳增长阶段，其间山西省非农就业比重由 1985 年的 50.1% 上升到 1997 年的 55.7%，增长了 5.6 个百分点，增幅为 11.18%，年均仅升高 0.43 个百分点；第三阶段为 1998～2008 年的波动增长阶段，其间山西省的非农就业比重由 1998 年的 53.9%，呈先下降然后逐渐上升的发展趋势，增长到 2008 年的 60.2%，增长了 6.3 个百分点，增幅为 11.69%，年均上升 0.57 个百分点。

相对于"钱－塞"发展模式的就业结构来讲（见表 5 - 7），山西省在其第一阶段的就业结构比重相当于"钱－塞"模式的第 2～4 级的发展水平，第二阶段相当于第 4～5 级的发展水平，第三阶段相当于第 4～6 级的发展水平。

相对于工业占国民经济的比重来讲，自 1978 年以来，山西省工业占国民经济的比重始终超过了"钱－塞"模式第 9 级的发展水平（见表 5 - 9），而山西省的就业结构则处于第 2～6 级的发展水平，因此就业结构明显落后于工业的发展。相对于经济发展水平来讲（见表 5 - 8），在第一阶段，山西省人均 GDP 低于 200 美元，处于"钱－塞"发展模式的第 1 级发展水平以前的阶段；在第二阶段，山西省人均 GDP 从 200 美元增长到 571 美元，实现了"钱－塞"发展模式的第 1 和第 2 级发展水平的跨越，因此在此阶段，山西省经济发展水平落后于就业结构的发展水平；在第三阶段，山西省人均 GDP 从 628 美元，增长到 1886 美元，处于"钱－塞"模式的第 2~5 级发展水平，而此阶段的就业结构处于第 4~6 级发展水平，因此经济发展水平与就业结构的差距显著缩小。

（2）相对于安徽、江西、河南和湖南四省来讲，湖北省是中部地区非农产业发展水平较高的省份，1978~2008 年，其非农就业比重大体可以划分为四个阶段。第一阶段与山西省的非农就业比重变化趋势较为一致，即在 1978~1985 年，湖北省非农就业比重呈现出快速的上升趋势，其间湖北省非农就业比重由 1978 年的 23% 上升到 1985 年的 38.2%，上升了 15.2 个百分点，增幅为 66.09%，年均升高 1.9 个百分点；第二阶段为 1986~1991 年的平稳波动阶段，其间湖北省非农就业比重由 1986 年的 39.3% 上升到 1988 年的 40.1%，然后又下降到 1991 年的 38.5%，在此期间非农就业比重的最大波动幅度为 1.6 个百分点；第三阶段为 1992~1999 年，是又一个快速增长阶段，其间湖北省非农就业比重由 1992 年的 40.1% 上升到 1999 年的 52%，上升了 11.9 个百分点，增长幅度为 29.68%，就业比重年均提高 1.49 个百分点；第四阶段为 2000~2008 年的平稳变化阶段，其间湖北省的非农就业比重呈现出略微的增长态势，其值由 2000 年的 52% 平稳变化到 2008 年的 52.7%，9 年间仅提高了 0.7 个百分点。

对比"钱－塞"的发展水平分类，湖北省的就业结构在第一阶段实现了"钱－塞"模式的第 1 级发展水平向第 2 级发展水平的跨越，第二阶段则处于第 2~3 级发展水平，第三阶段则实现了从第 2 级发展水平向第 3 和第 4 级发展水平的跨越，第四阶段则处于第 4~5 级发展水平。也就是说，改革开放以来，湖北省的非农就业比重实现了从第 1 级发展水平向第 4 级发展水平的跨越，并逐步迈入第 5 级发展水平。

从工业占国民经济比重来看，1978~2008 年，湖北省工业所占比重始终处于"钱－塞"发展模式的第 8~9 级以及第 9 级以后的发展水平，而在此期间湖北省的非农就业结构比重实现了第 1~5 级水平的跨越，因此，产业结构和就业结构的偏差在逐渐缩小。

从经济发展水平来看，在第一阶段和第二阶段，湖北省人均 GDP 均低于 350 美元，处于"钱－塞"模式的第 1 级发展水平之前的阶段；而在此期间，其就业结构已经处于"钱－塞"模式的第 1～3 级发展水平。因此在此阶段，湖北省经济发展水平显著落后于就业结构。第三阶段，湖北省人均 GDP 由 1992 年的 343 美元增长到 1999 年的 682 美元，跨越了"钱－塞"模式的第 1 级和第 2 级发展水平；在此期间，其就业结构则处于第 2～4 级发展水平。因此，在第三阶段，就业结构和经济发展水平差距相比第一和第二阶段有所缩小。第四阶段，湖北省经济发展水平实现了"钱－塞"模式第 3 级水平和第 4 级水平的跨越，并逐渐迈向第 5 级发展水平；而此阶段湖北省就业结构也处于第 4 级和第 5 级发展水平之间。因此，第四阶段产业结构和经济发展水平已基本一致。

（3）从图 5－2 中可以明显看出，安徽、江西、河南和湖南四省的非农产业就业所占比重的变化趋势一致。1978～2008 年，四省的变化大体可以分为三个阶段。第一阶段为 1978～1985 年的较快增长阶段，其间安徽、江西、河南和湖南四省非农产业就业所占比重分别由 1978 年的 18.3%、22.8%、19.4% 和 21.7%，增长到 1985 年的 27.8%、33.3%、27% 和 28.7%，分别上升了 9.5 个、10.5 个、7.6 个和 7 个百分点，上升幅度分别为 51.91%、46.05%、39.18% 和 32.26%，年均分别提高了 1.19 个、1.31 个、0.95 个和 0.88 个百分点。相对于"钱－塞"模式来讲，该阶段四省在非农产业就业比重大体对应着第 1 级发展水平。第二阶段为 1986～1991 年的波动变化时期，该阶段四省在非农产业就业比重分别由 1986 年的 28.6%、34.2%、28.5% 和 29.9%，大体呈先略微上升，然后又略微下降的倒 V 型变化趋势，变化到 1991 年的 30.8%、34.7%、30.7% 和 31.1%，总体上讲，6 年来四省非农就业比重分别提高了 2.2 个、0.5 个、2.2 个和 1.2 个百分点。相对于"钱－塞"模式的就业结构来讲，在此期间安徽、河南和湖南三省处于第 1～2 级的发展水平，江西则略微超过了第 2 级的发展水平。第三阶段为 1992～2008 年的快速上升时期，在此阶段，安徽的非农就业比重由 1992 年的 32.6%，以先慢后快的增长趋势提高到 2008 年的 59.3%，提高了 26.7 个百分点，增长幅度分别为81.9%，年均提高1.57个百分点；江西则从1992年的36.6%，以先快后慢的增长趋势上升到2008的62.6%，提高了26个百分点，增长幅度为71.04%，年均提高1.53个百分点；而河南和湖南两省则分别由1992年31.8%和32.5%，首先呈现出波动增长的态势，分别提高到2000年36%和40.7%，然后又呈快速增长的趋势，分别提高到2008年的51.2%和56%。在此阶段，两省的非农就业比重分别提高了19.4个和23.5个百分点，提高幅度为61%和72.31%，年均分别提高1.14个和1.38个百分点。在第三阶段的发展过程中，安徽、江西和湖南三省非农就业比重基本实现了"钱-塞"模式从第2级发展水平向第5级发展水平的跨越，而河南省则只实现了从第2级发展水平向第4级发展水平的跨越。以"钱-塞"发展模式为标准，相对于工业发展水平来讲，1978~2008年，安徽、江西、河南和湖南四省基本处于第5~9级的发展水平，而非农就业结构则处于第1~5级的发展水平，两者相差近4个级别，因此工业化发展水平和就业水平偏差较大；而相对于经济发展水平来讲，以"钱-塞"发展模式为标准，1978~2008年，安徽、江西、河南和湖南四省处于第1~4级的发展水平，因此经济发展水平与就业结构水平较为一致。

图5-3显示了整个中部地区和我国非农就业比重的变化状况。从图中可以看出，中部地区非农就业比重和我国非农就业比重的变化趋势十分一致，中部地区的非农就业比重始终低于我国的平均水平，但两者之间的

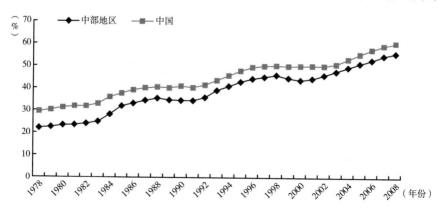

图5-3 1978~2008年中部地区和中国非农就业所占比重变化

差距总体在不断缩小。1978～2008 年，中部地区和中国非农就业比重的变化大体可以分为三个阶段。第一阶段为 1978～1988 年的快速增长期，在此阶段，中部地区和中国的非农就业比重分别由 1978 年的 22% 和 29.5%，分别提高到 1988 年的 35.4% 和 40.6%，分别提高了 13.4 个和 11.1 个百分点，上升幅度为 60.91% 和 37.63%，年均提高 1.22 个和 1.01 个百分点。以"钱－塞"发展模式为标准，此阶段中部地区和中国的非农就业比重都跨越了第 1 级和第 2 级发展水平。第二阶段为 1989～2000 年的波动增长阶段，在此期间，中部地区和中国非农就业所占比重分别由 1989 年的 34.7% 和 40%，呈波动状态上升到 2000 年的 43.7% 和 50%，分别提高了 9 个和 10 个百分点，上升幅度为 25.94% 和 25%，年均提高 0.75 个和 0.83 个百分点。在此阶段，中部地区的非农就业结构处于"钱－塞"发展模式的第 2～3 级水平，而中国则处于第 2～4 级水平。第三阶段为 2001～2008 年，是又一快速增长时期，在此阶段，中部地区和中国的非农就业比重分别由 2001 年的 44.5% 和 50%，上升到 2008 年的 55.8% 和 60.4%，分别提高了 11.3 个和 10.4 个百分点，增长幅度分别为 25.39% 和 20.8%，年均分别提高 1.41 个和 1.3 个百分点。在此期间，中部地区的非农就业比重处于"钱－塞"模式的第 3～5 级发展水平，而中国则处于第 4～6 级发展水平，中部地区比中国的平均水平落后 1 个发展级别。

以"钱－塞"发展模式为参考标准，1978～2008 年，中部地区工业占国民经济比重始终处于第 7～9 级以及第 9 级以后的发展水平，其非农就业所占比重实现了从第 1～5 级发展水平的跨越，产业结构和非农就业结构的偏差较大，但偏差在逐渐缩小；而在此期间，中国的工业占国民经济比重始终维持在第 8～9 级以及第 9 级以后的发展水平，其非农就业结构处于第 2～6 级的发展水平，两者的偏差也较大，但偏差也在逐渐缩小。从经济发展水平来看，1978～2008 年，中部地区的经济发展水平实现了"钱－塞"模式当中的第 1～4 级发展水平的跨越，而非农业就业所占比重也处于第 1～5 级发展水平，因此经济发展水平和就业结构水平相当；对于中国来讲，1978～2008 年，其经济发展水平实现了第 1～4 级发展水平的跨越，并已基本达到第 5 级发展水平，而中国的非农就业所占比重处于第 2～6 级的发展水平，两者总体上也比较一致。因此，从总体上看，中部地区在以工业占国民经济比重、非农就业比重和人均 GDP 等指标衡量的产业结构、就业结构和经济发展水平这三个方面，均落后中国约 1～2 个级别的发展水平，但产业结构和就业结构的偏差以及就业结构和经济发展水平的偏差大体一致。

五　中部地区经济城市化过程综合分析

为更好揭示中部地区的经济发展水平、产业结构、就业结构和人口城市化发展水平之间的关系是否协调，本研究对中部地区经济城市化的各项指标进行综合比较，其结果如表 5－10 所示。通过选择 1978～2008 年有代表性的 7 个年份，本研究对中部地区的经济城市化状况进行总体分析，从中可以得到以下几点结论。

表 5－10　1978～2008 年中部地区经济城市化状况综合分析

年份	人均 GDP（美元）	产业结构（%）		就业结构（%）		人口城市化率（%）
		工业	非农产业	工业	非农产业	
1978	106	36.1	60.8	12.8	22.0	14.2
1983	156	32.5	58.5	13.4	24.8	16.4
1988	243	35.3	66.6	19.6	35.4	19.7
1993	344	37.0	73.8	20.7	39.1	21.6
1997	524	34.6	73.4	22.1	45.1	24.7
2004	1004	37.3	81.9	21.7	49.4	34.6
2008	1610	44.6	85.1	24.6	55.8	40.4

注：表中人均 GDP 水平以 1997 年的不变价格计算。

（1）1978～1988 年，以"钱－塞"发展模式为参考标准（见表 5－7），以人均 GDP 来衡量，则中部地区尚处于第 1 级发展水平以前的发展阶段。以工业占国民经济比重来看，中部地区已进入"钱－塞"模式的第 6～9 级的发展水平；以非农产业占国民经济比重来看，其发展已进入第 2～4 级的发展水平。以工业就业所占比重来看，中部地区处于第 2～4 级的发展水平；以非农产业就业所占比重来看，其发展分别跨过第 1 级和第 2 级发展水平。在此阶段，以人口城市化为衡量标准，中部地区也处于第 1～2 级发展水平。可以看出，在此阶段以非农产业占国民经济比重反映的产业发展水平和以工业就业比重反映的就业结构水平较为一致，而以非农产业就业比重反映的就业水平和以人口城市化反映的城市化水平也较为一致。因此，我们可以得出以下结论：首先，1978～1988年，中部地区的工业在国民经济所占比重过大，而以人均GDP为标准所反映的经济发展水平严重滞后；其次，人口城市化和就业结构较为一致，不存在人口城市化滞后现象，但相对于工业就业所占比重和非农产业占国民经济比重，中部地区的人口城市化存在滞后现象。究其原因是，中部地区以能源、原材料和各种重化工业为主体的工业在中部地区占主导地位，工业吸纳农村劳动力的能力十分有限，而且在此阶段，我国人口城乡二元结构现象尤为突出，人口在城乡流动存在较为明显的障碍体制，因此相对于工业就业比重、非农产业占国民经济比重等指标来看，中部地区的经济发展水平和人口城市化水平存在滞后现象。

（2）1993～1997年，以人均GDP来衡量，中部地区跨越了"钱－塞"发展模式的第1级和第2级发展水平。以工业占国民经济比重来看，中部地区处于第8～9级的发展水平；而以非农产业占国民经济比重来看，其发展大体处于第5级发展水平。以工业就业所占比重看，中部地区处于第4～5级的发展水平；而以非农就业所占比重来看，其发展尚处于第2～3级的发展水平。在此阶段，人口城市化发展十分缓慢，其人口城市化水平始终在22%左右，因此大体处于第2级发展水平。从以上分析可以看出，1993～1997年，中部地区工业在国民经济所占比重仍然过大，但此阶段人口城市化水平、经济发展水平和以非农就业比重所反映的就业结构水平已基本趋于一致。然而，在以工业占国民经济比重和工业就业所占比重来看，中部地区的人口城市化水平、经济发展水平和非农就业水平是存在滞后现象的。究其主要原因是，在此期间，一方面，中部地区工业在国民经济中仍占据主导地位，而且吸纳农村劳动力能力不强；另一方面，与沿海地区相比，中部地区第三产业发展缓慢，没有为农村人口提供大量的非农就业机会。因此，从总体上讲，非农产业吸纳农村劳动力就业也十分有限，对人们收入水平提高的作用不显著，因而导致人口城市化水平、经济发展水平和非农就业水平相对较低。

（3）2004～2008年，以人均GDP来衡量，中部地区跨越了"钱－塞"发展模式的第3级和第4级发展水平。以工业占国民经济的比重来看，中部地区处于第 9 级及其以上的水平；以非农产业占国民经济比重来看，则大体处于第 7 级发展水平左右。以工业就业所占比重来看，中部地区大体处于第 5 级发展水平左右；以非农就业所占比重来看，则处于第 3～4 级发展水平。在此阶段，中部地区人口城市化水平为 34.6%～40.4%，大体处于"钱－塞"模式的第 3～4 级发展水平。因此，2004～2008 年，中部地区的经济发展水平、非农就业所占比重以及人口城市化水平的发展已基本一致。在此阶段，中部地区的工业占国民经济的比重仍然过大，工业就业所占比重显著高于非农产业就业，这表明中部地区仍然在以工业作为国民经济的主导，第三产业发展缓慢，对国民经济增长的贡献不足，吸纳农村劳动力的能力十分有限。

第四节　中部地区土地城市化状况分析

一　土地城市化概述

土地城市化又称为景观城市化或空间城市化，但土地城市化相对更为具体，它主要是指在城市扩张过程中，城市土地面积的增加导致农村地域面积的缩小，它是景观城市化或空间城市化的核心；而景观城市化或空间城市化不但包括城市土地面积的扩展，更包括因形成新的城镇地域，使得城镇的基础设施和服务设施不断完善，城镇数量显著增加，进而导致城乡空间结构变化和景观视觉变化。产生土地城市化的根本原因在于城市经济规模和发展水平的扩大。研究表明，在较长时间内，由于经济规模及其水平与城市规模高度一致，因此经济活动规模的扩大使得城市的土地需求增加。而就整个发展阶段而言，城市经济处于较低水平时，对土地的需求相对较小；随着城镇化的加快，在城市发展追求大都市化理念的驱使下，城市各项经济建设不断向前推进，工业用地比重增加，建设用地需求不断膨胀，城市土地向外不断扩张，城市规模不断刷新。城市对土地的需求主要产生于三个方面，即交通等基础设施的延伸、工业企业的扩张和居民居住地的扩展。

1. 对外交通基础设施的延伸与土地城市化

随着城市规模的不断扩大，城市对外界资源的需求不断增加，因此与外界联系的方式也需要进一步加强，为此高速公路、铁路以及高速铁路不断涌现，城市对外交通基础设施不断扩张。交通基础设施的完善，可以使人们沿现有的道路通达任何方向，使人们出行距离大大增加，这又为城市的进一步扩张提供了条件。于是，交通基础设施周边的土地得到开发，使得城市沿交通沿线不断拓展开来，进而使得城市由"点"向"线"扩张，又由"线"逐渐向"面"扩张。当交通等基础设施完善后，城市由原来的"点"状或"触须"状，逐渐转变为大致"圆形""扇形""方形"等形状，城市的面积大大增加。当城市规模扩张到一定程度后，又为城市高铁、地铁的建设创造了条件，而地铁的出现又使得地铁周边的土地价值不断增加，城市向地铁周边扩张的作用尤为明显。例如，1863 年世界第一条地铁在伦敦建成后，随着地铁和郊区铁路向四面八方延伸，伦敦的通勤半径由 1850 年的不到 5 公里迅速增长到 24 公里，城市面积在短短的时间内得以成倍的增长。

2. 工业企业的扩张与土地城市化

工业企业的扩张带动城市化的扩张，这是城市化的传统推进模式。由于规模经济效益，工业企业为了追求更高的经济效益，企业之间往往呈现出集聚发展的倾向，因而形成了规模不等的工业园区。另外，企业为了降低生产成本，增强自身的竞争力，会尽可能地进行扩大再生产，这就需要占用更多的土地兴建厂房和各种附属设施。于是，城市在工业企业的带动下，急剧向外扩张，从而使得城市的土地面积不断增加、规模不断扩大。随着人类社会由工业文明不断向生态文明的迈进，目前，城市工业企业在扩张方式上又呈现出新的特点。第一，随着城市用地日趋紧张以及城市居民对生活环境需求的日益升高，再加上城市中的第三产业污染小，在单位土地面积上所创造的价值要远超过大型的工业企业，导致城市中大型工厂、高耗能和高污染企业的外迁倾向尤为强烈。由于这类工业企业需要占用大量土地，因此这些企业的外迁使得郊区土地的利用性质发生明显变化，城市土地面积迅速增长，城市又开始新一轮的蔓延。第二，随着交通、通信和信息技术的快速发展，企业的生产受传统区位因子的限制越来越小；与此同时，现代工业的专业化生产协作形成许多规模宏大的联合企业，这类企业集聚人口众多，所需占地面积大，因而通常采取飞地型城市化的方式，从而促使城市周边卫星城市不断增加，城市的土地面积迅速扩大。

3. 居住用地的扩展与土地城市化

根据城市演化变迁过程可知，城市起初规模的不断扩大，是人口不断向城市集中的过程，即在城镇化初级阶段人口大量向城市迁移，而土地是承载人类生产、生活的基本载体，城市中大量增加人口必然需要占用大面积的土地来满足正常的生活和发展。居住是城市的主要功能之一，通常住宅用地占城市用地的比重也最大，在城市向外围扩张过程中，居民居住用地的扩散对土地城市化起着十分重要的作用。城市居住用地不断向城市外围扩散的主要原因是，城市人口的增加和改善居住条件的欲望不断增强，从而导致城市住宅大量并持续不断的兴建。在发达国家，由于生活水平较高，人们追求带庭院的独户住宅，进而导致住宅在外围市区的扩散较为稀疏；在我国，由于城市用地比较紧张，新建住宅一般采用居住区集中布局的方式，因而住宅的扩散距离较为有限。但自20世纪90年代以来，我国城市住宅用地大规模增加，使得住宅向郊区外推进的现象已经十分显著。此外，居民居住用地的扩张还会带动与其配套的生活服务基础设施的扩展，例如商业服务、学校、医疗机构、文化娱乐、保健等部门的扩张，进而使得城市土地面积扩展的速度进一步加大。

以上分析表明，城市土地面积的扩张是工业化、城镇化进程中社会经济发展的必然阶段，然而城市化是否一直会导致农村土地面积不断减少，进而影响国家粮食安全？对于这一问题的研究一直存在较大争议，部分研究者认为城市的不断扩张，必然导致农村土地面积的持续减少，进而会对粮食安全造成影响；但也有部分研究认为，城市化在初期会大量占用耕地，但伴随着经济发展方式的转变和制度的不断完善，经济发展过程中对城市建设用地扩张的依赖强度会逐渐降低，土地城市化的速度会逐渐降低，因而当城市化发展到一定阶段后，城市用地会趋于稳定，因而不会对粮食安全造成影响。李效顺等人（2012）①的研究认为，从理论上讲，产生这一变化的原因大致可以概括为以下四个方面。

---

① 李效顺、曲福田、陈友偲等：《经济发展与城市蔓延的 Logistic 曲线假说及其验证——基于华东地区典型城市的考察》，《自然资源学报》2012年第5期，第713～722页。

（1）城市发展阶段的转变。当经济规模发展到一定水平时，伴随高新技术产业和服务业的壮大，土地密集型产业的比重会迅速增加并成为城市的主体，此后经济发展对建设用地的压力将渐渐得到缓和，这就使得城市用地的扩张可能呈现出先增加、后减小的轨迹。

（2）土地利用效率的提高。在城市化扩张的初期，在土地利用方式上走的是粗放型道路，即依靠大量占用土地来满足经济发展的需要。然而，由于土地资源的稀缺性和位置的固定性等特点，单纯依靠土地的持续不断供应来满足发展的无限需求已经行不通。此外，再加上建筑技术、科学技术的迅猛发展以及对土地资源可持续利用观念的强化，集约化的土地利用方式成为在城市经济持续发展与建设用地有限供给矛盾不断激化背景下，土地利用的有效途径。因此，土地利用方式从粗放型向集约型转变，将使城市土地由横向扩展向纵向利用转变，最终表现出城市土地扩张速度的不断减缓。

（3）居住环境要求的转变。当人口规模集中到一定程度或者超过环境容量时，"城市病"就会产生并不断恶化，城市设施将逐步失去方便、快捷的特性。另外，随着人居理念和田园式规划理论的深入，人类对优越、自然和宜人的环境品质更加青睐，于是，逆城市化现象产生，偏好田园自然环境的居民开始远离城市，从而减弱了城市土地的压力。这种由追求优越居住环境要求转变引起的逆城市化演变过程，也会缓解城市土地扩展的速度。

（4）土地利用政策的转变。就中国经济发展过程而言，在经济发展的不同阶段，国家政策目标倾向和管理手段在很大程度上会影响城市规模的扩张。例如，我国在经济发展初级阶段，会以经济建设为中心，经济增长必然导致城市建设用地需求膨胀和耕地损失。然而，当可持续发展成为全球社会经济发展的共同趋势以后，耕地保护在基本国策中的地位日益彰显，各级政府对耕地保护的绩效逐步重视，这就从另一方面制约了城市土地扩张的规模和速度。

二　中部地区土地城市化发展状况分析

从以上分析可知，土地城市化最为显著的表现就是城市面积的扩大、城市建成区面积的增加、城市道路的扩展和城市居住用地的增长。因此，为便于比较分析，本研究从城市建成区面积和人均道路面积两个方面的变化情况，来揭示中部地区土地城市化的发展状况，数据主要来源于《中国城市统计年鉴（1991～2009）》。

1. 中部地区城市建成区面积变化分析

表 5－11 反映了 1990 年以来中部地区城市建成区面积的变化情况，从中可以看出，1990 年以来，中部六省城市建成区面积的变化可以 1996 年为分界点，分成两个时段。因为从表 5－11 中可以明显看出，1996 年和 1997 年，中部地区城市建成区面积产生了突变，这种突变可能是由于在 1996 年我国首次对各类土地面积进行了详查，因而在 1996 年以前和以后，城市建成区面积统计的口径发生了变化。为便于比较和分析，必须对中部六省和中部地区的城市面积进行分时段分析，即 1990～1996 年为第一时段，1997～2008 年为第二时段。

从表 5－11 中可以看出，1990～1996 年，中部地区的城市建成区面积呈现出显著的线性增长趋势。其中，山西、安徽、江西、河南、湖北和湖南六省的城市建成区总面积分别增加了 159 平方公里、243 平方公里、108 平方公里、310 平方公里、396 平方公里和 180 平方公里，增长幅度分别为 39.95%、61.52%、36.73%、49.28%、60.00% 和 34.09%，7 年间中部六省城市建成区面积年均分别增长了 22.71 平方公里、34.71 平方公里、15.43 平方公里、44.29 平方公里、56.57 平方公里和 25.71 平方公里，年均增长速度分别为 5.76%、8.32%、5.35%、6.91%、8.15% 和 5.01%。可见在此期间，中部地区城市空间扩展较为迅速，城市的发展占用了较多的农村土地。

1997～2008 年，中部地区的城市建成区面积仍呈线性的增长趋势，其间山西、安徽、江西、河南、湖北和湖南六省的城市建成区总面积分别增加了 288 平方公里、736 平方公里、350 平方公里、803 平方公里、565 平方公里和 461 平方公里，增长幅度分别为 81.82%、152.07%、152.17%、128.89%、102.73% 和 92.02%，12 年间中部六省的城市建成区面积年均增长了 24.00 平方公里、61.33 平方公里、29.17 平方公里、66.92 平方公里、47.08 平方公里和 38.42 平方公里，年均增长速度分别为 5.59%、8.77%、8.77%、7.82%、6.64% 和 6.11%。可见，除湖北省的城市建成区年均增长面积和年均增长速度在 1997～2008 年这一时段低于 1990～1996 年这一时段外，无论是城市建成区总面积的增长量和增长幅度，还是城市建成区的年均增长面积和年均增长速度，中部地区在 1997～2008 年这一时段均要显著高于 1990～1996 年这一时期。其主要原因是在 1997～2008 年，依据诺瑟姆的城市发展阶段理论，中部地区城市化普遍进入了加速增长时期，因此这一时期的城市土地面积扩张更为显著。

表 5-11　1990～2008 年中部六省和中部地区城市建成区面积变化

单位：平方公里

年份	山西	安徽	江西	河南	湖北	湖南	中部地区
1990	398	395	294	629	660	528	2904
1991	415	487	297	683	695	567	3144
1992	443	571	307	742	721	602	3386
1993	461	613	318	801	762	642	3597
1994	505	492	330	830	987	698	3842
1995	514	518	365	880	1001	690	3968
1996	557	638	402	939	1056	708	4300
1997	352	484	230	623	550	501	2740
1998	367	551	211	670	683	524	3006
1999	378	645	234	695	607	564	3123
2000	470	779	340	785	662	591	3627
2001	489	782	365	859	688	648	3831
2002	519	839	393	944	755	693	4143
2003	541	897	436	1016	806	788	4484
2004	554	983	513	1075	818	754	4697
2005	574	1179	491	1207	838	778	5067
2006	578	1073	551	1286	1040	809	5337
2007	617	1114	558	1360	1076	870	5595
2008	640	1220	580	1426	1115	962	5943

由于中部六省的城市建成区面积都呈现出显著的增长趋势，因此整个中部地区城市建成区面积也呈现出线性的增长态势。1990～1996 年，中部地区城市建成区总面积由 2904 平方公里增加到 4300 平方公里，增加了 1396 平方公里，增长幅度为 48.07%；7 年间中部地区城市建成区面积年均增长 199.43 平方公里，年均增长速度为 6.76%。1997～2008 年，中部地区城市建成区总面积由 2740 平方公里增加到 5943 平方公里，增加了

3203 平方公里，增长幅度为 116.90%，12 年间中部地区城市建成区面积年均增长 266.92 平方公里，年均增长速度为 7.29%。可见，1990～2008年，中部地区城市建成区总面积增长了 4599 平方公里，因此可以说，中部地区城市的扩张对农村土地的占用较为明显。从两个时段中部地区城市化发展的差异状况来看，1997～2008 年中部地区建成区面积年均增长量为 266.92 平方公里，高出 1990～1996 年这一时段的 199.43 平方公里，年均增长速度快出 0.53 个百分点。

2. 中部地区人均道路铺设面积变化

土地城市化的另一个显著变化就是交通等基础设施的扩张，交通基础设施扩张最为显著的变化就是道路面积的显著增长，因此我们可以从人均道路铺设面积的变化状况来进一步揭示中部地区土地城市化的变化状况。表 5-12 显示了 1990～2008 年中部六省和整个中部地区的人均道路铺设面积变化情况。

表 5-12　1990～2008 年中部六省和中部地区人均道路铺设面积变化

单位：平方米/人

年份	山西	安徽	江西	河南	湖北	湖南	中部地区
1990	2.26	2.09	1.76	2.49	3.12	1.81	2.35
1991	2.46	2.41	1.81	2.67	3.74	1.93	2.60
1992	2.64	2.65	1.86	2.85	3.64	2.06	2.72
1993	2.82	2.82	1.90	3.04	3.71	2.27	2.87
1994	3.07	3.06	1.96	3.07	4.30	2.24	3.04
1995	3.35	3.55	2.19	3.28	4.06	2.16	3.15
1996	3.56	3.59	2.39	3.31	3.93	2.28	3.22
1997	3.69	3.99	2.56	3.33	4.43	2.44	3.45
1998	4.05	4.38	2.72	3.35	4.53	2.54	3.61
1999	4.19	4.13	2.91	3.36	4.50	2.66	3.64
2000	3.92	4.16	3.06	3.36	3.88	2.51	3.48
2001	4.11	4.30	2.99	3.36	4.24	2.56	3.59
2002	4.03	4.41	3.02	3.35	4.34	2.60	3.63
2003	4.34	4.94	3.08	3.37	4.59	2.75	3.83
2004	4.16	4.78	3.30	3.59	4.84	3.20	3.99
2005	4.09	5.16	3.38	3.90	5.04	3.50	4.21
2006	4.22	5.20	3.46	4.21	5.10	3.77	4.37
2007	4.36	5.40	3.74	4.17	5.45	3.84	4.52
2008	4.48	5.55	3.96	4.16	5.73	3.89	4.64

从表 5 – 12 中可以明显看出，1990～2008 年，中部六省的人均道路铺设面积始终呈现出显著的增长趋势，其间山西、安徽、江西、河南、湖北和湖南六省的人均道路铺设面积分别增加了 2.22 平方米/人、3.46 平方米/人、2.20 平方米/人、1.67 平方米/人、2.61 平方米/人和 2.08 平方米/人，增长幅度分别为 98.23%、165.55%、125.00%、67.07%、83.65% 和 114.92%，年均增长速度分别为 3.87%、5.58%、4.61%、2.89%、3.43% 和 4.34%。在此期间，整个中部地区的人均道路面积则由 2.35 平方米/人，增加到 2008 年的 4.64 平方米/人，增加了 2.29 平方米/人，增长幅度为 97.45%，年均增长速度为 3.85%。由于 1990～2008 年中部六省以及中部地区的人口城市化水平都有较大幅度提高，因此中部六省和整个中部地区城镇人口数量大幅度增加，而在此期间人均道路铺设面积又呈现显著的增长趋势，因此，道路铺设总面积增长的幅度和增长速度将远远超过人均道路面积的增长幅度和增长速度，可见，在此时期中部地区城市道路的扩张较为明显，而道路的扩张也是土地城市化的重要动力。从表 5 – 12 中还可以看出，1990～2008 年，中部地区人均道路面积随着时间的推移而呈现出显著的线性或非线性增长规律，为更好地揭示中部六省和中部地区人均道路面积随时间的变化规律，本研究将中部地区人均道路面积与时间进行相应的回归分析，其结果如表 5 – 13 所示。

表 5 – 13　中部地区人均道路面积随时间变化的回归方程模型

区　　域	回归方程形式	R^2
山　西	$y = 0.838 ln(x) + 1.938$	0.935
安　徽	$y = 0.182x + 2.206$	0.961
江　西	$y = 0.120x + 1.536$	0.974
河　南	$y = -3E - 5x^5 + 0.001x^4 - 0.022x^3 + 0.139x^2 - 0.179x + 2.591$	0.983
湖　北	$y = 0.001x^3 - 0.039x^2 + 0.396x + 2.861$	0.911
湖　南	$y = -2E - 5x^5 + 0.001x^4 - 0.018x^3 + 0.114x^2 - 0.182x + 1.937$	0.976
中部地区	$y = 0.112x + 2.392$	0.964

从表 5 – 13 中可以看出，1990～2008 年，中部地区人均道路铺设面积的变化都呈现出显著的线性函数、对数函数、多项式函数的变化关系，而且相应的 R^2 都达到了 0.9 以上，说明方程具有极为显著的解释意义。根据回归方程的变化趋势，我们可以看出在今后的一段时间内，中部地区人均道路面积仍将呈现出显著的增长趋势，这将给中部地区农业用地造成较大的压力。

第六章　中部地区城市化对粮食安全影响的定量分析

第一节　中部地区城市化系统与粮食安全系统评价指标体系构建

一　城市化系统与粮食安全系统评价指标选取的原则

测度指标的选取是建立测度中部地区城市化进程中粮食安全水平的基础，也是决定该指数优劣的关键。定量城市化进程中的粮食安全水平涉及城市化系统和粮食安全系统的各个方面，因而是一项系统而复杂的工作。如前所述，城市化系统以及粮食安全系统各因素之间都相互影响、相互联系，因此有必要把城市化系统和粮食安全系统看成是结构复杂、层次多变的有机整体。为较好地测度中部地区城市化进程中的粮食安全水平，我们必须科学地选择相应的指标，构建系统的评价指标体系，从而准确地测量城市化水平和粮食安全水平，并深刻揭示在城市化整体推进过程中的粮食安全动态变化状况。因此，本研究以系统科学为指导，在针对中部地区城市化发展现状和粮食安全现状的基础上，根据指标选取的规范和步骤，构建出城市化与粮食安全的测度评价指标体系。在系统评价指标体系的涉及过程中，除了要符合统计学的基本规范外，还必须遵循以下原则。

1. 代表性和简明科学性原则

测度指标应该结合中部地区城市化和粮食安全的实际情况，根据城市化和粮食安全的特点进行选取，并力求反映城市化和粮食安全的本

225

质。应该选取代表性较强的典型指标，尽可能以最少的指标包含最多的信息，避免选入意义相近、重复、关联性过强或具有导出关系的指标，力求使指标体系简洁易用。同时，指标体系一定要建立在科学基础上，要能真实反映各子系统和指标间的相互联系，指标概念必须明确，并且有一定的科学内涵，能够科学、客观、真实地度量和反映城市化系统、粮食安全系统的结构和功能的现状以及发展趋势、发展潜力和目标的实现程度。

2. 系统性和层次性原则

城市化和粮食安全指标体系是一项复杂的系统过程，指标体系既要能全面、真实地反映城市化进程中的人口变化、经济变化、土地变化和生产、生活方式变化四大方面的基本特征，以及维护粮食安全过程中的粮食生产资源变化、粮食生产能力变化和粮食消费能力变化三大方面的基本特征，同时又要能表征城市化和粮食安全各方面之间的协调关系。各指标之间必须相互独立又相互联系，共同构成一个有机的统一整体。所选择指标的侧重点要有所不同，指标体系应该逐层细化，每一层的指标本身也应具有良好的层次结构特性，越基层的指标门类越要具体，越高层的指标综合程度越要高。

3. 全面性和准确性原则

全面性是指所选取的指标覆盖面要尽可能的广，不仅要反映城市化和粮食安全的一个局部或某一具体方面，更要反映它们的整体变化；准确性是指统计的数据必须真实而可靠，必须以统计部门发布的相关统计数据为基础，以相关研究文献的数据为补充，在数据出现不一致的情况下，尽可能地以统计数据为准，以避免数据出现不一致的情况。

4. 可操作性和可比性原则

指标体系的构建要以理论分析为基础，并广泛征询相关专家的意见，同时又必须考虑统计实践的可操作性和现实数据资料的可获取性。也就是说，指标体系的设置要考虑指标量化和指标数据获取的难易程度等问题，要尽可能利用现有统计资料，使数据易于获得并具有可测性和可比性，而且计算范围的口径要一致。同时，指标体系的评价结果在时间上必须实现现状与过去可比，在空间上实现不同区域之间可比。

5. 动态导向性原则

城市化过程和粮食安全状态变化都是一个动态过程，其评价标注也应该是一个相对的、发展的概念。因此，选择的评价指标体系必须能够反映中部地区城市化和粮食安全的历史、现状、潜力及其演变趋势，揭示其内在的发展规律。指标体系应该能指示城市化和粮食安全的发展和协调状况，体现静态与动态的统一，具有时间和空间变化的敏感性，从而指导城市化发展和粮食安全建设政策的制定、调整和实施。

二　城市化系统与粮食安全系统评价指标体系的确定

在联合国推荐了指标体系后，指标体系便成了各国学者关注的热点。根据前文所做分析可知，尽管城市化与粮食安全分别属于两个不同的系统，但因人类城市发展和粮食生产的物质性及活动的多样性，城市化与粮食安全通过多种资源的衔接，存在多种密切的相互关系，两个系统及它们的子系统、各要素之间已经形成相互作用、相互连接、相互影响的复杂关系。本研究以系统科学理论为指导，分别构建城市化与粮食安全的评价指标体系，然后对两者之间的关系进行分析与评价，因此，指标体系的建立就成为研究城市化进程中粮食安全变化的基础性工作。在遵循代表性和简明科学性、系统性和层次性、全面性和准确性、可操作性和可比性、动态导向性等原则的基础上，本研究分别采用频度统计法、理论分析法、专家咨询法对指标进行设置和筛选。

首先进行频度统计。利用中国期刊全文数据库，对 1994～2010 年发表在《地理学报》《自然资源学报》《地理研究》《地理科学》《经济地理》《经济研究》《管理世界》《中国软科学》《中国农村经济》等国内相关权威期刊上，有关城市化的 27 篇文献和有关粮食安全的 24 篇文献进行频度统计分析，从中选出近年来研究者使用频度较高的指标。其次，对城市化系统（Urbanization System，US）和粮食安全系统（Food Security System，FSS）进行理论分析，在充分考虑城市化与粮食安全相互关联性的基础上，确定从人口城市化（Population Urbanization，PU）、经济城市化（Economic Urbanization，EU）、土地城市化（Land Urbanization，LU）三个方面，将城市化系统进行内行的扩充和特征综合，同时从粮食生产安全

（Food Production Security，FPS）和粮食消费安全（Food Consumption Security，FCS）两个方面，将粮食安全进行指标分解和特征细化。考虑到城市化和粮食安全相关分析指标可能存在正负功效的差异，本研究借鉴中国科学院可持续发展研究组的研究成果，将指标划分为水平、压力和抗逆3个功能团。在指标体系初步选定的基础上，再征询城市化和粮食安全两个研究领域有关专家的意见，对指标进行调整，最后确定城市化和粮食安全的评价指标体系，如表6－1所示，为分析中部地区城市化进程中的粮食安全水平变化奠定基础。

表6－1　中部地区城市化和粮食安全的测度指标

系统层	功能团	指标层（C）	指标释义
城市化系统（US）	人口城市化（PU）	X₁₁城镇人口比重（%）	反映人口城市化的总体水平
		X₁₂城镇人口规模（万人）	反映城市对农村人口的吸纳水平
		X₁₃第二、第三产业就业人口比重（%）	反映人口的非农就业状况
		X₁₄城市人口密度（人/平方公里）	反映城市土地人口承载状况
	经济城市化（EU）	X₂₁人均GDP（元）	反映城市化对经济发展的总体贡献
		X₂₂第二、第三产业产值比重（%）	反映地区生产总值中非农产业的贡献程度
		X₂₃第二、第三产业GDP密度（万元/平方公里）	反映单位城市面积中的土地产出水平
		X₂₄人均工业产值（元/人）	反映工业对经济发展的贡献程度
	土地城市化（LU）	X₃₁城市建成区面积（平方公里）	反映城市总体发展对土地资源的占用情况
		X₃₂人均建成区面积（平方米/人）	反映城镇人口对城市规模的需求状况
		X₃₃人均道路铺设面积（平方米/人）	反映道路对土地资源的占用情况
		X₃₄人均公共绿地面积（平方米/人）	反映城市生态建设对土地资源的占用情况
粮食安全系统（FSS）	粮食生产安全（FPS）	Y₁₁人均耕地面积（公顷/人）	反映粮食安全的自然资源基础
		Y₁₂农业劳动力总量（万人）	反映粮食安全的人力资源基础
		Y₁₃单位耕地面积化肥施用量（千克/公顷）	反映农业的现代化发展水平
		Y₁₄单位耕地面积农业机械动力（千瓦时/公顷）	反映农业的机械化投入水平
		Y₁₅单位耕地面积粮食产量（千克/公顷）	反映粮食的产出水平
	粮食消费安全（FCS）	Y₂₁人均粮食占有量（千克/人）	反映人均可拥有的粮食资源
		Y₂₂人口增长率（%）	反映人口增长对粮食的需求
		Y₂₃人均财政收入水平（元/人）	反映政府维护粮食消费安全的能力
		Y₂₄城镇居民可支配收入（元/人）	反映城镇居民维护粮食消费安全的能力
		Y₂₅单位农业劳动力粮食产粮（千克/人）	反映农村居民保障粮食消费安全的能力

三　城市化系统与粮食安全系统各指标的处理和指标权重的确定

1. 指标的标准化处理

城市化进程中的粮食安全水平测度涉及城市化系统中的人口城市化、经济城市化和土地城市化等 3 个子系统以及粮食安全系统中的粮食生产安全和粮食消费安全 2 个子系统。城市化各功能团和粮食安全各功能团中涉及的各单项指标性质各不相同，数量级别也可能差距很大，因此在构成相似性度量时，其所占的优势就存在很大不同。另外，由于原始指标的量纲不同，有的是实物量，有的是价值量，有的是人均量，有的是百分比，因而各数据之间缺乏可比性。因此，为了解决各指标不同量纲难以汇总的问题，首先就必须对各指标进行标准化处理。本研究采用极值标准化的方法对原始数据进行标准化处理，城市化与粮食安全两个系统的各项指标存在两类，一种是正作用指标，该类指标越大越好；另一种是副作用指标，该类指标越小越好。针对这两类指标，其标准化处理方法分别如下：

$$对于正作用指标：X'_{ij} = X_{ij}/max(X_j)$$
$$对于副作用指标：X'_{ij} = min(X_j)/X_{ij} \qquad (6-1)$$

式（6-1）中，X'_{ij} 和 X_{ij} 分别为第 i 年第 j 项指标标准化后的值和原始值，$max(X_j)$ 和 $min(X_j)$ 分别为中部地区城市化系统和粮食安全系统的第 j 项指标的最大值和最小值。

由此标准化公式，我们得到 1990 年城市化系统和粮食安全系统中的各项指标的标准化值均为 1，也就是说，本评价指标体系以 1990 年为基准，其指数值为 1，这样就便于分析、比较以后各年的发展状况。

2. 评价指标体系各指标权重的确定

指标权重是指在相同目标约束下，各指标的重要性关系。在多指标综合评价中，权重具有举足轻重的作用。确定权重的方法有多种，如特尔非法、层次分析法、主成分分析法、熵权系数法等。本研究拟采用层次分析法来确定评价指标的权重。层次分析法的主要步骤如下。

（1）明确问题。把握所研究问题包含的因素及各因素之间的关系，尽量掌握充分的信息。

（2）建立层次结构模型。将所研究问题的各因素进行分组，把每一组作为一个层次，按照目标层、准则层、指标层的形式排列起来。

（3）构造判断矩阵。判断矩阵表示针对上一层次中的某元素而言，评定该层次中各有关元素相对重要性的情况，并按 1~9 的标度进行赋值。1~9 标度的意义如表 6-2 所示。

表 6-2   1~9 标度含义

标　度	含　义
1	表示两个元素相比,对上一目标两者同等重要
3	表示两个元素相比,对上一目标前者比后者稍重要
5	表示两个元素相比,对上一目标前者比后者明显重要
7	表示两个元素相比,对上一目标前者比后者强烈重要
9	表示两个元素相比,对上一目标前者比后者极其重要
2、4、6、8	表示上述相邻判断的中间值

这样对目标层而言，准则层 b 就有 n 个两两比较元素构成了一个两两比较的判断矩阵，判断矩阵如表 6-3 所示。

表 6-3   判断矩阵

A	B_1	B_2	...	B_4	W
B_1	b_{11}	b_{12}	...	b_{1n}	W_1
B_2	b_{21}	b_{22}	...	b_{2n}	W_2
...	...	...	...	...	...
B_4	b_{n1}	b_{n2}	...	b_{nn}	W_n

其中 b_{ij} 表示相对于目标层而言，元素 B_i 相对于元素 B_j 的重要性程度。

（4）判断矩阵的计算。根据 n 个元素 b_1，b_2，…，b_n 对于目标层 A 的判断矩阵，求出它们相对于 A 的权重 W_i，其计算公式为：

$$W_i = \frac{\left(\prod\limits_{j=1}^{n} b_{ij}\right)^{1/n}}{\sum\limits_{k=1}^{n}\left(\prod\limits_{j=1}^{n} b_{kj}\right)^{1/n}} (i = 1,2,3,\cdots,n) \tag{6-2}$$

式（6-2）中，b_{ij} 为 i 行中，B_i 相对于各元素（B_1，B_2，$\cdots$，B_n）的重要性值；$\sum\limits_{k=1}^{n}\left(\prod\limits_{j=1}^{n} a_{kj}\right)^{1/n}$ 为 i 行的 $\left(\prod\limits_{j=1}^{n} a_{ij}\right)^{1/n}$ 的总和。根据以上公式计算出 $W = [W_1，W_2，\cdots，W_n]^T$（T 为矩阵转置符号），即为所求的特征向量。然后计算最大特征根，其计算公式如下：

$$\lambda_{max} = \sum_{i=1}^{n} \frac{(AW)_i}{nW_i} \tag{6-3}$$

式（6-3）中，$(AW)_i$ 为向量 AW 的第 i 个分量。

（5）判断矩阵的检验。一般情况下，判断矩阵不可能具有完全的一致性。为检验判断矩阵是否具有一致性，需要计算一致性指标，其公式为：

$$CI = \frac{\lambda_{max} - n}{n - 1} \tag{6-4}$$

式 6-4 中，n 为判断矩阵的阶数。然后将 CI 值与平均随机一致性指标 RI（如表 6-4 所示）值进行比较。

表 6-4　平均随机一致性指标（RI）一览表

阶数	1	2	3	4	5	6	7	8	9	10	11	12
RI	0	0	0.58	0.90	1.12	1.24	1.32	1.41	1.45	1.49	1.52	1.54

一般而言，1 阶或 2 阶判断矩阵，总是具有完全一致性。但对于 2 阶以上的判断矩阵就不具有完全一致性，此时就要计算判断矩阵随机一致性比率 CR，其计算公式为：

$$CR = CI/RI \tag{6-5}$$

一般来说，当 $CR < 0.10$ 时，就认为判断矩阵具有令人满意的一致性；否则，当 $CR \geqslant 0.10$ 时，就需要对判断矩阵进行调整，直到满意为

止。按照以上步骤，就可以分别计算得到所有一级因素及所有单项指标的权重系数。

3. 城市化系统和粮食安全系统各指标权重的确定

（1）城市化系统各指标权重的确定。根据层次分析法的计算过程和步骤，在充分把握城市化各子系统以及各子系统中各单项指标之间相互联系的基础上，并综合众多专家的咨询意见，我们构造了城市化系统（US）对各城市化子系统的判断矩阵 US – USᵢ，以及人口城市化子系统、经济城市化子系统、土地城市化子系统对其各自的单项指标的判断矩阵 PU – X、EU – X 和 LU – X。

A – Bᵢ 判断矩阵及其排序（既是层次单排序，也是层次总排序）结果如表 6 – 5 所示。

表 6 – 5　城市化各子系统相对于城市化系统（X – Xᵢ）判断矩阵

US	PU	EU	LU	W_i
PU	1	1	3	0.429
EU	1	1	3	0.429
LU	1/3	1/3	1	0.143

表 6 – 5 中，$\lambda_{max} = 3.00022$，判断矩阵的一致性指标 CI = 0.00011，判断矩阵的随机一致性矩阵指标 RI = 0.58，判断矩阵的随机一致性比值 CR = CI/RI = 0.00019 < 0.10。

表 6 – 6　人口城市化各单项指标相对于人口城市化子系统（X₁ – C）判断矩阵

PU	X_{11}	X_{12}	X_{13}	X_{14}	W_i
X_{11}	1	2	3	3	0.455
X_{12}	0.5	1	2	2	0.263
X_{13}	1/3	0.5	1	1	0.141
X_{14}	1/3	0.5	1	1	0.141

表 6 – 6 中，$\lambda_{max} = 4.01265$，判断矩阵的一致性指标 CI = 0.0042，判断矩阵的随机一致性矩阵指标 RI = 0.90，判断矩阵的随机一致性比值 CR = CI/RI = 0.0047 < 0.10。

表 6 - 7　经济城市化各单项指标相对于经济城市化子系统（$X_2 - C$）判断矩阵

EU	X_{21}	X_{22}	X_{23}	X_{24}	W_i
X_{21}	1	1	3	2	0.351
X_{22}	1	1	3	2	0.351
X_{23}	1/3	1/3	1	0.5	0.109
X_{24}	0.5	0.5	2	1	0.189

表 6 - 7 中，$\lambda_{max} = 4.00829$，判断矩阵的一致性指标 CI = 0.00276，判断矩阵的随机一致性矩阵指标 RI = 0.90，判断矩阵的随机一致性比值 CR = CI/RI = 0.0031 < 0.10。

表 6 - 8　土地城市化各单项指标相对于土地城市化子系统（$X_3 - C$）判断矩阵

LU	X_{31}	X_{32}	X_{33}	X_{34}	W_i
X_{31}	1	2	2	3	0.423
X_{32}	0.5	1	1	2	0.227
X_{33}	0.5	1	1	2	0.227
X_{34}	1/3	0.5	0.5	1	0.122

表 6 - 8 中，$\lambda_{max} = 4.0107$，判断矩阵的一致性指标 CI = 0.0036，判断矩阵的随机一致性矩阵指标 RI = 0.90，判断矩阵的随机一致性比值 CR = CI/RI = 0.004 < 0.10。

（2）粮食安全系统各指标权重的确定。由于粮食安全系统仅涉及粮食生产安全和粮食消费安全两个子系统，因此在征询专家的基础上，我们将两个子系统的权重视为相等，即都为 0.5。在确定两个子系统权重的基础上，我们根据层次分析法的相关步骤，构造了粮食生产安全子系统和粮食消费安全子系统对其各自的单项指标的判断矩阵 FPS - Y 和 FCS - Y。

表 6 - 9　粮食生产安全各单项指标相对于粮食生产安全子系统（$Y_1 - C$）判断矩阵

FPS	Y_{11}	Y_{12}	Y_{13}	Y_{14}	Y_{15}	W_i
Y_{11}	1	5	2	3	1	0.327
Y_{12}	0.2	1	1/3	0.5	0.2	0.061
Y_{13}	0.5	3	1	2	0.5	0.179
Y_{14}	1/3	2	0.5	1	1/3	0.107
Y_{15}	1	5	2	3	1	0.327

表 6 - 9 中，$\lambda_{max} = 5.0125$，判断矩阵的一致性指标 CI = 0.0031，判断矩阵的随机一致性矩阵指标 RI = 1.12，判断矩阵的随机一致性比值 CR = CI/RI = 0.0028 < 0.10。

表 6 - 10   粮食生产安全各单项指标相对于粮食生产安全
子系统（$Y_1 - C$）判断矩阵

FCS	Y_{21}	Y_{22}	Y_{23}	Y_{24}	Y_{25}	W_i
Y_{21}	1	2	2	3	3	0.368
Y_{22}	0.5	1	1	2	2	0.207
Y_{23}	0.5	1	1	2	2	0.207
Y_{24}	1/3	0.5	0.5	1	1	0.109
Y_{25}	1/3	0.5	0.5	1	1	0.109

表 6 - 10 中，$\lambda_{max} = 5.016$，判断矩阵的一致性指标 CI = 0.004，判断矩阵的随机一致性矩阵指标 RI = 1.12，判断矩阵的随机一致性比值 CR = CI/RI = 0.0036 < 0.10。

（3）城市化和粮食安全系统指标权重的总排序。通过采用层次分析法对城市化与粮食安全系统的层次单排序分析，我们对系统各指标的权重进行层次总排序，其结果如表 6 - 11 所示。

表 6 - 11 给出了城市化系统 12 个单项指标和粮食安全系统 10 个指标的权重。从中可以看出，从城市化系统方面的各单项指标权重排序来看，前三位分别是城镇人口比重、人均 GDP 与第二、第三产业产值比重、城镇人口规模，这说明在 1990 ~ 2008 年，农村剩余劳动力转移和经济增长是中部地区城市化的最为主要的因素。其余指标权重大小的排序依次是：人均工业产值，城市建成区面积，第二、第三产业就业人口比重，建成区人口密度，第二、第三产业 GDP 密度，人均建成区面积，人均道路面积和人均公共绿地面积。这说明 1990 年以来，剩余劳动力转移和经济增长是中部地区城市化的主要特征，其次是城市面积的扩张，最后是城市基础设施和生态环境建设。因为反映这两方面建设的指标——人均道路铺设面积和人均公共绿地面积的权重仅为 0.0327 和 0.0176，从而说明这两项指标对中部地区城市化进程的影响能力很弱。

表 6 - 11　中部地区城市化和粮食安全的测度指标

系统层	功能团	权重	指标层（C）	权重	总排序权重
城市化系统（US）	人口城市化（PU）	0.428	X_{11}城镇人口比重（%）	0.455	0.1947
			X_{12}城镇人口规模（万人）	0.263	0.1126
			X_{13}第二、第三产业就业人口比重（%）	0.141	0.0603
			X_{14}建成区人口密度（人/平方公里）	0.141	0.0603
	经济城市化（EU）	0.428	X_{21}人均 GDP（元）	0.351	0.1502
			X_{22}第二、第三产业产值比重（%）	0.351	0.1502
			X_{23}第二、第三产业 GDP 密度（万元/平方公里）	0.109	0.0467
			X_{24}人均工业产值（元/人）	0.189	0.0809
	土地城市化（LU）	0.144	X_{31}城市建成区面积（平方公里）	0.423	0.0610
			X_{32}人均建成区面积（平方米/人）	0.227	0.0327
			X_{33}人均道路铺设面积（平方米/人）	0.227	0.0327
			X_{34}人均公共绿地面积（平方米/人）	0.122	0.0176
粮食安全系统（FSS）	粮食生产安全（FPS）	0.500	Y_{11}人均耕地面积（公顷/人）	0.327	0.1635
			Y_{12}单位面积粮食产量（千克/公顷）	0.327	0.1635
			Y_{13}单位面积化肥施用量（千克/公顷）	0.179	0.0895
			Y_{14}单位面积农业机械动力（千瓦时/公顷）	0.106	0.0530
			Y_{15}农业劳动力总量（万人）	0.061	0.0305
	粮食消费安全（FCS）	0.500	Y_{21}人均粮食占有量（千克/人）	0.368	0.1840
			Y_{22}人口增长率（%）	0.207	0.1035
			Y_{23}人均财政收入水平（元/人）	0.207	0.1035
			Y_{24}城镇居民可支配收入（元/人）	0.109	0.0545
			Y_{25}单位农业劳动力粮食产粮（千克/人）	0.109	0.0545

从粮食安全系统的各单项指标权重排序来看，前三位分别是人均粮食占有量、人均耕地面积和单位面积粮食产量、人口增长率和人均财政收入水平，这说明在 1990～2008 年，人均粮食和耕地的占有水平、耕地的粮食产出水平是影响中部地区作为粮食安全保障基地建设的最为重要的因素，人口增长和财政收入状况对中部地区粮食安全的影响也较为突出。其余指标权重的大小依次为单位面积化肥施用量、城镇居民可支配收入和单位农业劳动力粮食产量、单位面积农业机械动力和农业劳动力总量。这表明在 1990～2008 年，农业机械动力和农业劳动力数量对中部地区粮食安全的影响相当小，其主要原因是中部地区多山地、丘陵，不适合大中型农业生产机械，而且中部地区农村面积广阔，大量剩余劳动力集聚于农村，

因而粮食生产中可以大量投入劳动力资源，取代农业机械。

4. 城市化和粮食安全综合指标的合成

由于城市化系统和粮食安全系统评价指标的系统性和复杂性，指标体系中的每一个单项指标只是从某一侧面反映了城市化和粮食安全的发展状况，为全面、综合地反映城市化和粮食安全的总体水平，本研究定义中部地区城市化综合指数（Comprehensive Index of Urbanization System in Central China，CIUSCC）和中部地区粮食安全综合指数（Comprehensive Index of Food Security System in Central China，CIFSSCC），具体要将城市化子系统的各单项指标和粮食安全系统的各单项指标，采用加权函数的方法进行计算，即：

$$CIUSCC = \sum_{i=1}^{3} \left(\sum_{j=1}^{4} X_j W_j \right) R_i ; CIFSSCC = \sum_{i=1}^{2} \left(\sum_{j=1}^{5} Y_j U_j \right) V_i \qquad (6-6)$$

式（6-6）中，X_j 为第 i 个城市化子系统所属的第 j 个单项指标的标准化值，W_j 为第 i 个城市化子系统所属的第 j 个单项指标所对应的权重，R_i 为第 i 个城市化子系统的权重，$\sum_{j=1}^{4} X_j W_j$ 表示各城市化子系统的综合评价值，即人口城市化、经济城市化和土地城市化三个子系统的发展指数。与此相应，Y_j 表示第 i 个粮食安全子系统所属的第 j 个单项指标的标准化值，U_j 为第 i 个粮食安全子系统所属的第 j 个单项指标所对应的权重，V_i 为第 i 个粮食安全子系统的权重，$\sum_{j=1}^{5} Y_j U_j$ 表示各粮食安全子系统的综合评价指数，即粮食生产安全和粮食消费安全两个子系统的发展指数。

第二节 中部地区城市化系统的定量分析与评价

根据城市化系统综合指数的计算方法，对 1990～2008 年中部地区城市化 12 项指标的 360 个原始数据进行处理，得到经过标准化处理的 246 个数据。根据层次分析法对城市化系统各项指标权重的计算结果，经过加权计算得到中部地区城市化系统综合发展指数以及人口城市化子系统、经济城市化子系统和土地城市化子系统的发展指数。如表 6-12 所示。为深入揭示中部地区城市化的发展状况，我们对 4 个发展指数分别进行分析。

表 6 - 12 1990～2008 年中部地区城市化发展指数及各子系统发展指数及其增长率

年份	城市化综合指数	人口城市化		经济城市化		土地城市化	
		指数	增长率	指数	增长率	指数	增长率
1990	0.4737	0.2440		0.1627		0.0670	
1991	0.4859	0.2406	- 0.0141	0.1718	0.0561	0.0735	0.0971
1992	0.5096	0.2495	0.0370	0.1828	0.0639	0.0774	0.0528
1993	0.5305	0.2548	0.0214	0.1940	0.0617	0.0816	0.0550
1994	0.5395	0.2542	- 0.0026	0.1984	0.0224	0.0869	0.0654
1995	0.5602	0.2684	0.0560	0.2045	0.0306	0.0873	0.0039
1996	0.5878	0.2833	0.0555	0.2145	0.0490	0.0900	0.0310
1997	0.5904	0.2766	- 0.0236	0.2220	0.0352	0.0918	0.0196
1998	0.6114	0.2822	0.0203	0.2316	0.0430	0.0975	0.0629
1999	0.6262	0.2883	0.0214	0.2396	0.0346	0.0984	0.0085
2000	0.6532	0.3033	0.0520	0.2463	0.0279	0.1036	0.0535
2001	0.6759	0.3106	0.0243	0.2580	0.0476	0.1073	0.0351
2002	0.7078	0.3231	0.0403	0.2714	0.0519	0.1133	0.0560
2003	0.7444	0.3350	0.0366	0.2897	0.0676	0.1197	0.0569
2004	0.7795	0.3495	0.0435	0.3074	0.0610	0.1225	0.0235
2005	0.8266	0.3653	0.0449	0.3320	0.0802	0.1293	0.0552
2006	0.8791	0.3818	0.0453	0.3628	0.0927	0.1345	0.0399
2007	0.9311	0.3963	0.0380	0.3962	0.0920	0.1386	0.0308
2008	0.9826	0.4112	0.0376	0.4275	0.0790	0.1440	0.0389

一 中部地区城市化综合发展指数的分析与评价

图 6 - 1 中给出了经过计算的中部地区城市化发展综合指数和依据官方统计数据计算的中部地区人口城市化发展水平（即城镇人口占总人口的比重）。

由图 6 - 1 中可以看出，就中部地区城市化发展综合指数而言，1990～2008 年，中部地区城市化发展指数由 1990 年的 0.4737 上升到 2008 年的 0.9826；与此相对应的是，在此阶段，官方统计的人口城市化水平也由 1990 年的 20.24% 上升到 2008 年的 40.42%。从中可以看出，两者之间呈

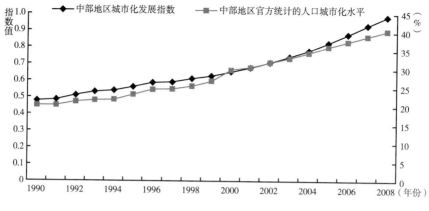

图 6 - 1　中部地区城市化水平演变过程（1990 ~ 2008 年）

现出显著的正相关关系，经过 Pearson 相关分析，两者之间的相关系数达 0.987。因此可以看出，本研究所构建的城市化系统评价指标体系符合我国城市化发展的实际。

从图 6 - 1 中可以看出，1990 ~ 2008 年，中部地区城市化发展综合指数呈现出线性的上升趋势，但依据上升的快慢程度大体可以分为两个阶段。第一阶段为 1990 ~ 2000 年，该阶段城市化发展指数由 0.4737 上升到 0.6532，上升 0.1795，年均增长速度为 3.265%；第二阶段为 2000 ~ 2008 年，其间中部地区城市化发展指数由 0.6532 上升到 0.9826，上升了 0.3294，年均增长 5.238%。与此相对应，官方统计的人口城市化也相应地分为两个阶段，在第二阶段其城市化水平年均递增 1.18 个百分点，而第一阶段年均递增速度仅为 0.87 个百分点。可见，2000 年是中部地区城市化发展的一个转折点，2000 年以前城市化发展速度相对较慢，此后便进入了一个更快的发展时期。

二　中部地区人口城市化子系统的分析与评价

从表 6 - 12 可以看出，人口城市化子系统指数的评价值由 1990 年的 0.2440 增长到 2008 年的 0.4112，增长了 0.1672，相对增长率为 68.52%，这说明中部地区人口城市化发展水平有明显提高。从发展历程上看，1990 ~ 2000 年，指数值由 0.2440 上升到 0.3033，11 年间增长了 0.0593，年均增长 0.0054；2000 ~ 2008 年，指数值由 0.3033 上升到 0.4112，9 年间增长了 0.1079，年均增长 0.0120。后一时期是前一时期增长速度的 2.22 倍，与城市化综合发展指数总体评价的阶段划分一致。

图 6-2 详细反映了中部地区人口城市化各单项指标的变化情况。从中可以看出，城镇人口规模的增长速度最快，从 1990 年的 0.0491 增长到 2008 年的 0.1126，相对增长率为 129.33%；其次是城镇人口所占比重，其评价值由 1990 年的 0.0975 增长到 2008 年的 0.1947，相对增长率为 99.70%。在此期间，第二、第三产业就业人口所占比重的增长速度相对缓慢，其指数值由 1990 年的 0.0372 上升到 2008 年的 0.0603，相对增长率仅为 62.10%。可见，城镇人口规模的扩大和所占比重的提高是中部地区人口城市化的主要内容。

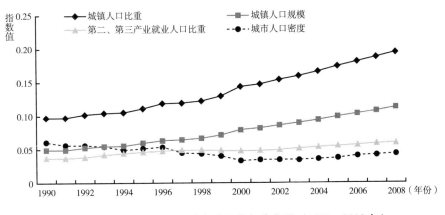

图 6-2　人口城市化子系统各单项指标变化图（1990～2008 年）

第二、第三产业就业指标增长相对缓慢，表明非农产业对农村剩余劳动力的吸收能力有限，尤其是进入 21 世纪以来，受我国整体就业形势严峻的影响，中部地区大量城镇职工失业和下岗，再加上农村劳动力剩余严重，因而新增非农就业主要表现为非正规就业渠道的开拓和增长。[①] 因此，中部地区在推进人口城市化进程中，要充分警惕城市化过程中的失业风险，加快推进各种生产型服务业和生活型服务业的发展，强化非农产业

---

① 蔡昉、王美艳：《非正规就业与劳动力市场发育：解读中国城镇就业增长》，《经济学动态》2004 年第 2 期，第 24～28 页。

对劳动力的吸收能力。

　　建成区人口密度是反映单位面积土地上所承载的城市人口数量，从评价指数的变化情况来看，该指标与其他三项指标明显不同，整体上呈现出下降的变化趋势。其变化大体分为两个阶段：第一阶段为 1990～2000 年，建成区人口密度由 0.0603 下降到 0.0333；第二阶段为 2000～2008 年，该评价指标值由 0.0333 上升到 0.0436。从整体上看，1990～2008 年，城镇人口密度指数下降了 27.69%。从理论上讲，建成区人口密度的下降可能由城市建成区面积的扩大和城市人口数量的减少两个方面的原因形成。然而，在中部地区快速推进城市化过程中，城镇人口规模呈现出显著的增长趋势，因此这一指标的下降只能是城市建成区面积不断扩大产生的结果，而且城市建成区面积增长的速度要快于城镇人口增长的速度。当然，建成区人口密度的下降，对改善城镇居民居住和交通条件具有显著的积极作用。但我国是人多地少的国家，尤其中部地区还承担着保障国家粮食安全的重要作用，因此，单位城市土地面积承载人口数量的下降，是否会导致城市的过度扩张，这一变化趋势是否合理，是否符合中部地区实情，需要进入更加深入的探讨。

三　中部地区经济城市化子系统分析与评价

　　由表 6-12 可知，经济城市化子系统的评价指数值呈现出显著的线性增长趋势，其值由 1990 年的 0.1627 上升到 2008 年的 0.4275，上升了 0.2648，相对增长率为 162.80%，显著高于人口城市化指数的增长率，这说明 1990 年以来，经济的发展是推进中部地区城市化快速发展的主要动力。从发展过程来看，经济城市化发展大体可以分为两个增长阶段：第一阶段为 1990～2002 年，其间经济城市化指数值由 0.1627 上升到 2002 年的 0.2714，13 年间上升了 0.1087，年均增长 0.0084；第二阶段为 2002～2008 年，其间经济城市化指数值由 0.2714 上升到 0.4275，7 年间上升了 0.1561，年均增长 0.0223，第二阶段的增长速度是第一阶段的 2.65 倍，这也与城市化综合发展指数总体评价的阶段划分一致。

　　图 6-3 详细反映了 1990～2008 年中部地区经济城市化各单项指标的

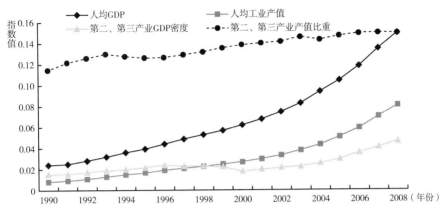

图 6 - 3　中部地区经济城市化子系统各单项指标值（1990～2008 年）

变化情况。从中可以看出，人均工业产值增长速度最快，1990～2008 年，其值由 0.008 增长到 0.081，年均增长速度达 13.35%；其次是人均 GDP，在此期间其值由 0.024 增长到 0.150，年均增长速度为 10.69%。这表明，工业化进程的快速推进是中部地区经济城市化子系统演进的最为主要的因素。在工业化不断推进的过程中，促进了中部地区的经济的持续快速增长，即在此期间中部地区的人均 GDP 和单位面积上第二、第三产业产出强度不断增加。然而，在第二、第三产业 GDP 密度不断提高的过程中，第二、第三产业产值比重的增长速度十分缓慢，其指数值从 1990 年的 0.115 增长到 2008 年的 0.150，19 年来仅增长了 0.035，年均增长速度为 1.49%，仅为人均工业产值和人均 GDP 增速的 10% 左右。第二、第三产业产值比重之所以增长缓慢，主要是两方面因素综合作用的结果。首先，受我国片面强调重化工业发展的影响，我国经济发展水平和工业化产值结构呈现出高位不合理现象。以 1990 年为例，该年中部地区人均 GDP 仅为 259 美元（1997 年不变价格），但其第二、第三产业产值所占比重已高达 65.20%；依据钱纳里－塞尔奎因的一般判断模式，此时非农产业所占比重应该在 40% 左右，可见中部地区非农产业的发展严重偏离其经济发展水平。其次，中部地区地处我国内陆腹地，既不沿边也不靠海，1990～2008 年，在沿海先行、西部大开发和振兴东北老工业基地等一系列区域发展政策的影响下，中部经济塌陷趋势日益明显。中部地区只能依靠传统的重化工业来推进本地区的经济发展，农村工业、第三产业发展比较缓慢，因而影响到产值结构、就业结构的较快转变及其对城市化的带动效应。[①] 因此，中部地区的产业结构还有很大的优化发展空间。

四 中部地区土地城市化子系统分析与评价

由表 6-12 可以看出，中部地区土地城市化呈现出显著的增长趋势，其值由 1990 年的 0.0670 上升到 2008 年的 0.1440，上升了 0.0770，相对增长率为 115%，其增长速度要低于经济城市化，但显著高于人口城市化。从土地城市化发展过程来看，19 年来，土地城市化呈现出显著的线性增长特征，将土地城市化子系统发展指数与时间进行回归分析，得到以下公式：

$$Y = -8.0142686 + 0.004061X \qquad (6-7)$$

式（6-7）中，Y 为土地城市化子系统的发展指数值，X 为时间。通过检验，方程调整后的 R^2 为 0.9835，显著性水平为 8.28×10^{-17}，方程常数项的 t 检验值为 -32.366，显著性水平为 1.03×10^{-16}；X 系数的检验值为 32.784，显著性水平为 8.28×10^{-17}。通过检验，表明方程对土地城市化随时间变化具有很好的拟合程度，因此可以明显看出，随着中部地区城市化系统的发展，土地城市化的趋势将更加显著。

图 6-4 反映了土地城市化子系统各单项指标的变化情况。从中可以看出，城市建成区面积增长速度最快，其指数值由 1990 年的 0.019 上升到 2008 年的 0.061，增长了 0.042，年均增长速度为 6.70%；其次是人均公共绿地面积和人均道路面积，年均增长率分别为 4.44% 和 3.84%；最后是人均建成区面积，其年均增长速度仅为 1.89%。这说明随着中部地区城市化的推进，城市不断地向周边地区扩散，导致城市建成区面积迅速扩张；与此同时，以绿地和交通道路等为代表的基础设施建设的不断推进，也导致了城市面积的不断扩大。例如，1990 年，中部地区城市建成区面积、人均绿地面积和人均道路面积分别为 1850 平方公里、6.96 平方

[①] 郭克莎：《工业化与城市化关系的经济学分析》，《中国社会科学》2002 年第 2 期，第 440~455 页。

米和 2.35 平方米，2008 年已分别增至 5943 平方公里、15.21 平方米和 4.64 平方米。城市是经济发展的引擎，而城市基础设施对城市的发展具有引导与从属功能、带状经济的激发器和助推器作用。[①] 城市建成区面积和城市基础设施的不断扩张，有助于壮大城市规模，辐射带动城市周边乃至整个区域的经济发展。但是，我国是人多地少的国家，目前城市尚处于量的扩张阶段，因此，城市的空间布局有待优化。对中部地区来讲，中部地区更是我国粮食生产基地，城市扩张与耕地保护以及粮食安全之间的矛盾将更加尖锐。[②]

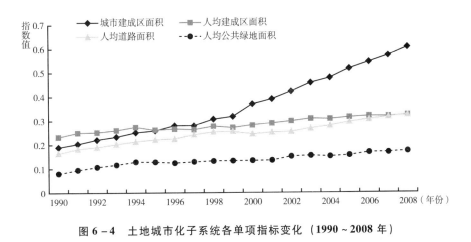

图 6 - 4　土地城市化子系统各单项指标变化（1990～2008 年）

第三节　中部地区粮食安全系统的定量分析与评价

根据粮食安全系统综合指数的计算方法，本研究对 1990～2008 年中部地区粮食安全 10 项指标的 285 个原始数据进行处理，得到经过标准化处理的 190 个数据；再根据层次分析法，对粮食安全系统各项指标权重的计算结果，经过加权计算得到中部地区粮食安全系统综合发展指数以及粮

---

① 金凤君：《基础设施与区域经济发展环境》，《中国人口·资源与环境》2004 年第 4 期，第 70～74 页。

② 刘新卫、张定祥、陈百明：《快速城镇化进程中的中国城镇土地利用特征》，《地理学报》2008 年第 3 期，第 301～310 页。

食生产安全子系统和粮食消费安全子系统的发展指数。如表 6 - 13 所示。为深入揭示中部地区粮食安全系统的发展状况，本研究对 3 个发展指数分别进行分析。

表 6 - 13　1990 ~ 2008 年中部地区粮食安全综合指数与
各子系统发展指数及其增长率

年份	粮食安全综合指数	粮食生产安全指数	增长率	粮食消费安全指数	增长率
1990	0.6409	0.3791		0.2618	
1991	0.6181	0.3650	- 0.0371	0.2531	- 0.033
1992	0.6500	0.3749	0.0273	0.2751	0.087
1993	0.6794	0.3866	0.0311	0.2928	0.064
1994	0.6735	0.3848	- 0.0046	0.2887	- 0.014
1995	0.6972	0.3968	0.0311	0.3004	0.040
1996	0.7370	0.4091	0.0310	0.3279	0.092
1997	0.7500	0.4139	0.0118	0.3361	0.025
1998	0.7560	0.4133	- 0.0015	0.3427	0.020
1999	0.7716	0.4177	0.0107	0.3539	0.033
2000	0.7889	0.4107	- 0.0167	0.3782	0.069
2001	0.7739	0.4100	- 0.0017	0.3639	- 0.038
2002	0.7993	0.4158	0.0141	0.3834	0.054
2003	0.7927	0.4106	- 0.0125	0.3820	- 0.004
2004	0.8542	0.4381	0.0670	0.4160	0.089
2005	0.8769	0.4464	0.0187	0.4305	0.035
2006	0.9006	0.4575	0.0248	0.4431	0.029
2007	0.9303	0.4664	0.0196	0.4639	0.047
2008	0.9591	0.4775	0.0238	0.4816	0.038

一　中部地区粮食安全系统综合发展指数分析与评价

图 6 - 5 中给出了经过计算的中部地区粮食安全综合指数和依据官方统计数据计算的中部地区粮食生产总量的过程变化情况。从中可知，1990 ~ 2008 年，中部地区粮食安全综合指数呈现出显著的线性增长趋势，其指数值由 1990 年的 0.6409 上升到 2008 年的 0.9591，上升了 0.3182，相对增长幅度为 49.65%；与此相对应的是，在此期间官方统计的粮食生产总

量则呈现出波动的增长趋势，粮食总产量由 1990 年的 13618.7 万吨上升到 2008 年的 16571.51 万吨，增长了 2952.81 万吨，相对增长率为 21.68%。由此可以看出，两者之间呈现出显著的正相关关系。经过 Pearson 相关分析，两者之间的相关系数达 0.808。因此可以看出，本研究所构建的粮食安全系统评价指标体系，符合我国以粮食总产量为主要指标衡量的粮食安全水平变化状况。

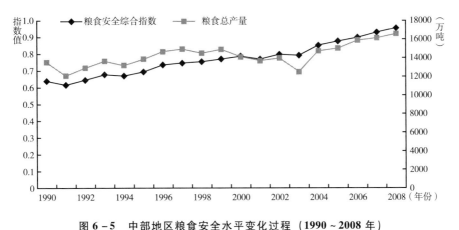

图 6-5　中部地区粮食安全水平变化过程（1990~2008 年）

从图 6-5 中可以看出，1990~2008 年，中部地区城市化发展综合指数呈现出线性的上升趋势，但依据上升的快慢程度大体可以分为两个阶段：第一阶段为 1990~2000 年，该阶段粮食安全综合指数由 0.6409 上升到 0.7889，上升了 0.1480，年均增长速度为 2.10%；第二阶段为 2001~2008 年，其间中部地区粮食安全综合指数由 0.7739 上升到 0.9591，上升了 0.1851，年均增长 3.11%，第二阶段的增长速度为第一阶段的 1.48 倍。而在此期间，官方统计的粮食总产量的变化则大体可以划分为三个阶段：第一阶段为 1990~1997 年，其间中部地区粮食总产量由 13618.7 万吨呈波动状上升到 14954.61 万吨，增长了 1335.91 万吨；第二阶段为 1997~2003 年，该阶段粮食总产量由 14954.61 万吨下降到 12557.19 万吨，下降了 2397.42 万吨；第三阶段为 2003~2008 年，其间粮食总产量由 12557.19 万吨上升到 16571.51 万吨，增长了 4014.32 万吨。

二 中部地区粮食生产安全子系统分析与评价

从表 6 - 13 可以看出，粮食生产安全子系统指数的评价值由 1990 年的 0.3791 增长到 2008 年的 0.4775，增长了 0.0984，相对增长率为 25.96%，这说明近 20 年来中部地区粮食生产安全水平有所提高，但提高幅度不大。从发展历程上看，其大体可以分为两个阶段：第一阶段为 1990 ~ 2003 年的较慢增长时期，其间粮食生产安全指数值由 0.3791 上升到 0.4106，13 年间增长了 0.0315，年均增长量为 0.0024，相对增长幅度为 8.33%；第二阶段为 2003 ~ 2008 年的较快增长时期，其间粮食生产安全指数值由 0.4106 上升到 0.4775，6 年间增长了 0.0669，年均增长量为 0.0112，相对增长幅度为 16.29%。由此可以看出，后一阶段的年均增长量是前一阶段增长量的 4.67 倍，增长幅度是前一阶段增长幅度的 1.96 倍，与粮食安全综合指数总体评价的阶段划分基本一致。

图 6 - 6 反映了 1990 ~ 2008 年中部地区粮食生产安全子系统各单项指标的变化情况。从中可以看出，单位面积耕地农业机械动力和单位面积耕地化肥施用量指数增长的幅度很大，增长速度也特别快，两项指标的值分别由 1990 年的 0.0150 和 0.0404，上升到 2008 年的 0.0530 和 0.0895，分别增长了 0.038 和 0.0491，增长幅度分别为 253.33% 和 121.53%，年均增长速度分别为 7.24% 和 4.52%。可见，中部地区以农业机械和化肥投入不断增长为基本特征的农业现代化进程得到了有效的推进，它是推进中

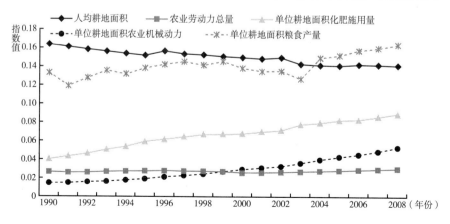

图 6 - 6　中部地区粮食生产安全子系统各单项指标变化（1990 ~ 2008 年）

部地区粮食生产安全水平不断提高的主要原因。在农业现代化进程不断加快的过程中，农业劳动力总量指数表现出波动上升的趋势，其主要原因是农业劳动力不断向城市转移，从而为农业的规模经营以及农业的机械化发展提供了良好的条件。单位耕地面积粮食产量反映了农业生产的技术水平，从图 6－6 中可以看出，该指数整体呈现出上升的变化趋势，但其波动性特征显著；与粮食总产量的变化趋势一致，单位面积耕地粮食产量的波动也基本可以划分为 3 个阶段。与其他 4 项指标的变化趋势相反，人均耕地面积则呈现出显著的下降趋势，19 年来，中部地区的人均耕地面积由 1990 年的 0.0741 公顷/人下降到 2008 年的 0.0639 公顷/人，下降了 13.77%。从中可以看出，在其他粮食安全因素不断提高的情况下，人均耕地面积的不断下降是导致中部地区粮食生产安全指数增长缓慢的主要原因。

三　中部地区粮食消费安全子系统分析与评价

从表 6－13 中可以看出，粮食消费安全子系统指数的评价值由 1990 年的 0.2618 增长到 2008 年的 0.4816，增长了 0.2198，相对增长率为 83.96%。与粮食生产安全的变化情况相比，粮食消费安全的相对增长率为其 3.23 倍，表明近 20 年来中部地区粮食消费安全水平有了极大的提高。从发展历程上看，粮食消费安全子系统也可以分为两个阶段：第一阶段为 1990～2000 年的较慢增长时期，其间粮食消费安全指数值由 0.2618 上升到 0.3782，11 年间增长了 0.1164，年均增长量为 0.106，年均增长率为 3.75%；第二阶段为 2001～2008 年的较快增长时期，其间粮食生产安全指数值由 0.3639 上升到 0.4816，8 年间增长了 0.1177，年均增长量为 0.0147，年均增长率为 4.08%。由此看出，后一阶段的年均增长量是前一段增长量的 1.34 倍，年均增长率是前一阶段增长率的 1.01 倍。可见，粮食消费安全子系统的变化与粮食安全综合指数总体评价的阶段划分较为一致。

图 6－7 反映了 1990～2008 年中部地区粮食消费安全子系统各单项指标的变化情况。从中可以看出，人均财政收入水平增长幅度最大，增长速度也最快，以 1978 年不变价格计算，19 年来，中部地区人均财政收入由

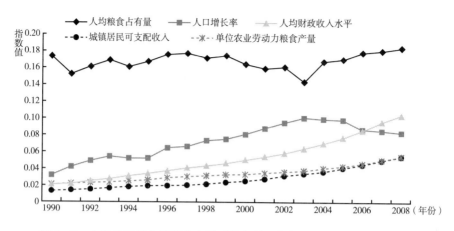

图 6 - 7　中部地区粮食消费安全子系统各单项指标变化（1990～2008 年）

127.91 元增长到 2008 年的 650.41 元，增长了 5.08 倍，年均增长速度为 9.46%。其次是城镇居民可支配收入和农民人均纯收入，按 1978 年不变价格计算，19 年来，城镇居民可支配收入和单位农业劳动力粮食产量分别由 1990 年的 623.32 元和 1068.10 千克/人，上升到 2008 年的 2566.60 元和 1760.90 千克/人，分别增长了 4.12 倍和 1.65 倍，年均增长速度分别为 8.18% 和 5.36%。

　　在开放市场和劳动地域分工条件下，通过经济手段弥补粮食生产能力不足是保障粮食消费安全的重要方面。[①] 地方财政收入不仅可以代表一个地区的经济实力，而且还能反映一个地区的独立支付能力。因此，人均财政收入水平的提高表明地方政府在遭遇粮食危机时，能够运用经济手段处理粮食安全问题的能力较强。城镇居民可支配收入和单位农业劳动力粮食产量也表明城乡居民在遭遇粮食安全问题时，其所能够采用经济措施和自我保护措施来维护家庭和个人粮食消费安全的能力。

　　1990 年以来，中部地区经济得到了快速发展，以人均财政收入水平、城镇居民可支配收入和单位农业劳动力粮食产量持续增长为特征的粮食消费能力的增强，是中部地区粮食消费安全不断提高的主要动力。人口增长是粮食消费不断增加的主要原因，因此人口增长越快对粮食消费需求水平

①　殷培红、方修琦：《中国粮食安全脆弱区的识别及空间分异特征》，《地理学报》2008 年第 10 期，第 1064～1072 页。

的要求就越高。1990～2008年，中部地区人口增长率呈现出显著下降的趋势，因而人口增长率发展指数整体上呈现出不断上升的发展趋势，但发展指数也随人口增长率的变化出现了两个阶段。第一阶段是1990～2003年，其间人口增长率发展指数不断上升，显著提高了中部地区的粮食消费安全水平；第二阶段是2003～2008年，其间由于人口增长率有所提高，因而人口增长率发展指数不断下降，对中部地区粮食消费安全水平的提高产生了抑制作用。人均粮食占有量反映了本区域粮食生产为居民提供粮食消费的能力，从图6－7中可以看出，从整体上看，中部地区人均粮食占有量有所增长，但人均粮食占有量的变化基本与粮食总产量的变化趋势一致，大体上可以分为三个阶段：第一阶段为1990～1997年，其间中部地区人均粮食占有量由418.14千克/人上升到427.51千克/人，从而导致人均粮食占有量发展指数由0.1738上升到0.1777，这一时期人均粮食占有量的增加提高了粮食消费安全水平；第二阶段为1997～2003年，其间人均粮食占有量由427.51千克/人下降到345.93千克/人，下降了81.58千克/人，该阶段人均粮食占有量的下降显著降低了中部地区粮食消费安全水平的提高；第三阶段为2003～2008年，其间人均粮食占有量由345.93千克/人，快速上升至442.78千克/人，为提高粮食消费安全水平做出了积极贡献。

第四节　中部地区城市化系统对粮食安全系统影响的计量分析

一　城市化各子系统和粮食安全各子系统发展指数的平稳性检验

如果一个时间序列具有稳定的均值、方差和自协方差，则这个序列就是稳定的，否则就是非稳定的。也就是说，如果一个时间序列 Y_t 满足以下条件：一是对任意时间 t，其均值恒为常数；二是对任意两个时刻 t 和 s，其自相关系数只与时间间隔 $t-s$ 有关，而不依赖于计算这个协方差的实际时间，则这个时间序列被认为是平稳时间序列。传统计量经济学在建立模型的时候要求随机过程必须是平稳的序列，如果序列是不平稳的，但两列时间数据表现出一致的变化趋势，那么即使它们之间没有任何关系，但进行回归也可以表现出较高的可决系数，即产生所谓的"虚假回归"现象，致使按照传统统计推断得出的结论严重失误。在现实经济生活中，大部分的时间序列往往是非平稳的（带有明显的时间变化），在这种情况下，直接建立回归模型一般不会得到有意义的结果。[①] 因此，在对序列进行分析的时候，就必须首先判断序列的平稳性。单位根是表示非平稳性的一种方式，单位根方法将对非平稳性的检验转化为对单位根的检验。若变量 Y_t 的一阶差分是稳定的，则称变量 Y_t 有单位根，检验变量是否稳定的过程称为单位根检验。对于非平稳的时间序列，通常采用差分方法消除序列中含有的非平稳趋势，以便序列平稳后建立模型。如果一个非平稳时间序列的数值在经过 d 次差分后成为平稳序列，则该序列被称为 d 阶单整（integration），记为 $I(d)$。一个具有一阶或更高阶单整的序列就是非平稳序列。[②]

图 6 - 8 显示了 1990~2008 年中部地区城市化各子系统和粮食安全各子系统发展指数的变化情况，从中可以看出，这 5 个子系统的发展指数存在明显的上升变化趋势，因而可以判断这些序列是非平稳的时间序列。因此，本研究首先检验 5 个子系统的发展指数的时间序列是否存在单位根。

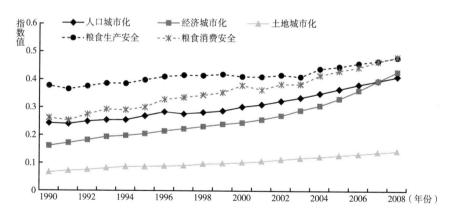

图 6 - 8　中部地区城市化各子系统和粮食安全各子系统发展指数变化趋势

---

① 李子奈、潘文卿：《计量经济学》（第二版），高等教育出版社，2005，第 322 页。
② 邓翔、杜江、张蕊：《计量经济学》，四川大学出版社，2002，第 204~206 页。

本研究采用 ADF（Augment Dickey-Fuller）检验法对各发展指数的单位根进行检验，通常对序列的 ADF 检验的一般形式为[①]：

$$\Delta Y_t = \alpha + \beta t + \gamma y_{t-1} + \sum_{i=1}^{p} \theta_i \Delta Y_{t-i} + \varepsilon_t \qquad (6-8)$$

式（6-8）中，Y_t 是待检验的时间序列，α 是常数项，t 为时间趋势，P 是滞后值，ε_t 是随机误差项。原假设是 H_0：$\gamma = 0$，备选假设是 H_1：$\gamma < 0$。如果在序列无差分的情况下，t 统计值小于临界值，则序列无单位根，是稳定的 I（0）序列；如果在序列无差分情况下不能拒绝检验，但在一阶差分情况下拒绝检验，则原序列是 I（1）序列。与此相应，如果序列在无差分情况下和在 $d-1$ 阶差分情况下均不能拒绝检验，但在 d 阶差分情况下拒绝检验，则原序列是 I（d）序列。分别记人口城市化、经济城市化和土地城市化的发展指数为 X_1、X_2 和 X_3，分别记粮食生产安全和粮食消费安全发展指数为 Y_1 和 Y_2，表 6-14 反映了各发展指数的单位根检验结果。

表 6-14　城市化各子系统和粮食安全各子系统发展指数的平稳性检验

变量	ADF 检验值	检验类型	1% 临界值	5% 临界值	结论
PU	-0.9535	(C,T,1)	-4.5716	-3.6908	非平稳
EU	-1.1188	(0,0,1)	-2.7081	-1.9628	非平稳
LU	-0.8814	(C,T,1)	-4.5716	-3.6908	非平稳
FPS	-2.6618	(C,T,3)	-4.7284	-3.7597	非平稳
FCS	-3.089	(C,T,1)	-4.5716	-3.6908	非平稳
ΔPU	-4.8776	(C,T,1)	-4.6162	-3.7105	平稳
ΔEU	-1.4921	(C,T,1)	-4.6162	-3.7105	非平稳
ΔLU	-5.2600	(C,T,1)	-4.6162	-3.7105	平稳
ΔFPS	-4.7897	(C,T,2)	-4.6162	-3.7105	平稳
ΔFCS	-6.4919	(C,T,1)	-4.6162	-3.7105	平稳
Δ^2EU	-3.3192	(0,0,1)	-2.7175	-1.9644	平稳

注：（1）检验形式（C，T，L）中的 C、T、L 分别表示模型中的常数项、时间趋势项和滞后阶数；（2）C 或 T 为 0 表示不含截距或时间趋势，ADF 检验法滞后阶数按照 AIC 结合 SC 信息准则判断。

[①] 叶浩、濮厉杰：《江苏省耕地面积变化与经济增长的协整性与因果关系分析》，《自然资源学报》2007 年第 5 期，第 766～774 页。

如表 6 - 14 所示，通过 ADF 单位根检验发现，在 5% 的显著性水平下，城市化各子系统的发展指数 PU、EU 和 LU 以及粮食安全各子系统发展指数 FPS 和 FCS 都不能拒绝有单位根的假设，所以这些序列都是非平稳的。PU、LU 以及 FPS 和 FCS 的一阶差分在 1% 的显著性水平下，拒绝了具有单位根的假设，因此 PU、EU、FPS 和 FCS 是一阶单整的；EU 的一阶差分在 5% 的水平下，不能拒绝有单位根的假设，但其二阶差分在 1% 的显著性水平下，拒绝有单位根的假设，因此 EU 是二阶单整的。

二 城市化子系统各发展指数和粮食安全发展指数的协整分析

分析表明，通过差分方法消除城市化各子系统和粮食安全各子系统发展指数中含有的非平稳趋势，得到 PU、EU、FPS 和 FCS 是一阶单整的，而 EU 是二阶单整的。通过对城市化和粮食安全的互为响应机制的分析可知，城市化各子系统和粮食安全各子系统发展指数序列随时间的变化趋势互相有联系，这种不同时间序列的共同漂移使它们之间存在长期的线性关系。然而，变换后的城市化各子系统和粮食安全各子系统发展指数的序列限制了所讨论经济社会问题的范围，并且有时变换后的序列由于不具有直接的意义，使得划为平稳序列后所建立的时间序列不便于解释。对此，Engle 和 Granger 提出了协整理论及其方法，它反映了不同时间序列之间长期均衡关系，为非平稳时间序列的建模提供了另一种途径。协整理论指出，虽然一些经济社会变量本身是非平稳序列，但它们的某个线性组合却可能呈现出平稳的特性，这种平稳的线性组合被称为协整方程（Cointegration Regression）[①]，它可以解释变量之间长期稳定的均衡关系。两个序列具有相同的单整阶数，是序列之间具有协整性的必要条件。为了检验两个时间序列 X_t 和 Y_t 是否协整，Engle 和 Granger 于 1987 年提出了两步检验法，称为 E - G 检验法。其基本原理是，若序列 X_t 和 Y_t 都是 d 阶单整，用一个变量对另一个变量

---

① 高铁梅、王金明、梁云芳等：《计量经济分析方法与建模——EViews 应用及实例》（第二版），清华大学出版社，2009，第 178 页。

进行回归，则有：

$$Y_t = \alpha + \beta X_t + \varepsilon_t \qquad\qquad (6-9)$$

对模型残差的估计值进行平稳性检验，如果残差序列是平稳的，则两变量之间具有协整关系；如果残差序列非平稳，则两变量之间不具有协整关系。本研究分别对粮食生产安全与人口城市化、土地城市化以及粮食消费安全与人口城市化、土地城市化4组序列的协整方程进行回归，其结果如表6-15所示。

表6-15　城市化各子系统和粮食安全各子系统的协整方程

序　列	协整方程	调整后的 R^2	F 值	DW 值
FPS 与 PU	$FPS = 0.244245 + 0.555781PU$ （16.62067）（13.84851）	0.914014	192.3355	0.821334
FPS 与 LU	$FPS = 0.282492 + 1.276276LU$ （24.83017）（11.86658）	0.885943	140.8156	1.038815
FCS 与 PU	$FCS = -0.029302 + 1.260198PU$ （-1.669986）（22.31044）	0.965032	497.7557	0.671625
FCS 与 LU	$FCS = 0.052223 + 2.944131LU$ （4.071718）（24.28168）	0.970326	589.6000	1.630575

从表6-15中各协整方程的结果可知，粮食生产安全与人口城市化、土地城市化以及粮食消费安全与人口城市化、土地城市化各个协整方程的系数和各个协整方程，在1%的显著性水平条件下，都通过了相关的t检验和F检验，可见各协整方程的拟合优度和显著性水平都较高。然而，由于两个同阶单整的平稳序列所建立的协整回归方程有可能存在伪回归问题，因此我们并不能轻易接受这个结果。为了更准确地验证粮食生产安全与人口城市化、土地城市化以及粮食消费安全与人口城市化、土地城市化的协整性，我们必须对各协整回归方程的残差项序列进行单位根检验。若残差项序列是平稳的，则说明序列之间存在协整关系，否则序列之间就不存在协整关系，上述回归属伪回归问题。本研究通过对上述4个协整回归方程的残差进行单位根检验，得到如表6-16的结果。

表 6 – 16　城市化各子系统和粮食安全各子系统协整方程的残差检验

方程残差	ADF 检验值	检验类型	1% 临界值	5% 临界值	结论
FPS 与 PU 方程残差(ε_1)	– 2.067371	(0,0,0)	– 2.699769	– 1.961409	平稳
FPS 与 LU 方程残差(ε_2)	– 3.301150	(0,0,3)	– 2.728252	– 1.966270	平稳
FCS 与 PU 方程残差(ε_3)	– 2.141242	(0,0,0)	– 2.699769	– 1.961409	平稳
FCS 与 LU 方程残差(ε_4)	– 3.648161	(0,0,0)	– 2.699769	– 1.961409	平稳

从表 6 – 16 中可以看出，在 5% 的显著性水平下，粮食生产安全与人口城市化、土地城市化以及粮食消费安全与人口城市化、土地城市化的 4 个协整回归方程的残差都通过了 ADF 单位根检验，表明 4 个方程的残差都是平稳的，即 $\varepsilon_i \sim I(0)$。这说明，粮食生产安全与人口城市化、土地城市化以及粮食消费安全与人口城市化、土地城市化均存在长期发展的均衡关系。

三　城市化子系统各发展指数和粮食安全发展指数的误差修正模型

误差修正模型（Error Correction Model，ECM）是一种具有特定形式的计量经济学模型，它的主要形式是由 Davidson、Hendry、Srba 和 Yeo 于 1978 年提出的，因此也称为 DHSY 模型（李子奈，2005；高铁梅等，2009）。按照 Granger 定理，如果变量序列 Y_t 和 X_{it} 是协整的，则它们之间存在长期均衡关系。当然在短期内，这些变量序列可以是不均衡的。序列间的这种短期不均衡关系的动态结构可以由误差修正模型来描述。因此，在协整关系的基础上，我们可以进一步建立将短期波动同长期均衡联系起来的误差修正模型（叶浩等，2007）。对一般的联系变量的短期与长期行为的误差修正模型如下：

$$\Delta Y_t = \alpha + \sum_{i=1}^{q} \beta_i \Delta Y_{t-i} + \sum_{i=1}^{p} \sum_{j=1}^{q} \gamma_{ij} \Delta X_{i,t-j} + \theta_0 ECM_{t-1} + \varepsilon_t \qquad (6 - 10)$$

式（6 – 10）中，Δ 表示序列的一阶差分，ECM_{t-1} 是误差修正项，刻画了 Y_t 和 X_{it}（$i = 1, \cdots, p$）之间的非均衡程度。q 是使残差项 ε_t 为白噪声的最优滞后阶数，一般由 Akaike 准则或 Schwarz 准则确定。误差修正模型的优点在于它提供了揭示长期关系和短期关系的途径，还可推断变量之间的长期和短期的 Granger 因果关系。对存在长期均衡关系的两个变量 Y 和 X，其误差修正模型可以写成：

$$\begin{cases} \Delta Y_t = \alpha + \beta \Delta X_t + \theta ECM_{t-1} + \varepsilon_t \\ ECM_{t-1} = Y_{t-1} - \alpha - \beta X_{t-1} \end{cases} \qquad (6-11)$$

为了考察人口城市化、土地城市化与粮食生产安全的动态关系以及人口城市化、土地城市化与粮食消费安全的动态关系，按照误差修正模型的计算方法，我们可以进一步建立将短期波动同长期均衡联系起来的误差修正模型。本研究分别构建了粮食生产安全与人口城市化、土地城市化以及粮食消费安全与人口城市化、土地城市化的误差修正模型，其结果如表6-17所示。

表6-17　城市化各子系统和粮食安全各子系统的误差修正模型

误差修正模型	模型表达式	模型 F 值
FPS 与 PU 的误差修正模型	$\Delta FPS = 0.000438 + 0.529741\Delta PU - 0.412907ECM(-1)$ 　　　　　　(0.1386)　　(1.9159)　　　　　(1.9178) $ECM(-1) = FPS - 0.244245 - 0.555781PU$	4.6138
FPS 与 LU 的误差修正模型	$\Delta FPS = 0.013216 - 1.882418\Delta LU - 0.486369ECM(-1)$ 　　　　　　(3.0564)　　(2.0355)　　　　　(2.7765) $ECM(-1) = FPS - 0.282492 - 1.276276LU$	6.7005
FCS 与 PU 的误差修正模型	$\Delta FCS = 0.002400 + 1.072846\Delta PU - 0.380118ECM(-1)$ 　　　　　　(0.6145)　　(3.1689)　　　　(-2.0288) $ECM(-1) = FCS + 0.029302 - 1.260198PU$	6.9011
FCS 与 LU 的误差修正模型	$\Delta FCS = 0.012241 - 0.054936\Delta LU - 0.681017ECM(-1)$ 　　　　　　(1.846)　　(-0.3384)　　　　(2.9222) $ECM(-1) = FCS - 0.052223 - 2.944131LU$	4.9175

从表6-17中的误差修正模型可知，粮食生产安全与人口城市化以及粮食消费安全与土地城市化的误差修正模型的 F 统计量，在5%的显著性水平下通过了检验；而粮食生产安全与土地城市化以及粮食消费安

全与人口城市化的误差修正模型的 F 统计量，在 1% 的显著性水平下通过了检验。因此，这表明模型估计在整体上是显著的。从 4 个误差修正模型的系数检验情况来看，只有粮食消费安全与土地城市化的误差修正模型中的 ΔLU 没有通过检验，其他三个方程的系数在 10% 的显著性水平下，都通过了相应的 t 检验。下面，本研究分别对 4 个误差修正模型进行分析。

（1）从粮食生产安全与人口城市化的误差修正模型可知，ΔPU 的估计系数在 10% 的显著性水平下通过了 t 检验，可以解释为粮食生产安全对人口城市化变化的短期弹性，即人口城市化水平每增加 1%，那么在短期内，粮食生产安全水平将增加 0.5297% 左右，略小于其长期弹性 0.5558%。这表明，由于中部地区农村人多地少，农业劳动力的转移有利于农村土地的规模化经营，因而对粮食生产安全产生了显著的促进作用。误差修正项ECM（−1）的系数估计值在 10% 的显著性水平下也通过了 t 检验，该系数反映了对粮食生产安全偏离长期均衡关系的调整力度，其绝对值越大，则将非均衡状态恢复到均衡状态的速度就越快。该误差修正模型表明，粮食生产安全的短期变动可以分为两部分：一部分是由于短期的人口城市化变动的影响，另一部分是由于前一期粮食生产安全偏离长期均衡关系即 ECM（−1）的影响。从短期看，粮食生产安全是由较稳定的长期趋势和短期波动决定的，短期内系统对均衡状态的偏离程度的大小直接导致波动振幅的大小，由该模型的 ECM（−1）系数可知，当前一期粮食生产安全偏离了长期的均衡关系，则为了维持粮食生产安全和人口城市化的长期均衡关系，当期将以 −0.4129 的速度对前一期粮食生产安全与人口城市化之间的非均衡状态进行调整，将其拉回到长期均衡状态。

（2）从粮食生产安全与土地城市化的误差修正模型来看，ΔLU 的估计系数在 10% 的显著性水平下通过了 t 检验，可以解释为粮食生产安全对土地城市化变化的短期弹性，即土地城市化水平增加 1%，那么在短期内，粮食生产安全水平将降低 1.8824 个百分点。但从粮食生产安全与土地城市化的长期协整方程来看，土地城市化水平每增加 1%，则粮食消费安全水平相应地提高 1.2763 个百分点。因此，土地城市化对粮食生产安全的影响存在显著的长短期差异现象，这一现象已有研究进行了揭示。例如，郭剑雄（2004）[1] 等人的研究表明，从供给层面来讲，短期内城市化水平的提高，会使城市发展与农业在土地资源、水资源等方面形成竞争局面，从而加大粮食安全的压力；而长期来看，只要农业资本投入能够实现较大增长，农业技术能够实现不断创新，那就可以实现资本和技术对资源的替代，因而有可能实现城市化水平和粮食生产能力的同步提高。误差修正项ECM（-1）系数估计值在5%的显著性水平下也通过了t检验，从该模型的ECM（-1）系数来看，当前一期的粮食生产安全偏离了长期的均衡关系。为了维持粮食生产安全和土地城市化的长期均衡关系，当期将以-0.4864的速度对前一期粮食生产安全与土地城市化之间的非均衡状态进行调整，将其拉回到长期均衡状态。

（3）从粮食消费安全与人口城市化的误差修正模型可知，ΔPU的估计系数在1%的显著性水平下通过了t检验，可以解释为粮食消费安全对人口城市化变化的短期弹性，即人口城市化水平每增加1%，那么在短期内，粮食消费安全水平将增加1.0728%左右，略小于其长期弹性1.2602%。粮食消费安全对人口城市化的短期和长期弹性均为正数，这表明人口城市化对增加粮食消费安全具有明显的积极作用。例如，Godfray[2]和Satterthwaite[3]指出，一般来讲，城市化都伴随着经济的增长，更具体地说，城市化为农业生产者提供了更为广阔的市场，增加了农产品总需求和高价值农产品的需求，提高了农民从事农业的收益，从而也提高了农民的粮食购买能力。另外，由于许多家庭都具有城乡联系，城市化提高了农民的非农就业水平，因而提高了农民的非农收入。研究表明，非农收入的增加在许多地方对减少农村贫困，提高贫困区粮食安全水平具有重要作用。误差修正项ECM（-1）的系数估计值在10%

---

① 郭剑雄：《城市化与粮食安全目标间的协调》，《农业现代化研究》2004年第4期，第279~282页。

② Satterthwaite, D., McGranahan, G., Tacoli, C., "Urbanization and Its Implications for Food and Faming", *Philosophical Transactions of the Royal Society B*, 2010, No. 365, pp. 2809 - 2820.

③ Godfray, H. C. J., Crute, I. R., Haddad, L. et al., "The Future of the Global Food System", *Philosophical Transactions of the Royal Society B*, 2010, No. 365, pp. 2769 - 2777.

的显著性水平下也通过了 t 检验，从该模型的 ECM（-1）系数来看，当前一期粮食消费安全偏离了长期的均衡关系。为了维持粮食消费安全和人口城市化的长期均衡关系，当期将以 -0.3801 的速度对前一期粮食消费安全与人口城市化之间的非均衡状态进行调整，将其拉回到长期均衡状态。

（4）从粮食消费安全与土地城市化的误差修正模型来看，ΔLU 的估计系数的 t 检验值只有 -0.3384，在 10% 的显著性水平下没有通过相应的 t 检验，这表明粮食消费安全对土地城市化变化的短期效应不明显，但这一系数在一定程度上可以说明，土地城市化在短期内对粮食消费安全会产生较小的负面影响。从粮食消费安全与土地城市化的长期协整方程来看，土地城市化对粮食消费安全产生了显著的影响，即土地城市化水平每增加 1%，则粮食消费安全水平相应地提高 2.9441 个百分点。土地城市化主要表现在城市建成区面积的扩大、城市道路的不断扩张等方面，因此短期内土地城市化主要是导致耕地面积减少，对粮食生产安全产生显著的负面效应，它只能影响人均粮食占有水平，但对居民粮食购买能力以及政府维护本区域粮食消费安全水平能力的影响有限，因此，土地城市化在短期内对粮食消费安全的影响较小。然而，从长期来看，土地城市化可以提高市场发展水平、增加基础设施供给、引进由跨国公司支配的连锁超市、改善交通系统，从而增强与国内外食物供应商的联系，提高食物供应的水平以及城乡居民的粮食购买水平（Kearney，2010）[1]，因而长期来看，土地城市化对粮食消费安全产生了显著的积极影响。误差修正项 ECM（-1）系数估计值则在 1% 的显著性水平下也通过了 t 检验，从该模型的 ECM（-1）系数来看，当前一期粮食消费安全偏离了长期的均衡关系。为了维持粮食消费安全和土地城市化的长期均衡关系，当期将以 -0.6810 的速度对前一期粮食消费安全与土地城市化之间的非均衡状态进行调整，将其拉回到长期均衡状态。

---

① Kenerny, J., "Food Consumption Trends and Drivers", *Philosophical Transactions of the Royal Society B*, 2010, No. 365, pp. 2793 - 2807.

四　城市化子系统各发展指数和粮食安全发展指数的格兰杰因果检验

协整检验可以揭示城市化综合水平变化与生态环境综合质量及其分量之间是否存在长期均衡关系，但是无法揭示城市化与它们之间是否具有因果关系，以及因果关系的方向是怎样的。格兰杰因果检验为解决这类问题提供了一种很好的思路和方法，它可以用来确定经济变量之间是否存在因果关系以及影响的方向。[①] 其检验思想是：如果变量 X 有助于预测变量 Y，即用当前的 Y 对 Y 的若干期滞后及 X 的若干期滞后进行回归，然后检验 X 的这些滞后变量作为一个整体是否改善了回归结果，如果回答是肯定的，则称 X 是 Y 的 Granger 原因，否则称为非 Granger 原因。[②] 格兰杰因果关系检验要求进行以下两个回归：

$$\begin{cases} Y_t = \sum_{i=1}^{m} \alpha_i X_{t-i} + \sum_{i=1}^{m} \beta_i Y_{t-i} + \mu_{1t} \\ X_t = \sum_{i=1}^{m} \lambda_i Y_{t-i} + \sum_{i=1}^{m} \delta_i X_{t-i} + \mu_{2t} \end{cases} \qquad (6-12)$$

对 X 是否为 Y 的格兰杰原因进行检验，就是对公式中的 β_i（$i=1$，2，$\cdots$，m）$=0$ 进行检验，这个检验的原假设是"X 不是引起 Y 变化的原因"。如果拒绝了 β_i（$i=1$，2，$\cdots$，m）$=0$ 的原假设，即认为 X 对 Y 存在 Granger 因果关系。同理也可对 δ_i（$i=1$，2，$\cdots$，m）$=0$ 进行检验，从而判断 Y 对 X 是否存在 Granger 因果关系。

为考察粮食安全各子系统和城市化各子系统之间的格兰杰因果关系，根据以上格兰杰因果检验的方法，本研究得到粮食生产安全与人口城市化、经济城市化和土地城市化以及粮食消费安全与人口城市化、经济城市化和土地城市化之间的格兰杰因果关系，其结果如表 6-18 所示。

[①] 刘耀彬：《江西省城市化与生态环境关系的动态计量分析》，《资源科学》2008 年第 6 期，第 829~836 页。

[②] 潘省初：《计量经济学》（第三版），中国人民大学出版社，2009，第 169 页。

表6-18 城市化各子系统和粮食安全各子系统的格兰杰因果检验

序列	原假设	F 统计量	P 值	结论
PU 与 FPS	PU 不是 FPS 的格兰杰原因 FPS 不是 PU 的格兰杰原因	6.28389 0.62712	0.0242 0.4408	PU 是 FPS 的格兰杰原因 FPS 不是 PU 的格兰杰原因
EU 与 FPS	EU 不是 FPS 的格兰杰原因 FPS 不是 EU 的格兰杰原因	9.20124 1.96785	0.0084 0.1810	EU 是 FPS 的格兰杰原因 FPS 不是 EU 的格兰杰原因
LU 与 FPS	LU 不是 FPS 的格兰杰原因 FPS 不是 LU 的格兰杰原因	10.0129 0.34860	0.0064 0.5637	LU 是 FPS 的格兰杰原因 FPS 不是 LU 的格兰杰原因
PU 与 FCS	PU 不是 FPS 的格兰杰原因 FPS 不是 PU 的格兰杰原因	4.29601 0.00556	0.0495 0.9415	PU 是 FCS 的格兰杰原因 FCS 不是 PU 的格兰杰原因
EU 与 FCS	EU 不是 FPS 的格兰杰原因 FPS 不是 EU 的格兰杰原因	5.00281 3.45552	0.0409 0.0828	EU 是 FCS 的格兰杰原因 FCS 不是 EU 的格兰杰原因
LU 与 FCS	LU 不是 FPS 的格兰杰原因 FPS 不是 LU 的格兰杰原因	11.7556 2.38970	0.0037 0.1430	LU 是 FCS 的格兰杰原因 FCS 不是 LU 的格兰杰原因

从表6-18中可以看出，在5%的显著性水平下，人口城市化是粮食生产安全的格兰杰原因；在1%的显著性水平下，经济城市化和土地城市化均是粮食生产安全的格兰杰原因。这表明在中部地区城市化与粮食安全的关系中，城市化各个方面的变化都对粮食生产安全产生了显著的影响，因此城市化的变化是导致粮食生产安全变化的重要原因。然而，在5%的显著性水平下，粮食生产安全并不是人口城市化、经济城市化和土地城市化的格兰杰原因，这说明中部地区粮食生产安全水平的高低，并没有对中部地区的人口城市化、经济城市化和土地城市化产生显著影响，也就是说，粮食生产安全并不是推动中部地区城市化进程的原因。从城市化各子系统与粮食消费安全的格兰杰因果检验来看，在5%的显著性水平下，人口城市化和经济城市化是粮食消费安全的格兰杰原因；在1%的显著性水平下，土地城市化是粮食消费安全的格兰杰原因。这表明，中部地区城市化显著影响着粮食的消费结构和消费水平，因而城市化是导致粮食消费安全的重要原因。然而，在5%的显著性水平下，粮食消费安全并不是人口城市化、经济城市化和土地城市化

的格兰杰原因，表明粮食消费安全对城市化的影响不明显；但在 10% 的显著性水平下，粮食消费安全是经济城市化的格兰杰原因，这表明在一定程度上粮食消费安全对经济城市化产生了较显著的影响。从城市化各子系统和粮食安全各子系统的格兰杰因果关系检验可知，城市化是推动粮食安全变化的重要原因，而粮食安全对城市化的推进并没有产生显著影响。产生这一问题的根本原因是，粮食安全只是城市化推进的必要条件，而中部地区历来是我国的主要余粮区，其粮食安全早已满足了城市化的需求，因而粮食安全对城市化的影响作用并不显著。欧向军（2008）、陈明星（2009）等人的相关研究也表明，在我国，有 4 种推动城市化发展的主要力量，即行政力、市场力、外向力和内源力。其中，行政力主要是指由行政力量推动下的城市化，主要表现为政府通过资金投入、产业布局、工程项目等方式推动城市化发展；市场力是指在市场经济发展过程中，对区域的生产要素、地域组合及其运行进行的有效配置，由经济市场化过程对城市化所产生的推动作用；外向力是指在经济全球化过程中，由外商投资对我国城市化所产生的推动作用；内源力则主要是指由基层的乡镇级政府或者农民资助推动的乡村城市化进程。[1][2]

五　粮食安全系统与城市化系统的计量经济分析

为揭示中部地区城市化各子系统和城市化系统对粮食安全系统的整体影响，我们对城市化各子系统的发展指数和城市化系统综合发展指数（CIUSCC）与粮食安全系统综合发展指数（CIFSSCC）也进行了序列平稳检验、协整分析、误差修正模型和格兰杰因果检验等计量经济分析。本研究采用 ADF 检验方法对粮食安全系统综合发展指数和城市化系统综合发展指数进行平稳性检验，其结果如表 6-19 所示。

---

[1]　陈明星、陆大道、张华：《中国城市化水平的综合测度及其动力因子分析》，《地理学报》2009 年第 4 期，第 387~398 页。

[2]　欧向军、甄峰、秦永东等：《区域城市化水平综合测度及其理想动力分析——以江苏省为例》，《地理研究》2008 年第 5 期，第 993~1002 页。

表 6 – 19　城市化系统综合指数和粮食安全系统综合发展指数的平稳性检验

变量	ADF 检验值	检验类型	1% 临界值	5% 临界值	结论
CIUSCC	2.0540	（C，T，1）	– 4.5716	– 3.6908	非平稳
CIFSSCC	– 2.1902	（C，T，1）	– 4.5716	– 3.6908	非平稳
ΔCIUSCC	– 5.6520	（C，T，1）	– 4.6162	– 3.7105	非平稳
ΔCIFSSCC	– 1.4921	（C，T，1）	– 4.6162	– 3.7105	平稳
Δ²CIUSCC	– 6.9073	（0，T，1）	– 3.9204	– 3.0656	平稳

注：（1）检验形式（C，T，L）中的 C、T、L 分别表示模型中的常数项、时间趋势项和滞后阶数；（2）C 或 T 为 0 表示不含截距或时间趋势，ADF 检验法滞后阶数按照 AIC 结合 SC 信息准则判断。

从表 6 – 19 中可以看出，在 5% 的显著性水平下，城市化系统综合发展指数和粮食安全系统综合发展指数都不能拒绝有单位根的建设，所以两个序列是非平稳的。在 1% 的显著性水平下，粮食安全系统综合指数的一阶差分拒绝了有单位根的假设，因而粮食安全系统综合指数是一阶单整的；但在 5% 的显著性水平下，城市化系统综合指数的一阶差分并不能拒绝有单位根的假设，而其二阶差分在 1% 的显著性水平下，拒绝了有单位根的假设，因而城市化系统综合指数是二阶单整的。

由于粮食安全系统综合指数和人口城市化、土地城市化都是一阶单整的，因而它们之间可能存在协整关系，为此，本研究采用 E – G 两步法对粮食安全系统综合指数与人口城市化和土地城市化之间的关系进行协整分析，其结果如表 6 – 20 所示。

表 6 – 20　城市化各子系统和粮食安全系统综合指数的协整方程

序列	协整方程	调整后 R^2	F 值	DW 值
CIFSSCC 与 PU	$CIFSSCC = 0.214944 + 1.815979PU$ （8.081164）（21.20834）	0.961439	449.7037	0.743228
CIFSSCC 与 LU	$CIFSSCC = 0.334715 + 4.220407LU$ （14.85066）（19.80761）	0.956027	392.3412	1.393827

从表 6 – 20 中可以看出，粮食安全系统与人口城市化和土地城市化的协整方程的各系数在 1% 的显著性水平下都通过了 t 检验，两个方程整

体在1%的显著性水平下，其F值远远大于1%显著性水平的值，表明两个协整方程的拟合优度和显著性水平都比较高。然而，两个同阶单整的平稳序列所建立的协整回归方程有可能存在伪回归问题，因此本研究对两个协整回归方程的残差项序列进行了单位根检验，其结果如表6-21所示。

表6-21 人口城市化、土地城市化和粮食安全系统协整方程的残差检验

方程残差	ADF 检验值	检验类型	1% 临界值	5% 临界值	结论
CIFSSCC 与 PU 方程残差（ε_5）	-2.118866	(0,0,1)	-2.699769	-1.961409	平稳
CIFSSCC 与 LU 方程残差（ε_6）	-3.237942	(0,0,1)	-2.699769	-1.961409	平稳

从表6-21可知，在5%的显著性水平下，粮食安全系统与人口城市化协整方程的残差通过了ADF单位根检验，而粮食安全系统与土地城市化协整方程的残差则在1%的显著性水平下通过了ADF单位根检验，这表明两个方程的残差都是平稳的，因此粮食安全系统与人口城市化和土地城市化之间存在长期的均衡关系。

虽然粮食安全系统与人口城市化和土地城市化之间存在长期的均衡关系，但在短期内，这些变量序列可以是不均衡的。为了考察人口城市化和土地城市化与粮食安全系统的动态关系，按照误差修正模型的计算方法，本研究进一步建立了将短期波动同长期均衡联系起来的误差修正模型（ECM），其结果如表6-22所示。

表6-22 人口城市化、土地城市化和粮食安全系统综合
发展指数的误差修正模型

误差修正模型	模型表达式	模型 F 值
CIFSSCC 与 PU 的误差修正模型	$\Delta CIFSSCC = 0.002809 + 1.606915\Delta PU - 0.400342 ECM(-1)$ $\quad\quad (0.4463) \quad (2.9444) \quad\quad (-2.0286)$ $ECM(-1) = CIFSSCC - 0.214944 - 1.815979 PU$	6.8857
CIFSSCC 与 LU 的误差修正模型	$\Delta CIFSSCC = 0.025970 - 2.0662\Delta LU - 0.590644 ECM(-1)$ $\quad\quad (2.594546)(-0.96244)(-2.925326)$ $ECM(-1) = CIFSSCC - 0.334715 - 4.220407 LU$	5.8860

从表 6 – 22 中可以看出，粮食安全系统综合发展指数与土地城市化和人口城市化的误差修正模型的 F 统计量，在 1% 的显著性水平下都通过了检验，这表明模型估计在整体上是显著的。为此，本研究分别对两个误差修正模型进行分析。

（1）从粮食安全系统综合发展指数与人口城市化的误差修正模型可知，ΔPU 的估计系数在 1% 的显著性水平下通过了 t 检验，可以解释为粮食安全对人口城市化变化的短期弹性，即人口城市化水平每增加 1%，那么在短期内，粮食生产安全水平将增加 1.6069% 左右，略小于其长期弹性 1.8160%。与粮食生产安全、粮食消费安全和人口城市化的误差修正模型相比，在粮食安全系统综合发展指数与人口城市化误差修正模型中，其 ΔPU 的估计系数要大得多。这表明，人口城市化对粮食安全的综合影响要显著大于对粮食生产安全和粮食消费安全的影响，其主要原因是，一方面，人口城市化使得中部地区大量的农业劳动力转移到城市中，促进了粮食的集约化和规模化生产；另一方面，人口城市化显著提高了人民的收入水平，为提高粮食消费安全打下了坚实基础。粮食安全系统综合发展指数与人口城市化的误差修正模型的误差修正项 ECM（–1）系数估计值在 10% 的显著性水平下也通过了 t 检验，该系数反映了对粮食安全偏离长期均衡关系的调整力度，其绝对值越大，则将非均衡状态恢复到均衡的速度就越快。由该模型的 ECM（–1）系数可知，当前一期粮食安全偏离了长期的均衡关系。为了维持粮食安全和人口城市化的长期均衡关系，当期将以 –0.4003 的速度对前一期粮食安全与人口城市化之间的非均衡状态进行调整，将其拉回到长期均衡状态。

（2）从粮食安全系统综合发展指数与土地城市化的误差修正模型来看，ΔLU 的估计系数的 t 检验值只有 –0.9624，其显著性水平只有 35%，在 10% 的显著性水平下没有通过检验，这表明粮食安全对土地城市化变化的短期效应不明显，但这一系数在一定程度上可以说明，土地城市化在短期内会对粮食安全产生较为明显的负面影响。在 35% 的显著性水平下，ΔLU 的估计系数可解释为粮食安全对土地城市化变化的短期弹性，即土地城市化水平每增加 1%，那么在短期内，粮食安全水平将降低 2.0662 个百分点。但从粮食安全系统综合发展指数与土地城市化的长期协整方

来看，土地城市化水平每增加 1%，则粮食生产安全水平相应地提高
4.2204 个百分点。这一结论与粮食生产安全和粮食消费安全与土地城市
化之间的研究结果一致，表明土地城市化对粮食生产安全的影响存在显著
的长短期差异现象。误差修正项 ECM（-1）的系数估计值在 5% 的显著
性水平下也通过了 t 检验，粮食安全系统综合发展指数与土地城市化的误
差修正模型的 ECM（-1）系数的 t 检验值在 1% 的显著性水平下通过了
检验，表明当前一期粮食安全偏离了长期的均衡关系。为了维持粮食安全
和土地城市化的长期均衡关系，当期将以 -0.5906 的速度对前一期粮食
安全与土地城市化之间的非均衡状态进行调整，将其拉回到长期均衡
状态。

　　为考察粮食安全系统和城市化各子系统以及城市化系统之间的格兰杰
因果关系，根据格兰杰因果检验的方法，本研究得到粮食安全系统综合发
展指数与人口城市化、经济城市化、土地城市化和城市化系统综合发展指
数之间的格兰杰因果关系，其结果如表 6-23 所示。

表 6-23　城市化各子系统和粮食安全各子系统的格兰杰因果检验

序列	原假设	F 值	P 值	结论
PU 与 CIFSSCC	PU 不是 CIFSSCC 的格兰杰原因	4.6954	0.0468	PU 是 CIFSSCC 的格兰杰原因
	CIFSSCC 不是 PU 的格兰杰原因	0.16837	0.6874	CIFSSCC 不是 PU 的格兰杰原因
EU 与 CIFSSCC	EU 不是 CIFSSCC 的格兰杰原因	7.3020	0.0164	EU 是 CIFSSCC 的格兰杰原因
	CIFSSCC 不是 EU 的格兰杰原因	3.7381	0.0723	CIFSSCC 不是 EU 的格兰杰原因
LU 与 CIFSSCC	LU 不是 CIFSSCC 的格兰杰原因	12.8942	0.0027	LU 是 CIFSSCC 的格兰杰原因
	CIFSSCC 不是 LU 的格兰杰原因	1.36776	0.2604	CIFSSCC 不是 LU 的格兰杰原因
CIUSCC 与 CIFSSCC	CIUSCC 不是 CIFSSCC 的格兰杰原因	8.5579	0.0104	CIUSCC 是 CIFSSCC 的格兰杰原因
	CIFSSCC 不是 CIUSCC 的格兰杰原因	4.2312	0.0575	CIFSSCC 不是 CIUSCC 的格兰杰原因

　　从表 6-23 中可以看出，在 5% 的显著性水平下，中部地区人口城
市化和经济城市化是粮食安全系统变化的格兰杰原因；而在 1% 的显著
性水平下，中部地区土地城市化和城市化系统是粮食安全系统变化的格
兰杰原因。从相反的方面来看，在 5% 的显著性水平下，中部地区粮食
安全系统都不是人口城市化、经济城市化、土地城市化和城市化系统变

化的格兰杰原因。因此，从中可以看出，在城市化与粮食安全的相互关系当中，只存在城市化对粮食安全的单向格兰杰因果关系。然而，如果把条件适当放宽，在10%的显著性水平下，粮食安全系统也是经济城市化和城市化系统变化的格兰杰原因，表明中部地区的粮食安全对保障中部地区城市经济的稳定发展，促进城市化整体有序推进，起到了积极、有效的作用，也就是说，粮食安全的系统变化是经济城市化和城市化系统变化的重要原因。

第七章 中部地区城市化进程中粮食安全的定量评价

第一节 中部地区粮食安全水平评价模型的构建

本研究用粮食安全系统定量测度了中部地区粮食安全的整体状况及其变化趋势，它综合考虑了影响粮食安全的多方面因素，并可以从中判断哪些因素是影响粮食安全的主要因素，因而粮食安全系统评价方法较传统单一指标评价法有一定的优越性。但由于粮食安全问题是涉及一国经济发展和社会稳定的重大问题，因此采用粮食安全系统度量粮食安全，就很难确定一个标准用来判定当粮食安全系统发展指数达到什么程度，才实现了粮食安全。为此，本研究为更好地确定中部地区粮食安全问题，采用了国内普遍认可的粮食自给率这一指标来评价中部地区的粮食安全问题。要确定中部地区的粮食自给率，那么首先必须明确中部地区的粮食生产总量和粮食消费总量，因此必须首先研究中部地区的粮食生产和消费状况。

一 中部地区粮食生产模型的构建及其预测

为有效建立粮食产量生产模型，必须准确分析影响粮食产量的因素。国内外对影响粮食生产因素的研究较为丰富，但大体可以分为自然因素和社会经济因素两大类。从自然因素层面看，影响粮食生产的因素主要有气候条件、自然灾害的频次与危害程度、土壤的肥沃程度等，这是由当地的先天资源禀赋决定的。尽管人类活动可以通过各种技术手段对其施加影响，但在短时期内，其本身几乎不会发生变化，因此其对粮食产量的影响是基础性的、稳定的；① 从社会经济层面看，影响粮食产量变化的主要因素有耕地的数量、质量水平和利用程度，粮食生产的物质资本和劳动力资本投入以及农业和粮食生产政策、粮食市场价格的变化等②，这些要素随着人类的科技进步，对粮食产量的影响作用愈来愈显著，并且经常处于变动状态，因而是影响地区或国家粮食产量的主要方面。从现有关于粮食生产的研究来看，农业机械总动力、化肥施用量、粮食作物播种面积、劳动力投入水平和农业有效灌溉率等因素也经常被视为影响我国粮食产量的关键因素。③④⑤ 中部地区地处我国的亚热带季风气候区和温带季风气候区，气候温和，日照充足，雨量充沛，土壤较为肥沃，且水热条件组合状况良好，十分有利于粮食的生产，因此中部地区历来是我国的粮仓。⑥ 因此，从总体上看，自然条件对中部地区粮食生产的约束状况较小。鉴于此，本研究在参考国内相关研究的基础上，着重从社会经济层面选择粮食生产的影响因素，并构建相应的粮食生产函数模型，用以对中部地区的粮食生产状况进行分析和预测。

古典政治经济学家威廉·配第在《土地论——献给英明人士》中指出，土地是财富之母，劳动是财富之父。因此，对粮食生产来讲，耕地的数量是根本。在城市化进程中，耕地面积不断减少，因此为确保粮食生产的稳定，其中重要的一环就是提高耕地的复种指数以弥补耕地的减少。而耕地复种指数变化最为直接的表现就是粮食作物播种面积的变化，因此，粮食作物播种面积这一因素是影响粮食产量变化的一个关键因素。劳动力作为创造财富之父，也是粮食生产的主体，因而必然是影响粮食生产的又

---

① 史常亮、王忠平、邹昊：《1980～2009 年新疆粮食生产主要影响因素分析》，《干旱区农业研究》2011 年第 5 期，第 204～208 页。

② 姚成胜、汪莹：《我国中部地区粮食生产波动性的成因及其政策建议》，《农业现代化研究》2011 年第 4 期，第 400～404 页。

③ 谢杰：《中国粮食生产函数的构建与计量分析》，《统计与决策》2007 年第 20 期，第 74～76 期。

④ 乔世君：《中国粮食生产技术效率的实证研究——随机前沿生产函数的应用》，《数理统计与管理》2004 年第 3 期，第 11～16、64 页。

⑤ 尹世久、吴林海、张勇：《我国粮食产量波动影响因素的经验分析》，《系统工程理论与实践》2009 年第 10 期，第 28～34 页。

⑥ 南昌大学中国中部经济发展研究中心：《中国中部经济发展报告（2008）》，经济科学出版社，2009，第 26～41 页。

一重要因素。然而，由于现有公开出版的统计资料中并没有关于粮食生产劳动力人数的数据，因此本书借鉴乔世君（2004）的研究方法，假设从事粮食生产的劳动力在农、林、牧、副、渔劳力中所占的比例变化不大，因而可以用包含农、林、牧、副、渔业的农业劳动力数量作为粮食生产劳动力的替代变量纳入分析模型（史常亮等，2011）。除土地和劳动之外，粮食生产的技术进步和物质资本投入也是影响粮食生产的重要因素，由于农业中的技术进步常常物化为化肥、农业灌溉以及农业机械的使用方面，因而粮食生产的技术进步和物质资本投入基本上选择的是相同的指标。因此，本研究采用农业机械总动力、折纯量化肥施用量和农业有效灌溉面积3个变量来表征中部地区粮食生产中的技术进步程度和物质资本投入。

根据前述分析，本研究选取粮食总产量作为产出变量，粮食作物播种面积，农、林、牧、副、渔农业劳动力数量，农业机械总动力，化肥施用量和有效灌溉面积等5个变量作为自变量，构建粮食生产的柯布－道格拉斯生产函数[①]，其表达式如下：

$$Y = AX_1^{\alpha_1}X_2^{\alpha_2}X_3^{\alpha_3}X_4^{\alpha_4}X_5^{\alpha_5} \tag{7-1}$$

式（7-1）中，Y 为粮食总产量，X_1 为粮食作物播种面积，X_2 为农、林、牧、副、渔劳动力投入数量，X_3 为农业机械总动力，X_4 为折纯量化肥施用量，X_5 为有效灌溉面积；α_1、α_2、α_3、α_4、α_5 分别为粮食作物播种面积，农、林、牧、副、渔农业劳动力数量，农业机械总动力，折纯量化肥施用量，有效灌溉面积的产出弹性，表示投入变化百分比对总产出变化百分比的影响；A 为总体效率因子。对以上的函数取自然对数，则可以将方程转换为多元线性回归模型如下：

$$LnY = LnA + \alpha_1 LnX_1 + \alpha_2 LnX_2 + \alpha_3 LnX_3 + \alpha_4 LnX_4 + \alpha_5 LnX_5 \tag{7-2}$$

表7-1列出了1978~2008年，中部地区粮食总产量及各影响因素的变化情况。

---

① 葛小东、胡苏军、叶青：《科尔沁沙地水资源投入对粮食生产的影响定量研究》，《自然资源学报》2012年第9期，第1471~1479页。

表 7 − 1   1978 ~ 2008 年中部地区粮食生产及其各影响因素的数据

年份	Y/万吨	X₁/万公顷	X₂/万人	X₃/万千瓦	X₄/万吨	X₅/万公顷
1978	9226.2	3419.75	8637.97	3285.54	268.91	1414.3
1979	9908.97	3399.14	8814.92	3731.17	314.4	1428.73
1980	9189.58	3297.23	8971.26	4074.99	356.29	1413.82
1981	10034.77	3282.55	9243.34	4314.84	381.73	1394.26
1982	10819.56	3270.44	9460.89	4560.84	448.02	1366.21
1983	11822.69	3315.87	9657.58	4847.37	502.36	1375.53
1984	12393.2	3291.67	9500.13	5192.83	527.85	1376.05
1985	11985.16	3190.36	9282.45	5546.62	556.55	1357.56
1986	12038.89	3250.14	9369.64	6128.47	585.52	1355.46
1987	12566.73	3269.06	9488.55	6525.76	597.85	1355.19
1988	12115.86	3228.5	9671.82	6995.51	636.33	1372.2
1989	13062.42	3297.3	9945.1	7315.58	712.7	1393.09
1990	13618.7	3311.94	10639.1	7601.29	772.57	1419.7
1991	12106.05	3234.38	10895.82	7788.25	831.9	1433.64
1992	12982.44	3151.91	10876.82	8068.85	876.51	1458.66
1993	13699.48	3147.44	10558.96	8501.76	958.56	1464.25
1994	13198.19	3123.56	10388.24	9001.89	1018.18	1488.15
1995	13859.67	3121.63	10235.71	9680.92	1112.02	1488.17
1996	14688.58	3172.77	10152.5	11229.41	1196.21	1513
1997	14954.61	3172.51	10188.69	11719.67	1236.9	1516.31
1998	14531.07	3162.32	10189.81	12762.18	1286.33	1541.66
1999	14923.08	3161.69	10580.39	13987.79	1290.62	1559.44
2000	14134.92	3028.98	10952.58	14983.55	1297.06	1568.11
2001	13751.07	2908.24	10799.36	15840.45	1328.18	1570.05
2002	13998.32	2909.9	10660.04	16957.01	1381.85	1574.62
2003	12557.19	2831.54	10395.03	17972.82	1439.52	1576.51
2004	14778.5	2994.78	10189.86	19649.81	1472.75	1581.78
2005	15053.1	3097.74	10005.8	21235.42	1524.61	1586.99
2006	15887.31	3147.77	9823.26	22730.6	1568.07	1602.78
2007	16153.21	3177.66	9540.05	24436.85	1627.66	1627.02
2008	16571.51	3170.66	9410.84	26511.24	1696.56	1638.73

根据柯布－道格拉斯生产函数模型以及表 7 − 1 的数据，采用 Eviews 7.0 软件，运用 OLS 进行回归估计，本研究得到如下结果。如表 7 − 2 所示。

表 7 - 2　最小二乘法对柯布－道格拉斯生产函数的回归分析结果

变量 Variable	回归系数 Coefficient	标准误差 Std. Error	t 检验值 t - Statistic	显著性水平 Prob.
C	2.737307	3.585936	0.763345	0.4524
LnX_1	1.316173	0.236000	5.577000	0.0000
LnX_2	- 0.158799	0.195730	- 0.811314	0.4248
LnX_3	0.027892	0.068539	0.406954	0.6875
LnX_4	0.406032	0.074729	5.433370	0.0000
LnX_5	0.741575	0.254374	2.915298	0.0074
R - squared	0.960812	Adjusted R - squared		0.952975
F - statistic	122.5910	Prob(F - statistic)		0.000000
Durbin-Watson stat	2.219346			

由表 7 - 2 可以看出，调整后的 R^2 为 0.953，且 $F = 122.59$，显著性水平远低于 1%，故认为粮食生产与上述解释变量间的总体线性关系显著。但变量 LnX_2 和 LnX_3 未通过 t 检验，而且 LnX_2 的符号的经济意义也不合理，因此解释变量之间可能存在多重共线性。为此，我们对各变量之间的关系进行简单的相关分析，得到各变量的相关系数矩阵。如表 7 - 3 所示。

表 7 - 3　各变量的相关系数表

变量	LnX_1	LnX_2	LnX_3	LnX_4	LnX_5
LnX_1	1	- 0.647	- 0.737	- 0.756	- 0.684
LnX_2	- 0.647	1	0.534	0.684	0.439
LnX_3	- 0.737	0.534	1	0.967	0.915
LnX_4	- 0.756	0.684	0.967	1	0.859
LnX_5	- 0.684	0.439	0.915	0.859	1

从表 7 - 3 中可以看出，变量 LnX_3 和 LnX_4 之间的相关系数为 0.967，变量 LnX_3 和 LnX_5 之间的相关系数为 0.915，因而它们之间存在高度的相关性。为此，我们采用逐步回归方法，对柯布－道格拉斯生产函数进行分析，其结果如表 7 - 4 所示。

表 7 - 4　逐步回归法对柯布 - 道格拉斯生产函数的回归分析结果

变量 Variable	回归系数 Coefficient	标准差 Std. Error	t 检验值 t - Statistic	显著性水平 Prob.
C	- 0. 589808	2. 347455	- 0. 251254	0. 8035
LnX_1	1. 404420	0. 216350	6. 491436	0. 0000
LnX_4	0. 409767	0. 025023	16. 37579	0. 0000
LnX_5	0. 551932	0. 194350	2. 839893	0. 0085
R - squared	0. 957462	Adjusted R - squared		0. 952736
F - statistic	202. 5779	Prob(F - statistic)		0. 000000
Durbin-Watson stat	1. 965370			

从表 7 - 4 中可以看出，通过逐步回归分析，回归方程调整后的 R^2 为 0. 953，且 $F = 202.58$，显著性水平远低于 1% ，而且各变量的系数在 1% 的显著性水平下也通过了相应的 t 检验，因此，可以得出中部地区粮食产量的生产函数模型为：

$$LnY = - 0.5898 + 1.4044LnX_1 + 0.4098LnX_4 + 0.5519LnX_5 \qquad (7-3)$$

由于方程的各项系数都通过了相关检验，因此说明这一模型很好地反映了 1978 ~ 2008 年中部地区粮食产量与其影响因素之间的函数关系，并可以用该模型对中部地区粮食产量的变化进行预测。该回归方程表明，中部地区粮食总产量的变化可以由粮食作物播种面积、折存量化肥施用量和有效灌溉面积等 3 项指标的组合函数来予以解释，其中 LnX_1 前的系数 1. 4044 表明，在其他条件不变的情况下，粮食作物播种面积每增加 1% ，则粮食产量将增加 1. 4044% 。同理，LnX_2 和 LnX_5 前面的系数也表明，在其他条件不变的情况下，如果化肥施用量和有效灌溉面积分别增加 1% ，则中部地区粮食产量将分别增加 0. 4098% 和 0. 5519% 。因此，从回归方程的系数可以看出，影响中部地区粮食生产最为重要的因素是粮食作物播种面积，其次为有效灌溉面积，而化肥施用量对粮食增产的作用相对最小。

这一结论说明以下问题。第一，提高中部地区粮食产量最为有效的途径就是扩大粮食作物播种面积，其主要原因是，在工业化和城市化不断推进的过程中，中部地区大量耕地被各种开发区和城市占用，耕地面积逐渐减少，已成为最为稀缺的资源，尤其是进入 20 世纪 90 年代以来，中部地区耕地每年减少 1. 23 万公顷。受此影响，中部地区粮食作物播种面积也由 1978 年的 3419. 75 万公顷减少到 2008 年的 3170. 66 万公顷，净减249. 09 万公顷。[①]

第二，提高中部地区的有效灌溉面积也可以显著增加粮食产量，其原因是随着城市化的推进，水资源不断地向经济效益更高的工业部门和城市转移，导致农业用水不断减少，因而水资源也成为粮食增长的重要因素。[②]

第三，增加化肥施用量也能提高中部地区粮食产量，但相对于粮食作物播种面积和有效灌溉面积来讲，其作用最小。其主要原因在于，一方面，中部地区是我国农业经济较为发达的地区，其单位面积的化肥使用量已经达到或超过国际上先进农业国家的水平，因而增加化肥投入量对粮食的边际产出已开始下降；另一方面，过量使用化肥会造成土壤板结、土壤有机结构恶化的负效应，因此试图再依靠增加化肥投入量来促进粮食增产的效果将不断下降。[③] 劳动力被排除在模型之外的原因在于中部地区存在大量农村剩余劳动力，因而劳动的边际生产率接近为零。[④] 根据不同标准，中部地区剩余劳动力的数目有所差异，但大量农村剩余劳动力的存在已经是不争的事实。根据石磊等人（1999）的研究，中国粮食生产函数带有里昂惕夫函数的性质，其一般表达形式为 $Y = \mathrm{MIN}\ (AL,\ BK)$，即产量由资本和劳动中相对不足者决定。[⑤] 由于中部地区农村劳动力过剩，那么粮食产量由资本决定。在本研究中，资本可进一步分解为粮食作物播种面积、化肥施用量和有效灌溉面积。

根据所构建的粮食生产回归模型，本研究依据中部地区粮食作物播种面积、折存量化肥施用量和有效灌溉面积的变化趋势，对 3 个变量进行相

① 姚成胜、汪莹：《我国中部地区粮食生产波动性的成因及其政策建议》，《农业现代化研究》2011 年第 4 期，第 400～404 页。

② Rosegrant, M. W., Ringler, C., Benson, T., Diao, X. et al., *Agriculture and Achieving the Millennium Development Goals*, The World Bank (Agriculture & Rural Development Department)，Washington D. C.，2006.

③ 肖海峰、王姣：《我国粮食综合生产能力影响因素分析》，《农业技术经济》2004 年第 6 期，第 45～49 页。

④ 谢杰：《中国粮食生产函数的构建与计量分析》，《统计与决策》2007 年第 20 期，第 74～76 页。

⑤ 石磊：《土地承包制下的粮食生产函数》，《上海经济研究》1999 年第 9 期。

关的曲线拟合。每个变量进行曲线拟合时，都可以用多项式方程和线性方程两种去拟合，而且拟合结果都较为显著，其结果如表 7-5 所示。

表 7-5　中部地区粮食作物播种面积、折存量化肥施用量和有效灌溉面积的拟合方程

变量名	方程表达式	调整 R^2	F 值	显著性水平
粮食作物播种面积(X_1)	$X_1 = 0.0592t^3 - 2.4979t^2 + 14.5191t + 3315.519$	0.632	18.165	0.000
	$X_1 = -11.3952t + 3361.0137$	0.560	39.129	0.000
折存量化肥施用量(X_4)	$X_4 = -0.0401t^3 + 1.9709t^2 + 22.0049t + 265.6443$	0.993	1412.358	0.000
	$X_4 = 48.4789t + 185.7746$	0.991	3180.002	0.000
有效灌溉面积(X_5)	$X_5 = -0.0417t^3 + 2.2961t^2 - 26.1127t + 1454.7415$	0.971	334.158	0.000
	$X_5 = 9.3760t + 1327.7890$	0.849	169.031	0.000

　　由于每个变量的两个拟合方程的效果都较为显著，因此本研究在用方程对变量 2010～2020 年的变化趋势进行预测时，采用每个变量两个拟合方程所预测值的平均值来代表该变量的变化趋势。将 3 个变量 2010～2020 年间的变化预测值带入粮食生产的柯布－道格拉斯生产函数模型式（7-3），即得到 2010～2020 年粮食产量的预测值。如图 7-1 所示。从中可以看出，通过生产函数预测，中部地区粮食产量将呈现出显著的线性平稳增长趋势，其产量将由 2010 年的 15965.93 万吨上升到 2020 年的 20415.33 万吨。

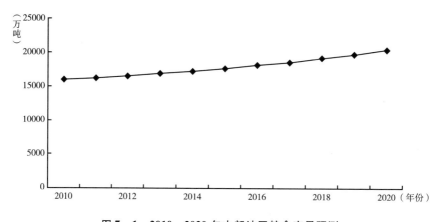

图 7-1　2010～2020 年中部地区粮食产量预测

二 中部地区粮食消费模型的构建及其预测

对未来粮食消费需求的已有分析大致可以分为两类：一是通过分析收入水平与人均消费水平来预测未来人均粮食总需求水平，通过模拟未来的人口总量，进而获得一个国家或地区总的粮食需求；[1][2][3] 二是区分粮食的消费类型（口粮、饲料粮、工业用粮、种子用粮和粮食损耗），分别对不同类型的粮食消费量进行估算，用不同类型消费的数量变化趋势来模拟未来的粮食需求。[4][5] 通过第一种方法来预测粮食需求，主要考虑的因素是经济增长，但它忽略了在增长过程中，由于城市化的推进而导致的城乡人口结构变化和粮食消费结构变化以及城市化过程中工业发展在粮食需求方面的变化；而第二种方法将粮食消费划分为不同的类型，充分考虑了城市化过程中的人口结构、产业结构等各方面的变化对粮食消费的影响，因而更能反映城市化进程对粮食安全的影响。综观国内外有关粮食消费研究与预测的相关文献，尚未有学界较为普遍认可的分析模型，因而本研究在对中部地区粮食消费量进行预测时，也难以选择相应的预测模型。鉴于此，本研究基于第三章中的第二节，根据中部地区口粮、饲料粮、工业用粮、种子用粮和粮食损耗等 5 个部分估算结果的发展趋势进行相关的模型模拟，然后分别对 5 种粮食消费的变化趋势进行预测，最后加总 5 种粮食消费量，得到中部地区粮食消费总量及其变化趋势。根据第三章第二节得到的中部地区 5 种粮食消费量的变化状况如图 7 - 2 和图 7 - 3 所示。

根据图 7 - 2 和图 7 - 3 各曲线的特点，本研究分别采取线性模

① 封志明：《中国未来人口发展的粮食安全与耕地保障》，《人口研究》2007 年第 2 期，第 15 ~ 29 页。

② 钟甫宁、向晶：《城镇化对粮食需求的影响——基于热量消费视角的分析》，《农业技术经济》2012 年第 1 期，第 15 ~ 29 页。

③ 马晓河：《我国中长期粮食供求状况分析及对策思路》，《管理世界》1997 年第 3 期，第 154 ~ 166 页。

④ 胡小平、郭晓慧：《2020 年中国粮食需求结构分析及预测——基于营养标准的视角》，《中国农村经济》2010 年第 6 期，第 4 ~ 15 页。

⑤ 肖国安：《未来十年中国粮食供求预测》，《中国农村经济》2002 年第 7 期，第 9 ~ 14 页。

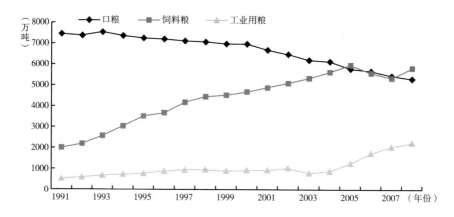

图 7 - 2 1991 ~ 2008 年中部地区口粮、饲料粮、工业用粮变化趋势

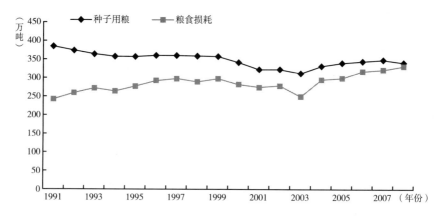

图 7 - 3 1991 ~ 2008 年中部地区种子用粮和粮食损耗的模拟模型

型、指数模型、对数模型、多项式模型以及幂函数 5 种模型对中部地区的 5 种粮食消费量进行拟合，对应于每一种粮食消费，从中选出拟合效果较好的两种方程来表示该种粮食消费的变化趋势，并将两种方程对该种粮食消费量预测出的平均值作为其变化趋势。本研究对 5 种粮食消费采用相关的模型拟合，得到 10 个拟合函数模型。如表 7 - 6 所示。

表 7 - 6 中对中部地区 5 种粮食消费量的拟合方程都非常显著，因此，本研究采用方程对 2010 ~ 2020 年中部地区 5 种粮食消费的情况进行预测，然后加总得到中部地区粮食总消费量，结果如表 7 - 7 所示。

表7-6　口粮、饲料粮、工业用粮、种子用粮和粮食损耗的模拟模型

变量名	方程表达式	调整 R^2	F 值	显著性水平
口粮消费量(Y_1)	$Y_1 = -132.0612t + 7912.3242$	0.920	195.549	0.000
	$Y_1 = 8037.2516e^{-0.0205t}$	0.901	156.285	0.000
饲料粮消费量(Y_2)	$Y_2 = 1528.9414\text{Ln}(t) + 1256.5653$	0.938	258.703	0.000
	$Y_2 = 1778.6732t^{0.4179}$	0.970	554.805	0.000
工业用粮(Y_3)	$Y_3 = 7.1935t^2 - 64.3557t + 789.7025$	0.777	30.597	0.000
	$Y_3 = 508.9194e^{0.0647t}$	0.744	50.326	0.000
种子用粮(Y_4)	$Y_4 = 0.3173t^2 - 8.5607t + 393.7373$	0.658	17.351	0.000
	$Y_4 = 18.4234\text{Ln}(t) + 386.8366$	0.601	26.611	0.000
粮食损耗(Y_5)	$Y_5 = 3.2477t + 255.6669$	0.519	17.245	0.001
	$Y_5 = 21.4238\text{Ln}(t) + 243.2018$	0.509	16.601	0.001

表7-7　2010～2020年中部地区各类粮食消费量及粮食消费总量预测

单位：万吨

年份	口粮	饲料粮	工业用粮	种子用粮	粮食损耗	粮食消费总量
2010	5333.92	6220.09	2118.10	395.74	314.00	14381.85
2011	5225.69	6348.21	2295.42	398.41	316.15	14583.88
2012	5119.66	6472.84	2484.08	401.38	318.27	14796.22
2013	5015.77	6594.20	2684.36	404.65	320.37	15019.35
2014	4913.99	6712.53	2896.55	408.22	322.45	15253.75
2015	4814.28	6828.03	3120.97	412.09	324.51	15499.88
2016	4716.59	6940.86	3357.95	416.26	326.55	15758.23
2017	4620.89	7051.20	3607.86	420.73	328.58	16029.27
2018	4527.13	7159.18	3871.08	425.51	330.60	16313.50
2019	4435.26	7264.94	4148.00	430.60	332.60	16611.41
2020	4345.27	7368.60	4439.08	435.99	334.58	16923.53

三　中部地区粮食安全指数的构建及其评价

1. 中部地区粮食安全标准的确定

《国家粮食安全中长期规划纲要（2008～2020）》和《全国新增1000亿斤粮食生产能力规划（2009～2020）》两份重要文件都把95%的粮食自给率，作为实现中国粮食安全的主要指标。据此我们可以将粮食安全较为简单地表述为，当国内粮食生产总量在达到消费总量的95%及以上的情

277

况下，我国就处于粮食较为安全的状态。但是，这一表述是针对我国整体的粮食安全状况而言的。由于我国区域发展差异巨大，因此在不同的区域，国家采取的粮食安全发展战略也存在明显差异。中部地区是我国粮食主产区，《中共中央国务院关于促进中部地区崛起的若干意见》（中发〔2006〕10号文件）和《促进中部崛起规划》等国家文件都明确提出，必须把中部地区建设成为国家粮食生产基地的发展目标。因此，中部地区的粮食生产不但要满足本区域经济和社会发展的需求，还必须承担维护国家粮食安全的重要责任。基于此，从中部地区的发展实际以及国家对中部地区的发展定位来讲，粮食自给率达95%应该不是中部地区粮食安全的目标。

国家发改委发布的《促进中部崛起规划》明确指出，必须结合《全国新增1000亿斤粮食生产能力规划（2009～2020年）》的实施，着力把中部地区打造成为高产、稳产的粮食生产基地，到2020年力争使中部地区粮食产量达到全国粮食总产量的1/3，切实保障国家粮食安全。因此，我们讨论中部地区的粮食安全问题时，必须有别于其他地区。本研究借鉴马树庆等人[1]对区域粮食安全的定义认为，中部地区粮食安全应该具有较强的粮食生产能力和储备能力，在满足本区域口粮、饲料粮、工业用粮等各种经济社会发展对粮食需求的同时，在较大程度上保证全国粮食供给，并有效满足国内、国际市场对本区域粮食的需求和国家发展战略需要，在保持国家粮食市场供求动态平衡和稳定国家粮食市场价格中发挥重要作用。因此，中部地区的粮食安全问题并不是普遍意义上的粮食安全问题，它不仅要满足于解决本地区人们的生存和发展问题，而且要把本区域粮食安全作为当地经济安全和国家粮食安全的基本条件，这是为了更好地维护本区域经济发展和国家稳定条件下的更高层次的粮食安全。

基于这一定义，我们根据中部地区粮食生产的发展目标是达到全国粮食总产量的1/3，特提出中部地区的粮食安全是必须保障中国1/3人口的粮食安全，也就是说，中部地区粮食生产总量应该占保证中国1/3人口粮

---

[1] 马树庆、王琪：《区域粮食安全的内涵、评估方法及保障措施》，《资源科学》2010年第1期，第35～41页。

食安全消费量比重的 95%，这时才算实现了中部地区粮食安全的发展目标。因此，我们可以根据中部地区粮食生产目标和保障中国 1/3 人口的粮食安全问题这两个指标，估算出中部地区粮食自给率应该达到多少，才算满足了中部地区的粮食安全发展目标，其具体计算过程如下。

设中国的总人口为 TPC（Total Population in China），实现中国粮食安全的人均粮食消费量为 AGC（Average Grain Consumption），中部地区的总人口为 TPCC（Total Population in Central China），中部地区粮食总产量为 TGPCC（Total Grain Production in Central China），据此我们可以进行如下推断，即中部地区粮食安全目标必须满足下式：

$$TGPCC/[(TPCC + TPCC') \times AGC] = 0.95 \qquad (7-4)$$

其中，$TPCC'$ 为中部地区以外的人口，且有：

$$(TPCC + TPCC')/TPC = 1/3 \qquad (7-5)$$

由式（7-4）变换得到：

$$TGPCC = 0.95 \times TPCC \times AGC + 0.95 \times TPCC' \times AGC \qquad (7-6)$$

将式（7-6）两边同时除以 $TPCC \times AGC$ 得到：

$$\frac{TGPCC}{TPCC \times AGC} = 0.95 + 0.95 \times \frac{TPCC'}{TPCC} \qquad (7-7)$$

式（7-6）中的 $TPCC \times AGC$ 是在人均粮食占有量为 AGC 的水平下，满足中部地区自身粮食安全水平的粮食消费总量，$\frac{TGPCC}{TPCC \times AGC}$ 为保障中部地区粮食安全时，中部地区应该达到的粮食自给率水平。

根据对 1978～2008 年中部地区总人口占中国总人口比重的分析得知，1981 年，中部地区人口占全国总人口的比重最低为 27.80%；1991 年，占全国人口的比重最高为 28.49%。由此可知，31 年来，中部地区占全国人口比重都较为稳定，平均为 28.22%。以此平均值为依据，根据式（7-5）可知，中部地区除满足本地区人口的粮食安全外，还需满足区外约占全国总人口 5.11% 比例人口的粮食安全目标。为此，我们将式（7-7）变换后得到中部地区实现粮食安全目标的粮食自给率为：

$$\frac{TGPCC}{TPCC \times AGC} = 0.95 + 0.95 \times \frac{TPCC'/TPC}{TPCC/TPC} = 0.95 + 0.95 \times \frac{0.0511}{0.2822} = 1.122$$

因此，本研究将粮食自给率达到112%设定为中部地区实现粮食安全的发展目标。根据这一目标，本研究依据中部地区粮食产量占粮食消费量的比重，来确定中部地区粮食安全水平的变化。

2. 中部地区粮食安全综合指数及其变化分析

根据粮食自给率的计算方法以及中部地区粮食安全的发展目标，本研究构建如下的中部地区粮食安全综合指数（Food Security Index in Central China，FSICC），其表达式如下：

$$FSICC = \frac{(TGP/TGC) \times 100\%}{112\%} \qquad (7-8)$$

式（7-8）中，TGP 为粮食生产总量（Total Grain Production，TGP），TGC 为粮食消费总量（Total Grain Consumption，TGC），112% 为根据中部地区实际情况计算出的达到中部地区粮食安全状况下的中部地区粮食安全自给率。从 $FSICC$ 的计算公式可以看出，当 $FSICC \geqslant 1$ 时，中部地区处于粮食安全的发展状态，其值越大，粮食安全水平越高；当 $FSICC < 1$ 时，中部地区处于粮食不安全状态，其值越小，粮食安全水平越低。

根据本研究第三章得出的 1990~2008 年中部地区粮食产量和粮食消费量的计算结果，根据式（7-8），本研究得到近 20 年来中部地区粮食安全综合指数。如图 7-4 所示。

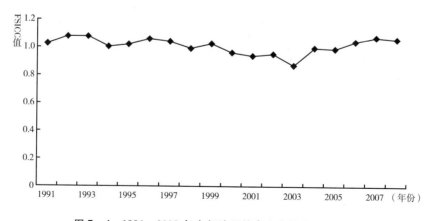

图 7-4 1991~2008 年中部地区粮食安全综合指数变化

从图 7 - 4 中可以看出，1991～2008 年，中部地区粮食安全综合指数的变化大体上可以划分为两个阶段。第一阶段为 1991～2003 年，其间中部地区的粮食安全综合指数呈现出波动下降的趋势，FSICC 值的最高值为 1992 年的 1.08，最低值为 2003 年的 0.87。在此期间，中部地区粮食消费总量不断增长，但粮食生产却因工业化和城市化导致的耕地面积减少、粮食价格波动等一系列因素而产生波动，因此导致 FSICC 的值呈现出波动下降的趋势。第二阶段为 2003～2008 年，该阶段中部地区粮食安全综合指数呈现出明显的上升趋势，由 2003 年的 0.87 上升到 2008 年的 1.06，表明该阶段中部地区的粮食安全水平逐渐提高。其主要原因是，首先，2003 年粮食危机之后，我国对粮食生产倍加重视，连续 10 年的中央一号文件都集中在农业与农村问题上，尤其是粮食安全问题；其次，2003 年以后，中部地区作为国家粮食生产基地的基本定位开始得到认可，因此中部地区粮食生产不但得到了地方政府的重视，更得到了中央政府的重视。

第二节　中部地区城市化进程中粮食安全水平的定量分析

一　粮食安全与城市化响应函数的构建

为了定量揭示出粮食安全对城市化的综合响应程度，本研究构造了粮食安全对城市化的综合响度模型，其计算公式为：

$$CRI_j = \sum_{t=1}^{n} \frac{1}{T} |\theta_j(t)| (j = 1,2,\cdots k; t = 1,2,\cdots n) \qquad (7-9)$$

式（7-9）中，CRI_j 为 T 时期内的中部地区粮食安全综合指数（$FSICC$）对城市化系统中 j 个子系统的综合相应系数（Comprehensive Response Index，CRI），$\theta_j(t)$ 为 t 年份粮食安全综合指数对城市化 j 子系统的相应系数，其计算可以利用经济学中点弹性的定义实现，即：

$$\theta_j(t) = \frac{d(FSICC_t)}{d(US_{jt})} \times \frac{US_{jt}}{FSICC_t} (j = 1,2,\cdots k; t = 1,2,\cdots n) \qquad (7-10)$$

其中，$FSICC_t$ 为 t 年份粮食安全综合指数，US_{jt} 为 t 年份城市化系统（Urbanization System，US）的 j 子系统的发展指数值，其中包括人口城市化子系统、经济城市化子系统、土地城市化子系统；$\dfrac{d(FSICC_t)}{d(US_{jt})}$ 为 t 年份粮食安全综合指数对城市化 j 子系统发展指数的倒数。

从前文分析可知，粮食安全综合指数以 2003 年为界，呈现出明显的两阶段变化特征。因此，为更好地反映粮食安全对城市化系统的响应程度，本研究将粮食安全对城市化的响应函数分成 1991～2003 年、2003～2008 年以及 1991～2008 年 3 个时段分别进行分析。为了更好地求算两个时段内粮食安全对城市化的不同响应程度，本研究利用 SPSS 统计分析软件分别对人口城市化子系统、经济城市化子系统和土地城市化子系统的指数与粮食安全综合指数进行曲线拟合，得出两者的最优响应方程。如表 7－8 所示。

表 7－8　中部地区粮食安全对城市化系统的响应度拟合函数及其检验

粮食安全发展阶段	响应函数	$d(FSICC_t)/d(US_{jt})$	调整 R^2	F 值	显著性水平
1991～2003 年	$FSICC = -23.910PU^2 + 12.023PU - 0.466$	$-47.820PU + 12.023$	0.757	19.690	0.000
	$FSICC = -15.324EU^2 + 5.606EU + 0.535$	$-30.648EU + 5.606$	0.781	22.388	0.000
	$FSICC = -88.333LU^2 + 13.264LU + 0.554$	$-176.666LU + 13.264$	0.808	26.260	0.000
	$FSICC = -3.102US^2 + 3.155US + 0.246$	$-6.204US + 3.155$	0.779	22.142	0.000
2003～2008 年	$FSICC = -40.569PU^2 + 32.507PU - 5.449$	$-81.138PU + 32.507$	0.835	13.625	0.031
	$FSICC = -14.374EU^2 + 11.457EU - 1.214$	$-28.748EU + 11.457$	0.783	10.021	0.047
	$FSICC = -340.058LU^2 + 96.058LU - 5.721$	$-680.116LU + 96.058$	0.693	9.648	0.049
	$FSICC = -4.485US^2 + 8.428US - 2.893$	$-8.970US + 8.428$	0.801	11.072	0.041
1991～2008 年	$FSICC = 15.643PU^2 - 10.202PU + 2.629$	$31.286PU - 10.202$	0.594	7.332	0.006
	$FSICC = 7.174EU^2 - 4.225EU + 1.589$	$14.348EU - 4.225$	0.590	7.206	0.006
	$FSICC = 89.502LU^2 - 19.898LU + 2.074$	$179.004LU - 19.898$	0.584	7.040	0.007
	$FSICC = 1.907US^2 - 2.790US + 1.986$	$3.814US - 2.790$	0.606	7.674	0.005

从表 7－8 中可以发现，1991～2003 年、2003～2008 年以及 1991～2008 年这 3 个时间段内，中部地区粮食安全综合指数与人口城市化、经济城市化、土地城市化以及城市化综合指数的响应函数都呈二次曲线方程

的形势，而且各方程都通过了相关的检验，因而具有较为显著的意义。

从以上的响应函数分析中可以发现，中部地区不同时段粮食安全综合指数对城市化各子系统以及城市化系统的响应具有不同的变化特征。为了对这几个时段内的综合响应程度有一个整体认识，本研究利用综合响应度模型，分别计算出了1991～2003年、2003～2008年和整个考察时段的粮食安全综合指数对城市化各子系统及城市化系统的综合响应度，其结果如表7-9所示。由此我们可以得到以下几点结论。

表7-9　中部地区粮食安全对城市化的响应度（1991～2008年）

粮食安全与城市化的响应度	综合响应度 CRI_j		
	1991～2003年	2003～2008年	1991～2008年
粮食安全综合指数对人口城市化指数	0.4458	0.9307	0.4993
粮食安全综合指数对经济城市化指数	0.2541	0.5347	0.3494
粮食安全综合指数对土地城市化指数	0.3505	0.9529	0.3731
粮食安全综合指数对城市化综合指数	0.3390	0.7248	0.4108

（1）从纵向分析上看。第一，1991～2003年，粮食安全对人口城市化响应最快，其次是对土地城市化，而对经济城市化响应最慢。其主要原因在于，在该段时间内，中部地区的经济快速发展，而东部地区的经济发展更是突飞猛进，为适应城市经济发展需求，大量中部地区的劳动力开始流向东部沿海地区；由于中部地区存在大量的农村剩余劳动力，因而劳动力的流出显著提高了单位农业劳动力的边际生产效率[1]，使得粮食安全对人口城市化的响应最快；在城市化推进过程中，土地不断向非农建设用地转移，但在此期间农业技术的快速进步在很大程度上弥补了耕地的减少，因而使得在此期间粮食安全对土地城市化的响应要低于对人口城市化的响应；中部地区是我国传统的重工业基地，城市化推进过程中，中部地区第三产业发展缓慢，产业结构没有得到显著的调整，因而对粮食安全的促进作用不明显，从而导致粮食安全对经济城市化的响应程度最低。

---

[1]　南昌大学中国中部经济发展研究中心：《中国中部经济发展报告（2007）》，经济科学出版社，2008。

第二，2003～2008 年，粮食安全不论是对人口城市化、经济城市化、土地城市化还是对城市化系统的响应，其响应速度分别为上一时期的 2.09 倍、2.10 倍、2.72 倍和 2.14 倍。根据第五章第二节对城市化系统增长指数的分析可知，2003～2008 年，城市化呈现出快速增长的趋势，在城市化快速推进的过程中，粮食需求始终呈现出快速增长的趋势，但耕地、优质劳动力等资源却不断流向城市，因而导致粮食安全对城市化响应变得更为显著，可见在粮食安全改善阶段与城市化的推进阶段，两者具有较为一致的对应关系。

为有效解决粮食安全与城市化建设问题，2003 年之后我国对粮食生产倍加重视，从 2004 年开始连续 10 年的中央一号文件都集中在农业与农村问题上，尤其是粮食安全问题，并出台了一系列支农、惠农的相关政策，从而保障了中部地区的粮食安全。2003～2008 年，中部地区粮食安全对土地城市化的响应速度最快，人口城市化次之，对经济城市化的响应仍然最慢。其主要原因在于，在城市化进一步推进的过程中，中部地区有越来越多的耕地流向了城市建设用地。刘纪远（2003，2009）、闫慧敏（2012）等人的研究指出，20 世纪 90 年代和 21 世纪的前 5 年，中国城镇化在空间拓展最为显著的区域为"长三角"、"珠三角"、陇中、东南沿海等地区。其中，20 世纪 90 年代的城镇化占用耕地总量为 176 万公顷，在 21 世纪初的前 5 年，占用耕地总量为 127.60 万公顷，两个研究时段因城市化占用损失的耕地生产力占土地利用变化（LUCC）导致的耕地生产力减少总量比例均在 60% 以上，因此，城市化对优质耕地的持续占用使其与粮食安全的矛盾日益突出。①②③ 由于中部地区是城市化进程中耕地减少较为突出的区域，耕地已成为制约其粮食生产最为重要的因素，因而粮食安全对土地城市化的响应在此阶段得到明显加强，超过了对人口城市化的响应速度。由于中部地区农业劳动力丰富，因此在此阶段，劳动力的进一

---

① 刘纪远、张增祥、庄大方等：《20 世纪 90 年代中国土地利用变化时空特征及其成因分析》，《地理研究》2003 年第 1 期，第 1～12 页。

② 刘纪远、张增祥、徐新良等：《21 世纪初中国土地利用变化的空间格局与驱动力分析》，《地理学报》2009 年第 12 期，第 1411～1420 页。

③ 闫慧敏、刘纪远、黄河清等：《城市化和退耕还林草对中国耕地生产力的影响》，《地理学报》2012 年第 5 期，第 579～588 页。

步转移更为有效地促进了农业的规模化和集约化生产，有效地推进了农业技术进步，因而粮食安全对人口城市化的响应仍较为显著。在此期间，为有效贯彻国家实施节能减排、绿色发展等战略，中部地区产业结构也得到了明显优化，因而经济发展对粮食安全的作用显著增强，从而导致在此阶段粮食安全对经济城市化的响应程度要显著高于1991～2003年这一阶段。

第三，从整个考察阶段来看，中部地区粮食安全对人口城市化的响应最快，土地城市化次之，而对经济城市化响应最为迟缓。而从1991～2003年、2003～2008年以及整个考察时期粮食安全综合指数对城市化综合指数的响应程度来看，由于2003～2008年是中部地区城市化快速推进的时期，因而在此时期中部地区粮食安全对城市化的响应最为显著。在整个考察时期，中部地区粮食安全综合指数对城市化综合指数的综合响应系数为0.4108，大于在1991～2003年这一时期的0.3390，表明在1991～2003年，中部地区粮食安全对城市化的响应最不显著。

二　不同城市化发展水平下中部地区粮食安全水平预测

越来越多的研究已表明，城市化是涉及众多要素的复杂变化过程。[1][2]在城市化推进过程中，至少包括经济结构、社会结构、生产方式以及生活方式的根本性转变，涉及产业的转变和新产业的支撑、城乡社会结构的全面调整和转型，庞大的基础设施建设和资源环境对它的支撑。[3]因此，为全面衡量城市化的发展，构建评价指标体系来测度城市化已得到越来越多学者的认可。[4]本研究根据这一发展趋势，也构建了中部地区城市化发展的评价指标体系，并对中部地区1991～2008年的城市化发展状况进行了定量评价。虽然综合评价指标体系可以从多方面反映城市化水平，从而更

---

①　李明秋、郎学彬：《城市化的内涵及其评价指标体系的构建》，《中国软科学》2010年第12期，第182～186页。

②　欧向军、甄峰、秦永东等：《区域城市化水平综合测度及其理想动力分析——以江苏省为例》，《地理研究》2008年第5期，第993～1002页。

③　陆大道、姚士谋、刘慧等：《2006中国区域发展报告：城市化进程及空间扩张》，商务印书馆，2007。

④　方创琳、王德利：《中国城市化发展质量的综合测度与提升路径》，《地理研究》2011年第11期，第1931～1946页。

好地从整体上把握城市经济社会发展状况，但到目前为止，尚没有一个可以得到普遍认可的城市化评价指标体系，而且该方法工作量大，所需资料收集相对困难，而且很难在国际以及国内不同的发展区域之间进行横向比较。因此，当研究工作中要设定不同城市化发展速度的时候，如果依据城市化指标体系评价方法，我们无法找到评判城市化发展快慢的标准。因此，本研究在讨论不同城市化发展水平下中部地区的粮食安全水平变化情况时，很难采用城市化综合评价指标体系得出的结果进行分析。

因此，为使本研究所设定的城市化具有普遍性和可比性，也便于找到城市化发展快慢的标准，我们采用使用最为普遍的单一的人口城市化指标（即城镇人口占总人口的比重）来进行分析，图 7 – 5 反映了 1991～2008 年中部地区和我国城市化发展水平的变化。

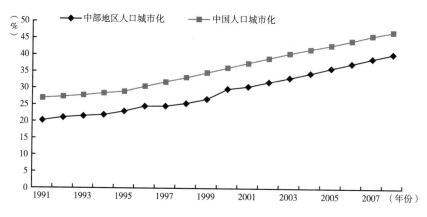

图 7 – 5 中部地区和中国人口城市化发展状况（1991～2008 年）

从图 7 – 5 中可以看出，1991～2008 年，中部地区和我国城市化水平都呈现出显著的快速增长趋势，两条曲线近乎平行，因此基本可以判断在这一期间，中部地区的城市化发展速度与我国城市化的发展速度相当。但是，中部地区的城市化发展指数曲线明显低于中国城市化发展指数曲线，表明在此期间中部地区城市化水平与中国城市化水平一直存在较大的差距。诺瑟姆研究认为，城市化的发展符合 S 型曲线的发展规律，这一变化规律得到了学界较为普遍的认可，因而较多研究都采用 Logistic 模型对城市化的发展曲线进行拟合。[①]

然而，我国城市化正处于加速发展的时期，在今后的一段时间内，城市化仍将保持快速的发展趋势，这已成为学界的普遍共识。[②③] 简新华（2010）等人的研究表明，处在城市化加速发展阶段的中国，整个加速阶段应该是不断提升的线性变化过程，到 2020 年，中国应该仍然是处于城市化加速发展阶段。因此，我们有理由认为，在 2010 ~ 2020 年，中部地区的城市化也将呈现出线性增长的发展趋势。为此，本研究采用以下 Logistic 方程来表示城市化水平与时间的关系[④]，然后利用时间序列预测法来预测中部地区和中国 2010 ~ 2020 年的城市化发展水平。

$$UL = \frac{1}{1 + \lambda e^{-kt}} \qquad (7-11)$$

式（7 - 11）中，UL 为城市化水平，t 为时间，设 1991 年为 1，1992 年为 2，并以此类推得到 2008 年为 18，λ 和 k 为待估计参数，对式（7 - 11）变换后得到：

$$\frac{1}{UL} - 1 = \lambda e^{-kt} \qquad (7-12)$$

对式（7 - 12）两边取自然对数得到：

$$\mathrm{Ln}(\frac{1}{UL} - 1) = \mathrm{Ln}\lambda - kt \qquad (7-13)$$

令：$\mathrm{Ln}\lambda = \alpha$，$-k = \beta$，$\mathrm{Ln}(\frac{1}{UL} - 1) = y$，则式（7 - 13）可以转化为：

$$y = \alpha + \beta t \qquad (7-14)$$

根据 1991 ~ 2008 年中部地区和中国的城市化发展指数，可以计算出

① 陈彦光、罗静：《城市化水平与城市化速度的关系探讨——中国城市化速度和城市化水平饱和值的初步推断》，《地理研究》2006 年第 6 期，第 1063 ~ 1072 页。
② 陈玉和、孙作人：《加速城市化：中国"十二五"规划的重大战略抉择》，《中国软科学》2010 年第 7 期，第 16 ~ 22 页。
③ 刘玉、冯健：《中国区域城镇化发展态势及其战略选择》，《地理研究》2008 年第 1 期，第 45 ~ 54 页。
④ 简新华、黄季焜：《中国城镇化水平和速度的实证分析与前景预测》，《经济研究》2010 年第 3 期，第 28 ~ 39 页。

y，然后再利用 SPSS 20.0 软件对式（7 - 14）进行线性拟合，得到中部地区城市化发展的拟合方程 y_1 和中国城市化发展的拟合方程 y_2。如表 7 - 10 所示。

表 7 - 10　口粮、饲料粮、工业用粮、种子用粮和粮食损耗的模拟模型

变量名	方程表达式	调整 R^2	F 值	显著性水平
中部地区城市化（y_1）	$y_1 = -0.0601t + 1.4854$	0.988	1403.734	0.000
中国城市化（y_2）	$y_2 = -0.0554t + 1.1182$	0.991	1969.911	0.000

从表 7 - 10 中可以看出，无论是中部地区还是中国的城市化发展，其线性拟合方程都极为显著。依据表 7 - 10 中的拟合函数，本研究还原得到中部地区和中国城市化发展的 Logistic 方程分别为：

$$\begin{cases} 中部地区城市化：UL_1 = \dfrac{1}{1 + 4.4167e^{-0.0601t}} \\[2mm] 中国城市化：UL_2 = \dfrac{1}{1 + 3.0593e^{-0.0554t}} \end{cases} \qquad (7 - 15)$$

根据中部地区和中国城市化发展的 Logistic 方程，本研究经计算得到 2010～2020 年中部地区和我国城市化发展水平的变化趋势。如图 7 - 6 所示。从中可以看出，2010～2020 年，中部地区的人口城市化水平将从 42.96% 增长到 57.87%，年均将增长 1.355 个百分点；中国城市化水平将从 49.75% 增长到 2020 年的 63.27%，年均增长 1.229 个百分点。

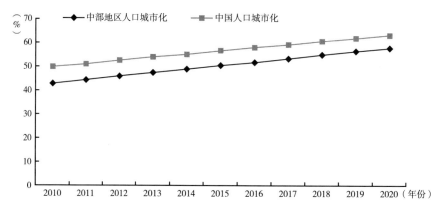

图 7 - 6　中部地区和中国人口城市化预测（2010～2020 年）

从以上分析可见，如果中部地区和中国的城市化都各自按照所拟合的Logistic 曲线发展，那么到 2020 年，中部地区与我国城市化的发展水平仍然存在显著的差距。为此，我们可以根据中部地区城市化发展水平和中国城市化发展水平，设置中部地区城市化发展的高、中、低 3 种发展方案。本研究据此，将所得到的 3 种方案预测的中部地区城市化发展水平绘制成图，结果如图 7 - 7 所示。

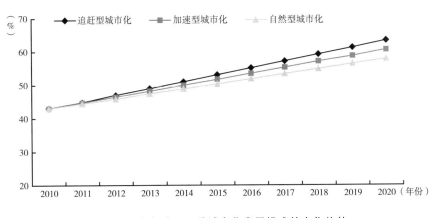

图 7 - 7　中部地区 3 种城市化发展模式的变化趋势

（1）高方案为中部地区城市化实现追赶型发展，即到 2020 年，中部地区城市化发展水平与中国持平，达到 63.27%。为此，中部地区必须实施追赶型城市化发展，为实现这一目标，中部地区城市化年均增长速度应为 1.846 个百分点。

（2）低方案为中部地区城市化实现自然型发展，即中部地区城市化按照所估计的 Logistic 模型发展，到 2020 年中部地区的城市化水平为57.87%，年均增长 1.355 个百分点。

（3）中方案为中部地区城市化实现加速型发展，即到 2020 年，中部地区城市化水平与中国的城市化发展水平逐渐缩小，但仍没有达到中国城市化水平。我们按照中部地区和中国城市化发展 Logistic 模型所估计的 2020 年预测值，取两者的平均值 60.57% 作为 2020 年中部地区城市化发展的目标。为实现这一目标，中部地区城市化年均增长速度为 1.601 个百分点。

为预测在 3 种不同城市化发展模式状况下中部地区的粮食安全水平，本研究将所计算的 1991～2008 年中部地区粮食安全综合指数（FSICC）与 1991～2008 年中部地区人口城市化发展指数（UL_1）在 SPSS 20.0 中进行线性拟合，得到粮食安全对人口城市化的响应函数为：

$$FSICC = -1.089UL_1^3 + 3.302UL_1^2 - 3.076UL + 1.859 \qquad (7-16)$$

拟合方程中各系数在 1% 的显著性水平下都通过了相应的 t 检验，方程的 $R^2 = 0.636$，F 值为 8.12，显著性水平为 0.002。可见，中部地区粮食安全与人口城市化之间的拟合效果较好，因此我们拟利用拟合方程式（7-16），对 3 种情况下中部地区粮食安全综合指数进行预测，其结果如表 7-11 所示。

表 7-11　三种不同城市化发展模式下中部地区 FSICC 值预测（2010～2020 年）

年份	追赶型城市化	加速型城市化	自然型城市化
2010	1.064	1.064	1.064
2011	1.048	1.050	1.053
2012	1.034	1.037	1.041
2013	1.021	1.026	1.031
2014	1.009	1.015	1.021
2015	0.998	1.005	1.012
2016	0.989	0.996	1.004
2017	0.981	0.989	0.997
2018	0.975	0.982	0.990
2019	0.969	0.976	0.984
2020	0.965	0.971	0.979

从表 7-11 中可以看出以下 3 个方面。

（1）在实施追赶型城市化发展战略中，中部地区的粮食安全综合指数将从 2010 年的 1.064 下降到 2020 年的 0.965，指数值下降 0.1，下降幅度为 9.40%，年均下降速度为 0.98%。

（2）在加速型城市化状态下，粮食安全综合指数将由 1.064 下降到 0.971，指数值降低了 0.093，下降幅度为 8.74%，年均下降速度为 0.91%。

（3）在自然型城市化发展状态下，粮食安全综合指数将由 1.064 下降到 0.979，下降了 0.085，下降幅度为 7.99%，年均下降速度为 0.83%。

以上分析表明，在不同的城市化发展模式下，城市化对粮食安全的影响仍然是较为显著的。过快的城市化发展速度会较快地降低中部地区的粮食安全水平，而自然型的城市化发展速度也降低了粮食安全水平，但粮食安全水平的下降速度要明显更慢，它比追赶型城市化发展战略的下降速度要慢 0.15 个百分点，比加速型城市化发展模式要慢 0.08 个百分点。2010～2020 年将是中部地区城市化快速发展的时期，即便是在自然型城市化的发展模式下，其城市化水平年均提高的幅度也达到了 1.355 个百分点。而在世界城市化发展过程中，在 1950～1975 年，像拉美等城市化发展速度较快的国家，其城市化年均提高的速度也只有 0.7～0.8 个百分点[①]，可见在今后一段时间，中部地区的城市化发展速度将是惊人的。快速的城市化无疑会对优质劳动力资源产生强劲的需求，进而导致粮食生产中优质劳动力资源短缺，不利于粮食生产技术的推广和应用；快速的城市化也必然影响粮食生产的物质基础——耕地和水资源，因而导致中部地区粮食安全水平下降。可见，在今后一段时期内，协调好中部地区的粮食安全问题，对维护中部地区乃至全国的经济发展和社会稳定都具有重要的意义。

---

① 陈明星：《"加速城市化"不应成为中国"十二五"规划的重大战略抉择——与陈玉和教授等商榷》，《中国软科学》2011 年第 3 期，第 1～9 页。

第八章 研究结论与政策建议

第一节 研究结论

本研究在系统阐述中部地区城市化进程中的粮食安全变化研究理论与进展的基础上，进一步对中部地区粮食安全问题进行了全面、系统的分析。首先，分析了中部地区粮食生产的波动状况，对粮食生产结构变化进行了详细分析，对粮食消费种类进行了划分并进行了综合评价。其次，从综合的角度，系统分析了中部地区人口城市化、经济城市化和社会城市化各项指标的变化情况，对中部地区城市化发展状况与中国城市化发展状况进行了相应的对比分析。再次，从理论上揭示了城市化与粮食安全相互作用的理论基础以及城市化进程中城市化与粮食安全相互促进与制约的相关机制，并进行了总结分析。最后，通过构建城市化与粮食安全评价的指标体系，采用协整分析、误差修正模型、格兰杰因果检验等计量经济学方法，分析了中部地区粮食安全系统、粮食安全各子系统与城市化系统以及城市化各子系统的内在关系；通过构建粮食生产函数模型，采用回归模型，构建中部地区粮食安全综合指数、粮食安全与城市化的响应函数模型，设定了在高、中、低3种城市化发展状态下，中部地区粮食安全状况的变化情况。本研究所得的结论主要包括以下几方面。

一 对中部地区粮食安全系统的分析

本研究通过对1978～2008年中部地区粮食安全系统的分析，得到如下结论。

（1）对中部地区粮食生产的波动分析表明，中部地区粮食生产具有波动频繁、波动周期短、波动幅度大等特点，其主要原因在于粮食生产受粮食生产政策、粮食价格、耕地总量及粮食播种面积、农业物质和技术投入、粮食流通体制等众多因素的影响。

（2）对粮食生产的区域结构分析表明，20 世纪 90 年代以前，中部地区粮食增产的贡献由河南、湖南、安徽、湖北和江西 5 个粮食主产省区共同分担；而进入 20 世纪 90 年代以来，尤其进入 21 世纪以来，中部地区粮食增产的主要贡献来自于河南，其贡献率超过 30%，粮食大省的地位相当突出；安徽、湖北和湖南三省的贡献度则降至 15% ～20%，江西的贡献率下降显著，其贡献率仅为 8.99%。

（3）对粮食生产的品种结构分析表明，1978 ～2008 年，中部地区粮食增产主要来源于稻谷、小麦和玉米三类主粮，小麦和玉米占中部地区粮食总产量的比重不断上升，但稻谷所占比重不断下降，三类主粮占粮食总产量的比重由 1978 年的 83.55% 上升到 2008 年的 93.96%；1978 ～2008 年，中部地区豆类、薯类和其他类处于次要地位，且其占粮食总量的比重不断下降，其中，豆类产量及其所占比重均略有上升，但薯类和其他类粮食产粮及其所占比重均呈现显著下降趋势，总体来看，杂粮所占比重由 1978 年的 16.45% 下降到 2008 年的 6.04%。

（4）对中部地区粮食消费的分析结果表明，随着城市化的推进，粮食消费结构产生了显著变化，其中口粮消费量呈显著下降趋势，而饲料用粮和工业用粮则呈现快速增长趋势。首先，在 1991 ～2008 年，口粮消费仍然是粮食消费的主体部分，其消费总量由 1991 年的 7429.23 万吨，下降到 2008 年的 5291.46 万吨，其占粮食消费总量的比重也相应地由 70.42% 稳步下降到 37.88%。其次为饲料用粮和工业用粮，1991 ～2008 年，中部地区饲料粮消费量和工业用粮消费量分别由 1991 年的 1245.02 万吨和 488.03 万吨，增加到 2008 年的 5810.38 万吨和 2192.93 万吨，其所占粮食消费总量的比重也分别由 19.01% 和 4.03% 上升到 41.60% 和 15.70%；而种子用粮和粮食损耗总体较为稳定，且所占比重相对小。

（5）本研究综合考虑粮食生产和粮食消费的状况，对构建粮食安全保障系数进行了分析，结果表明，1991~2008 年，以 2003 年为界，中部地区的粮食安全保障系数呈现出先下降、后上升的变化趋势，总体上讲，中部地区对于维护国家粮食安全做出了重要的贡献。

二 对中部地区城市化系统的分析

通过对中部地区城市化系统的分析，本研究得到如下结论。

（1）近年来，中部六省分别提出了太原城市圈、皖江城市带、环鄱阳湖城市群、中原城市群、武汉城市圈和长株潭城市圈等城市化发展战略，从而极大地推进了中部地区城市化的发展。

（2）通过对中部地区单一的人口城市化指标进行分析后可知，中部地区的城市化水平由 1978 年的 14.15% 上升到 2008 年的 40.42%，增长了 26.27 个百分点，城市化水平年均提高 0.85 个百分点，城市化的年均增长速度为 3.56%；与全国平均水平相比，1978~2008 年，中部地区的城市化进程明显慢于全国平均水平，从而使得中部地区城市化水平与全国平均水平的差距呈现逐步扩大的趋势。整个中部地区城市化水平由 1978 年落后于全国平均水平 3.76 个百分点，逐步上升到 1984 年的 6.20 个百分点，再上升到 1985~1996 的 6~6.5 个百分点，1997~2004 年达到 7 个百分点以上，到 2005~2008 年的 6.5 个百分点左右。通过人口城市化的演变分析，本研究认为，改革开放以来，农村人口向城市的转移，是推进城市化进程的主要动力。

（3）对中部地区经济城市化的分析表明，1978~2008 年，整个中部地区人均 GDP 从 1978 年的 106 美元增加到 2008 年的 1610 美元，工业占国民经济比重则由 36.1% 波动状态上升到 44.6%，非农就业占就业总人口比重由 22% 呈波动状态上升到 55.8%，3 项发展指标先后跨越了钱纳里 - 塞尔奎因经济结构发展模式的第 1~4 个发展阶段、产业结构发展模式的第 7~9 个阶段、就业结构发展模式的第 1~5 个阶段。因此，从总体上看，在此期间，在以人口城市化（城镇人口占总人口比重）为标准来衡量中部地区城市化的状况下，中部地区人均 GDP、非农就业占总就业人口比重与人口城市化状况的发展较为一致，不存在城市化滞后发展的现象。但中部地区工业和第三产业占国民经济比重始终处于钱纳里 - 塞尔奎因产业结构发展模式的第 6~9 个阶段，因此，中部地区存在工业超前发展、产业结构不合理等问题。中部地区与中国经济城市化各发展指标的对比分析表明，中部地区经济城市化各项指标都显著落后于全国的平均水平。

（4）对中部地区土地城市化的分析表明，中部地区城市建成区面积和人均道路面积都呈现出线性的增长态势，1990～2008年，中部地区城市建成区总面积增长了4599平方公里；人均道路面积则由2.35平方米/人，增加到2008年的4.64平方米/人，年均增长速度为3.64%。城市建成区面积和人均道路面积的不断扩张表明，城市化对农村耕地占用极为明显，城市化是耕地面积不断减少的重要原因之一。

三　城市化与粮食安全之间存在的关系

基于对系统科学理论、可持续发展理论、人地关系理论、生态经济理论、资源与环境经济理论的分析，本研究认为，城市化与粮食安全之间存在复杂的相互制约和相互促进关系。

（1）城市化与粮食安全之间存在着相互约束的内在机制。首先，随着城市化的不断推进，城市化与粮食安全之间的约束主要是城市化对优质农业劳动力的吸引，导致农村地区农业劳动力呈现出明显的老龄化、妇女化、儿童化和素质劣质化等现象，不利于粮食安全；其次，城市不断扩张和非农产业的不断发展，使得耕地和水资源大量地向城市和非农产业转移，导致农业耕地面积和农业用水量不断减少，威胁粮食安全；最后，在城市化发展过程中，粮食生产结构的变化难以适应粮食消费结构的变化，因而使城市化与粮食安全之间产生约束作用。

（2）粮食安全对城市化具有显著的促进作用。首先，稳定的粮食供给是城市化发展的基础，剩余的粮食生产能力是城市生存的必要前提条件，而农业剩余劳动力不断向城市和非农产业转移，是城市兴起和成长的第二前提。在城市化发展的起步阶段，只有通过农业发展才能赚取一定数量的外汇，为推进工业化和城市化进行资本积累。其次，政府还通过工农产品的剪刀差政策，达到在国内迅速积累工业发展所需资本的目的。粮食生产需要城市和非农业部门生产的各种农用物质、机械、电力及其他粮食生产的投入品；而农村居民在生活中需要购买工业及其耐用消费品，因而粮食生产为城市的发展提供了广阔的市场。

（3）城市化对粮食安全也存在显著的促进机制。首先，城市化的发展有效地提高了农村居民的收入水平，促进了农业劳动力的有效转移，改变了农民的思想意识，推进了现代农业生产技术的不断应用，因此，城市化显著提高了人们对农产品的需求，推动了粮食生产的规模化和集约化发展，有效推进了农民粮食生产模式的变化以及农业技术的推广和应用，夯实了粮食安全的基础。其次，城市化的发展有效地推进了信息技术、生物技术、化学技术、耕作与栽培技术以及饲养技术的发展，与此同时，还不断培育出各种高性能的优良作物品种，建立起了不断改进高产、优质、省工、节本的饲养技术体系，从而弥补了城市化过程中的耕地、水、优质劳动力等资源的损失，有效地推进了粮食安全建设。最后，城市化的发展显著地增加了民众和政府的经济实力，从而使农民能够拥有较强的经济实力以增加对粮食生产的物质资本投入，使市场体制机制更加完备，政府也有足够的财力实施工业反哺农业政策，促进了粮食安全的发展。

四 中部地区城市化对粮食安全的影响

本研究通过构建城市化与粮食安全评价指标体系，采用计量经济方法分析了中部地区城市化对粮食安全的影响，得到以下结论。

（1）采用所构建的城市化指标评价体系。1990～2008 年，中部地区人口城市化、经济城市化、土地城市化发展水平都呈现出显著的增长趋势，3 个发展指数的综合评价值分别由 1990 年的 0.2440、0.1627 和 0.0670 上升到 2008 年的 0.4112、0.4275 和 0.1440；在此期间，城市化综合发展指数则由 1990 年的 0.4737 上升到 2008 年的 0.9826，表明 19 年来中部地区城市化发展水平有了较大提高。

（2）采用所构建的粮食安全评价指标体系。1990～2008 年，中部地区粮食生产安全和粮食消费安全水平都有显著的提高，其中粮食生产安全发展指数由 1990 年的 0.3791 上升到 2008 年的 0.4775，粮食消费安全指数由 0.2618 上升到 0.4816；在此期间，粮食安全综合发展指数则由 0.6409 上升到 0.9591，表明 19 年来中部地区粮食安全水平不断提高。

（3）对城市化各子系统和粮食安全各子系统的分析表明，粮食生产安全和粮食消费安全分别与人口城市化和土地城市化存在长期的协整关系。误差修正模型分析表明，粮食生产安全和粮食消费安全与人口城市化的长期和短期效应是一致的，即人口城市化每提高 1%，长期内粮食生产安全和粮食消费安全将分别提高 0.5558% 和 1.2602%，而短期内两者将分别提高 0.5297% 和 1.0728%；而粮食生产安全和粮食消费安全与土地城市化则存在长短期效应不一致的现象，从长期的角度来看，土地城市化每提高 1%，则粮食生产安全和粮食消费安全分别提高 1.2763% 和 2.9441%，但短期内土地城市化每提高 1%，则粮食生产安全和粮食消费安全分别降低 1.8824% 和 0.055%。格兰杰因果分析表明，在 5% 的显著性水平下，人口城市化、经济城市化和土地城市化都是粮食生产安全和粮食消费安全的格兰杰原因，但反向不成立。

（4）对粮食安全系统综合指数与城市化各子系统以及城市化系统综合指数的分析表明，粮食安全系统与人口城市化和土地城市化子系统之间存在长期的协整关系，而与经济城市化和城市化系统之间不存在长期协整关系。误差修正模型分析表明，中部地区人口城市化对粮食安全系统的长期和短期效应一致，即人口城市化水平提高 1%，长期内粮食系统安全将提高 1.8160%，短期内则会提高 1.6069%；而土地城市化对粮食安全系统的长期和短期效应不一致，长期内土地城市化每提高 1%，粮食安全系统将提高 4.2204%，而短期内在 35% 的显著性水平下则会降低 2.0662%。格兰杰因果检验表明，在 5% 的显著性水平下，人口城市化、经济城市化、土地城市化以及城市化系统都是粮食安全系统变化的格兰杰原因，而反向则不成立。在 10% 的显著性水平下，粮食安全系统变化是城市化系统变化的格兰杰原因。

五 中部地区城市化进程中的粮食安全定量评价

本研究通过对中部地区城市化进程中粮食安全进行定量评价，得出以下结论。

（1）采用柯布－道格拉斯生产函数，经过逐步回归分析方法，得到中部地区粮食产量是农作物播种面积、折存量化肥施用量和有效灌溉面积变量的函数，其中农作物播种面积对粮食产量影响最大，其次为有效灌溉面积，折存量化肥施用量最小。当三者分别增加 1% 的情况下，中部地区粮食产量将分别增加 1.4044%、00.5519% 和 0.4098%。根据柯布－道格拉斯生产函数以及五大类粮食消费函数的线性拟合模型，模拟得到中部地区粮食生产将由 2010 年的 15965.93 万吨上升到 2020 年的 20415.33 万吨，粮食消费量将由 14381.85 万吨增长到 16923.53 万吨。

（2）根据我国粮食安全必须满足 95% 的粮食自给率，结合中部地区建设粮食保障基地的建设目标，确定了当中部地区粮食自给率达到 112% 的情况下，中部地区就实现了粮食安全这一结论。根据这一标准，构建了中部地区粮食安全指数，并对 1991～2008 年中部地区的粮食安全状况进行了评价。依据所构建的粮食安全对城市化的综合响应度模型，分析得出 2003～2008 年，中部地区粮食安全对城市化的响应度要明显高于 1991～2003 年这一时期，在 2003～2008 年，中部地区粮食安全对土地城市化响应最快，其次是对人口城市化，而对经济城市化响应最慢；而在 1991～2003 年这一时期，则对人口城市化响应最快，对土地城市化响应次之，对经济城市化响应最慢。从整个考察期间来看，中部地区粮食安全对人口城市化响应最快，土地城市化次之，而对经济城市化响应最为迟缓。

（3）通过比较中部地区和中国人口城市化（城镇人口占总人口比重）的单一指标，设置了追赶型城市化、加速型城市化和自然型城市化 3 种城市化发展状态，并通过构建粮食安全综合指数与人口城市化指数的响应模型，预测了 3 种发展状态下中部地区的粮食安全水平变化。结果表明，在追赶型城市化状态下，中部地区粮食安全水平下降速度最快，加速型城市化次之，而自然型城市化发展对中部地区粮食安全最为有利。

第二节　维护中部地区城市化进程中粮食安全的政策建议

一　协调中部地区城市化进程和粮食安全建设

1. 加快推进人口城市化进程并提升人口城市化质量

农村人口多，农业份额高，粮食贡献大，是中部地区农业和农村的基本特征。研究表明，推进我国农业现代化建设，维护国家粮食安全，重点在中部，难点也在中部。[1] 本研究对中部地区城市化进程中粮食安全的研究也表明，加快推进中部地区的人口城市化对促进粮食安全具有极大的作用。究其主要原因在于，中部地区虽然耕地资源较为丰富，但农业人口众多，具有人多地少的特点。另外，本报告第四章研究也表明，与全国城市化平均水平相比，中部地区人口城市化（城镇人口占总人口比重）水平低，第三产业发展缓慢，对农村劳动力的吸收能力不强。因此，在中部地区，许多农业劳动力都集聚于农村，致使单位土地面积集聚的劳动力资源过多，导致农村劳动力的边际生产力接近于零，进而产生较大数量的农村剩余劳动力。据估算，2005 年，中部地区的剩余劳动力数量为 5379 万 ~ 6741 万人，按平均数 6060 万人计，这一数量相当于中部地区农村总人口的 21%；对 2006 ~ 2012 年中部地区剩余劳动力的估算表明，在此期间中部地区仍存在大量的剩余劳动力，其数量从 2006 年的 6000 万人左右，增长到 2012 年的 6080 万人左右。[2]

基于以上分析，中部地区要想进一步提高粮食生产水平，加快建设粮食安全保障基地，就必须积极而有效地推进农村剩余劳动力的转移。相关研究表明，农村工业化是实现农村富余劳力转移、增加农民收入的关键，是促进农业产业结构调整、加快农业现代化进程的助推器，是推进农村城镇化的支撑点，可以为农村城镇化的快速推进奠定良好的基础（朱明等，2007）。因此，可以结合中部地区的农业和农村经济发展的现状和趋势，以粮食生产为基础，推进粮食和主要大宗农产品的规模化、集约化生产和企业化经营，加快发展粮食产品深加工产业，以农村工业企业为依托，推进农村向城镇转变，实现就地城市化。本研究第四章表明，中部地区非农产业对农村剩余劳动力的吸纳能力不强，尤其是第三产业发展滞后，不利于农村劳动力的转移。研究表明，发达国家第三产业的产值和劳动力的比重已达到 60% ~ 70%，在中等发达国家也已达到 50% 左右（朱明等，2007）。因此，中部地区借助深厚的农村风

① 朱明、缪志春：《中部地区农村富余劳动力"就地转移"模式研究》，《新疆财经》2007 年第 1 期，第 36 ~ 39 页。

② 李志强：《中部地区农村剩余劳动力的测算及变化趋势分析》，《农业经济》2008 年第 4 期，第 43 ~ 45 页。

俗文化、农业和农村自然人文景观及良好的区位优势，加快发展农业和农村生态旅游、农产品物流、农业金融等第三产业，推进农村市场体系建设，从而促进农业产业结构调整，实现农村富余劳动力的就地转移，推进农村城市化进程。当前，中国仍然实行的是计划经济时代的城乡二元户籍制度，农村人口迁入城市后，仍然受到城市歧视性管理政策的限制，即迁入城市的农村人口不被视为本市的正式人口，而是属于城市的非户籍人口，这类人口在子女就学、社会保障、部分就业岗位招聘等方面，不享有本地城市户籍人口的相应权利。中部地区农村人口众多，二元户籍制度严重阻碍了中部地区城市化的发展，因此，应在中部地区加快推进建立城乡一体、以居住就业地进行户口登记制度为重点的户籍制度改革，逐步取消农业户口和非农业户口的二元户籍制度，促进城乡人口的自由流动。对在城市已有合法固定住所、稳定职业或生活来源的进城务工人员，应尽可能地创造条件，使之逐步转变为城市居民，公正、平等地享受城市居民应有的公共基础设施服务和相应的权利。[①]

2. 优化城市空间布局和集约利用城市土地资源

一方面，土地是城市化推进的载体，城市化的快速发展在空间上的表现就是对农业和农村用地的占用，从而将农村景观转变为城市景观；另一方面，土地又是粮食生产的载体，中部地区要建设粮食安全保障基地，就必须保持一定数量的耕地。因此，如何在推进城市化过程中，即保障城市建设所需用地，又能保护好一定面积的耕地，以建设中部地区粮食保障基地，是一个必须解决的重大问题。已有研究表明，当前中部地区工业化、城市化建设用地扩张需求旺盛，已成为耕地减少的主要原因，而耕地减速周期与粮食产量变化周期的基本吻合，预示了建设用地扩张对粮食产量减产的导向作用。[②] 本研究第七章对 2010～2020 年中部地区城市化发展速度的分析表明，在此期间，按低方案发展中部地区城市化将保持年均1.355 个百分点的城市化增长速度，高速的城市化必将占用更多的土地

---

① 刘耀彬：《资源环境约束下的适宜城市化进程测度理论与实证研究》，社会科学文献出版社，2011，第 433～439 页。

② 闫梅、黄金川、彭实铖：《中部地区建设用地扩张对耕地及粮食生产的影响》，《经济地理》2011 年第 7 期，第 1157～1164 页。

资源，短期内对中部地区粮食安全保障基地建设将产生不利影响。虽然城市化建设与粮食安全在土地资源之间存在矛盾，但本研究第六章的分析表明，土地城市化只是在短期内与粮食安全存在较为明显的冲突关系，从长期发展的层面来看，土地城市化的推进对提高粮食安全有着较为明显的积极作用。王成军（2011）等人对世界42个工业化和城市化发展较快国家的分析表明，工业化、城市化对耕地产生的减少作用有限，工业化、城市化的快速发展不是耕地面积加速减少的必然条件，工业化与城市化模式、基础设施条件等国情因素对耕地变化也会产生重大影响。①

鉴于以上分析，中部地区在推进城市化过程中，必须实施集约化的城市发展模式，尽可能减少对土地资源的占用。首先，应完善城市等级规模结构。以《促进中部崛起规划》和《关于促进中部地区城市群发展的指导意见》为指导，以太原、合肥、南昌、郑州、武汉和长沙等6个省会城市为核心，集中力量做大、做强核心城市，增强其吸引力和辐射力；围绕6个省会核心城市，以武汉城市圈、中原城市群、长株潭城市群、皖江城市带、环鄱阳湖城市群和太原城市圈六大城市群建设为契机，集中力量培育其周边有条件的中等城市，使其逐步发展成为大城市，从而形成以6个省会城市为核心、大城市为骨干、中小城市为节点的城市等级规模结构，有效带动中部区域经济的发展。其次，必须构建合理、高效的城市职能结构体系。随着中部地区六大城市群建设的推进，许多城市在发展过程中存在城市结构相似的发展趋势，这对构建高效、合理的城市职能结构极为不利。因此，在城市化发展过程中，必须立足于城市所处的区域和已有的产业发展基础，实行差异化发展战略，从而有效发挥各城市的特色。其中，核心城市应注重发展信息、金融保险和教育文化等第三产业，并利用自身科教、人才优势，大力发展高新技术产业；周边的中等城市应主动接受核心城市的辐射，依靠科技改造传统产业，根据自己所处的区域位置，明确其优势职能，进行合理的分

---

① 王成军、何秀荣：《工业化、城市化对耕地变化作用研究——基于国际视角的实证分析》，《农业技术经济》2011年第11期，第49～56页。

工；小城市则应发展为具有地方特色的专业化城市，提高工业化水平，增强城市的经济职能，促进产业结构的优化升级。^① 最后，增强城市基础设施建设和公共服务能力。在城市化进一步发展过程中，应不断加强基础设施建设，要重点改善城镇管辖区内与居民生产和生活条件有关的基础设施，要把饮水安全、污染排放及处理、居住道路和清洁卫生、文教体育和休闲娱乐设施等建设和社会治安等放在政府工作的突出位置，不断完善城市体系。^②

3. 保持合理的城市化发展水平和速度

20世纪90年代以来，随着我国农业的快速发展，粮食基本实现了供求平衡，为我国城市化的快速发展奠定了良好的发展基础。为此，2000年的"十五计划"认为，我国推进城镇化的条件已渐成熟，要不失时机地予以实施，并将城镇化首次作为国家的重点发展战略；2005年，国家"十一五规划"继续高度关注城镇化，提出"积极稳妥推进城镇化健康发展"；2010年，国家"十二五规划"则在上一个五年规划的基础上进行了更详细的阐述，指出"要积极稳妥地推进城镇化，科学制定城市化发展规划，促进城镇化健康发展"。在连续三个"五年规划"的指导下，中国城市化开始以惊人的速度发展。研究表明，自20世纪90年代以来，尤其是在1995～2008年，中国的城市化进入高速增长阶段，年均增长1.325个百分点。^③根据联合国公布的城市化报告，2000～2005年，中国的城市化水平年均递增1.35个百分点，是世界平均水平（不包含中国）的7.9倍，是发展中国家（不包含中国）的6.1倍，甚至是拉美国家的3.4倍。^④ 过快的城市化已经带来许多负面影响，引起了不少严重问题^⑤，为此，学者们提出

① 殷江滨、肖玲、陈玩菊：《江西城市体系结构特征与优化研究》，《华南师范大学学报》（自然科学版）2008年第4期，第136～142页。

② 刘耀彬：《资源环境约束下的适宜城市化进程测度理论与实证研究》，社会科学文献出版社，2011，第421～439页。

③ 陈明星：《"加速城市化"不应成为中国"十二五"规划的重大战略抉择——与陈玉和教授等商榷》，《中国软科学》2011年第3期，第1～9页。

④ 陈明星、叶超：《健康城市化：新的发展理念及其政策含义》，《人文地理》2011年第2期，第56～61页。

⑤ 仇保兴：《第三次城市化浪潮中的中国范例——中国快速城市化的特点、问题与对策》，《城市规划》2007年第6期，第9～15页。

了健康城市化的发展概念、策略和途径。[1][2] 本研究第七章的研究表明，未来 10 年，中部地区的城市化将迎来高速发展的时期，在高、中、低 3 种不同的城市化发展速度下，城市化速度越快，粮食安全水平下降得也越快。

根据以上分析，在中部地区城市化发展的过程中，根据区域发展的实际，保持合理的城市化发展水平和速度，对促进中部地区粮食安全具有重要的意义。为此，在推进中部地区城市化过程中，必须注意以下几个方面的问题。首先，虽然中部地区城市化水平与我国平均水平仍存在较大差距，但中部地区是我国粮食安全保障基地，推进中部地区城市化必须立足于区域实际。因此，在城市化过程中我们认为，中部地区不宜实行追赶型城市化和加速型城市化发展战略，只能实行自然型城市化发展战略。其次，中部六省要根据自身城市化的发展速度和水平，确定所处的城市化发展阶段，立足于自身经济社会发展的实际水平，把握各自特色和优势，实现差异化城市发展战略。中部六省要找到适合自身城市化发展的路径与方法，努力在土地、水、能源等资源环境条件的约束下，推进城市化的良性发展，实现城市结构与功能的不断优化和城市化质量的不断提升。最后，必须加强中部地区城市化的总体规划，贯通源－汇－流，实现集约节约和环境友好型城市化。通过制定城市规划，引导城市集中布局，促进产业结构优化升级，尽可能地实现节约使用土地、能源、水等各种有限的资源；要从提高城市容积率、创建高效的交通系统、推进节能减排技术进步等多个方面入手，提高城市的资源和能源利用效率，实现生态型城市化。

二 提高中部地区粮食安全保障能力

1. 实施最严格的耕地保护政策，稳定粮食播种面积

耕地是粮食生产最基本的生产要素，粮食生产的稳定增长需要一定数量的耕地作为保障。因此，为有效避免粮食生产大起大落，防止其产生剧

---

① 姚士谋、陈振光：《我国城市化健康发展策略的综合分析》，《城市规划》2006 年第 1 期，第 60～64 页。

② 吕斌、陈睿：《实现健康城市化的空间规划途径》，《城市规划》2006 年第 1 期，第 65～68 页。

烈波动，就必须实施最为严格的耕地保护政策，并千方百计地稳定粮食作物播种面积。随着《中部崛起规划》和《关于促进中部地区城市群发展的指导意见》的深入实施，中部地区城市群建设必将成为中部地区经济社会发展的重点。可以预见，随着中部地区城市化进程的明显加快，一定数量的耕地减少不可避免。因此，中部地区在发展经济和推动城市化过程中，要十分注意保护有限的耕地资源，要正确处理工业化、城市化与保护耕地的关系。各级政府必须全面贯彻、实施最为严格的耕地保护政策，严格执行《土地管理法》和《基本农田保护条例》，严格建设用地审批，控制非农用地占地规模，加强对基本农田的保护和建设，提高基本农田和耕地的质量；要建立中部地区全范围内耕地总量和质量的监控和评价体系，为粮食生产持续发展提供可靠的决策支持。[1] 另外，在耕地被占用之后，要严格按照耕地面积安排足够的人、财、物，确保宜农荒地资源的开发和废弃地的复垦，并争取耕地总量基本平衡或能略有增加。本研究已表明，在粮食作物播种面积减幅较大的年份当中，粮食产量都会出现较大滑坡。因此，在调整农业生产结构的过程中，要确保粮食作物播种面积，以保证粮食生产的稳定；要处理好粮食作物、经济作物以及饲料作物的播种和生产关系，保证耕地的可转换性。

2. 增强农业科学技术的研究、开发与推广

科学技术是第一生产力，农业生产的发展、农户收入的增加、农村地区经济的繁荣都必须依靠科学技术。实践证明，先进农业技术的推广、应用，提高了农产品的产量和质量，增加了农民收入，有效地促进了农村经济发展。[2] 本研究表明，2010～2020 年，中部地区城市化进程将进一步加快，耕地、淡水等资源的刚性约束将日益加剧，但粮食的总需求量却呈刚性增长趋势，对粮食的质量安全要求不断提高，因此，保障国家粮食安全的任务越来越重。与此同时，随着中部地区农村人口不断向城市转移，农业生产规模化、集约化程度的不断提高，新型种养殖大户、农民专业合作社和农业企业等逐步成为农业生产经营的新主体，从而使得对关键生产环

---

① 孔令聪、胡永年、王光宇：《安徽省粮食生产的波动性分析与政策建议》，《农业现代化研究》2007 年第 9 期，第 525～528 页。

② 李小建：《中国中部农区发展研究》，科学出版社，2010，第 301～304 页。

节的技术服务产生巨大需求。另外，在城市化推进过程中，农业劳动力成本和农业生产资料成本迅速上涨，土地流转成本不断提高，迫切需要加快农业科技创新步伐，强化农业科技的支撑作用，进一步提高土地产出率，大幅度提高资源利用率和劳动生产率。为此，中部地区必须瞄准农业生产的科技需求，加强对农业与农村科学技术的研究，以粮食高质、高产、高效为发展目标，依托中部地区农业科研院所和相关的高等院校，重点对粮食作物品种、粮食产品精深加工、农业资源高效利用、农业生产机械化等技术进行攻关。此外，围绕城市化进程中对农业生产技术的需求，政府应加强基层农技推广体系建设，增强农业科技专业化、社会化的服务能力，提高科技服务的质量和水平；应建立农业科技直接到户的推广机制，充分发挥农村能人的感染力，使最新的农业科技成果普及到一线的农业生产者。与此同时，在产粮大县、乡和村三级层面应建立农业科技推广中心、推广站和推广点的服务体系，明确各级农业科技推广人员职责，为基层科技推广人员在职称、职务晋升方面创造条件，增强其推广农业科技的主动性和积极性，促进农业技术及时地应用于农业生产。

3. 推进中部地区粮食生产的规模化和专业化生产

联产承包责任制是我国农业生产的根本制度，因此，小规模分散经营是我国粮食生产最为显著的特点。然而，随着中部地区城市化进程的不断推进，农业剩余劳动力不断向城市转移，土地流转制度逐渐形成，为粮食生产的规模化和集约化经营创造了良好的条件。与此同时，随着中部地区整体经济实力的提升，农业生产的机械化和专业化程度不断提高，种粮大户、粮食生产专业合作社和粮食生产龙头企业不断涌现。然而，一方面，在城市化推进过程中，用于粮食生产的耕地和水资源不断减少，优质劳动力资源不断向城市和非农产业转移，给中部地区粮食生产造成了巨大压力；但另一方面，在城市化进程中，粮食需求总量却始终在不断增加，消费结构不断改变，这迫切需要大幅度增加粮食产量，积极调整农业生产结构和生产模式。因此，中部地区必须加大粮食生产的区域化种植、规模化经营和专业化生产，不断优化粮食生产品种结构。据此，必须加快推进农业生产模式的改革和创新，具体包括以下内容。一是加快推进和完善土地流转制度。在中部地区设立试验点，以家庭联产承包责任制为基础，建立促进农村土地长期流转的鼓励和支持政策，引导转出土地的农民与土地经营者签订长期流转合同，为其对土地的长期投入和基础设施建设创造条件；对于农村土地整理、标准农田建设、农业综合开发、农业产业化等各种项目，政府要尽可能地与土地流转规模经营相结合，并优先安排资金。二是加大扶持种粮大户和粮食生产合作组织的力度。鼓励中部地区在全国率先制定相关的扶持政策，以重点大户和粮食生产专业合作社为重点，加快培育专业化粮食生产服务组织，积极向它们提供各种测土配方、肥料供应、机械化作业、病虫害防治等全过程生产技术服务，进一步增强其粮食生产能力。对于粮食种植补贴、新增的农资综合补贴、深松整地补贴等政策，重点向流转土地规模种粮户、种粮组织和企业倾斜，进一步增强其总体实力。

4. 健全与完善粮食主产区金融支持机制

农村金融在建设现代农业、确保国家粮食安全上有着重要的支撑作用。然而，由于农业生产很难获得一般产业生产的平均利润，因而农村资金大量外流，农业生产金融服务缺位，严重制约了我国农业现代化的快速发展，是粮食安全进一步提升的重要瓶颈。随着中部地区粮食生产规模化和集约化的快速发展，种粮大户和粮食生产专业户的不断涌现，使得农村和农业发展对资金的需求十分旺盛。因此，为促进中部地区粮食安全基地建设，应从以下几方面加强金融支持粮食主产区建设的力度。一是促进农村金融组织创新。应加快中部地区村镇银行、贷款公司、农村资金互助社等新型农村金融组织的试点进度，研究降低新型农村金融组织的准入门槛，实行条件审批，取消数量控制。指导小额贷款公司规范发展，逐步放宽小额贷款公司的资金来源渠道，在有条件的情况下支持其转变为村镇银行；同时，还应积极鼓励农村金融机构大力支持植保、农机、加工、育种等产前、产中、产后服务性企业的发展。二是加强农村金融产品创新。应进一步扩大小额信用贷款和联保贷款的覆盖面，在风险可控的前提下，根据粮食生产特点和粮食生产大户、粮食生产合作组织的资金需求特征，不断提高贷款额度，适当延长贷款周期。对向农田水利设施建设、中低产田改造、农业科技开发等重点领域提供贷款的金融机构，定向实行税收减免和费用补贴，对贷款的主体实行利息补贴并提供担保服务，从而引导金融机构向粮食生产领域投资。同时，还应通过金融租赁公司向农户提供粮食生产机械设备、农产品加工设备等融资租赁业务，解决农民购买大型农业机械资金不足的问题，推进粮食生产的企业化经营。三是积极发展政策性农业保险。应加大国家对农业保险的支持力度，通过保费补贴等手段，扩大投保范围；通过税费减免、财政补贴等政策手段，鼓励商业性保险机构进入农村保险市场；通过多种渠道筹集资金，建立农业巨灾风险基金；同时，还应积极发展农业再保险，通过财政补贴和委托代理方式，鼓励商业性保险公司为农业原保险提供再保险支持。

5. 建立和完善粮食生产责任考核机制

中部地区是我国粮食安全保障基地，研究表明，粮食大县、经济小县、财政穷县的不良循环始终难以打破，因此，在目前仅以 GDP 和财政收入水平来衡量政府和干部业绩的情况下，不利于调动中部地区县域干部抓粮食生产的积极性。另外，随着中部地区城市化的快速推进，政府和干部往往会不顾区域经济发展水平和客观条件的限制，更多地倾向于城市建设和非农产业的发展，造成大量进程农民无法在城市定居，不能享受市民待遇，出现"驱赶型城市化"的倾向。[1][2] 因此，应加快对中部地区领导干部业绩考核体系的改革，增强其主抓粮食安全的发展意识。首先，应尽快建立、健全中央和中部地区粮食安全分级责任制，全面落实粮食安全省长责任制，建立中部地区产粮大县粮食安全的县长责任制和领导问责制，将其纳入中部地区粮食主产省份和产粮大县政府绩效考核体系，以强化粮食安全责任制。在城市化推进过程中，由于中部地区经济社会发展水平与全国平均水平存在较大差距，因此，应以提高城市化质量，缩小城乡收入差距，提高地方政府抓粮食生产积极性为出发点，把产粮大县的干部绩效考核与城乡居民生活水平、城乡居民收入差距、粮食产粮等指标挂钩。与此同时，必须给粮食主销区的粮食安全划定界限，建立主销区粮食自给率保证制度，避免其持续大幅度降低粮食自给水平。

① 陆大道：《我国的城镇化进程与空间扩张》，《城市规划学刊》2007 年第 4 期，第 47～52 页。
② 姚士谋、管驰明、王书国等：《我国城市化发展的新特点及其区域空间建设策略》，《地理科学进展》2007 年第 3 期，第 271～280 页。

三　构建中部地区粮食生产的利益补偿机制

《中华人民共和国国民经济和社会发展第十二个五年规划纲要》指出，维护国家粮食安全是现代农业建设的核心任务，而这一任务又主要落在粮食主产区上。因此，中部地区作为我国的粮食主产区，必然承担着维护国家粮食安全的重大责任。然而，粮食属于"准公共产品"，是国民经济的重要战略物资，是涉及国计民生的关键商品，具有"放大"效应和连锁反应①，因而粮食生产和销售一直受政府宏观政策的调控，粮食的经济价值远不能通过市场价格得到体现，进而使得主产区普遍存在经济发展水平低、财政支出困难等一系列问题。另外，在城市化的推进过程中，现实的耕地存在可转换性和农民务工方式的可选择性，因此，粮食生产的机会成本远远大于其贸易所得，基于此，政府应该依据对机会成本的补偿机制来控制粮食种植面积和产量，以保障粮食安全。② 因此，建立中部地区粮食生产的利益补偿机制，支持其发展粮食生产，对稳定中部地区和保障国家粮食安全至关重要。由于中央政府和粮食主销区政府是中部粮食主产区粮食生产供给的受益者，因此，自然也应该是粮食生产补偿资金来源的主要供给者，而构建粮食补偿机制就是确立中央政府和粮食主销区政府对粮食主产区的补偿办法。

1. 构建中央政府对中部地区粮食生产的利益补偿机制

（1）增强中央财政对中部地区粮食生产的支持力度。赵波（2011）的研究表明，发展粮食生产对地方财政增收的贡献率逐年下降，财政包袱越来越大，使得粮食主产区发展粮食生产的动力不足。因此，应加快建立针对中部地区粮食主产省级政府的利益补偿机制的设计，鼓励粮食主产省粮食稳产、高产、增产和调出。第一，中央财政可以根据中部地区粮食主产省的粮食产量、商品量、净调出量、增加量提高的情况及其贡献的大小，每年给予一定的补助，补贴标准可以按照中低产田改造、

---

① 赵波：《中国粮食主产区利益补偿机制的构建与完善》，《中国人口·资源与环境》2011年第1期，第85~90页。

② 胡靖：《粮食非对称核算与机会成本补偿》，《中国农村观察》1998年第5期，第36~41页。

种粮成本增加和产区与销区工农业比较利益、公共服务利益均等化等因素进行测算。① 对于粮食主产省的这笔补偿基金，必须实行专款专用，重点用于支持主产县粮食生产、农田水利工程建设、中低产田改造、大型农机具改造、粮食生产重大科技项目、农业信息化建设等方面，以促进主产省粮食生产的良性循环。第二，中央政府应加大一般性的财政转移支付对产粮大县的补贴，具体可以根据粮食主产县（市）粮食产量、商品量、增加量提高的多少及其贡献的大小，每年给予一定的补助，使产粮大县的人均财力达到所在省的平均水平或全国的平均水平。第三，应逐步取消粮食生产性项目、粮食风险基金等政策的地方财政配套政策。目前，各种农业投资项目、农业保险、粮食风险基金等政策均需要地方财政配套，从而使得粮食主产区出现"背着包袱抓粮食、抓了粮食背包袱"，"产粮越多财政负担越重、贡献越大义务越多"的现象（农业部课题组，2011）。因此，为进一步减轻粮食主产区财政的压力，中央政府可以逐步设立农业生产性项目的专项资金，用于支持粮食主产区粮食生产项目的资金配套问题，并逐步取消粮食主产区县及县以下农业生产性投资项目的资金配套要求，以减轻粮食生产对产粮大县财政的压力。② 以粮食风险基金为例，我国现行政策规定，粮食风险基金实行分级负担，中央负担60%、地方负担40%。随着国家财力的不断增强，中央政府完全有能力而且应该承担粮食风险基金的更大比例。为有效促进中部地区粮食生产基地建设，近期中央政府可以将中央和地方政府的分担比例调整为中央负担80%、地方负担20%，并在今后继续减少直至取消中部地区粮食风险基金的地方资金配套，使中部地区的粮食风险基金完全由中央财政负担。

（2）进一步完善粮食种植补贴和粮食价格支持制度。目前，我国实行的种粮直接补贴政策是一种普惠型的农业补贴政策，根据湖南省社科院对湖南粮农的调查，有近70%的农户认为种粮直接补贴政策对粮食生产

---

① 黑龙江省财政厅、省社会科学院、省农村财政研究会联合课题组：《加快健全粮食主产区利益补偿机制的问题和建议》，《农村财政与财务》2012年第5期，第16~19页。

② 农业部课题组：《农业农村经济重大问题研究2010》，中国财政经济出版社，2011，第343~362页。

积极性的激励作用并不明显。① 因此，政府必须进一步优化我国种粮直接补贴政策，以更好地调动农民的种粮积极性，促进粮食生产实现规模化和集约化经营。因此，可以借鉴国际经验，探索、研究目标价格补贴制度，建立符合市场化要求、适合中国国情的新型粮食价格支持体系，促进粮食生产长期稳定发展。第一，必须进一步增强对粮食生产的补贴力度。据国际经合组织调查，欧盟、美国、日本等发达国家的农业补贴占国家 GDP 的比重一般都达到 1.5% ~ 2%②，而我国用于农、林、水事务的所有支出占 GDP 的比重也只有 1.5%，因此，我国对农业的补贴力度远低于发达国家水平，存在进一步提高的巨大空间。基于此，中央财政应尽可能地提高农业补贴资金在 GDP 中的比重，在保持原有各种粮食补贴的基础上，要逐年增加对农民种粮的补贴规模，提高补贴标准。第二，改善种粮直接补贴方式。目前，我国的粮食直补是按以土地承包面积为基础的计税面积直接补贴给农民，而这一补贴模式经常会出现"土地承包者得补贴，而实际种粮者担风险"的现象。这种补贴方式既不能充分保护种粮农民的利益，也无法充分体现政府发展粮食生产能力和国家掌握粮源的目标、意图，因而不利于调动种粮农民的积极性。因此，在实行粮食直接补贴的过程中，可以实行"产补"挂钩模式，即在以承包土地面积为标准的基础上，采取依照种粮面积和向国家出售商品粮数量和质量的补贴方式，这样可以使种粮直接补贴资金真正补给种粮的农民，而不是补给那些只承包土地而实际上并不种植粮食的土地承包者。第三，在中部地区城市化不断推进的过程中，农业劳动力不断向城市转移，为农业的适度规模经营提供了良好的实现条件。因此，为有效推进粮食的规模化和集约化生产，各类新增农业补贴应适当向产粮大县、农民专业合作社、种粮大户、种粮能手倾斜，这是促进土地流转、实现土地适度规模经营的重要举措。第四，进一步完善重点粮食品种的保护价收购制度。采取农产品价格支持政策，是市场经济发达国家支持与保护农业比较普遍的做法。我国受小农生产和

---

① 九三学社中央委员会：《建议以产量为标准补贴粮食种植》，http://www.93.gov.cn/partic/people/5334307161219867808.shtm.1，2010 年 4 月 11 日。

② 马文杰、冯中朝：《国外粮食直接补贴政策及启示》，《经济纵横》2007 年第 11 期，第 67 ~ 69 页。

粮食市场发育程度低等因素的制约，必须实行重点粮食品种的保护价收购制度，完善粮食最低收购价政策，逐步理顺粮食价格，使粮食价格保持在合理水平，以确保种粮农户增收和国家粮食安全。

2. 构建粮食主销区对中部地区粮食生产的利益补偿机制

（1）设立粮食主销区向粮食主产区补偿的粮食生产成本税。对中部地区而言，由于其承担着维护国家粮食安全的重要责任，因而在《全国主体功能区规划》中，中部各省的大部分区域被划分为限制开发区，使得中部地区在推进城市化进程中，受到了土地资源的极大限制。胡靖（1998）等人的研究表明，因种植粮食而使用的耕地的机会成本并不取决于农业的产出水平，而是取决于放弃该块土地资源从事其他非农产业所得的经济收益，取决于当地的社会经济水平。因此，粮食生产的机会成本是一种经济社会成本。为建设中部粮食生产基地，中部地区牺牲了发展当地经济社会发展的机会，因此，对之实行补偿是十分必要的。在很多发达国家，都有一项稳定的用于农业补偿的税收政策，因而农业的补偿已经成为财政中一项稳定的开支，但在我国却没有一项稳定的、明确的税收来源用以支持农业生产。[①] 因此，为了使中部粮食主产区粮食生产的机会成本得到稳定的经济补偿，可以借鉴发达国家的相关经验，在粮食主销区设立相应的税收项目，使享受粮食安全好处的各个成员对粮食安全都能承担相应的责任。由于该税收主要是针对粮食主产区放弃发展其他非农产业而损失经济收益所进行的补偿，因此，政府在粮食主销区设立的该种税收可以定位为"粮食生产成本补偿税"。由于粮食生产机会成本必然会随着经济的高速发展而迅速上升，因此，政府也可以对该种税收设定相应的增长率，每年向粮食主销区进行征收。各粮食主销区所需负担粮食生产成本补偿税的大小，可以根据本区域粮食的自给率予以确定；而各粮食主产区所应分得的相应补偿，则可以通过粮食主产区的粮食净调出量予以确定。通过粮食生产成本补偿税，可以有效协调粮食主产区和粮食主销区的利益关系，也有利于促进区域土地利用效率的提高或耕地保护

---

① 朱新华、曲福田：《不同粮食分区间的耕地保护外部性补偿机制研究》，《中国人口·资源与环境》2008 年第 5 期，第 148～153 页。

经济约束机制的完善。

（2）构建由粮食主销区向粮食主产区提供的粮食安全保障基金制度。粮食安全保障基金主要是指由粮食主销区向粮食主产区提供的各种转移支付，用以稳定和维护粮食主产区进行的粮食生产。粮食安全保障基金制度的建立，有利于建立产销双方利益补偿、共享与风险共担、分流的运作机制，实施用"财政转移支付换取粮食安全"的发展战略。① 国家粮食安全保障基金制度包括商品粮调销补偿基金制度、土地补偿基金制度和粮食储备补偿基金制度。商品粮调销补偿基金制度主要是指粮食主销区根据其粮食调入量，拿出一部分财政资金作为专项转移支付基金，用于商品粮调销补偿，其目的是弥补粮食主产区的地方财政困难，加强粮食主产区农田水利基础设施建设和对种粮大户的补贴。蒋和平（2009）等人指出，这一部分粮食安全基金可按每公斤采购粮价 10% ~12% 的比例提取。土地补偿基金制度是指根据粮食主销区占用耕地数量收取的补偿金，其主要目的是用于粮食主产区开发、增补种粮耕地建设的基金，以稳定国家的粮食生产种植总面积，弥补经济发达地区经济建设占农用土地的数量。蒋和平（2009）等人指出，粮食主销区可按征收土地出让费资金总额 6% ~8% 的比例提取粮食生产土地补偿基金。粮食储备补偿基金制度是指粮食主销区人民政府为保障自身粮食安全，拿出一部分财政资金，并将其转移支付给粮食主产区政府用于维护其粮食安全储备，其主要目的是实现粮食主销区的粮食异地储备，明确粮权为销区所有，产区企业承担保管责任，享有相应的储备费用补贴。粮食储备补偿基金是粮食主产区正常经营活动以外的补偿，它的设立增加了产区在粮食生产方面的收益，增强了保护耕地的动力（朱新华等，2008）。

---

① 蒋和平、吴桢培：《建立粮食主销区对主产区转移支付的政策建议》，《中国发展观察》2009 年第 12 期，第 24 ~25 页。

参考文献

［1］ Alonso-Villar, O. , Chamorro-Rivas, J M. , Gonzalez-Cerdeira, X. , "Agglomeration Economies in Manufacturing Industries: The Case of Spain", *Applied Economics*, 2004, No. 36, pp. 2103 – 2116.

［2］ Arrow, Kenneth J. , "The Economic Implication of Learning by Doing", *Review of Economic Studies*, 1962, Vol. 29, No. 3, pp. 155 – 173.

［3］ Bouis, H. , *Food Consumption Surverys: How Random are Measurement Errors? In: Von Braun, J. , Puetz, D. (eds.), Data Needs for Food Policy in Developing Countries*, International Food Policy Research Institute, Washington D. C. , 1993.

［4］ Cao W. Z. , Zhu H. J. , Chen S. L. , "Impacts of Urbanization on Topsoil Nutrient Balances: a Case Study at a Provincial Scale from Fujian, China", *Catena*, 2007, No. 69, pp. 36 – 43.

［5］ Chen J. , "Rapid Urbanization in China: A Real Challenge to Soil Protection and Food Security", *Cantena*, 2007, No. 69, pp. 1 – 15.

［6］ Chen M. X. , Liu W. D. , Tao X. L. , "Evolution and Assessment on China's Urbanization 1960 ~ 2010: Under-Urbanizatio or Over Urbanization", *Habitat International*, 2013, No. 38, pp. 25 – 33.

［7］ Chenery H. B. , Syrquin, M. , *Patterns of Development, 1950 – 1970*, London: Oxford University Press, 1975.

［8］ Chung, K. , Haddad, L. , Ramakrishna, J. et al. , *Identifying the Food Insecure: The Application of Mixed-Method Approaches in India*, International

Food Policy Research Institute, Washington D. C. , 1997.

[9] Deng, X. Z. , Huang, J. K. , Rozelle, S. et al. , "Cultivated Land Conversion and Potential Agricultural Productivity in China", *Land Use Policy*, 2006, Vol. 23, No. 4, pp. 372 – 384.

[10] FAO, WFP, IFAD. , *The State of Food Insecurity in the World: Economic Growth is Necessary But Not Sufficient to Accelerate Reduction of Hunger and Malnutrition*, Food and Agriculture Organization of the United Nations, Rome, Italy, 2012.

[11] FAO, *Declaration on World Food Security and World Food Summit Plan of Action*, World Food Summit, Rome, 1996.

[12] FAO, *Feeding the World*, *Eradicating Hunger*, Background Paper to the World Summit on Food Security, Rome, 16 – 18 November 2009, ftp: //ftp. fao. org/docrep/fao/Meet – ing/018/k6077e. pdf.

[13] FAO, *Trade Reform and Food Security*, *Commodity Policy and Projections Service*, http://www. fao. org/DOCREP/005/Y4671E/Y4671E00. HTML, 2003.

[14] FAO, *Trade Reform and Food Security*, *Commodity Policy and Projections Service*, Food and Agriculture Organization of the United Na-tions, Rome, 2003, http: //www. fao. org/DOCREP/005/Y4671E/Y4671E00. HTM.

[15] Fedoroff, N. V. , Battisti, D. S. , Beachy, R. N. et al. , "Radically Rethinking Agriculture for the 21st Century", *Science*, 2010, No. 327, pp. 833 – 834.

[16] Godfray, H. C. J. , Crute, I. R. , Haddad, L. et al. , "The Future of the Global Food System", *Philosophical Transactions of the Royal Society B*, 2010, No. 365, pp. 2769 – 2777.

[17] Haddad, L. , Kennedy, E. , Sullivan, J. , "Choices of Indicators for Food Security and Nutrition Monitoring", *Food Policy*, 1994, Vol. 19, No. 3, pp. 329 – 343.

[18] Halim, R. , Clemente, R. S. , Routray, J. K. et al. , "Integration of Biophysical and Socio-Economic Factors to Assess Soil Erosion Hazard in the Upper Kaligarang Watershed, Indonesia", *Land Degradation &*

Development, 2007, Vol. 18, No. 4, pp. 453 – 469.

[19] Hermelin B., "The Urbanization and Suburbanization of the Service Economy: Producer Services and Specialization in Stockholm", *Geografiska Annaler, Series B: Human Geography*, 2007, 89B (suppl.), pp. 59 – 74.

[20] Huang J. K., David, C., "Demand for Cereal Grains in Asia: the Effect of Urbanization", *Agricultural Economics*, 1993, Vol. 8, No. 1, pp. 107 – 124.

[21] Kenerny, J., "Food Consumption Trends and Drivers", *Philosophical Transactions of the Royal Society B*, 2010, No. 365, pp. 2793 – 2807.

[22] Kent G., "Fisheries, Food Security, and the Poor", 1997, Vol. 22, No. 5, pp. 393 – 404.

[23] Khan S, Hanjra M. A., Mu J. X., "Water Management and Crop Production for Food Security in China: A Review", *Agricultural Water Management*, 2009, No. 96, pp. 349 – 360.

[24] Lal, R., "Anthropogenic Influences on World Soils and Implications to Global Food Security", *Advances in Agronomy*, 2007, No. 93, pp. 69 – 93.

[25] Lewis W. A., "Economic Development With Unlimited Supply of Labour", *The Manchester School*, 1954, No. 5, pp. 91 – 131.

[26] Maxwell, S., Frankenberger, T., *Household Food Security: Concepts, Indicators, Measurements, A Technical Review*, UNICEF, New York and IFAD Rome, 1992.

[27] Michael, T., "A Model of Labor Migration and Urban Unemployment in Less Developed Countries", *American Economic Review*, 1969, No. 21, pp. 157 – 170.

[28] Pan X. Z., Zhao, Q. G., "Measurement of Urbanization Process and the Paddy Soil Loss in Yixing City, China betWeen 1949 and 2000", *Catena*, 2007, No. 69, pp. 65 – 73.

[29] Pandya-Lorch R, Rosegrant, M. W., "Prospects for Food Demand

and Supply in Central Asia", *Food Policy*, 2000, No. 25, pp. 637 – 646.

［30］ Ranis, G., Fei, J. C., "A Theory of Economic Development", *The American Economic Review*, 1961, Vol. 51, No. 9, pp. 533 – 565.

［31］ Rosegrant M W, Cline S A., "Global Food Security: Challenges and Policies", *Science*, 2003, No. 302, pp. 1917 – 1918.

［32］ Rosegrant, M. W., Ringler, C., *Impact on Food Security and Rural Development of Reallocating Water from Agriculture*, International Food Policy Research Institute, Washington D. C., 1999, http://ageconsearch. umn. edu/bitstream/975002/eptdp47. pdf.

［33］ Rosegrant, M. W., Ringler, C., Benson, T., Diao, X. et al., *Agriculture and Achieving the Millennium Development Goals*, The World Bank (Agriculture & Rural Development Department), Washington D. C., 2006.

［34］ Rosegrant, M. W., Ringler, C., Msangi, S. et al., *International Model for Policy Analysis of Agricultural Commodities and Trade (IMPACT WATER): Model Description*, International Food Policy Research Institute, Washington D. C., 2005, http://www. ifpri. org/themes/impact/impactwater. pdf.

［35］ Satterthwaite, D., McGranahan, G., Tacoli, C., "Urbanization and Its Implications for Food and Faming", *Philosophical Transactions of the Royal Society B*, 2010, No. 365, pp. 2809 – 2820.

［36］ Shen L. Y., Peng Y., Zhang X. L. et al., "An Alternative Model for Evaluating Sustainable Urbanization", *Cities*, 2012, No. 29, pp. 32 – 39.

［37］ Tao F. L., Yokozawa M., Liu J. Y. et al., "Climate Change, Land Use Change, and China's Food Security in the Twenty-First Century: an Integrated Perspective", *Climatic Change*, 2009, No. 93, pp. 433 – 445.

［38］ Tiffen, M., "Transition in Sub-Saharan Africa: Agriculture, Urbanization and Income Growth", *World Development*, 2003, Vol. 31, No. 8, pp. 1343 – 1366.

[39] United Nations, *World Urbanization Prospects*: *The 2009 Version*, New York: United Nations, 2010.

[40] Viladecans-Marsal E., "Agglomeration Economies and Industrial Location: City-Level Evidence", *Journal of Economic Geography*, 2004, Vol. 4, No. 5, pp. 565 – 582.

[41] Wilson, C., *Urbanization*, *in Christopher Wilson*（ed.）, *The Dictionary of Demography*, Oxford: Basil Blackwell. ltd., 225.

[42] Yang H, Li X B, "Cultivated Land and Food Supply in China", *Land use Policy*, 2000, No. 17, pp. 73 – 88.

[43] Ye L. M., Ranst, E. V., "Production Scenarios and the Effect of Soil Degradation on Long-Term Food Security in China", *Global Environmental Change*, 2009, No. 19, pp. 464 – 481.

[44] Yen S. T., Fang, C, Su S. J., "Household Food Demand in Urban China: a Censored System Approach", *Journal of Comparative Economics*, 2004, Vol. 32, No. 3, pp. 564 – 585.

[45] 白先春、凌亢、郭存芝等:《中国城市化:水平测算与国际比较》,《城市问题》2004 年第 2 期。

[46] 蔡昉、王美艳:《非正规就业与劳动力市场发育:解读中国城镇就业增长》,《经济学动态》2004 年第 2 期。

[47] 陈百明:《未来中国的农业资源综合生产能力与食物保障》,《地理研究》2002 年第 3 期。

[48] 陈波翀、郝寿义、杨兴宪:《中国城市化快速发展的动力机制》,《地理学报》2004 年第 6 期。

[49] 陈飞、范庆泉、高铁梅:《农业政策、粮食产量与粮食生产调整能力》,《经济研究》2010 年第 11 期。

[50] 陈江龙、曲福田、陈雯:《农地非农化效率的空间差异及其对土地利用政策调整的启示》,《管理世界》2004 年第 8 期。

[51] 陈明星、陆大道、查良松:《中国城市化与经济发展水平关系的国

际比较》，《地理研究》2009 年第 2 期。

［52］陈明星、陆大道、张华：《中国城市化水平的综合测度及其动力因子分析》，《地理学报》2009 年第 4 期。

［53］陈明星、叶超、周义：《城市化速度曲线及其政策启示——对诺瑟姆曲线的讨论与发展》，《地理研究》2011 年第 8 期。

［54］陈明星、叶超：《健康城市化：新的发展理念及其政策含义》，《人文地理》2011 年第 2 期。

［55］陈明星：《"加速城市化"不应成为中国"十二五"规划的重大战略抉择——与陈玉和教授等商榷》，《中国软科学》2011 年第 3 期。

［56］陈文峰、孟德友、贺振：《河南省城市化水平综合评价及区域格局分析》，《地理科学进展》2011 年第 8 期。

［57］陈项：《城市化进程中的粮食安全问题》，《合作经济与科技》2007 年第 4 期。

［58］陈彦光、罗静：《城市化水平与城市化速度的关系探讨——中国城市化速度和城市化水平饱和值的初步推断》，《地理研究》2006 年第 6 期。

［59］陈印军、王勇、卢布等：《国际谷物供需形势及我国谷物发展对策》，《中国软科学》2009 年第 3 期。

［60］陈玉和、孙作人：《加速城市化：中国"十二五"规划的重大战略抉择》，《中国软科学》2010 年第 7 期。

［61］程国强、陈良彪：《中国粮食需求的长期趋势》，《中国农村观察》1998 年第 11 期。

［62］仇保兴：《第三次城市化浪潮中的中国范例——中国快速城市化的特点、问题与对策》，《城市规划》2007 年第 6 期。

［63］崔功豪、马润潮：《中国自下而上城市化的发展及其机制》，《地理学报》1999 年第 2 期。

［64］崔功豪、一本炎、查彦育：《城市地理学》，江苏教育出版社，1992。

［65］崔亚平：《中国工业化、城镇化与粮食安全》，《农村经济》2011 年第 3 期。

［66］代合治、刘兆德：《复合指标法及其在测度中国省域城市化水平中

的应用》，《城市问题》1998 年第 4 期。

[67] 邓群钊、贾仁安、梁英培：《中部地区粮食安全与农民收入"不相容"问题的实证分析》，《农业系统科学与综合研究》2007 年第 1 期。

[68] 邓祥征、黄季焜、Scott Rozelle：《中国耕地变化及其对生物生产力的影响——兼谈中国的粮食安全》，《中国软科学》2005 年第 5 期。

[69] 邓翔、杜江、张蕊：《计量经济学》，四川大学出版社，2002。

[70] 杜江、刘渝：《城市化发展与粮食产量增长的动态分析：1949～2004》，《当代经济科学》2007 年第 4 期。

[71] 方创琳、王德利：《中国城市化发展质量的综合测度与提升路径》，《地理研究》2011 年第 11 期。

[72] 封志明、刘宝勤、杨艳昭：《中国耕地资源数量变化的趋势分析与数据重建：1949～2003》，《自然资源学报》2005 年第 1 期。

[73] 封志明、史登峰：《近 20 年来中国食物消费变化与膳食营养状况评价》，《资源科学》2006 年第 1 期。

[74] 封志明：《中国未来人口发展的粮食安全与耕地保障》，《人口研究》2007 年第 2 期。

[75] 封志明：《资源科学导论》，科学出版社，2004。

[76] 高帆：《中国粮食安全的测度：一个指标体系》，《经济理论与经济管理》2005 年第 12 期。

[77] 高启杰：《城乡居民粮食消费情况分析与预测》，《中国农村经济》2004 年第 10 期。

[78] 高铁梅、王金明、梁云芳等：《计量经济分析方法与建模——EViews 应用及实例》（第二版），清华大学出版社，2009。

[79] 葛小东、胡苏军、叶青：《科尔沁沙地水资源投入对粮食生产的影响定量研究》，《自然资源学报》2012 年第 9 期。

[80] 辜胜阻：《非农化与城市化研究》，浙江人民出版社，1991。

[81] 顾朝林、于涛方、李王鸣等：《中国城市化格局·过程·机理》，科学出版社，2008。

[82] 郭兵：《我国城市化与粮食安全关系问题研究》，《经济体制改革》

2011 年第 1 期。

[83] 郭剑雄：《城市化与粮食安全目标间的协调》，《农业现代化研究》2004 年第 4 期。

[84] 郭克莎：《工业化与城市化关系的经济学分析》，《中国社会科学》2002 年第 2 期。

[85] 郭丽英、王道龙、邱建军：《河南省粮食生产态势及其能力提升对策》，《中国人口·资源与环境》2009 年第 2 期。

[86] 何格、欧名豪：《城市化与四川粮食安全问题研究》，《农业现代化研究》2005 年第 5 期。

[87] 何蒲明、王雅鹏、黎东升：《湖北省耕地减少对国家粮食安全影响的实证研究》，《中国土地科学》2008 年第 10 期。

[88] 黑龙江省财政厅、省社会科学院、省农村财政研究会联合课题组：《加快健全粮食主产区利益补偿机制的问题和建议》，《农村财政与财务》2012 年第 5 期。

[89] 胡景北：《对经济发展过程中工资上升运动的解释》，《经济研究》1994 年第 3 期。

[90] 胡靖：《粮食非对称核算与机会成本补偿》，《中国农村观察》1998 年第 5 期。

[91] 胡文海：《我国中部地区粮食生产特征及其对我国粮食安全的影响》，《地理研究》2008 年第 4 期。

[92] 胡小平、郭晓慧：《2020 年中国粮食需求结构分析及预测——基于营养标准的视角》，《中国农村经济》2010 年第 6 期。

[93] 湖北省发改委农业资源区划办公室课题组：《粮食安全与湖北农民增收的措施研究》，《中国农业资源与区划》2004 年第 5 期。

[94] 湖南省长株潭两型社会办公室、湖南省社会科学院：《湖南省"十二五"长株潭城市群发展规划纲要（征求意见稿）》2010。

[95] 黄爱军：《我国粮食生产区域格局的变化规律》，《中国农村经济》1995 年第 2 期。

[96] 黄季焜：《社会发展、城市化和食物消费》，《中国社会科学》1999 年第 4 期。

[97] 黄季焜：《中国的食物安全问题》，《中国农村经济》2004 年第 10 期。

[98] 黄新建：《环鄱阳湖城市群发展战略研究》，社会科学文献出版社，2009。

[99] 简新华、黄季焜：《中国城镇化水平和速度的实证分析与前景预测》，《经济研究》2010 年第 3 期。

[100] 姜爱林：《城镇化水平的五种测算方法》，《中央财经大学学报》2002 年第 8 期。

[101] 姜长云：《关于我国粮食安全的若干思考》，《农业经济问题》2005 年第 2 期。

[102] 蒋和平、吴桢培：《建立粮食主销区对主产区转移支付的政策建议》，《中国发展观察》2009 年第 12 期。

[103] 金凤君：《基础设施与区域经济发展环境》，《中国人口·资源与环境》2004 年第 4 期。

[104] 九三学社中央委员会：《建议以产量为标准补贴粮食种植》，http：//www.93.gov.cn/partic/people/533430716219867808.shtm.l，2010 年 4 月 11 日。

[105] 孔令聪、胡永年、王光宇：《安徽省粮食生产的波动性分析与政策建议》，《农业现代化研究》2007 年第 9 期。

[106] 匡勇、胡泽友：《湖南粮食安全现状分析及对策》，《湖南农业科学》2004 年第 6 期。

[107] 李爱军、谈志浩、陆春锋等：《城市化水平综合指数测度方法探讨——以江苏无锡市、泰州市为例》，《经济地理》2004 年第 1 期。

[108] 李秉龙、薛兴利：《农业经济学》（第二版），中国农业大学出版社，2009。

[109] 李波、张俊飚、李海鹏：《中国中长期粮食需求分析及预测》，《中国稻米》2008 年第 3 期。

[110] 李成贵：《中国粮食消费：数据及有关问题的思考》，《中国农村经济》2000 年第 9 期。

[111] 李海鹏、叶慧：《我国城市化与粮食安全的动态耦合分析》，《开发

研究》2008 年第 5 期。

[112] 李丽萍、郭宝华:《城市化形成机制的经济学分析》,《中州学刊》2006 年第 5 期。

[113] 李明秋、郎学彬:《城市化的内涵及其评价指标体系的构建》,《中国软科学》2010 年第 12 期。

[114] 李鹏、谭向勇、王玉斌:《从食物保障状况看中国当前粮食安全》,《中国农村经济》2005 年第 6 期。

[115] 李向荣、谭强林:《粮食安全的国内外评价指标体系及对策研究》,《中国农业资源与区划》2008 年第 1 期。

[116] 李小建:《中国中部农区发展研究》,科学出版社,2010。

[117] 李效顺、曲福田、陈友偲等:《经济发展与城市蔓延的 Logistic 曲线假说及其验证——基于华东地区典型城市的考察》,《自然资源学报》2012 年第 5 期。

[118] 李岳云:《工业化、城市化与粮食安全》,《现代经济探讨》2007 年第 1 期。

[119] 李振福:《城市化水平综合测度模型研究》,《北方交通大学学报》(社会科学版) 2003 年第 1 期。

[120] 李志强:《中部地区农村剩余劳动力的测算及变化趋势分析》,《农业经济》2008 年第 4 期。

[121] 李子奈、潘文卿:《计量经济学》(第二版),高等教育出版社,2005。

[122] 刘传江:《论城市化的生成机制》,《经济评论》1998 年第 5 期。

[123] 刘卉:《城镇化进程中的粮食安全政策研究》,湖南师范大学硕士学位论文,2012。

[124] 刘纪远、张增祥、徐新良等:《21 世纪初中国土地利用变化的空间格局与驱动力分析》,《地理学报》2009 年第 12 期。

[125] 刘纪远、张增祥、庄大方等:《20 世纪 90 年代中国土地利用变化时空特征及其成因分析》,《地理研究》2003 年第 1 期。

[126] 刘静义、温天舜、王明俊:《中国粮食需求预测研究》,《西北农业大学学报》1996 年第 3 期。

［127］刘克春：《粮食生产波动影响因素的实证分析——以江西省为例》，《特区经济》2007 年第 12 期。

［128］刘宁：《土地资源约束条件下的中国城市化》，《经济体制改革》2005 年第 6 期。

［129］刘晓梅：《关于我国粮食安全评价指标体系的探讨》，《财贸经济》2004 年第 9 期。

［130］刘新卫、张定祥、陈百明：《快速城镇化进程中的中国城镇土地利用特征》，《地理学报》2008 年第 3 期。

［131］刘艳军、李成固：《东北地区产业结构演变的城市化响应机理与调控》，《地理学报》2009 年第 2 期。

［132］刘耀彬：《城市化与资源环境相互关系的理论与实证研究》，中国财政经济出版社，2007。

［133］刘耀彬：《江西省城市化与生态环境关系的动态计量分析》，《资源科学》2008 年第 6 期。

［134］刘耀彬：《资源环境约束下的适宜城市化进程测度理论与实证研究》，社会科学文献出版社，2011。

［135］刘渝、张俊飚：《中国水资源生态安全与粮食安全状态评价》，《资源科学》2010 年第 12 期。

［136］刘玉、冯健：《中国区域城镇化发展态势及其战略选择》，《地理研究》2008 年第 1 期。

［137］刘玉杰、杨艳昭、封志明：《中国粮食生产的区域格局变化及其可能影响》，《资源科学》2007 年第 2 期。

［138］隆国强：《大国开放中的粮食流通》，中国发展出版社，1999。

［139］卢锋：《我国若干农产品产销量数据不一致及产量统计失真问题》，《中国农村经济》1998 年第 10 期。

［140］鲁靖：《中国粮食市场运行与政府宏观调控政策耦合研究》，华中农业大学博士学位论文，2002。

［141］陆大道、姚士谋、刘慧等：《2006 中国区域发展报告：城市化进程及空间扩张》，商务印书馆，2007。

［142］陆大道：《我国的城镇化进程与空间扩张》，《城市规划学刊》2007

年第 4 期。

[143] 陆慧:《发展中国家的粮食安全评价指标体系建立》,《对外经贸实务》2008 年第 3 期。

[144] 吕斌、陈睿:《实现健康城市化的空间规划途径》,《城市规划》2006 年第 1 期。

[145] 吕开宇、任爱胜、杨小琼:《食物消费升级视角下的粮食安全内涵》,《农业系统科学与综合研究》2007 年第 3 期。

[146] 骆建忠:《基于营养目标的粮食消费需求研究》,中国农业科学院博士学位论文,2008。

[147] 马九杰、张象枢、顾海兵:《粮食安全衡量及预警指标体系研究》,《管理世界》2001 年第 1 期。

[148] 马明华:《农产品价格波动的主要原因分析》,华中科技大学博士学位论文,2005。

[149] 马树庆、王琪:《区域粮食安全的内涵、评估方法及保障措施》,《资源科学》2010 年第 1 期。

[150] 马文杰、冯中朝:《国外粮食直接补贴政策及启示》,《经济纵横》2007 年第 11 期。

[151] 马晓河:《我国中长期粮食供求状况分析及对策思路》,《管理世界》1997 年第 3 期。

[152] 马永欢、牛文元:《基于粮食安全的中国粮食需求预测与耕地资源配置研究》,《中国软科学》2009 年第 3 期。

[153] 南昌大学中国中部经济发展研究中心:《中国中部经济发展报告(2007)》,经济科学出版社,2008。

[154] 南昌大学中国中部经济发展研究中心:《中国中部经济发展报告(2008)》,经济科学出版社,2009。

[155] 南昌大学中国中部经济发展研究中心:《中国中部经济发展报告(2009)》,经济科学出版社,2010。

[156] 南昌大学中国中部经济发展研究中心:《中国中部经济社会竞争力报告(2011)》,社会科学文献出版社,2012。

[157] 农业部课题组:《农业农村经济重大问题研究 2010》,中国财政经

济出版社，2011。

[158] 欧名豪、李武艳、刘向南等：《区域城市化水平的综合测度研究——以江苏省为例》，《长江流域资源与环境》2004年第5期。

[159] 欧向军、甄峰、秦永东等：《区域城市化水平综合测度及其理想动力分析——以江苏省为例》，《地理研究》2008年第5期。

[160] 潘省初：《计量经济学》（第三版），中国人民大学出版社，2009。

[161] 乔世君：《中国粮食生产技术效率的实证研究——随机前沿生产函数的应用》，《数理统计与管理》2004年第3期。

[162] 任继周、南志标、郝敦元：《草业系统中的界面论》，《草业学报》2000年第1期。

[163] 任继周、南志标、林慧龙：《以食物系统保证食物（含粮食）安全——实行草地农业，全面发展食物系统生产潜力》，《草业学报》2005年第3期。

[164] 任继周：《节粮型草地畜牧业大有可为》，《草业科学》2005年第7期。

[165] 任淑花、卢新卫：《耕地资源与城市化发展的计量和协调性分析》，《干旱地区农业研究》2008年第1期。

[166] 尚玉昌：《普通生态学》（第二版），北京大学出版社，2002。

[167] 沈建法：《1982年以来中国省级区域城市化水平趋势》，《地理学报》2005年第4期。

[168] 石磊：《土地承包制下的粮食生产函数》，《上海经济研究》1999年第9期。

[169] 史常亮、王忠平、邹昊：《1980~2009年新疆粮食生产主要影响因素分析》，《干旱区农业研究》2011年第5期。

[170] 宋戈、吴次芳、王杨：《城镇化发展与耕地保护关系研究》，《农业经济问题》2006年第1期。

[171] 苏东水：《产业经济学》（第二版），高等教育出版社，2005。

[172] 孙宝明：《辽宁省区域城市化水平评价研究》，《地理科学》2010年第6期。

[173] 谈东华、周波、朱述斌：《江西省粮食生产周期性波动的实证分

析》，《商业研究》2007 年第 10 期。

[174] 谈明洪、吕昌河：《城市用地扩展与耕地保护》，《自然资源学报》
2005 年第 1 期。

[175] 田德斌、车明诚：《黑龙江省粮食产量波动分析与政策建议》，《农
业现代化研究》2009 年第 3 期。

[176] 田玉军、李秀彬、陈瑜琦等：《城乡劳动力流动及其对农地利用影
响研究评述》，《自然资源学报》2010 年第 4 期。

[177] 仝文伟、胡怀旭、王二虎等：《河南省粮食产量周期波动分析》，
《河南科学》2009 年第 2 期。

[178] 王成军、何秀荣：《工业化、城市化对耕地变化作用研究——基于
国际视角的实证分析》，《农业技术经济》2011 年第 11 期。

[179] 王道龙、屈宝香、张华等：《中国粮食总量平衡与区域布局调整研
究》，气象出版社，2004。

[180] 王德利、方创琳、杨青山等：《基于城市化质量的中国城市化发展
速度判定分析》，《地理科学》2010 年第 5 期。

[181] 王放、丁文斌、王雅鹏：《粮食主产区农民增收与粮食安全耦合分
析——基于河南省 18 市农业生产效率的 DEA 实证分析》，《西北
农林科技大学学报》（社会科学版）2007 年第 5 期。

[182] 王放、王雅鹏：《河南省粮食安全与农民增收矛盾分析》，《安徽农
业科学》2008 年第 12 期。

[183] 王放：《论我国城市化与粮食安全的关系》，《人口研究》1997 年
第 5 期。

[184] 王桂新、冷淞：《中国城市化发展对粮食生产影响分析》，《人口学
刊》2008 年第 3 期。

[185] 王国丰：《中国粮食综合安全体系研究》，中国经济出版社，2009。

[186] 王慧：《区域城市化发展水平的综合分析——以陕西省为例》，《地
理学与国土研究》1997 年第 4 期。

[187] 王嗣均、韩波：《关于城乡划分标准问题的几点意见》，《人口与经
济》1989 年第 1 期。

[188] 王嗣均：《中国城市化区域发展问题研究》，高等教育出版社，

1996。

[189] 王维志：《关于城乡划分标准与城镇人口统计问题》，《人口与经济》1990 年第 3 期。

[190] 卫海燕、张君：《城市化水平与耕地面积变化的关系研究——以陕西省为例》，《西北大学学报》（自然科学版）2006 年第 6 期。

[191] 吴乐、邹文涛：《我国粮食消费的现状和趋势及对策》，《农业现代化研究》2011 年第 2 期。

[192] 吴新娣、王春芝、史润林：《中国粮食生产波动的统计周期分析》，《中国统计》2007 年第 11 期。

[193] 伍山林：《中国粮食生产区域特征与成因研究——市场改革以来的实证分析》，《经济研究》2000 年第 10 期。

[194] 肖春阳：《中外粮食、粮食安全概念比较》，《黑龙江粮食》2009 年第 2 期。

[195] 肖国安：《未来十年中国粮食供求预测》，《中国农村经济》2002 年第 7 期。

[196] 肖海峰、王姣：《我国粮食综合生产能力影响因素分析》，《农业技术经济》2004 年第 6 期。

[197] 谢杰：《中国粮食生产函数的构建与计量分析》，《统计与决策》2007 年第 20 期。

[198] 熊鹰、王克林、胡敏等：《湖南省耕地资源态势与粮食安全研究》，《地域研究与开发》2004 年第 2 期。

[199] 徐勇、王雅鹏：《城市化加速期粮食安全要素的研究》，《中国农学通报》2006 年第 5 期。

[200] 徐奉贤：《中国农业扶持与保护》，首都经济贸易大学出版社，1999。

[201] 徐翔：《中国粮食需求与供给预测》，《南京农业大学学报》1993 年第 3 期。

[202] 徐易、李然、黄朝禧：《湖北省粮食产量与耕地非农化关系研究》，《资源开发与市场》2008 年第 5 期。

[203] 许经勇：《"三农问题"与资本原始积累》，《南京财经大学学报》

2004 年第 6 期。

[204] 许世卫、李志强:《新时期中国食物安全发展战略研究》,山东科学技术出版社,2000。

[205] 许世卫:《中国食物发展与区域比较研究》,中国农业出版社,2001。

[206] 许学强、周一星、宁越敏:《城市地理学》(第二版),高等教育出版社,2009。

[207] 宣国富、徐建刚、赵静:《安徽省区域城市化水平综合测度研究》,《地域研究与开发》2005 年第 3 期。

[208] 宣杏云、王春法:《西方国家农业现代化透视》,上海远东出版社,1999。

[209] 闫梅、黄金川、彭实铖:《中部地区建设用地扩张对耕地及粮食生产的影响》,《经济地理》2011 年第 7 期。

[210] 闫慧敏、刘纪远、黄河清等:《城市化和退耕还林草对中国耕地生产力的影响》,《地理学报》2012 年第 5 期。

[211] 杨建锋、王国强、王玉霞:《河南省近期耕地资源与粮食生产能力变化研究》,《地域研究与开发》2006 年第 2 期。

[212] 杨丽梅、顾炯、尹宏祯等:《城市化、耕地保护与粮食安全——来自成都市土地整理数据的调查研究》,《农村经济》2011 年第 5 期。

[213] 杨万钟:《经济地理学导论》(修订四版),华东师范大学出版社,1999。

[214] 姚成胜、汪莹:《我国中部地区粮食生产波动性的成因及其政策建议》,《农业现代化研究》2011 年第 4 期。

[215] 姚成胜、朱鹤健:《区域主要食物资源安全评价及其安全对策——以福建省为例》,《自然资源学报》2008 年第 5 期。

[216] 姚成胜:《农业耦合系统的定量综合评价及其区域实证研究》,福建师范大学博士学位论文,2008。

[217] 姚士谋、陈振光:《我国城市化健康发展策略的综合分析》,《城市规划》2006 年第 1 期。

[218] 姚士谋、管驰明、王书国等:《我国城市化发展的新特点及其区域空间建设策略》,《地理科学进展》2007 年第 3 期。

[219] 姚万军、胡秋阳、段文斌：《粮食生产七年增长之后的安全隐忧——关于我国粮食供需状况的调查报告》，《光明日报》2011年4月26日。

[220] 叶浩、濮厉杰：《江苏省耕地面积变化与经济增长的协整性与因果关系分析》，《自然资源学报》2007年第5期。

[221] 殷江滨、肖玲、陈玩菊：《江西城市体系结构特征与优化研究》，《华南师范大学学报》（自然科学版）2008年第4期。

[222] 殷培红、方修琦、马玉玲等：《21世纪初我国粮食供需的新空间格局》，《自然资源学报》2006年第4期。

[223] 殷培红、方修琦、田青等：《21世纪初中国主要雨量区的空间格局特征》，《地理学报》2006年第2期。

[224] 殷培红、方修琦：《中国粮食安全脆弱区的识别及空间分异特征》，《地理学报》2008年第10期。

[225] 尹世久、吴林海、张勇：《我国粮食产量波动影响因素的经验分析》，《系统工程理论与实践》2009年第10期。

[226] 于法稳、王茯泉：《实现甘肃省粮食安全的政策建议》，《开发研究》2005年第2期。

[227] 于同申：《发展经济学——新世纪经济发展的理论与政策》（第二版），中国人民大学出版社，2009。

[228] 喻翠玲、冯中朝：《我国粮食生产的波动性及其影响因素分析》，《农业现代化研究》2006年第1期。

[229] 臧武芳、潘华顺：《论粮食安全与城市化》，《社会科学》2001年第3期。

[230] 曾静：《我国工业化发展对粮食安全的影响及对策研究》，华中农业大学博士学位论文，2010。

[231] 翟艳、刘鹏凌：《安徽省粮食产量波动及稳定途径研究》，《乡镇经济》2007年第10期。

[232] 张耕田：《关于建立城市化水平指标体系的探讨》，《城市问题》1998年第1期。

[233] 张焕蕊、吕庆丰：《简评刘易斯二元经济模型》，《当代经济》2008年第2期。

[234] 张建平：《山西省粮食产量及粮食作物结构变化趋势的相关分析》，《中国农学通报》2006 年第 12 期。

[235] 张晶、封志明、杨艳昭：《现阶段中国不同尺度的粮食减产类型分析》，《资源科学》2006 年第 6 期。

[236] 张敬仲：《河南粮食安全生产存在的主要问题及对策》，《粮食流通技术》2008 年第 5 期。

[237] 张利国：《我国区域粮食安全演变：1949～2008》，《经济地理》2011 年第 5 期。

[238] 张明阳、谢志仁、王克林：《湖南省建国以来粮食产量变化小波分析》，《南京师大学报》（自然科学版）2005 年第 1 期。

[239] 张培刚：《农业与工业化》，华中科技大学出版社，2002。

[240] 张启良：《从江西实际看影响我国粮食安全的隐患》，《求实》2000 年第 1 期。

[241] 张苏平：《粮食安全评估指标与方法研究综述》，《经济研究参考》2007 年第 13 期。

[242] 张素文、李晓青：《湖南省粮食生产变化趋势及影响因子研究》，《国土与自然资源研究》2005 年第 1 期

[243] 赵波：《中国粮食主产区利益补偿机制的构建与完善》，《中国人口·资源与环境》2011 年第 1 期。

[244] 赵济：《中国自然地理》（第三版），高等教育出版社，1993。

[245] 中国农业科学院《食物发展研究》课题组：《再论人均 400 公斤粮食必不可少》，《科技进步与对策》1991 年第 4 期。

[246] 钟甫宁、向晶：《城镇化对粮食需求的影响——基于热量消费视角的分析》，《农业技术经济》2012 年第 1 期。

[247] 钟甫宁、朱晶、曹宝明：《粮食市场的改革与全球化——中国粮食安全的另一种选择》，中国农业出版社，2004。

[248] 钟甫宁：《关于肉类生产统计数字中的水分及其原因的分析》，《中国农村经济》1997 年第 10 期。

[249] 钟水映、李魁：《基于粮食安全的我国耕地保护对策研究》，《中国软科学》2009 年第 9 期。

[250] 周强、刘林山、张镱锂等：《高原牧区草地变化对牧民粮食安全的影响——以青海省达日县为例》，《自然资源学报》2011 年第 8 期。

[251] 周一星、史育龙：《中国城市统计口径的出路何在：建立城市的实体地域概念》（上），《市场与人口分析》1995 年第 4 期。

[252] 周一星、于海波：《对我国第五次人口普查城镇化水平的初步分析》，《管理世界》2001 年第 5 期。

[253] 周一星：《城市地理学》，商务印书馆，1995。

[254] 周一星：《城市化与国民生产总值关系的规律性探讨》，《人口与经济》1982 年第 1 期。

[255] 朱红根、刘克春、翁贞林等：《江西省粮食波动成因及对策研究》，《商业研究》2006 年第 21 期。

[256] 朱玲：《中国城市化进程中的粮食生产与食品保障》，《经济学动态》2010 年第 9 期。

[257] 朱明、缪志春：《中部地区农村富余劳动力"就地转移"模式研究》，《新疆财经》2007 年第 1 期。

[258] 朱农：《中国劳动力迁移与"三农"问题》，武汉大学出版社，2005。

[259] 朱新华、曲福田：《不同粮食分区间的耕地保护外部性补偿机制研究》，《中国人口·资源与环境》2008 年第 5 期。

[260] 朱再清、陈方源：《湖北省粮食总产波动状况及其原因分析》，《华中农业大学学报》（社会科学版）2003 年第 2 期。

[261] 朱泽：《中国粮食安全问题——实证研究与政策选择》，湖北科学技术出版社，1998。

图书在版编目（CIP）数据

城市化进程中的粮食安全变化研究：以中部地区为例/
姚成胜著. —北京：社会科学文献出版社，2014.7
ISBN 978 - 7 - 5097 - 5899 - 1

Ⅰ.①城…　Ⅱ.①姚…　Ⅲ.①粮食问题 - 研究 - 中国 -
1978 ~ 2008　Ⅳ.①F326.11

中国版本图书馆 CIP 数据核字（2014）第 073384 号

城市化进程中的粮食安全变化研究
——以中部地区为例

著　　者 / 姚成胜

出 版 人 / 谢寿光
出 版 者 / 社会科学文献出版社
地　　址 / 北京市西城区北三环中路甲 29 号院 3 号楼华龙大厦
邮政编码 / 100029

责任部门 / 经济与管理出版中心（010）59367226　　责任编辑 / 高　雁　梁　雁
电子信箱 / caijingbu@ ssap. cn　　　　.　　　　责任校对 / 白桂芹
项目统筹 / 高　雁　　　　　　　　　　　　　　　责任印制 / 岳　阳
经　　销 / 社会科学文献出版社市场营销中心（010）59367081　59367089
读者服务 / 读者服务中心（010）59367028

印　　装 / 北京鹏润伟业印刷有限公司
开　　本 / 787mm × 1092mm　1/16　　　　　　　印　　张 / 21.5
版　　次 / 2014 年 7 月第 1 版　　　　　　　　　字　　数 / 341 千字
印　　次 / 2014 年 7 月第 1 次印刷
书　　号 / ISBN 978 - 7 - 5097 - 5899 - 1
定　　价 / 79.00 元